D1694926

DER GROSSE
GERER

Umwelthinweis:
Dieses Buch und der Einband wurden auf chlorfrei
gebleichtem Papier gedruckt.
Die Einschrumpffolie – zum Schutz vor Verschmutzung –
ist aus umweltverträglichem und recyclingfähigem PE-Material.

Ungekürzte Buchgemeinschafts-Lizenzausgabe
der Buchgemeinschaft Donauland Kremayr & Scheriau, Wien,
und der angeschlossenen Buchgemeinschaften
Copyright © 2000 by Verlag Orac im Verlag Kremayr & Scheriau, Wien – München
Alle Rechte vorbehalten
Layout: Erwin Kavcik
DTP-Grafik: Paul Lanz
Einbandgestaltung: Hannes Leipold
Foto auf dem Einband vorne: Ferry Nielsen
Speisenfotos auf dem Einband hinten: Luzia Ellert
Autorenporträt auf dem Einband hinten: Manfred Klimek
Lithos: Repro Wohlmuth
Druck und Bindearbeiten: Editoriale Johnson Spa
Printed in Italy · Bestellnummer: 09022 5

Reinhard Gerer • Christian Grünwald • Andreas Wojta

Food-Fotografie: Luzia Ellert

Reportage-Fotografie und Cover: Manfred Klimek

Inhalt

Vorspeisen

Suppen

Fisch

Vorspeisen	12
Suppen	54
Fisch	82
Fleisch	112
Rustikales & Hausgemachtes	154
Gemüse	196
Beilagen	218
Saucen & Grundrezepte	238
Nachspeisen	258
Tipps & Tricks	258

Porträt	6
Glossar	343
Register nach Schwierigkeitsgrad	344
Register nach Zubereitungszeit	346
Register von A–Z	349

Nachspeisen

Saucen & Grundrezepte

Beilagen

Fleisch

Rustikales & Hausgemachtes

Gemüse

Das ist ein Buch über die moderne österreichische Küche

mit Rezepten für den alltäglichen Hausgebrauch und für besondere Festtage. Selbst sogenannte einfache Gerichte wie etwa die Eierspeisen haben bereits die anspruchsvollen Gäste im Restaurant „Korso" begeistert. Ein Beweis dafür, dass einfache Küche nicht simpel sein muß.

Im dritten Jahrtausend kann man eine regionale Küche wie die österreichische nicht mehr mit einem fix zu definierendem Maß an Zutaten und Zubereitungsformen beschreiben. Burger, Pizza und Pasta haben schon längst die Haushalte erobert und sind daher auch in diesem Buch zu finden. Internationales, weltoffenes Denken stand in der Welt der Kulinarik aber schon immer an der Tagesordnung. Deshalb mischen wir beispielsweise das Kernöl gerne mit altem Balsamico-Essig und geben zum Röstgemüse etwas Ingwer und einen Schuß Sojasauce.

Geschmack ist ein Gefühl und Kochen hat extrem viel mit Sensibilität zu tun. Darum haben wir in diesem Buch neben Rezepten auch viele Tipps, Tricks und Warenkundeinformationen untergebracht. Je mehr man über die einzelnen Produkte weiß, umso besser wird letztlich das Ergebnis auf dem Teller.

Eine wichtige Hilfe bei der Benutzung dieses Buches sollen auch die Register sein, die auf den letzten Seiten zu finden sind. Dort sind die Rezepte nicht nur alphabetisch gereiht, sondern auch nach Schwierigkeitsgrad und Zubereitungszeit gelistet. Wie auch immer Sie an die Sache herangehen mögen, wir wünschen Ihnen viel Freunde mit diesem Buch und gutes Gelingen.

Reinhard Gerer   Christian Grünwald   Andreas Wojta

Reinhard

Den ganzen Tag ist Reinhard Gerer von Hummer, Trüffeln und superfrischen Scampi umgeben, und dann hat der Mann spätabends Hunger und entleert daheim regelmäßig den privaten Kühlschrank. „Ich hab die tollsten Dinge bei mir im Geschäft zur Verfügung. Und dann gehe ich nach Hause und mache mir ein Wurstbrot. Ich selbst brauche für mich privat keine Zutatenschlachten. Mir langt Meersalz am Fisch, Olivenöl auf der Artischocke." Was wie die kapriziöse Koketterie eines Spitzenkochs klingt, ist in Wahrheit die Offenlegung von Reinhard Gerers steirischen Wurzeln. Da besitzt ein perfekt geräucherter Speck die gleiche Wertigkeit wie teurer irani-

Gerer

scher Kaviar oder ein wild gefangener Steinbutt. Reinhard Gerer ist allen kulinarischen Entwicklungen gegenüber offen, pflegt aber mit steirischem Eigensinn „seinen eigenen Trip". Ideen kopieren kommt nicht in Frage, gute Anregungen werden aber gerne inhaliert und eingebaut. „Je mehr du weißt, umso besser bist du." Mit den Jahren ist Gerer zur Leitfigur für die weitere Verfeinerung der österreichischen Küche geworden. Seit 1984 definiert er im Restaurant „Korso" im Hotel Bristol in Wien den Begriff „Hotelküche" in einer hierzulande völlig neuen Form. Sogar so erhabenen Bodenständigkeiten wie Beuschel und Eierspeise wird hier zu ungeahnter Eleganz verholfen. Viele Gäste kommen ins „Bristol" vor allem wegen des „Korso" und dann auch noch wegen der prächtigen Zimmer. Die Manager eines großen Hotelkonzerns sehen so etwas recht gern. Und auch die Gourmetkritik weiß Gerers Hervorbringungen und das luxuriöse Ambiente

„Wie man das Feingefühl für die bessere Küche bekommt? Beim Einkauf auf dem Markt treiben lassen und die Produkte kennenlernen."

„Rezepte weitergeben ist eine Sache.
Das Gespür und das Herz, das drinnen liegt,
zu vermitteln, ist viel schwieriger."

der Gründerzeit zu schätzen. 4 Hauben von „Gault Millau", 2 Sterne und 4 Kronen von „A la Carte". Gourmet-Guru Wolfram Siebeck stellt Gerer auf eine Stufe mit den großen französischen Küchenmeistern.

Der Entschluß des jungen Herrn Gerer, Koch zu werden, entsprang nicht unbedingt der Liebe zum Essen. Er hatte bereits mit einer Ausbildung zum Tapezierer begonnen, als ihm seine Schwester ein Buch über feine Küche und die Geschichte der Kochkunst schenkte. Was Gerer zu denken gab: die Herren Köche waren offensichtlich schon früher recht feine Herren. Hatten Hofstaat und Karossen.

Also ging der Steirer nach Wien ins „Wieselburger" im Prater, was nicht unbedingt für seine raffinierte Küche berühmt war, in jedem Fall aber eine gute Schule fürs Leben. Schon kleine Lehrbuben-Vergehen wurden mit Hasen-Abziehen oder Unmengen von zu klopfenden Schnitzeln geahndet. Der überlebensnotwendige Großstadtschmäh kommt so irgendwann fast von selbst und ist heute ein essentieller Bestandteil von Gerers Talent zur bunten Selbstdarstellung. Immerhin erscheint kein anderer Koch derartig oft in den Gesellschaftsspalten. Ein fröhlicher Prediger des guten Geschmacks, stets im Dienst der wohlschmeckenden Sache: „Für das Schöne zu werben, ist doch was Tolles..."

Gerers prägende Chefs Ende der siebziger Jahre waren Werner Matt im Wiener „Hilton" sowie Eckart Witzigmann und Heinz Winkler im Münchener „Tantris". Als Anfang der achtziger Jahre in Wien die Feinschmeckerei zum elitären Freizeitvergnügen

Küchenchef zu sein, heißt nicht der Brigade bei der Arbeit zuzusehen: „Nur durchgehen, kosten und dirigieren ist mir zuwenig."

erhoben wurde, wurde der Name Reinhard Gerer durch seine Arbeit in den neuzeitlichen Gourmet-Tempeln „Le Pialèe" und „Mattes" endgültig zur Trademark. Damals galt er als Wunderknabe, mittlerweile besitzt er schon das Ehrenzeichen des Landes Steiermark.

Rezepte weitergeben ist eine Sache. Das Gespür und das Herz, das drinnen liegt, zu vermitteln, ist allerdings viel schwieriger. Das ist auch zu spüren, wenn die Frohnatur Gerer in der Küche grantige Gesichtszüge annimmt. Zufriedenheit ist bekanntlich der Feind des Guten. Gerer will immer noch besser sein und ist daher kein Chefkoch, der sich die

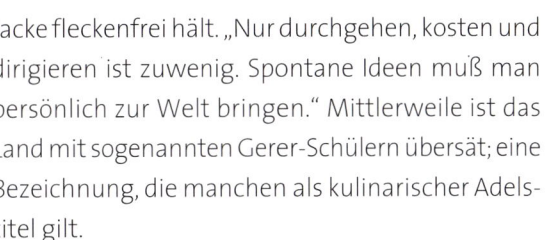

Jacke fleckenfrei hält. „Nur durchgehen, kosten und dirigieren ist zuwenig. Spontane Ideen muß man persönlich zur Welt bringen." Mittlerweile ist das Land mit sogenannten Gerer-Schülern übersät; eine Bezeichnung, die manchen als kulinarischer Adelstitel gilt.

Dass durch Bücher, Fernsehauftritte und jede Menge Zeitungsgeschichten auch die Zahl jener Hobbyköche wächst, die sich gerne an Reinhard Gerers Rezepten orientieren, macht ihm ehrliche Freude und fördert sein Bemühen um den puren Geschmack, der letztlich stets von einem gewissen Minimalismus in der Zubereitung dominiert ist. „Gute Küche zu leben, ist vor allem eine Frage der Sinne. Im Idealfall läßt man sich beim Einkauf auf dem Markt treiben und lernt die Produkte kennen, merkt sich deren Geschmack. In der Folge kann man das aus seinem Gedächtnis abrufen und entsprechend kombinieren." So einfach ist das also...

Vorspeisen

Vorspeisen beflügeln die Kreativität jedes Kochs. Nicht ganz zufällig ist dieses Kapitel eines der umfangreichsten geworden. Einige Vorspeisen eignen sich mit einer zusätzlichen Beilage auch gut als Hauptgericht.

VORSPEISEN

Artischockensalat

Die Artischocken werden nach klassischer Manier im Ganzen gekocht und dann zerteilt serviert. Dass man die Blätter mit den Händen isst, ist Teil des Genusses.

Zutaten für 4 Personen

4 große Artischocken
1 Zitrone
¹⁄₁₆ l Olivenöl
5–6 EL Balsamico-Essig
1 Tomate

1 gekochtes Ei
1 EL gehackte Petersilie
1 EL geschnittener Schnittlauch
1 EL gehackter Kerbel
Salz, Pfeffer

30 Minuten / aufwendig

Den Strunk der Artischocken herausziehen und mit einem kleinen scharfen Messer den Boden vorsichtig zuschneiden. Von der Artischocke die größeren Blätter mit erkennbarem Fruchtfleischanteil abreißen und aufheben. Artischocken vorsichtig mit einem kleinen Messer so lange zuputzen, bis das weiße Fruchtfleisch erkennbar ist. Alle harten, ungenießbaren Blattteile müssen komplett entfernt werden. Reiben Sie die Artischocke beim Putzen mehrmals mit etwas Zitronensaft ein, damit sich die Frucht nicht braun verfärbt. Das Innere der Artischocke mit einem Parisienneausstecher (ein spezieller Kugelausstecher, notfalls geht auch ein kleiner Löffel) ausschaben, ebenfalls sofort wieder mit Zitrone einreiben.

Die Artischockenböden in kleine Ecken schneiden. In etwa 2–3 EL Olivenöl bei mäßiger Hitze kurz anrösten. Die Artischocken sollen dabei keine Farbe nehmen und dürfen durchaus noch etwas Biß haben, danach salzen und pfeffern.

Die Artischockenblätter in sprudelndem Salzwasser ca. 5–7 Minuten kochen (das dickere Ende des Blattes sollte weich sein). Danach abseihen und kurz mit kaltem Wasser abschrecken.

Tomate in kochendem Wasser kurz überkochen, herausheben und kalt abschrecken. Die Haut abziehen und das Fruchtfleisch in kleine Würfel schneiden. Das gekochte Ei schälen und fein hacken. Aus Olivenöl, Balsamico-Essig, den Kräutern, Salz und Pfeffer eine Marinade rühren. Ei- und Tomatenwürfel dazugeben.

Artischockenblätter und die gebratenen Artischockenböden dekorativ auf Tellern anrichten und mit der Vinaigrette beträufeln.

VORSPEISEN

Glasnudelsalat mit Shiitake-Pilzen

Zusätzlichen Pep erhält der Glasnudelsalat mit roh mariniertem Fisch oder mit Krustentieren.

ZUTATEN FÜR 4 PERSONEN

100 g Glasnudeln
150 g Shiitake-Pilze
1 Karotte
1 gelbe Rübe
2 Zehen Knoblauch

4 EL Sesamöl
1/16 l Sojasauce
1/8 l Rindsuppe
1 Tasse Sojasprossen
1 EL fein geschnittener frischer Ingwer

20 MINUTEN / LEICHT

Glasnudeln für 1 Stunde in kaltem Wasser einweichen. Einige Male durchschneiden, in kochendes Wasser geben und eine knappe Minute ziehen lassen. Danach abseihen.

Shiitake-Pilze putzen, waschen und feinblättrig schneiden. Karotte und gelbe Rübe schälen, zuerst in Scheiben, danach in Streifen schneiden. Knoblauch schälen und ebenfalls in Streifen schneiden. In einer geräumigen Pfanne Shiitake-Pilze in Sesamöl anschwitzen. Sojasprossen und das andere Gemüse zugeben, kurz durchschwenken (alles sollte noch sehr knackig sein). Sojasauce, Rindsuppe und Ingwer dazugeben, kurz erwärmen und mit den Glasnudeln vermischen. Abkühlen lassen.

Griechischer Bauernsalat

Hierzulande die vielleicht populärste Hervorbringung der griechischen Küche.

ZUTATEN FÜR 6 PERSONEN

2 Stück grüner Salat
1 Gurke
1 roter Paprika
4 reife Tomaten
1 rote Zwiebel
12 schwarze Oliven
12 grüne Oliven

200 g Schafkäse
2 EL grob gehackte Petersilie
1 TL frischer oder getrockneter Oregano
Weinessig
Olivenöl
4 Scheiben Weißbrot
1 Zehe Knoblauch

15 MINUTEN / LEICHT

Weißbrot in kleine Würfel schneiden und in einer Pfanne mit etwas Olivenöl samt einer angedrückten Knoblauchzehe goldgelb rösten. Danach auf ein Sieb leeren. Die Brotwürfel auf einem Küchenpapier abtropfen lassen.

Salat putzen, waschen und trocken schleudern. Falls Sie eine Freilandgurke haben, diese schälen und in Würfel schneiden. Tomaten waschen, Strunk herausschneiden und ebenfalls in Würfel schneiden. Zwiebel schälen, halbieren, feinblättrig schneiden. Paprika halbieren, entkernen, waschen und ebenfalls in Streifen schneiden. Schafkäse in kleine Würfel schneiden.

Aus Olivenöl, Weinessig, Salz, Pfeffer, Petersilie und Oregano eine Marinade bereiten. Alle Zutaten bis auf die Weißbrotwürfel miteinander vermischen. Noch einmal abschmecken, auf Tellern anrichten und mit den gerösteten Brotwürfeln bestreut servieren.

Gemüsepralinen

Servieren Sie dieses Gericht als Amuse gueule vor einem eleganten Menü. Wer nicht nur mit Gemüse arbeiten will, kann in die Pralinen auch Hühnerfleisch oder Shrimps einarbeiten.

ZUTATEN FÜR 4 PERSONEN

2 mehlige mittelgroße Kartoffeln
1 Zucchini
1 roter Paprika
1 kleine Zwiebel
1 Karotte
1 Stauden- oder Knollensellerie
2 EL gehackte Petersilie
1 Prise Oregano
1 Prise Thymian
2 EL Butter
2 Stück Toastbrot
Öl zum Frittieren
2 Eigelb

1 Ei
Mehl
Salz, Pfeffer

Für die Kräutersauce:
1 Becher Joghurt
1–2 Zehen Knoblauch
½ Salatgurke
1 kleiner Bund Petersilie
1 kleiner Bund Schnittlauch
Saft von ½ Zitrone
Salz, Pfeffer

90 MINUTEN / FÜR EHRGEIZIGE

Für die Kräutersauce Knoblauch schälen und fein hacken. Schnittlauch klein schneiden. Petersilie waschen, abzupfen und fein hacken. Gurke schälen und entkernen, auf einem Reibeisen grob raspeln. Alle Zutaten mit Joghurt und Zitronensaft verrühren. Mit Salz und Pfeffer abschmecken, dann kalt stellen.

▲ **Gemüsepralinen**

Die Kartoffeln waschen und in Salzwasser weich kochen, danach schälen und mit einer Gabel zerdrücken. Alles Gemüse putzen, schälen und kleinwürfelig schneiden.

In einer Pfanne Butter aufschäumen und zuerst Zwiebel, dann nacheinander Karotten, Sellerie, Paprika, Zucchini zugeben und gut durchrösten. Gemüse mit Salz, Pfeffer und den Kräutern würzen und unter die zerdrückten Kartoffeln mischen. Etwas abkühlen lassen, die beiden Eidotter beigeben und nochmals abschmecken.

Das Toastbrot entrinden, mit einer Schneidemaschine in zwei Scheiben schneiden, dann kleinwürfelig schneiden. Aus der Kartoffel-Gemüsemasse kleine Bällchen formen und mit Mehl, Ei und den Brotwürfeln panieren.

Gemüsepralinen in heißem Fett schwimmend herausbacken. Kräutersauce auf Tellern verteilen und die Gemüsepralinen daraufsetzen.

VORSPEISEN

Röhrlsalat mit Erdäpfeln und Speck

Um die sogenannten Röhrln, den jungen Löwenzahn, wird in der Steiermark zu Recht ein echter Kult getrieben.

ZUTATEN FÜR 4 PERSONEN

400 g Löwenzahnsalat
150 g geräucherter, milder Speck
400 g Kipfler (oder kleine festkochende Kartoffeln)
1 Zehe gehackter Knoblauch
4 frische Landeier
Balsamico-Essig (ersatzweise guter Rotweinessig)
Kernöl
Salz, Pfeffer

20 MINUTEN / LEICHT

Erdäpfel waschen, in Salzwasser weich kochen, schälen, blättrig schneiden. Salat putzen. Achten Sie darauf, dass der Strunk noch die Blätter zusammenhält. Danach gut waschen und abtropfen lassen. Eier in 5 Minuten wachsweich kochen und schälen.

Speck in kleine Würfel schneiden. In einer beschichteten Pfanne rösten, so dass das Fett austritt. Knoblauch und Erdäpfel dazugeben. Kurz durchschwenken, damit sich die Erdäpfel erwärmen. Mit Salz und Pfeffer abschmecken. Kernöl und Balsamico zufügen. In einer geräumigen Schüssel mit dem Salat vermengen. Mit den wachsweichen Eiern servieren.

Kohlrabi-Carpaccio auf Roquefortcreme

Eine elegante, optisch attraktive Vorspeise, die ohne Fleisch auskommt.

ZUTATEN FÜR 4 PERSONEN

3 Knollen Kohlrabi
100 g Roquefort
4 EL Sauerrahm
1 Bund Schnittlauch
Salz, Pfeffer
6 EL Balsamico-Essig
5 EL Distelöl
1 Kopfsalat
Fruchtfleisch von 3 Tomaten
geröstete Sonnenblumenkerne

20 MINUTEN / AUFWENDIG

Salat putzen, waschen und auf einem Tuch abtropfen lassen.

Roquefort durch ein Sieb passieren. Mit dem Sauerrahm cremig verrühren und mit frisch gemahlenem Pfeffer abschmecken. Fein geschnittenen Schnittlauch unterheben.

Den Kohlrabi sorgfältig schälen, dabei sämtliche holzige Stellen entfernen. Mit der Maschine in dünne Scheiben schneiden.

Balsamico-Essig und Distelöl mit einer Prise Salz und Pfeffer in einer Schüssel verrühren und die in kleine Würfel geschnittenen Tomaten sowie die Salatblätter damit marinieren.

Den Salat auf Tellern anrichten. Kohlrabischeiben auflegen. Die Roquefortsauce über die Kohlrabischeiben gießen. Mit Sonnenblumenkernen bestreuen.

Eierspeise mit Spargelspitzen und schwarzer Trüffel

Eine stimmige Kombination zwischen einfachen und luxuriösen Zutaten. Fingerspitzengefühl bei der Behandlung jeder einzelnen Ingredienz ist jedoch unbedingt vonnöten.

Zutaten für 4 Personen

8 frische Landeier
ca. 1 kg weißer Spargel
1 Knolle Perigord-Trüffel
4 EL Butter

2 EL Balsamico-Essig
2 EL Olivenöl
Saft von 1 Zitrone
Salz, Pfeffer

30 Minuten / leicht

Spargel vom Kopf weg gut schälen, wenn nötig die manchmal holzigen oder bitteren Enden abschneiden.

Trüffel gut abbürsten und in kleine Würfel schneiden. Die Eier aufschlagen, salzen und pfeffern.

In einem geräumigen Topf ca. 1 Liter Wasser mit 1 EL Butter, 2 EL Salz und dem Zitronensaft zum Kochen bringen. Den Spargel darin weich kochen. Spargel abseihen, in Stücke schneiden und noch warm mit Olivenöl, Salz, Pfeffer und Balsamico-Essig marinieren.

In einer beschichtete Pfanne 2 EL Butter aufschäumen, Trüffel dazugeben, einmal umrühren. Eier hinzufügen, mit einem Kochlöffel von außen nach innen einige Male durchrühren bzw. ziehen und leicht stocken lassen. Die Oberfläche der Eierspeise sollte im Idealfall cremig-flüssig sein.

Eierspeise auf vorgewärmte Teller aufteilen und den Spargel dekorativ rundherum anrichten.

Eierspeise mit Spargelspitzen und schwarzer Trüffel ▸

VORSPEISEN

Eiernockerln mit weißer Trüffel

Die an sich schon köstlichen Eiernockerln erhalten durch die Trüffel ihr Adelsprädikat. Die Kombination mit dem Erbsenpüree ist unschlagbar gut.

ZUTATEN FÜR 4 PERSONEN

Für den Nockerlteig:
300 g glattes Mehl
2 Eier
4 EL Trüffelöl
2 EL Sauerrahm
gut 1/8 l Milch
1 TL Salz
Muskatnuss

1–2 Knollen gebürstete weiße Trüffel
250 g gekochte Erbsen
1/2 Zwiebel
1/16 l Obers (Sahne)
4 EL Butter
4 frische Landeier
Salz, Pfeffer

20 MINUTEN / LEICHT

Mehl, Eier, Trüffelöl, Sauerrahm, Milch, Muskat, Salz in einen Schneekessel geben und mit der Hand zu einem Teig verarbeiten. Nicht zu lange kneten, weil sonst die Masse zäh wird.

Zwiebel schälen, fein schneiden und in etwas Butter glasig anschwitzen. Die Erbsen dazugeben und mit dem Obers etwa 5 Minuten kochen lassen. Salzen und pfeffern, mit dem Stabmixer mit 2 EL Butter aufmixen.

In einem geräumigen Topf reichlich Salzwasser zum Kochen bringen. Nockerlmasse mit dem Handrücken durch einen Spätzlehobel oder ein grobes Reibeisen (das verkehrt herum verwendet wird) drücken und einkochen. Einige Male umrühren und ca. 2 Minuten köcheln lassen, danach in ein Sieb leeren.

In einer beschichteten Pfanne etwas Butter aufschäumen und eine halbe Knolle Trüffel hineinreiben. Nockerln dazugeben und durchschwenken (nicht braten!). Mit Trüffelöl parfümieren, Eier hineinschlagen. Ein- bis zweimal durchschwenken, bis die Eier Struktur zeigen, aber noch nicht hart sind. Das Erbsenpüree auf heißen Tellern mittig verteilen und die Eiernockerln darauf anrichten. Mit der restlichen Trüffel behobeln.

TIPP: Wenn weiße Trüffeln stark versandet sind, reinigen Sie diese am besten mit Hilfe einer Bürste unter fließendem Wasser.

VORSPEISEN

Butternockerln mit weißer Trüffel

Dieses Gericht habe ich Gregor von Rezzori, dem großen Literaten, Gourmet und Weltbürger, bei seinem Besuch im ersten Wiener Gourmettempel, dem mittlerweile legendären Restaurant Mattes, gewidmet.

ZUTATEN FÜR 4 PERSONEN

100 g Butter
150 g glattes Mehl
4 Eier
1 Knolle weiße Trüffel (je nach persönlichem Ermessen und Wichtigkeit der Gäste)

2 EL Butter
1 EL Trüffelöl
3 EL geschlagenes Obers (Sahne)
1 TL geriebener Parmesan
Salz, Pfeffer
Muskatnuss

30 MINUTEN / LEICHT

Butter in Würfel schneiden und auf Zimmertemperatur bringen, Eier trennen. Butter in einen Schneekessel geben und mit den Eidottern, Salz und Muskatnuss schaumig rühren. (Der Vorgang sollte im Idealfall der Zubereitung einer Mayonnaise gleichen: Butter und Eidotter sollten also eine Emulsion bilden.)

Eiklar mit einer Prise Salz zu steifem Schnee schlagen und abwechselnd mit dem gesiebten Mehl und dem Eiklar unter die Ei-Butter-Masse heben. Die Masse 15 Minuten in den Kühlschrank stellen.

Währenddessen reichlich Salzwasser aufkochen. Mit Hilfe eines Löffels Nockerln formen, diese langsam einkochen. 2 Minuten auf kleiner Hitze köcheln lassen. Dann wenden und 5 Minuten zugedeckt ziehen lassen. Mit einem Schaumlöffel herausnehmen. Die gekochten Butternockerln sollten dann in der Mitte noch einen gelben Punkt aufweisen. (Sie kennen das vielleicht von Grießnockerln …)

Butter in einer geräumigen Pfanne aufschäumen. Etwas weiße Trüffel einhobeln. Die Nockerln dazugeben, salzen, pfeffern und vorsichtig bei kleiner Hitze durchschwenken. Gegebenenfalls einige Tropfen vom Kochwasser beigeben, damit das Ganze nicht zu kompakt wird. Kurz vor dem Servieren das geschlagene Obers und das Trüffelöl unterziehen.

Mit geriebenem Parmesan bestreuen und auf heißen, tiefen Tellern anrichten. Weiße Trüffel in beliebiger Menge darüberhobeln.

TIPP: Die Butternockerln eignen sich auch wunderbar als Suppeneinlage. Sie sind dann so etwas wie das ultimative Grießnockerl.

▲ Pochierte Eier mit Chicorée und Roquefortdressing

Pochierte Eier mit Chicorée und Roquefortdressing

Ob Chicorée oder Löwenzahnsalat: Diese interessante Vorspeise glänzt durch die Kombination von zart-bitterem Salat und dem süßlich-dominanten Geschmack des Käsedressings.

Zutaten für 4 Personen

4 frische Landeier	ca. 3 EL Obers (Sahne)
6 Stangen Chicorée	Saft von 1 Zitrone
200 g Roquefort	1 Spritzer Essig
4 cl Süßwein	Salz, Pfeffer
3 EL Sauerrahm	1 kleiner Bund Schnittlauch

15 Minuten / leicht

VORSPEISEN

Den Chicorée in einzelne Blätter teilen, der Länge nach halbieren, waschen und auf ein Tuch legen.

Den Roquefort (wenn nötig) mit einem feinen Reibeisen passieren und mit einem Schneebesen glatt rühren. Nach und nach den Süßwein und das flüssige Obers zugießen. Mit Salz, Pfeffer und etwas Zitronensaft abschmecken. Den Schnittlauch fein schneiden und mit Sauerrahm, Salz und Pfeffer verrühren.

Wasser mit etwas Essig zum Kochen bringen. Die Eier (sollten am besten kalt sein) in eine Tasse vorsichtig einschlagen und langsam in das wallende Kochwasser gleiten lassen. Bei kleiner Hitze ca. 3 Minuten pochieren. Das Wasser soll dabei nicht kochen! Die Eier mit einem Schaumlöffel herausnehmen und auf ein Küchenpapier legen.

Chicoréesalat mit dem Roquefortdressing marinieren, auf Tellern anrichten. Die noch warmen wachsweichen Eier daraufsetzen und diese mit der Schnittlauch-Sauerrahm-Sauce überziehen.

TIPP: *Mit knusprig gebratenen Speckstreifen kann man dieses Gericht ein wenig gehaltvoller gestalten.*

Bandnudeln mit Basilikum und Artischocken

Dieses Gericht kann man auch mit eingelegten Artischocken zubereiten, wodurch sich die Zubereitungszeit erheblich verkürzt.

ZUTATEN FÜR 4 PERSONEN:

300 g Bandnudeln
3–4 Artischocken (Menge je nach Größe)
1 Bund Basilikum
gut 1/16 l Olivenöl
2 EL geriebener Parmesan

2 Pfefferschoten
1 Zitrone
1 Schuß Weißwein (oder Wasser)
Salz, Pfeffer

40 MINUTEN / AUFWENDIG

Artischocken putzen: den Strunk herausziehen, mit einem Messer so schälen, dass nur noch das helle Fruchtfleisch übrig ist. Danach sofort mit Zitronensaft einreiben, damit das Fleisch weiß bleibt. Das Innere der Artischocken mit einem Parisienneausstecher oder einem scharfen Löffel auskratzen. Ebenfalls mit Zitronensaft einreiben.

Die Artischockenböden in ca. 3 cm dünne Streifen schneiden und langsam in 2 EL Olivenöl dahinschmurgeln lassen.

In der Zwischenzeit reichlich Salzwasser aufkochen. Die Bandnudeln „al dente" kochen. Abseihen und kurz abschrecken.

Artischocken mit Salz und Pfeffer würzen und die Pfefferschoten fein gerieben zufügen. Die gekochten Nudeln mit den Artischocken vermengen. Wenn nötig, noch etwas Wasser oder Weißwein zugeben: das Gericht sollte nicht zu trocken sein.

Vor dem Servieren nochmals mit Salz und Pfeffer abschmecken. Mit klein geschnittenem Basilikum, Olivenöl und Parmesan vollenden. In tiefen, heißen Tellern anrichten.

TIPP: *Seien Sie vorsichtig beim Würzen, wenn Sie mit scharfen Speisen mitunter Probleme haben: 2 Pfefferschoten können da schon sehr heftig wirken. Verzichten Sie nicht darauf, die Pasta vor dem Servieren mit dem Sugo zu vermengen; das bringt letztlich den Geschmack.*

Parmesannudeln

Die populärsten Nudelgerichte stammen fast alle aus Italien und China. Dieses Gericht aber hat seinen Ursprung in der „Korso"-Küche.

ZUTATEN FÜR 4 PERSONEN

250 g frischen Nudelteig (Rezept Seite 251)
1 Ei
6 EL geriebener Parmesan

3 EL Butter
2 EL geschlagenes Obers (Sahne)
Salz, Pfeffer

20 MINUTEN / LEICHT

Nudelteig mit einer Nudelmaschine dünn ausrollen. Danach die Streifen in Dreiecke schneiden. Die Längsseiten sollten zwischen 8 und 10 cm messen.

Nudeldreiecke mit verquirltem Ei sehr dünn bestreichen. (Vorsicht: wenn man zuviel Ei erwischt, werden die Nudeln beim Kochen hart). Danach mit Parmesan bestreuen. Nudeln von der Breitseite aus zur Spitze hin eindrehen (so ähnlich wie bei einem Croissant).

Nudeln in sprudelndem Salzwasser ca. 1 Minute kochen, eine weitere Minute ziehen lassen. Danach abseihen (bitte nicht kalt abschrecken) und in das Kochgeschirr zurückgeben. Butter zufügen und die Nudeln darin durchschwenken. Vorsichtig salzen, pfeffern und kurz vor dem Servieren geschlagenes Obers darunterziehen.

TIPP: *Beim Durchschwenken kann ruhig noch ein wenig Kochwasser im Topf sein. So wird das Gericht nicht ganz so trocken und kompakt. Je nach Geschmack können Sie die Nudeln mit noch mehr Parmesan bestreuen. Die Parmesannudeln sind auch eine vorzügliche Basis für die Kombination mit weißen Trüffeln oder gerösteten Artischocken.*

Vorspeisen

Zitronennudeln mit Kaviar

Ein luxuriöser „Korso"-Klassiker.

Zutaten für 4 Personen

200 g Nudelteig (Rezept Seite 251)
4 EL Kaviar
3 EL Butter
2 EL Sauerrahm

1 Zitrone
2 EL geschlagenes Obers (Sahne)
Salz, Pfeffer

15 Minuten / leicht

Nudelteig mit der Nudelmaschine in dünne Blätter ausrollen und mit dem feinsten Schneideaufsatz ausrollen.

Zitrone waschen. Zitronenschale hauchdünn mit einem Zestenreißer oder einem Sparschäler abschälen. Zitronenschale in feine Streifen schneiden. In kochendem Wasser 1 Minute blanchieren, danach abseihen. Nudeln in reichlich gesalzenem Wasser etwa 15 Sekunden kochen. Abseihen und kurz abschrecken.

In einer Pfanne Butter aufschäumen, die Zesten (Zitronenschalen) dazugeben und kurz durchschwenken. Die Nudeln in der Pfanne mit etwas Wasser oder milder Rindsuppe erwärmen, mit Salz und Pfeffer abschmecken. Unter ständigem Schwenken einige Stücke Butter untermischen, damit die Nudeln „schön mollig" werden.

Sauerrahm und Zitronensaft dazugeben und zum Schluß geschlagenes Obers einmischen. In heißen, tiefen Tellern anrichten. Mit dem Kaviar krönen.

Erdäpfelschaum mit Kaviar und Sauerrahm

Ein sehr einfach herzustellendes Gericht, das durch seine Simplizität besticht.

Zutaten für 4 Personen

4 EL Kaviar
ca. 1 kg mehlige Kartoffeln
4–8 EL Sauerrahm

4 EL Butter
1 kleiner Bund Schnittlauch
Pfeffer

45 Minuten / leicht

Erdäpfelschaum mit Kaviar und Sauerrahm ▲

Butter in einem Topf vorsichtig erwärmen, flüssig werden lassen und warm stellen. Kartoffeln schälen und in Salzwasser weich kochen. Abseihen und mit einer Kartoffelpresse auf heiße Teller drücken.

Butter nochmals kurz aufschäumen und über die Kartoffeln verteilen. Mit Pfeffer aus der Mühle würzen und jeweils 1 EL Kaviar und 1–2 EL Sauerrahm daraufsetzen. Schnittlauch frisch schneiden, darüber streuen und servieren.

TIPP: *Dazu passen pochierte Wachteleier. Auch könnte man einen Teil Sauerrahm mit einem Teil geschlagenem Obers mischen, leicht salzen und mit Wodka abschmecken.*

VORSPEISEN

Geflügelsalat mit Avocados

Eine eher mollige Vorspeise, die ein wenig an die früher so beliebten Cocktailsaucen erinnert. Diese Sauce ist natürlich um einiges leichter…

ZUTATEN FÜR 4 PERSONEN

2–3 Hühnerbrüste
2 EL Butter
200 g kleine Champignons
Saft von 1 Zitrone
Salz, Pfeffer
2 reife Avocados

1 säuerlicher Apfel
1 kleiner Stangensellerie
1 EL Mayonnaise
2 EL Joghurt
1 EL Sauerrahm
1 kleiner Bund frischer Koriander

30 MINUTEN / LEICHT

Hühnerbrüste salzen, pfeffern und in aufgeschäumter Butter langsam zugedeckt braten (oder im vorgeheizten Rohr ca. 12–14 Minuten garen); danach abkühlen lassen.

Champignons wenn nötig putzen und waschen. Große Champignons halbieren oder vierteln, kleine ganz lassen. In einem Topf mit der Hälfte des Zitronensafts, etwa 5 EL Wasser und wenig Salz zugedeckt langsam unter häufigem Durchrütteln ca. 5 Minuten köcheln lassen. Beiseite stellen und überkühlen lassen.

Avocados und Äpfel schälen, in Würfel schneiden. Stangensellerie zuputzen und am besten nur die zarten inneren Stangen verwenden; wenn nötig Fäden ziehen. Stangensellerie in sehr wenig leicht gesalzenem Wasser kurz kochen, danach würfelig schneiden.

Die gebratenen Hühnerbrüste ebenfalls in Würfel schneiden und zusammen mit den Champignons, Avocados, Äpfeln und Sellerie in eine geräumige Schüssel geben.

Aus Mayonnaise, Joghurt, Sauerrahm, restlichem Zitronensaft, Salz und Pfeffer eine würzige Marinade anrühren und über die übrigen Zutaten geben. Nochmals abschmecken und leicht gekühlt in kleinen Cocktailschalen oder auf Salatblättern anrichten. Mit klein gezupftem Koriander dekoriert servieren.

TIPP: *Eine würzige Variante zur Sauce: Fügen Sie zu den oben genannten Zutaten noch 2 EL scharfes Ketchup, 1 Schuß Cognac und 1 EL frisch geriebenen Kren bei.*

VORSPEISEN

Thunfischtatar mit roten Linsen

Wie alle marinierten Fischgerichte sollten Sie auch dieses Thunfischtatar gut gekühlt servieren.

Zutaten für 4 Personen

- 400 g frischer Thunfisch
- 100 g rote Linsen
- 1 Prise Safran
- 1 Limette
- 1 EL fein gehackte weiße Zwiebel
- 5–7 EL feinstes Olivenöl
- 1 EL Pommery-Senf
- Salz, Pfeffer
- ev. Balsamico-Essig

30 Minuten / leicht

Linsen in leicht gesalzenem Wasser mit dem Safran weich kochen. Danach abseihen und kalt stellen.

Thunfisch sorgfältig zuputzen und sämtliche Sehnen und Häutchen entfernen. In feine Würfel schneiden und in eine geräumige kalte Schüssel geben.

Die Limette gut waschen und mit einem feinen Reibeisen Limettenschale über den Thunfisch reiben. Die ausgekühlten Linsen und die Zwiebel beigeben. Mit Olivenöl, Limettensaft, Pommery-Senf, Salz und Pfeffer marinieren. Achten Sie dabei auf die Dosierung der Flüssigkeit. Die Linsen-Thunfisch-Mischung darf keinesfalls eine kompakte Masse werden. Je nach Geschmack können Sie in die Marinade auch noch ein wenig Balsamico-Essig einrühren.

Thunfischtatar in vorgekühlte Förmchen füllen. Ganz kurz durchkühlen lassen und auf gekühlte Teller stürzen. Nach Belieben mit einem zarten Prinzessbohnensalat oder etwas Friséesalat garniert servieren.

Vorspeisen

Hummer auf Safrangelee

Eine köstliche, äußerst elegante Vorspeise, die mit wenigen Zutaten enorm viel Geschmack bringt.

Zutaten für 4 Personen

2 Hummer à ca. 400 g
3 Blatt Gelatine
⅛ l Süßwein
⅛ l kräftige, klare Rindsuppe

1 Briefchen Safran (ca. 20 Fäden)
3 EL Olivenöl
3 EL Balsamico-Essig
Salz, Pfeffer

60 Minuten / für Ehrgeizige

Gelatine in kaltem Wasser einweichen, nach ca. 20 Minuten ausdrücken. Suppe und Süßwein mit dem Safran in einem Gefäß erwärmen und die Gelatine darin auflösen. Wenn nötig leicht salzen. Kurz vor dem Erkalten durch ein feines Sieb passieren.

Die Flüssigkeit in tiefe Teller eingießen und in den Kühlschrank stellen, damit das Gelee fest werden kann (dauert ca. 30 Minuten).

In der Zwischenzeit reichlich Wasser zum Kochen bringen, salzen und die Hummer mit dem Kopf voran ca. 1 ½ Minuten kochen. Hummer herausnehmen, Scheren vom Panzer trennen und in heißem Wasser 1 Minute nachkochen. Herausnehmen und überkühlen lassen.

Hummerschwänze vom Panzer trennen und mit einem schweren Messer in der Mitte der Länge nach teilen, das Fleisch aus dem Schwanz lösen. Hummerscheren hochkant legen, mit dem Messerrücken anschlagen, damit die Schale bricht. Das Fleisch vorsichtig auslösen. Scherenfleisch ebenfalls einmal durchschneiden.

Hummerfleisch mit Salz, Pfeffer, Olivenöl und Balsamico-Essig marinieren und dekorativ auf dem Gelee anrichten. Als Garnitur kann man grünen Spargel oder marinierte Prinzeßbohnen servieren.

> TIPP: *Frieren Sie die bei diesem Gericht nicht gebrauchten Hummer-Karkassen ein und sammeln Sie diese. Nach einiger Zeit haben Sie einen wunderbaren Rohstoff für eine klassische Hummersauce.*

◂ Hummer auf Safrangelee

VORSPEISEN

Lachs-Hummer-Sandwich mit Hummertatar

Servieren Sie diesen Sandwich mit Blattsalaten oder jungen, grünen Bohnen.

ZUTATEN FÜR 4 PERSONEN

- 2 frische Hummer (à 400 g)
- 8 dünne Scheiben Frischlachs (Größe ca. 10 x 5 cm)
- 1 Bund Basilikum
- 1 Limette
- 1 Zitrone
- $1/16$ l feinstes Olivenöl
- Salz, Pfeffer

30 MINUTEN / AUFWENDIG

Hummer in reichlich kochendem Salzwasser mit dem Kopf voran 1 Minute kochen. Herausnehmen, die Scheren vom Torso lösen und weitere 2 Minuten kochen. Danach die Scheren hochkant legen und mit einem schweren Messer anschlagen, sodass die Schere aufspringt. Schere aufbrechen und das Fleisch vorsichtig herauslösen. Den Hummerschwanz mit einem Messer der Länge nach halbieren. Fleisch auslösen und den Darm entfernen. Hummerfleisch in nicht zu kleine Würfel schneiden. Lachsscheiben auf kalten Tellern mit Salz, Pfeffer, Zitronensaft und Olivenöl marinieren. Hummerfleisch (im Idealfall ist es noch lauwarm) mit geschnittenem Basilikum, Limettensaft, Olivenöl, Salz und Pfeffer abschmecken. Hummertatar auf 4 Lachsscheiben aufteilen. Mit den verbleibenden Lachsscheiben belegen.

Salat von Flußkrebsen auf weißen Bohnen und Rucola

Ein schönes Beispiel für ein typisch italienisches Gericht: Nicht auf die Optik, sondern auf den Geschmack kommt es an. Servieren Sie den Salat unbedingt lauwarm.

ZUTATEN FÜR 4 PERSONEN

- 20 Flußkrebse
- 250 g Rucolasalat
- 100 g weiße, gekochte Bohnen
- $1/8$ l Weißwein
- 1 Lorbeerblatt
- 2 Zehen Knoblauch
- 1 EL Kümmel
- Salz, Pfeffer
- $1/8$ l Olivenöl
- 1 EL Parmesan
- Saft von 1 Zitrone
- 2 EL Balsamico-Essig

Lachs-Hummer-Sandwich mit Hummertatar ▶

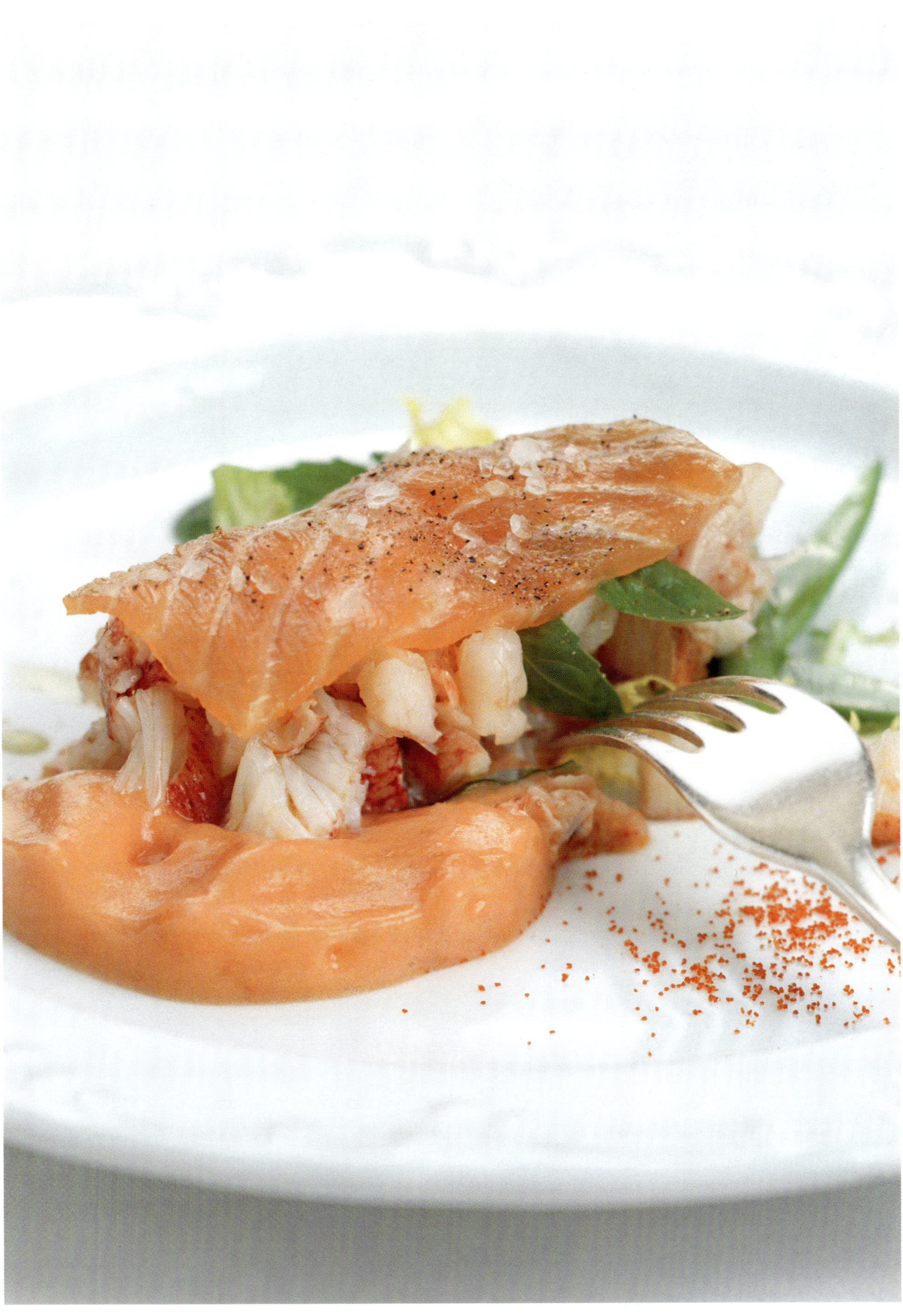

▲ Salat von Flußkrebsen auf weißen Bohnen und Rucola

45 Minuten / aufwendig

Die Flußkrebse in stark gesalzenem Wasser einmal gut aufkochen, 2 Minuten ziehen lassen und abseihen. Die gekochten Flußkrebse etwas abkühlen lassen. Den Schwanz und die Scheren vom Körper trennen und mithilfe eines kleinen Messers Schwanz- und Scherenfleisch herauslösen. Den Schwanz an der Oberseite vorsichtig einschneiden und den Darm herausziehen.

Rucola putzen, Stiele abschneiden, Blätter drei- bis viermal auseinanderschneiden. Gut waschen und trockenschleudern.

Die Flußkrebskarkassen in einem geräumigen Topf in etwas Olivenöl kurz anschwitzen.

Mit dem Weißwein ablöschen, Lorbeerblatt, Knoblauch und etwas Kümmel dazugeben. Mit etwa 1/4 l Wasser auffüllen und 15 Minuten köcheln lassen. Danach durch ein feines Sieb seihen.

Die Bohnen mit dem Krebsenfond in einer geräumigen Sauteuse aufkochen. Vom Herd nehmen und den Rucola sowie die Krebse dazugeben. Das Ganze ziemlich rasch mit Olivenöl, Parmesan, Zitronensaft, Balsamico, Salz, Pfeffer marinieren und anrichten. Der Salat sollte lauwarm serviert werden.

TIPP: *Falls Sie die Wahl zwischen einem milden, rundblättrigen und dem etwas würzigen, gezackten Rucola haben, wählen Sie beim Einkauf für dieses Gericht bitte die aromatischere Sorte.*

Rollmops vom Lachs mit Fenchelkraut

Ein „Korso"-Klassiker als „Fingerfood", den nicht nur Erwachsene, sondern auch Kinder lieben. Diese Vorspeise kann man ohne Probleme (und Besteck) bei Stehempfängen servieren.

Zutaten für 4 Personen

400 g Lachsfilet
1 Knolle Fenchel
Salz, Pfeffer
Saft von 1 Zitrone

Olivenöl
1/16 l gereifter Balsamico-Essig
1 Bund Schnittlauch

20 Minuten / leicht

Lachsfilets sorgfältig nach Gräten untersuchen und diese entfernen. Die Filets – je nach Stärke – zwei- bis dreimal waagrecht durchschneiden. Die Filets sollen ca. 4 cm breit, 10 cm lang und 2–3 mm dick sein.

Fenchel waschen, schälen und die Fäden ziehen. Dünn schneiden (geht am besten mit einer Maschine). Mit Salz, Zitronensaft, Olivenöl und Balsamico-Essig marinieren.

Lachsfilets mit Olivenöl, Zitronensaft, Salz und Pfeffer marinieren. Mit dem Fenchelkraut belegen und einrollen. Die Rollen mit 2 bis 3 Zahnstochern fixieren.

Mit Klarsichtfolie abdecken (vermeidet das Annehmen von Fremdgerüchen) und für ca. 15 Minuten im Kühlschrank kalt stellen. Schnittlauch fein schneiden.

Auf gekühlten Tellern anrichten. Schnittlauch und grob gemahlenen Pfeffer rundum verteilen.

Salat vom gebratenen Wolfsbarsch mit Orangensauce

Ein mediterraner Salat für geübte Köche. Achten Sie bitte darauf, dass Sie wirklich optimal reife Orangen verwenden.

Zutaten für 4 Personen

- 4 Wolfsbarschfilets à ca. 120 g
- 300 g Rucola
- 2 gehäufte Löffel Zucker
- 2 EL Butter
- 2 Orangen
- Salz, Pfeffer
- Weißbrotbrösel
- 5 EL Olivenöl
- 2 EL Balsamico-Essig
- 1 Hand voll gekochte grüne Erbsen
- 1 kleiner Bund Basilikum

40 Minuten / aufwendig

Rucola putzen, waschen und auf ein Küchentuch legen.

Wolfsbarschfilets an den Rändern leicht einschneiden, damit sich beim Braten die Haut nicht zusammenzieht.

In einer Pfanne Zucker in etwas Butter karamellisieren. Den Saft von einer Orange dazugeben und so lange einkochen, bis nur noch 3 EL der Flüssigkeit übrig sind. Die andere Orange schälen und aus den einzelnen Häutchen Filets herausschneiden.

Wolfsbarschfilets salzen und pfeffern, mit der Hautseite in Weißbrotbrösel tauchen. In einer beschichteten Pfanne in etwas Olivenöl nur auf der Hautseite knusprig braten. Die Filets sind gar, wenn sich das Eiweiß an den dünneren Stellen weiß zu färben beginnt.

Rucola salzen, pfeffern, mit Olivenöl und Balsamico-Essig zart marinieren; zum Schluß die Erbsen beigeben. Die Orangenfilets in die Orangensauce legen, leicht erwärmen und auf Tellern in der Mitte verteilen. Wolfsbarschfilets vor dem Anrichten auf einem mit Butter bestrichenen heißen Teller wenden. Wolfsbarschfilets auf die Orangen legen. Rucola rundherum anrichten und mit Basilikumblättern bestreuen.

TIPP: *Wenn Sie mit größeren Fischfilets ans Werk gehen, ziehen Sie am besten die Haut ab und schneiden die störenden dunkelfarbigen Fettstellen heraus.*

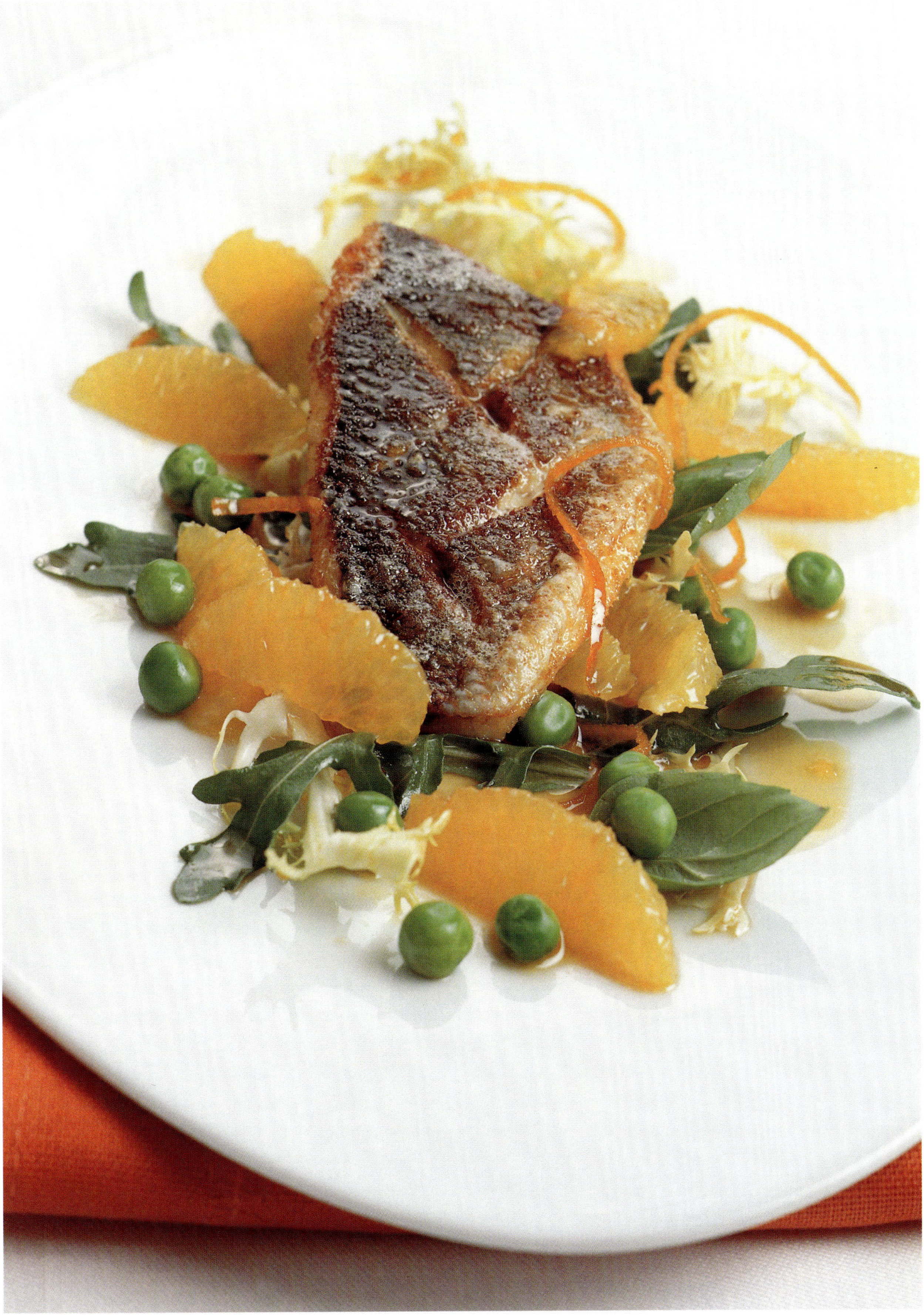

Vorspeisen

Soufflé vom Steinbutt mit Champagner-Kaviarsauce

Ein Gericht für versierte Hobbyköche. Bereiten Sie gleich eine größere Menge zu, denn die Grundmasse läßt sich gut einfrieren.

Zutaten für etwa 12 Förmchen:

- 500 g Steinbuttfilets (ausgelöst und enthäutet)
- Steinbuttgräten für die Sauce
- ca. 3/4 l Obers (Sahne)
- 1 Ei
- Butter
- 1/2 Zwiebel
- etwas Stangensellerie
- Pfefferkörner
- Muskatnuss
- 2 Lorbeerblätter
- 1/4 l Champagner
- 2 EL Kaviar
- Salz, Pfeffer

90 Minuten / für Ehrgeizige

Steinbuttfilets in kleine Stücke schneiden, salzen, pfeffern und kalt stellen (oder kurz anfrieren). Eine Faschiermaschine (Fleischwolf) mit der feinsten Scheibe ebenfalls in den Kühlschrank oder kurz ins Tiefkühlfach legen.

Kleine Förmchen oder Mokkatassen mit Butter ausschmieren und in den Tiefkühler stellen, bis die Butter angezogen hat. Den Vorgang nochmals wiederholen. Durch diese Methode lassen sich die pochierten Soufflés später viel leichter stürzen.

Steinbuttfilets fein faschieren und die Masse in einem Küchen-Kutter mit 1 Ei aufrühren. Nach und nach ca. 1/2 l Obers zugießen. Das Obers muß anfangs ganz langsam eingerührt werden. (Dieser Vorgang basiert auf einem ähnlichen Prinzip, wie es auch bei der Herstellung von Mayonnaise angewandt wird.) Nochmals mit Salz, Pfeffer und geriebener Muskatnuss abschmecken. Danach die Masse durch ein Haarsieb drücken und in die vorbereiteten Förmchen füllen. Kalt stellen.

Fischgräten waschen, zerkleinern und abtrocknen. In einen Topf Butter aufschäumen lassen, die trockenen Karkassen zugeben und mit geschnittener Zwiebel und Stangensellerie kurz andämpfen. Einige Pfefferkörner andrücken und mit dem Lorbeerblatt aromatisieren. Mit Champagner ablöschen, etwas einkochen und mit ca. 1/4 l Wasser auffüllen. Etwa 20 Minuten auf kleiner Hitze köcheln lassen. Danach durch ein Küchentuch seihen. Man kann diesen Fond mit frischen Kräutern oder einer Tomate beliebig geschmacklich variieren.

Den geseihten Fond auf ca. 1/16 l einkochen lassen. Mit einem schwachen 1/8 l Obers auffüllen und nach dem Aufkochen mit ca. 2 EL Butter aufmixen. Mit Salz und Pfeffer abschmecken.

Die Förmchen in eine mit Küchenpapier ausgelegte Wanne stellen. So viel heißes Wasser zugießen, dass das Wasser bis ca. 1 cm unter dem Förmchenrand steht. Das Wasser bis ca. 90° C erhitzen und in Folge im vorgeheizten Rohr bei 160° C etwa 18–20 Minuten pochieren. Das Soufflé ist gar, wenn beim Andrücken an der Oberfläche ein leichter Widerstand fühlbar ist.

Förmchen auf Teller stürzen. Die Sauce nochmals erhitzen, mit einem Stabmixer kurz aufschäumen. Kaviar einrühren und die Soufflés damit überziehen.

Räucherforellenmousse mit Rahmgurken

Eine einfach herzustellende Vorspeise für heiße Sommertage. Statt Räucherforelle können Sie auch Räucherlachs verwenden. Achten Sie darauf, dass der Fisch tatsächlich ganz fein gemixt ist.

Zutaten für 4 Personen

300 g Räucherforellenfilet
¼ l kräftige Rindsuppe
¼ l Schlagobers (Schlagsahne)
6 Blatt Gelatine
1 Salatgurke

3 EL Sauerrahm
1 TL gehackte Dille
1 Zitrone
⅛ Weißwein
Salz, Pfeffer, Zucker

60 Minuten / leicht

Gelatine in kaltem Wasser einweichen. Weißwein auf die Hälfte der ursprünglichen Menge einkochen. Rindsuppe beigeben und erwärmen.

Gurke schälen und in etwa 10 cm lange Stücke schneiden. Der Länge nach fein raspeln. Mit Salz, Pfeffer, Zucker und Zitronensaft würzen, danach mit Sauerrahm und gehackter Dille abschmecken.

Forellenfilets im Mixer mit der warmen Rindsuppe aufmixen. Gelatine ausdrücken, ganz leicht erwärmen und langsam unter die Forellenmasse mischen. Diese flüssige Masse in einen Schneekessel geben und zum Abkühlen für kurze Zeit in den Kühlschrank stellen. Öfters umrühren und kräftig mit Salz und Pfeffer würzen.

In der Zwischenzeit Obers steif schlagen. Wenn die Masse leicht anzuziehen beginnt, das geschlagene Obers unterrühren und in eine ca. 7 cm hohe Form gießen. Räucherforellenmousse für etwa 3 Stunden in den Kühlschrank stellen.

Vor dem Servieren einen Esslöffel in heißes Wasser tauchen und kegelförmige Nockerln aus dem Mousse ausstechen. Auf kalten Tellern mit den Rahmgurken anrichten.

▲ Zucchinichips und Sprotten

Zucchinichips und Sprotten

Die idealen Häppchen bei einem kleinen Cocktail. Wenn man die Zutaten hat, ist die Zubereitung keine Zauberei.

Zutaten für 4 Personen

300–400 g frische Sprotten
4 kleine Zucchini
2 EL gehackte Petersilie
Saft von 1 Zitrone
Mehl
reichlich Öl zum Frittieren
Salz

20 Minuten / leicht

Die Zucchini waschen und in dünne Scheiben schneiden. Die Sprotten mit gehackter Petersilie und Zitronensaft zart marinieren.

Die Zucchini sowie die Sprotten getrennt in Mehl wenden. In reichlich heißem Öl separat backen. Sowohl die Sprotten wie auch die Zucchini sollten eine knusprige Konsistenz haben. Auf Küchenpapier abtropfen lassen. Leicht salzen und auf mit Krepp-Papier ausgelegten Tellern servieren.

Dazu passen einige Zitronenfilets und eine Aioli (Knoblauchmayonnaise).

TIPP: *Salzen Sie die Sprotten unbedingt erst nach dem Frittieren, weil diese sonst während der Zubereitung Wasser lassen.*

Marinierte Sardinen mit Rosinen und Zwiebeln

Eine einfache venezianische Vorspeise.

Zutaten für 4 Personen

1 kg frische Sardinen
Mehl
Salz, Pfeffer
Olivenöl zum Braten
1 kleiner Bund Petersilie
3 mittelgroße weiße Zwiebeln
5 Lorbeerblätter
2 EL Pinienkerne

4 EL Rosinen
2 Zimtstangen
6 Gewürznelken
¼ l trockener Weißwein
3 EL Honig
Saft von 1 Zitrone
¹⁄₁₆ l feinstes, kaltgepresstes Olivenöl

40 Minuten / leicht

Sardinen putzen: Den Kopf mit einem Messer abtrennen und am besten mit dem Daumen die Hauptgräte vorsichtig von den Filets lösen. Da die Konsistenz der Filets nicht sonderlich fest ist, läßt sich das nach einigen Versuchen recht leicht bewerkstelligen.

Sardinen wenig salzen und pfeffern. Mit der Hautseite in Mehl tauchen und am besten in einer schweren beschichteten Pfanne in heißem Olivenöl nur auf der bemehlten Hautseite kurz knusprig anbraten. Sardinen danach in einem flachen Geschirr nebeneinander auflegen.

Petersilie waschen, abzupfen und grob hacken. Zwiebeln schälen und in ca. 3 mm dicke

▲ Marinierte Sardinen mit Rosinen und Zwiebeln

Streifen schneiden. In etwas Olivenöl glasig anschmurgeln. Lorbeerblätter, Pinienkerne, Rosinen sowie zerkleinerte Zimtrinde und Nelken dazugeben. Kurze Zeit anschmurgeln, dann den Weißwein zugießen und bis zur Hälfte einkochen. Vom Feuer nehmen, mit Honig, Salz, Pfeffer, Zitronensaft und Petersilie abschmecken.

Die noch heißen Zwiebeln samt den Gewürzen auf die Innenseite der aufgelegten Sardinen verteilen. Mit Olivenöl beträufeln und einige Stunden zugedeckt im Kühlschrank marinieren.

Nehmen Sie die marinierten Sardinen eine halbe Stunde vor dem Servieren aus dem Kühlschrank.

> TIPP: *Die angebratenen Sardinen sollten an der Hautseite schön kross, aber nicht komplett durchgebraten sein.*

VORSPEISEN

Kalbskopf mit Hummer und schwarzer Trüffel

Mit etwas Trüffeljus wird dieses geschmacksintensive Ragout zur Aromabombe.

Zutaten für 4 Personen

- 400 g Kalbskopf
- 2 Knollen schwarze Trüffel
- 2 Hummer á ca. 400 g
- ca. $^1/_2$ l Kalbsfond
- 1 Schuß Weißwein
- 2 Eier
- 4 EL Butter
- 1 kleiner Bund Kerbel
- Salz, Pfeffer

40 Minuten / aufwendig

Den Kalbskopf wie auf Seite 46 beschrieben herstellen und in etwa 2 cm große Würfel schneiden. In einem großen Topf reichlich Wasser zum Kochen bringen. Wasser salzen, die Hummer mit dem Kopf voran einlegen und ca. 1 $^1/_2$ Minuten kochen. Hummer herausnehmen, Scheren vom Panzer trennen und nochmals 1 Minute nachkochen. Heraus-

Kalbskopf mit Hummer und schwarzer Trüffel ▾

nehmen, etwas abkühlen lassen, Scheren und Panzer ausbrechen (Vorgangsweise wie im Rezept „Hummer auf Safrangelee" auf Seite 33 beschrieben). Hummerscheren halbieren, den Schwanz der Länge nach viermal teilen.

Den Kalbfond bis auf ca. $^1/_{16}$ l Flüssigkeit einkochen. Trüffel in Scheiben oder Würfel schneiden. In etwa 1 EL Butter aufschäumen lassen und zum Fond geben. Hummerscheren und Kalbskopf-Würfel in den Fond legen und darin vorsichtig erwärmen.

Die Eier trennen, Eidotter mit Weißwein über Dampf zu einem Sabayon aufschlagen. Das Kalbskopf-Hummer-Trüffelragout auf kleiner Flamme mit etwas klein geschnittener Butter montieren.

Kerbelblätter abzupfen, grob hacken und zusammen mit dem Sabayon unter das heiße Ragout ziehen (nicht mehr kochen lassen). Vor dem Servieren noch mit Salz und Pfeffer abschmecken.

Kalbskopfsalat mit Kernöl

Gepressten Kalbskopf gibt es hin und wieder in Feinkostläden oder guten Metzgereien zu kaufen. Der Reiz dieses Gerichtes liegt aber sicherlich darin, die Prozedur daheim einmal selbst durchzuziehen.

Zutaten für 4 Personen

Ein halber, zugeputzter Kalbskopf
1 Karotte
1 gelbe Rübe
½ Sellerie
1 Lorbeerblatt
Senfkörner
Pfefferkörner
Koriander
Weißweinessig
1 unbehandelte Zitrone

100 g Vogerlsalat (Feldsalat)
1 rote Zwiebel
4–6 EL Kürbiskernöl
5–7 EL Rotweinessig
1 Msp. Dijon-Senf
Zucker
Salz, Pfeffer
300 g Kipfler (ersatzweise andere festkochende Kartoffeln)
Balsamico-Essig

250 Minuten / für Ehrgeizige

Den gut gewässerten Kalbskopf mit Karotte, gelber Rübe, Sellerie, Lorbeerblatt, Senfkörnern, Pfefferkörnern, etwas Koriander, Salz und einem Spritzer Weißweinessig weich kochen. Das dauert zwischen 2 ½ und 3 Stunden. Das Fleisch muß sich danach leicht vom Knochen ablösen lassen. Wenn eine Zunge dabei ist, diese etwas früher herausnehmen. (Sie läßt sich am besten abschälen, wenn man sie noch heiß ganz kurz in eiskaltes Wasser taucht.)

Den gegarten Kalbskopf aus den Sud nehmen und etwas abkühlen lassen.

Kalbskopfsalat mit Kernöl ▶

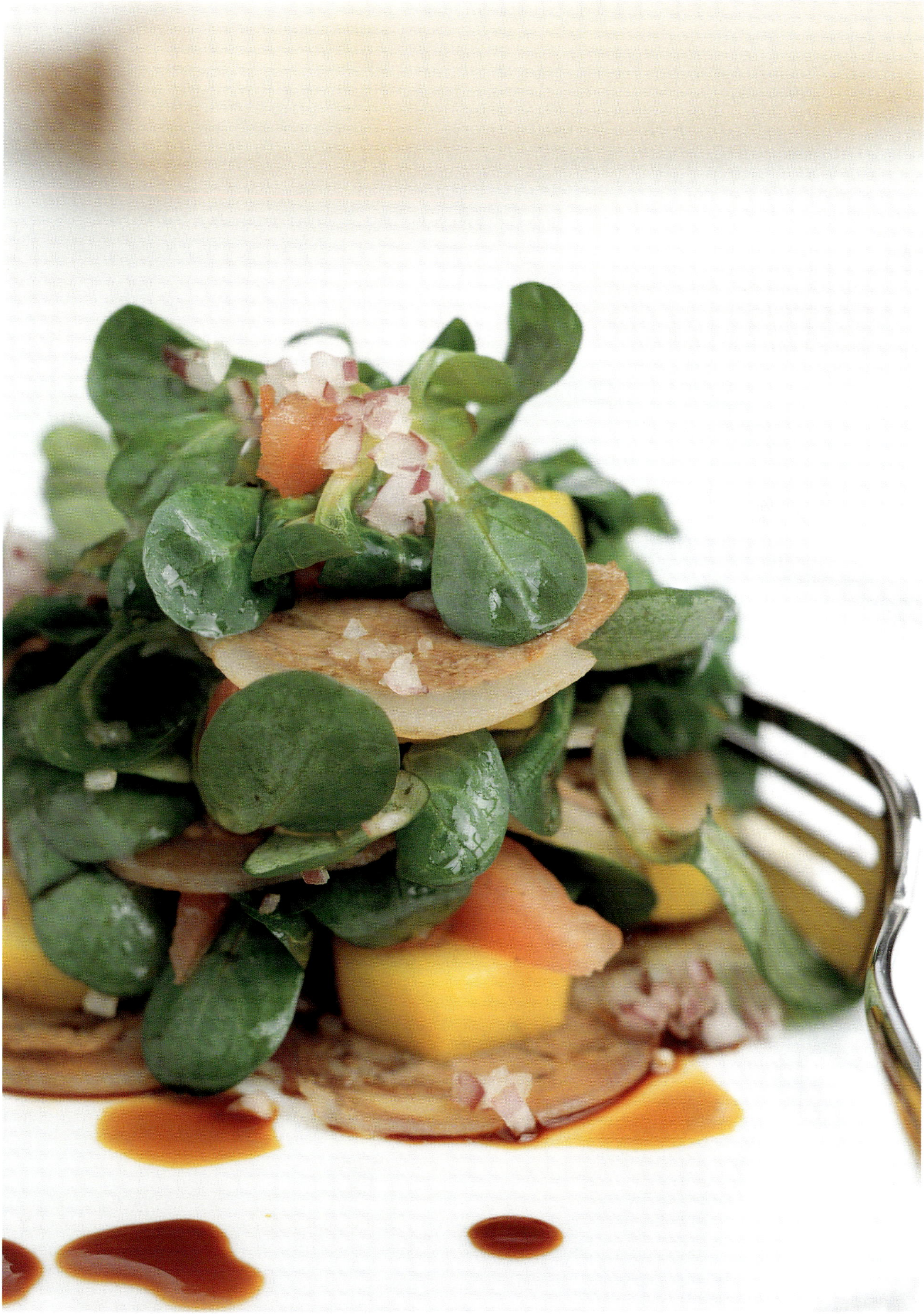

Den Kalbskopf so wenden, dass man die Knochen leicht herausziehen kann. Mit einem Löffel alles Fett, Häute, Sehnen etc. sehr penibel entfernen. Verletzen Sie dabei aber bitte nicht die Maske (die gallertige Außenseite). Das Ganze auf ein sauberes, feuchtes Küchentuch legen, die Zunge halbieren oder dritteln und damit die Maske belegen. Mit gemahlenem Pfeffer und Koriander bestreuen. Zitronenschale mit einem feinen Reibeisen darüberreiben. Die Maske so wie eine Roulade einrollen. Das Tuch an beiden Enden abbinden und nach Möglichkeit hängend eine Nacht lang durchkühlen lassen. Am nächsten Tag aus dem Tuch rollen und bereithalten.

Salat putzen und waschen. Rote Zwiebel schälen und feinwürfelig schneiden. Kalbskopf am besten mit einer Küchenmaschine fein in dünne Scheiben schneiden. Aus Kürbiskernöl, Rotweinessig, Senf, Salz, Pfeffer, Zucker und der Zwiebel eine Marinade rühren. Kalbskopf dazugeben. Einige Scheiben vom Kalbskopf und etwas Salat für die Dekoration zur Seite legen.

Kartoffeln waschen und in leicht gesalzenem Wasser weich kochen. Schälen und blättrig schneiden. Mit der Marinade, dem Kalbskopf und dem Salat vermengen. In der Tellermitte anrichten.

Den für die Garnitur bereitgehaltenen Kalbskopf und Vogerlsalat mit Salz, Pfeffer, Balsamico-Essig und Kernöl marinieren und auf dem Salat dekorativ anrichten.

Saure Leber auf Bohnen

Ein lauwarmer Bohnensalat mit dem ganz speziellen Pfiff.

Zutaten für 4 Personen

600 g Kalbsleber
150 g weiße Bohnen
200 g Kipfler (oder andere festkochende Kartoffeln)
1 kleine rote Zwiebel
1 kleiner Bund Schnittlauch
1 EL Dijon-Senf

4–6 EL Weißweinessig
1 EL Himbeeressig
ca. 150 g Rucola (oder Frisée-Salat)
5 EL Traubenkernöl
2 EL Butterschmalz
1/8 l Rindsuppe
Salz, Pfeffer

60 Minuten / leicht

Die Bohnen einige Stunden vor der Zubereitung einweichen und weich kochen (Wasser nicht salzen), danach abseihen.

Kartoffeln waschen, weich kochen, schälen und blättrig schneiden. Zwiebel schälen, fein schneiden und zu den Kartoffeln geben. Mit Traubenkernöl, Salz, Zucker, Pfeffer, Dijon-Senf, Weißweinessig marinieren und abschmecken. Rucola waschen, abtropfen lassen und in ca. 1 cm lange Stücke schneiden. Von der Kalbsleber die feine obere Haut abziehen. Leber in dünne Scheiben schneiden. Schneiden Sie dabei, wenn möglich, eventuell vorhandene Adern heraus.

Bohnen mit der Rindsuppe aufkochen lassen, die Kartoffelscheiben dazugeben und warm halten.

In einer möglichst dickbödigen Pfanne Butterschmalz erhitzen und die Leber darin beidseitig braten. Sie sollte innen noch rosa sein. Kurz vor dem Herausnehmen mit Himbeeressig ablöschen, leicht salzen und pfeffern.

Bohnen, Kartoffeln und Rucola zusammenmischen, nochmals abschmecken und mit Schnittlauch bestreuen. Auf Tellern anrichten und mit der Kalbsleber belegen.

Linsensalat mit gebratenem Schweinsbackerl

Eine zünftige Angelegenheit, die an ein bäuerliches Festmahl in der Südsteiermark erinnert.

Zutaten für 4 Personen

- ca. 600 g Schweinsbackerln
- 200 g Linsen
- 4 Zehen Knoblauch
- 1 EL Kümmel
- 1 TL edelsüßes Paprikapulver
- 2 EL Schweineschmalz
- 1 EL Zucker
- 1 rote Zwiebel
- 1 TL scharfer Senf
- 4–6 EL Rotweinessig
- 4–6 EL Olivenöl
- 1/4 l dunkles Bier
- 1 Karotte
- 1 Sellerie
- 1 gelbe Rübe
- 1 kleiner Bund Schnittlauch
- Salz, Pfeffer

120 Minuten / leicht

Linsen am besten schon am Vortag in Wasser einweichen.

Rohr auf 160° C vorheizen. Knoblauch schälen und hacken. Schweinsbackerln mit Kümmel, Salz, Pfeffer, Paprika und Knoblauch würzen. In einer Pfanne das Schweineschmalz erhitzen, Zucker darin leicht karamellisieren. Schweinsbackerln rundum anbraten und ins Rohr schieben.

Zwiebel schälen und fein schneiden. Die eingeweichten Linsen in leicht gesalzenem Wasser weich kochen. Abseihen und noch heiß mit Senf, Salz, Pfeffer, Essig, Öl und der gehackten Zwiebel marinieren.

▲ Linsensalat mit gebratenem Schweinsbackerl

Schweinsbackerln immer wieder wenden und nach etwa 1 Stunde Bratzeit nach und nach etwas Bier untergießen. Insgesamt sollten die Schweinsbackerln etwa 2 Stunden im Rohr garen.

In der Zwischenzeit das Wurzelgemüse schälen und kleinwürfelig schneiden. Etwa 15 Minuten vor Ablauf der Garzeit zu den Schweinsbackerln geben.

Schweinsbackerln aus dem Rohr nehmen, das Gemüse unter die marinierten Linsen mischen. Den entstandenen Saft in der Pfanne abseihen und abschmecken.

Linsengemüse auf Tellern aufteilen. Schweinsbackerln in Scheiben schneiden, auf den Linsen anrichten. Mit Schnittlauch bestreuen und mit dem Saft beträufeln.

VORSPEISEN

Vitello tonnato

Der beliebte italienische Klassiker in einer modernen, etwas leichteren Zubereitungsvariante.

ZUTATEN FÜR 4 PERSONEN

- 1 kg zugeputzter Kalbsrücken oder Kalbsfrikandeau
- 200 g eingelegter Thunfisch
- 1 Zwiebel
- 1 Wurzelwerk-Bouquet (Karotte, Stangensellerie, Sellerie, gelbe Rübe)
- 10 Oliven
- 2 Fleischtomaten
- 1 Zitrone
- 1 kleiner Bund Petersilie
- 1 kleiner Bund Basilikum
- 1 EL Senf
- 1/16 l feinstes, kaltgepresstes Olivenöl
- Olivenöl zum Braten
- 1 TL angedrückte Pfefferkörner
- 3 Lorbeerblätter
- 2 EL Kapern oder Kapernbeeren
- ca. 1/2 l trockener Weißwein
- 1/4 l Kalbs- oder Geflügelfond
- 1 EL Mayonnaise
- 2 EL Sauerrahm
- Salz, Pfeffer

120 MINUTEN / AUFWENDIG

Zwiebel schälen und in Würfel schneiden. Das Gemüse waschen, putzen, schälen und ebenfalls würfelig schneiden. Oliven entkernen, Tomaten vierteln. Zitrone schälen und in Scheiben schneiden. Petersilie und Basilikum waschen, grob entstielen.

Das sorgfältig zugeputzte Kalbfleisch salzen, pfeffern, mit Senf bestreichen. In einem passenden Topf etwas Olivenöl erhitzen und das Fleisch beidseitig leise anbraten. Danach die Hitze erhöhen, alle zuvor schon erwähnten Zutaten sowie Pfefferkörner, Lorbeerblatt und Kapern dazugeben. Das Ganze unter mehrmaligem Wenden dahinschmurgeln. Den Thunfisch dazugeben, mit Weißwein untergießen und etwa 12–15 Minuten an beiden Seiten leise köcheln lassen. Das Fleisch sollte danach in der Mitte noch zart rosa sein. Fleisch herausnehmen und unter Zugabe des Kalbs- oder Geflügelfonds die Sauce eine weitere halbe Stunde einkochen.

Die Sauce am besten durch eine „Flotte Lotte" passieren. Nacheinander Olivenöl, Sauerrahm und Mayonnaise mit dem Stabmixer in die Sauce einarbeiten. Die Sauce sollte in diesem Stadium eine dicksämige Konsistenz aufweisen. Nach Bedarf nochmals mit Salz und Pfeffer abschmecken.

Das Kalbfleisch in dünne Scheiben schneiden. In einem flachen Geschirr etwas Sauce verteilen. Das Fleisch fächerartig darauflegen und nochmals mit Sauce begießen. 1–2 Stunden durchziehen lassen (nicht im Kühlschrank) und je nach Belieben mit Basilikumblättern und Oliven servieren.

VORSPEISEN

Gabelbissen

Fast-Food-Nostalgie: Diese nette kulinarische Spielerei erinnert wohl nicht nur mich, sondern auch viele Wiener an längst vergangene Imbiss-Zeiten.

ZUTATEN FÜR 4 PERSONEN

200 g festkochende Kartoffeln
2 Karotten
3 Essiggurken
100 g gekochte Erbsen
1 säuerlicher Apfel
4-5 Blatt Gelatine
1/4 l klare kräftige Rindsuppe
2 EL Mayonnaise
2 EL Sauerrrahm
3 EL Weißweinessig
1 EL Dijon-Senf
Salz, Pfeffer
Als Einlage eignen sich: Räucherlachs, gekochte Wachteleier, Kaviar, Shrimps, Hering

90 MINUTEN / FÜR EHRGEIZIGE

Kleine Förmchen im Kühlschrank kalt stellen. Gelatine in kaltem Wasser einweichen, nach ca. 20 Minuten ausdrücken und in der leicht erwärmten Rindsuppe auflösen. Suppe überkühlen lassen, kleine Förmchen damit ausgießen. Wieder in den Kühlschrank stellen und diesen Vorgang noch einmal wiederholen. Die Förmchen sollten mit einem 3 mm dicken Aspikfilm ausgegossen sein.

Kartoffeln waschen, in Salzwasser weich kochen; schälen und danach in kleine Würfel schneiden. Karotten schälen, ebenfalls kleinwürfelig schneiden und in wenig Salzwasser weich kochen, danach abseihen. Apfel schälen und ebenso kleinwürfelig schneiden wie in Folge auch die Essiggurkerln.

Das Gemüse mit den gekochten Erbsen und dem Apfel in eine Schüssel geben. Sauerrahm, Mayonnaise, Senf, Salz, Pfeffer, Essig dazugeben und vorsichtig vermischen, nochmals abschmecken. Zur Festigung der Masse etwa ein 1/16 l flüssiges Aspik einrühren. Danach im Kühlschrank eine halbe Stunde kalt stellen.

In der Zwischenzeit kann man von den oben angeführten Zutaten je nach individueller Handfertigkeit, Kunstfertigkeit und Geduld die Förmchen mit Shrimps, Lachs oder Ei auslegen und mit dem überkühlten Gemüsesalat füllen. Förmchen nicht bis zum Rand befüllen! Danach sollten die Förmchen wieder im Kühlschrank kalt gestellt werden, ehe es dann an den heikelsten Arbeitsgang, das Stürzen des Ganzen, geht.

Tauchen Sie dafür die Förmchen kurz in heißes Wasser, damit sich das Aspik gerade so viel erwärmt, damit es leicht auf die vorbereiteten kalten Teller „herausflutscht".

Servieren Sie die Gabelbissen mit einer leichten Joghurtsauce oder ein wenig Kaviarrahm.

Gabelbissen ▸

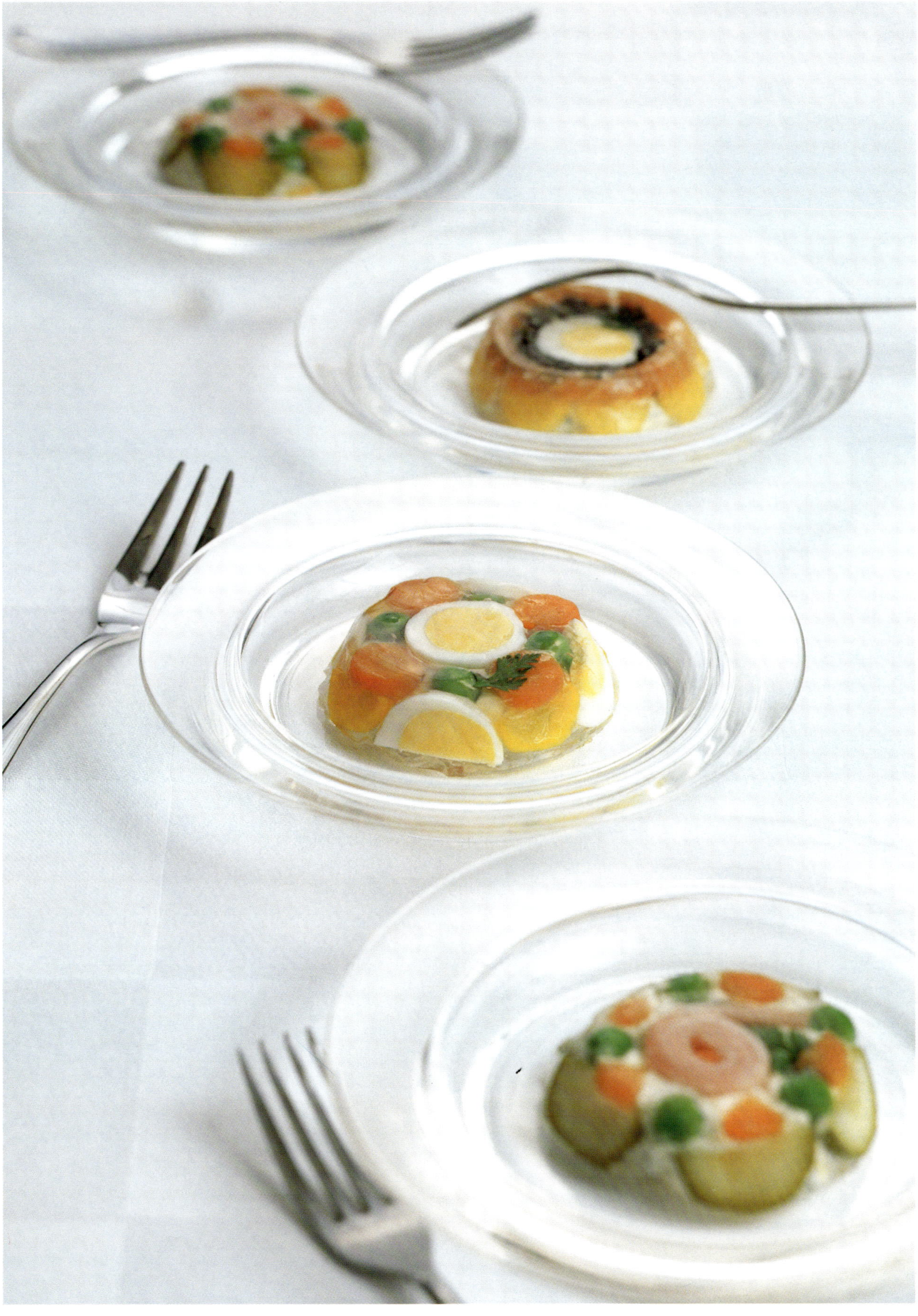

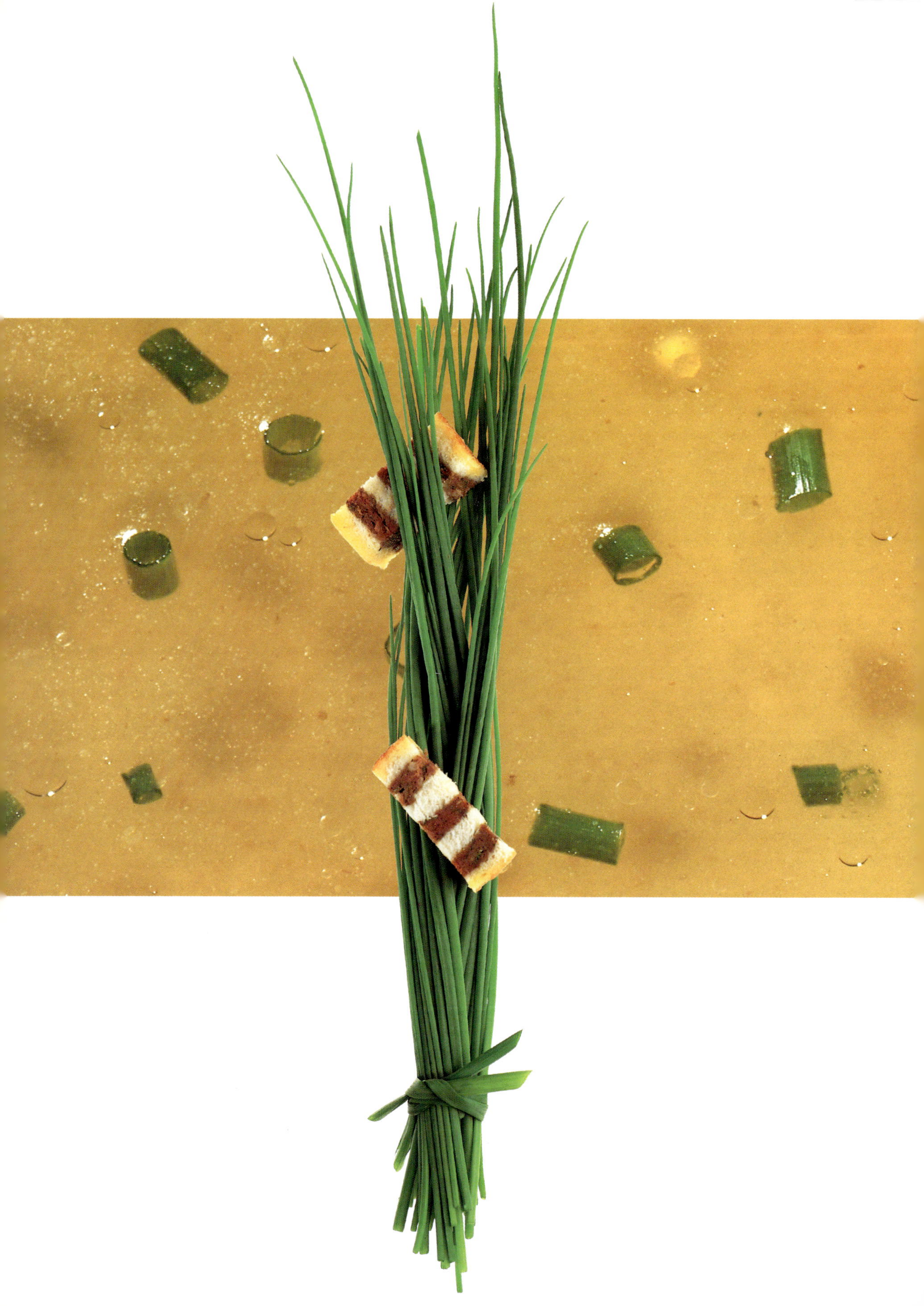

Suppen

Die Anfertigung einer guten Suppe erfordert mitunter viel Zeit, die allerdings in jedem Fall bestens investiert ist. Denn ganz gleich, ob herzhaft-intensiv oder elegantcremig, eine Suppe sollte in keinem Menü fehlen.

Topinambursuppe mit Hummer

Völlig zu Unrecht wird Topinambur in unseren Küchen viel zu sehr vernachlässigt. Besonders für cremige Suppen (und auch Pürees) ist die Knolle mit dem süßlichen Nußaroma allererste Wahl.

Zutaten für 4 Personen

- 400 g Topinambur
- 1 mittelgroßer Hummer
- 1 EL Butter
- 1 Tomate
- 1 TL Currypulver
- 1/8 l trockener Weißwein
- 3/4 l Hühner- oder Gemüsefond
- 1 Schuß Cognac
- 2 Gewürznelken
- 1 Lorbeerblatt
- 1/8 l flüssiges Obers (Sahne)
- Salz, Pfeffer
- 3 EL geschlagenes Obers (Sahne)
- 1 Eidotter

40 Minuten / aufwendig

Topinambur waschen und in Wasser bissfest kochen. Danach kurz abschrecken, schälen und kleinwürfelig schneiden.

Hummer in reichlich kochendem Wasser etwa 1 Minute lang kochen. Scheren ablösen, diese eine weitere Minute kochen und dann das Fleisch auslösen. Die genaue Anleitung dafür finden Sie im Rezept „Hummer auf Safrangelee" auf Seite 33 in diesem Buch.

Hummerkarkassen etwas zerkleinern. 1 EL Butter aufschäumen, Karkassen hineinlegen. Tomate in kleine Würfel schneiden und alles zusammen bei kleiner Flamme etwas schmurgeln lassen. Curry einrühren, Weißwein, Cognac und wenig Wasser untergießen. Etwa 5 Minuten einkochen lassen, sodass eine dickflüssige Creme entsteht. Knapp 1/8 Liter dieser Creme durch ein feines Sieb passieren. Hummerfleisch in mundgerechte Stücke schneiden und in diesem Hummerfond „marinieren" und leicht salzen.

Topinambur in einem Topf kurz anschwitzen und mit dem Hühnerfond auffüllen. Gewürznelken und Lorbeerblatt dazugeben, 10 Minuten kochen lassen. Gewürznelken und Lorbeerblatt entfernen, flüssiges Obers dazuleeren und alles zusammen mit dem Mixer fein pürieren. Die Suppe mit Salz und Pfeffer abschmecken.

Suppe in heißen Tellern anrichten. Geschlagenes Obers mit dem Eidotter vermischen und am äußeren Tellerrand rundum einen Kreis ziehen. Danach im Rohr bei maximaler Oberhitze gratinieren. In der Zwischenzeit das Hummerfleisch etwas erwärmen und vor dem Servieren mit dem Curry-Hummer-Sud in der Mitte der Suppe anrichten.

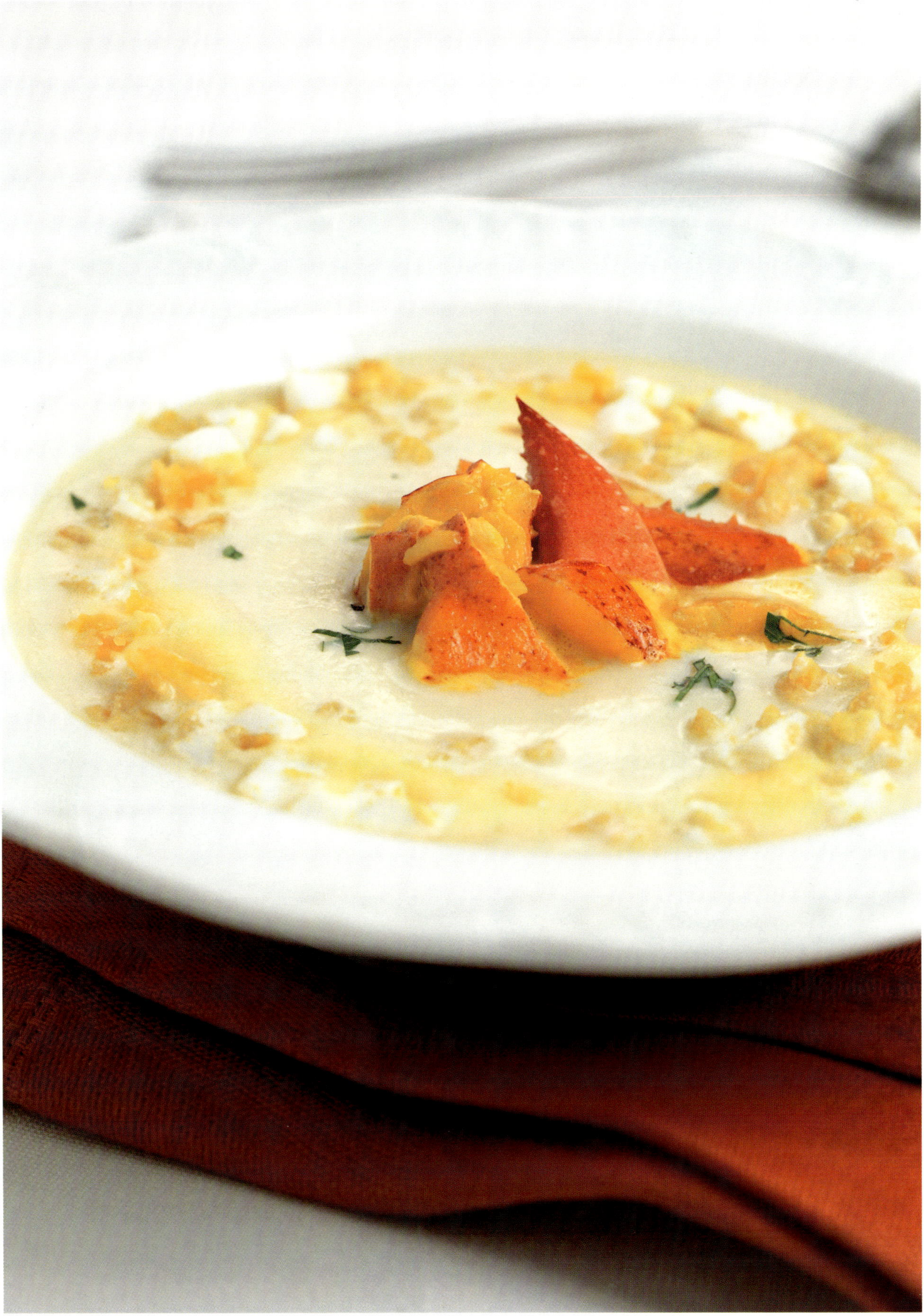

Brotsuppe mit Ingwer

Mit dem Ingwer erreicht die klassische Brotsuppe eine völlig neue Dimension.

Zutaten für 4 Personen

- 4–6 Scheiben Schwarzbrot
- 1 Zwiebel
- 2 EL Butter
- 2 Zehen Knoblauch
- ¾ l Rindsuppe
- 1 Prise Kümmel (ganz)
- 1 EL gehackte Petersilie
- 1 Lorbeerblatt
- 1 nussgroßes Stück Ingwer
- Olivenöl zum Braten
- Salz, Pfeffer

15 Minuten / leicht

Zwiebel, Knoblauch und Ingwer schälen, fein schneiden. Eine Scheibe Brot entrinden und in kleine Würfel schneiden. Das restliche Schwarzbrot kleinwürfelig schneiden und in die Rindsuppe zum Aufweichen geben.

In einer Pfanne etwas Olivenöl erhitzen und darin die Brotwürfel knusprig rösten. Auf Küchenpapier abtropfen lassen.

In einem Topf etwas Butter aufschäumen. Zwiebel, Knoblauch und Ingwer anschwitzen, ohne dabei Farbe nehmen zu lassen. Mit der Brotsuppe aufgießen. Kümmel und Lorbeerblatt beigeben und etwa 5 Minuten leise köcheln lassen. Die eingeweichten Brotstücke mit einem Schneebesen verrühren. Mit Salz, Pfeffer und gehackter Petersilie abschmecken.

Die Suppe mit den gerösteten Brotwürfeln anrichten. Man kann die Suppe auch mit 1 EL Sauerrahm servieren.

Selleriesamtsuppe

Diese Suppe läßt sich wunderbar mit schwarzer Trüffel verfeinern.

Zutaten für 4 Personen

- 2 kleine oder eine große Knolle Sellerie
- 3 EL kalte Butter
- Saft von ½ Zitrone
- ⅛ l Obers (Sahne)
- 1 l Gemüsefond
- 1 EL geschlagenes Obers (Sahne)
- Salz

30 Minuten / leicht

Sellerie schälen und in kleine Würfel schneiden. In einer geräumigen Pfanne 2 EL Butter aufschäumen lassen. Selleriewürfel und den Zitronensaft kurz durchschwenken, mit dem Gemüsefond aufgießen.

20 Minuten leicht köcheln lassen. Das Obers zugeben, nochmals kurz aufkochen lassen. Vom Herd nehmen, kalte Butter beigeben und mit einem Stabmixer pürieren. Mit Salz abschmecken, das geschlagene Obers unterheben und servieren.

Tomatisierte Zwiebelsuppe mit Zanderschnitte

Eine elegant-cremige Suppe mit Fischeinlage, die auch verwöhnte Gaumen zu begeistern vermag.

Zutaten für 6 Personen

4 reife Tomaten
3–4 weiße Zwiebeln
1 EL Butter
1 TL Tomatenmark
ca. ¼ l Weißwein
½ l milde Rindsuppe
1 Lorbeerblatt
2 EL Butter zum Verfeinern

Salz, Pfeffer
1 Prise Zucker
6 Zanderfilets á ca. 30 g
1 TL Dijon-Senf
2 EL frisch gehackte Petersilie
Weißbrotbrösel, Mehl
Öl zum Braten
2 EL geschlagenes Obers (Schlagsahne)

45 Minuten / aufwendig

Tomaten in kochendem Wasser blanchieren, in Eiswasser abschrecken, die Haut abziehen und würfeln. Zwiebeln schälen, halbieren und in feine Streifen schneiden. In einem Topf mit dickem Boden etwas Butter aufschäumen, Zwiebel darin farblos anschwitzen. Tomatenmark und Tomaten beigeben, kurz durchrösten. Mit Weißwein ablöschen, mit der Suppe aufgießen. Lorbeerblatt beigeben, aufkochen und bei kleiner Hitze etwa 20 Minuten köcheln lassen. Lorbeerblatt entfernen, Butter zugeben und die Suppe pürieren. Mit Salz, Pfeffer und einer Prise Zucker abschmecken.

Zanderfilets würzen, auf einer Seite mit Senf bestreichen. Petersilie darüber verteilen, mit Weißbrotbröseln und Mehl bestauben. In einer beschichteten Pfanne etwas Öl erhitzen. Zanderfilets mit der bebröselten Seite nach unten braten. Der Fisch soll goldgelb und knusprig sein.

Kurz bevor die Suppe angerichtet wird, das geschlagene Obers unterrühren. Die Suppe mit dem gebratenen Zander belegen.

Suppen

Champagnersuppe mit Meeresfrüchten

Die Einlage der Suppe machen Sie am besten vom Marktangebot abhängig.

Zutaten für 4 Personen

Verschiedene Meeresfrüchte wie z. B. 100 g Hummerfleisch, 4 Jakobsmuscheln oder 100 g Tintenfisch
¾ l Fischfond
¼ l Champagner
⅛ l Obers (Sahne)
2 EL Butter
2 Eigelb
1 EL gehackter Kerbel
1 Lorbeerblatt
Salz, Pfeffer

30 Minuten / aufwendig

Die Meeresfrüchte vorbereiten: Jakobsmuscheln in Scheiben schneiden, Tintenfische und Hummerfleisch in mundgerechte Stücke schneiden.

Fischfond mit dem Champagner (ca. 4 EL für den Sabayon zurückbehalten) und dem Lorbeerblatt etwas einkochen. Obers beigeben und nochmals einige Minuten reduzierend kochen. Lorbeerblatt entfernen. Die geschnittenen Meeresfrüchte zart salzen und pfeffern, in den Suppenansatz geben und kurz darin gar ziehen lassen.

Suppe abseihen, Einlage warm halten. Mit einem Stabmixer die Butter in die Suppe einarbeiten.

Die beiden Eigelb mit dem restlichen Champagner über Dampf zu einem Sabayon schlagen. Einlage in die Suppe zurückgeben. Nochmals erwärmen, aber nicht aufkochen lassen. Das Sabayon unterziehen. Mit Salz, Pfeffer und gehacktem Kerbel abschmecken. In heißen Tellern servieren.

Champagnersuppe mit Meeresfrüchten ▶

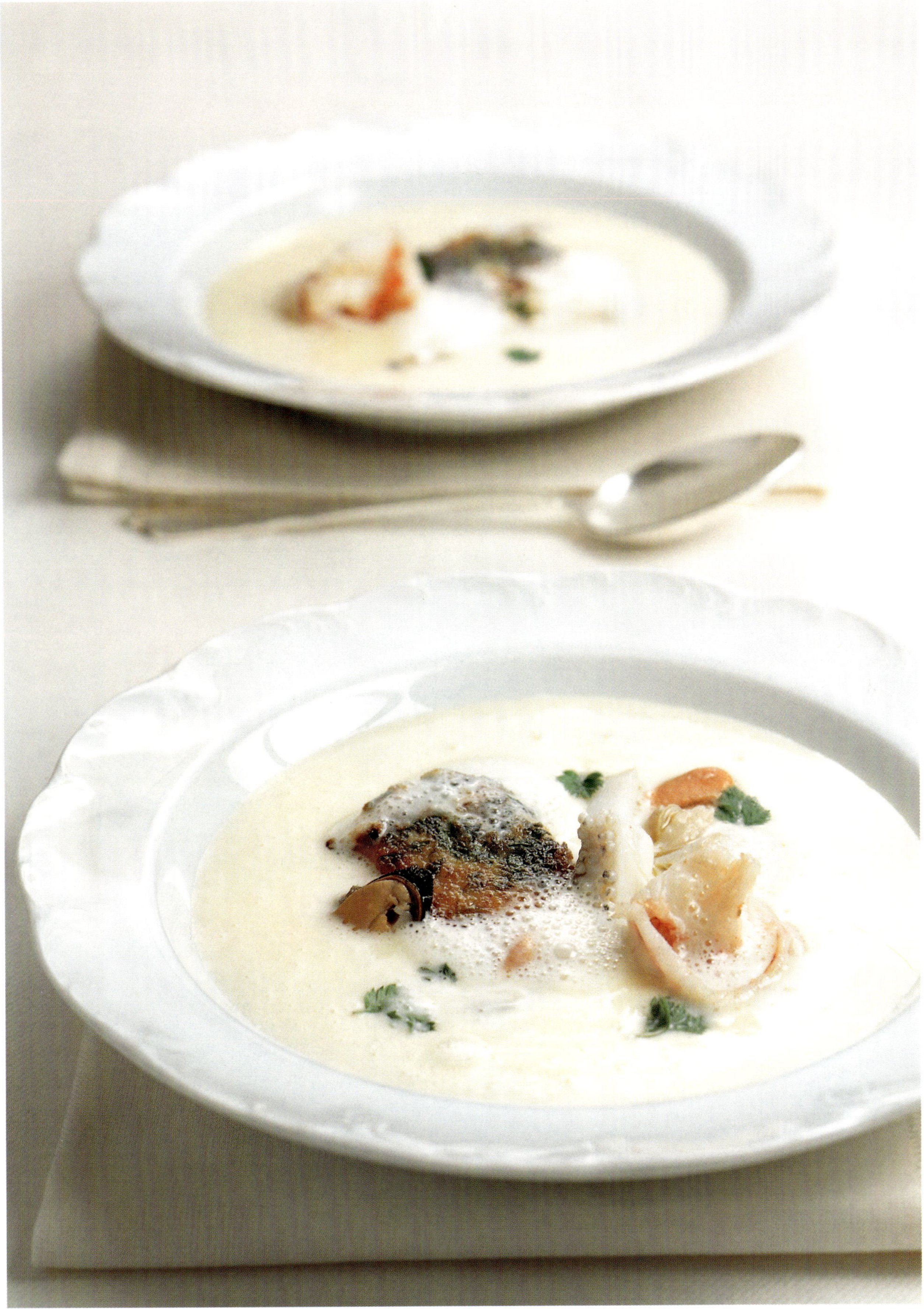

Fischbeuschelsuppe

Es gibt, je nach Region, mehrere Rezeptvarianten für Fischbeuschelsuppe. Diese Zubereitungsart ist meine ganz persönliche Zusammenstellung.

ZUTATEN FÜR 4 PERSONEN

400 g gemischtes Fischbeuschel vom Karpfen (Rogner und Milchner)
1 Karotte
1 gelbe Rübe
¼ Sellerieknolle
5 Pfefferkörner
1 Lorbeerblatt
Saft von 1 Zitrone
1 Karpfenfilet (ca. 500 g)
etwas Zitronensaft

2 Zwiebeln
2 Zehen Knoblauch
1 Schuß Essig
2 EL glattes Mehl
1 EL Paprikapulver
2 EL Schweineschmalz
2 Scheiben Schwarzbrot
1 EL Butter
Cayennepfeffer oder scharfer Paprika
Salz, Pfeffer

60 MINUTEN / AUFWENDIG

Karotte, gelbe Rübe und Sellerie schälen. Das Fischbeuschel in ca. 1 Liter kaltem Wasser mit Lorbeerblatt, Pfefferkörnern, Zitronensaft, Karotte, gelber Rübe, Sellerie zustellen, aufkochen und 20 Minuten ziehen lassen.

Fischbeuschel aus dem Fond abseihen. Milchner und Rogner grob hacken. Gemüse klein schneiden und beiseite stellen. Zwiebeln schälen und klein schneiden, Knoblauch fein hacken.

In einer Pfanne Schweineschmalz erhitzen, Zwiebel und Knoblauch beigeben, kurz durchschwenken. Pfanne vom Herd nehmen, Paprikapulver und Mehl einstreuen. Pfanne wieder auf den Herd stellen und mit Fischbeuschelfond und Essig auffüllen. Unter ständigem Rühren mit dem Schneebesen erhitzen.

Diese Suppe bei mittlerer Hitze etwa 15 Minuten leicht köcheln lassen. Gemüse sowie Fischbeuschel beigeben.

Das Karpfenfilet mit Salz, Pfeffer und Zitronensaft würzen, in feine Streifen schneiden und in die Suppe legen. Die Filetstücke kurz in der Suppe gar ziehen lassen.

Schwarzbrot in Würfel schneiden und in aufschäumender Butter knusprig braten. Auf Küchenpapier abtropfen lassen.

Fischbeuschelsuppe nochmals kurz aufkochen lassen, mit Salz, eventuell auch Cayennepfeffer oder scharfem Paprikapulver abschmecken. Mit den Brotcroûtons servieren.

Rieslingcremesuppe mit Zimtcroûtons

Eine verführerisch duftende Suppe, ideal für ein feierliches Menü im Spätherbst.

ZUTATEN FÜR 4 PERSONEN

1 Zimtstange
½ l Riesling
1 Lorbeerblatt
4 Gewürznelken
½ l kräftige Rindsuppe
⅛ l Obers (Sahne)
3 Eidotter
Salz
Muskatnuss
2 Scheiben Toastbrot
Butter zum Rösten
1 Prise gemahlener Zimt

20 MINUTEN / LEICHT

Zimtstange, Weißwein, Lorbeerblatt und Nelken auf die Hälfte der ursprünglichen Menge einkochen. Rindsuppe dazuleeren und aufkochen. Eidotter mit Obers gut verrühren.

Suppe vom Feuer nehmen und die Ei-Obers-Mischung mit einem Schneebesen einschlagen. Die Suppe darf ab diesem Zeitpunkt nicht mehr kochen, weil sonst die Eidotter stocken und die Suppe gerinnt. Die Rieslingsuppe durch ein Sieb seihen. Mit Salz und Muskatnuss abschmecken.

Für die Zimtcroûtons Toastbrot entrinden und in kleine Würfel schneiden. In einer geräumigen Pfanne Butter aufschäumen lassen und die Brotwürfel knusprig rösten. Auf Küchenpapier abtropfen lassen und mit einer Prise Zimt parfümieren.

Suppe in tiefe, vorgewärmte Teller gießen. Mit den Zimtcroûtons bestreut servieren.

Kürbiscremesuppe

Verarbeiten Sie für diese Suppe am besten den orangeroten Muskatkürbis.

ZUTATEN FÜR 4 PERSONEN

400 g Kürbis
1 Zwiebel
2 Zehen Knoblauch
1 Scheibe Schwarzbrot
Öl, Salz, Pfeffer
2 EL Schweineschmalz
1 Messerspitze gemahlener Kümmel
1 TL Paprikapulver
1 TL Tomatenmark
½ l Rindsuppe
1 Lorbeerblatt
3 EL Sauerrahm

20 Minuten / leicht

Kürbis schälen, Kerne entfernen und grob schneiden. Zwiebel und Knoblauch schälen, klein schneiden. Schwarzbrot entrinden, kleinwürfelig schneiden. In Öl knusprig braten. Herausnehmen und auf Küchenpapier abtropfen lassen.

In einem Topf Schmalz aufschäumen und darin die Zwiebel farblos andünsten. Knoblauch und Kürbis beigeben. Mit Salz, Pfeffer und Kümmel würzen. Kurz durchschwenken und vom Feuer nehmen. Mit Paprikapulver stauben, Tomatenmark dazugeben, einmal durchrühren und mit Rindsuppe aufgießen. Lorbeerblatt beigeben. Aufkochen und etwa 20 Minuten köcheln lassen. Danach Lorbeerblatt entfernen.

Suppe in einem Standmixer mit dem Sauerrahm aufmixen. Nochmals abschmecken und mit den Schwarzbrotcroûtons servieren.

Tomatensuppe I

Die rustikale Variante …

Zutaten für 4 Personen

- *600 g reife, rote Tomaten*
- *1 kleine Zwiebel*
- *1 Zehe Knoblauch*
- *100 g Stangensellerie*
- *2 Karotten*
- *1 kleiner Bund Petersilie*
- *2 EL Olivenöl*
- *½ l Rindsuppe*
- *1 Zweig Thymian*
- *1 Blatt Liebstöckel*
- *150 g Frühstücksspeck*
- *2 Scheiben Schwarzbrot*
- *Öl zum Backen der Croûtons und des Specks*
- *Salz*
- *Pfeffer*

30 Minuten / leicht

Zwiebel, Knoblauch schälen, fein schneiden. Tomaten waschen und sechsteln. Stangensellerie waschen und schälen. Karotten und Petersilblätter waschen, grob schneiden.

In einem Topf Olivenöl erhitzen, Knoblauch und Zwiebel anschwitzen, anschließend die Karotten- und Stangenselleriestücke beigeben. Etwa 5 Minuten unter ständigem Rühren dünsten.

Die zerkleinerten Tomaten, Petersilie und Rindsuppe zugeben. Aufkochen lassen, mit Thymian, Liebstöckel, Salz und Pfeffer würzen.

Etwa 30 Minuten bei kleiner Hitze köcheln lassen. Suppe pürieren, anschließend passieren und abschmecken.

Schwarzbrot entrinden und in Rauten schneiden. In heißem Öl knusprig backen.

Schwarzbrot-Croûtons mit einem Gitterschöpfer herausnehmen, auf Küchenpapier abtropfen lassen.

Speck in Streifen schneiden, in einer Pfanne mit etwas Öl knusprig braten. Heiße Suppe in vorgewärmte Teller gießen. Mit Speck bestreuen und mit den Croûtons servieren.

Tomatensuppe II

Die einfach feine …

Zutaten für 4 Personen

1 kg reife, rote Tomaten	Basilikum
2 EL Butter	Salz
1 TL Tomatenmark	Zucker
¼ l Rindsuppe	Olivenöl

30 Minuten / leicht

Tomaten waschen und sechsteln. In einem Topf Butter erhitzen, Tomaten zugeben. Tomatenmark einrühren und mit Rindsuppe aufgießen. Basilikum, Salz und Zucker zugeben. Etwa 30 Minuten bei kleiner Hitze köcheln lassen.

Suppe pürieren, passieren und abschmecken.

In heiße, tiefe Teller füllen. Olivenöl darübergießen und servieren.

Polenta-Lauch-Suppe

Eine von steirischen Zutaten dominierte Suppe. Das Kernöl darf dabei nicht fehlen.

Zutaten für 4 Personen

4 gestrichene EL Polenta	1 l Rindsuppe
100 g Lauch	2 EL geschlagenes Obers (Sahne)
1 kleiner Bund Petersilie	Kernöl zum Beträufeln
4 EL Butter	Salz, Pfeffer

15 Minuten / leicht

Lauch der Länge nach halbieren, waschen und in feine Streifen schneiden. Petersilie waschen, Blätter abzupfen und fein hacken. In einer Pfanne 2 EL Butter aufschäumen, Lauch darin farblos andünsten. Polenta beigeben, kurz durchrösten und mit der Rindsuppe aufgießen. Aufkochen und bei kleiner Flamme etwa 5 Minuten köcheln lassen. Mit Salz und Pfeffer abschmecken.

Mit einem Schneebesen die restliche kalte Butter einarbeiten, das geschlagene Obers unterrühren. In tiefen Suppentellern anrichten. Mit Kernöl beträufeln, mit gehackter Petersilie bestreuen.

Krautsuppe mit gebratener Blutwurst

Eine deftige Suppe, die je nach Portionsgröße auch ein Hauptgang sein kann.

ZUTATEN FÜR 4 PERSONEN

350 g Weißkraut
1 Zwiebel
2 EL Butterschmalz
1 EL Zucker
Salz, Pfeffer
½ Lorbeerblatt
etwas Kümmel (ganz)

6 Wacholderkörner
1 Schuß Weißweinessig
⅛ l Champagner
¾ l milde Rindsuppe
1 EL Butter
100 g Blutwurst
Öl und Mehl zum Anbraten

30 MINUTEN / LEICHT

Zwiebel schälen, in Streifen schneiden. Das Kraut in feine Streifen schneiden (geht am besten und schnellsten mit einem Krauthobel oder der Schneidemaschine).

In einem Topf Butterschmalz erhitzen, den Zucker darin karamellisieren. Zwiebel beigeben, durchrösten, dann das Kraut beigeben. Mit Salz, Pfeffer, Lorbeerblatt, Kümmel und Wacholder würzen. Das Kraut so lange rösten, bis es komplett in sich zusammenfällt.

Mit Essig und Champagner ablöschen, mit Rindsuppe aufgießen. Etwa 30 Minuten bei kleiner Hitze köcheln lassen. Danach Wacholderbeeren und Lorbeerblatt entfernen. Die Krautsuppe mit einigen kalten Butterflocken fein aufmixen. Nochmals abschmecken.

Haut von der Blutwurst abziehen, in Scheiben schneiden, beidseitig leicht mit Mehl bestauben. In einer Pfanne etwas Öl erhitzen, die Blutwurst darin beidseitig scharf anbraten. Herausnehmen und mit Küchenpapier abtupfen.

Krautsuppe in tiefen Tellern anrichten. Mit den Blutwurstscheiben servieren.

> TIPP: *Eine schöne Garnitur für diese Suppe: Weißkraut fein schneiden, in heißem Fett frittieren und über die Suppe streuen. Für die rustikale Variante dieser Suppe einfach Sauerkraut grob schneiden, in der Suppe weich kochen und mit Sauerrahm abschmecken.*

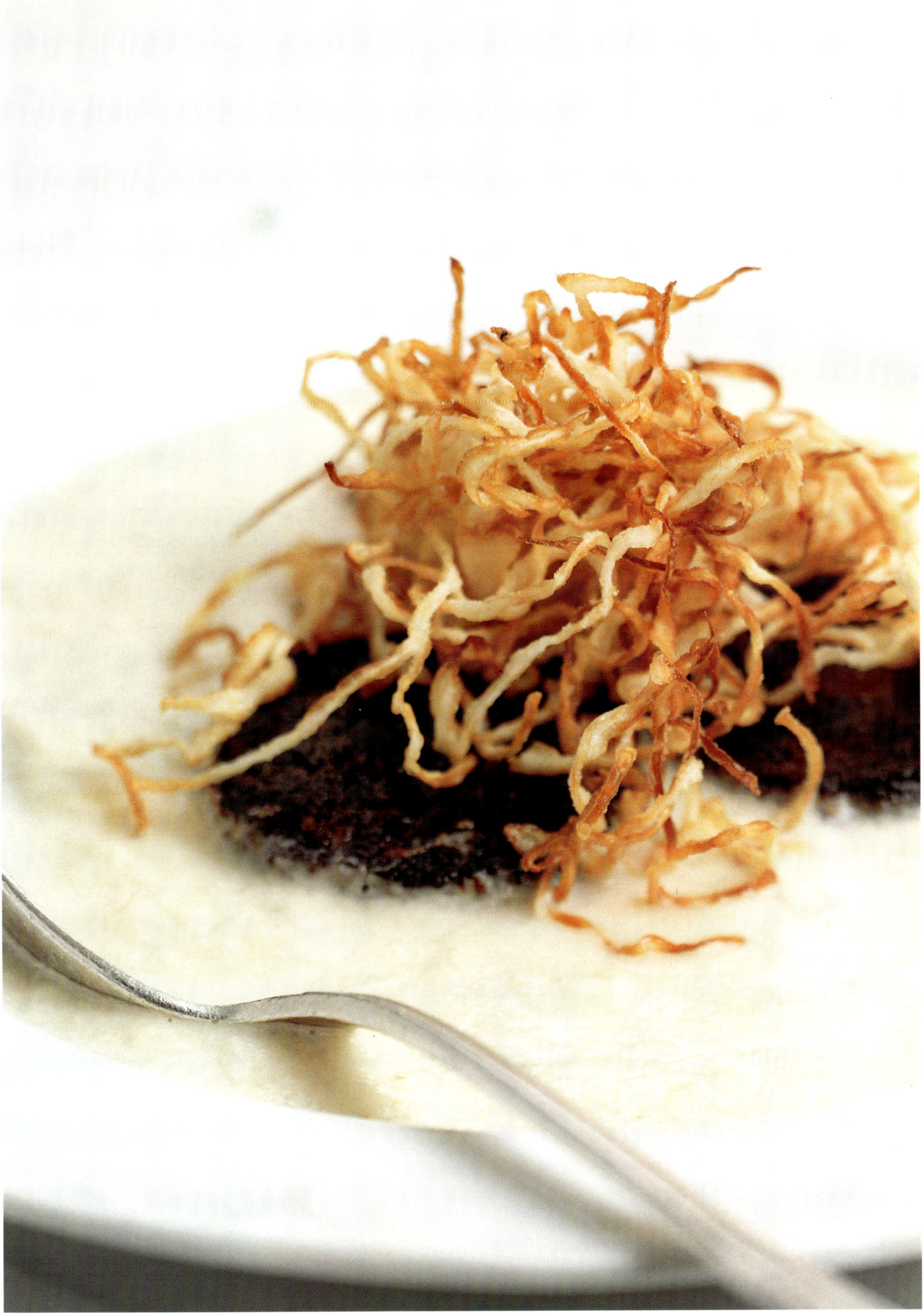

Gazpacho

Die wohl berühmteste kalte Suppe. Achten Sie unbedingt darauf, dass das Gemüse auch tatsächlich optimal reif ist. Andernfalls hätten Sie nur den Abklatsch des tatsächlichen Geschmacks im Teller.

ZUTATEN FÜR 4 PERSONEN

- 1 roter Paprika
- 6-8 vollreife Fleischtomaten
- 1 Salatgurke
- 1/8 l Tomatensaft
- 2 Scheiben Toastbrot
- Tabasco
- Olivenöl
- Salz, Pfeffer

30 MINUTEN / LEICHT

Paprika waschen, entkernen und kleinwürfelig schneiden. Tomaten waschen, den Strunk herausschneiden und in kochendem Wasser blanchieren. Tomaten herausnehmen, in Eiswasser abschrecken, enthäuten und kleinwürfelig schneiden. Gurke schälen, der Länge nach halbieren, entkernen, kleinwürfelig schneiden. Toastbrot entrinden und kleinwürfelig schneiden.

Alle vorbereiteten Zutaten samt dem Tomatensaft in einen Topf geben, mit Tabasco, Salz, Pfeffer und einem Spritzer Olivenöl würzen. Im Kühlschrank zugedeckt einige Stunden ziehen lassen. Danach mit einem Stabmixer pürieren und wenn nötig nochmals mit Salz, Pfeffer und Tabasco abschmecken.

Gut gekühlt in kalten Tellern servieren und mit etwas Olivenöl beträufeln.

Zarewitsch

Das ist die wohl luxuriöseste und wirkungsvollste Katersuppe. Als Zarewitsch bezeichnete man früher die russischen Thronfolger.

ZUTATEN FÜR 4 PERSONEN

- 0,7 l kräftige, konzentrierte Rindsuppe
- 2 Blatt Gelatine
- 3 Stück Rote Rüben
- 1 EL Kümmel
- Salz
- 1/16 l Essig
- 1 EL Zucker
- 2 Lorbeerblätter
- 4 EL Sauerrahm
- 4 EL Beluga-Kaviar
- 1 Schuß Wodka
- 1 kleiner Bund Schnittlauch

120 MINUTEN / AUFWENDIG

▲ **Zarewitsch**

Die Gelatine in kaltem Wasser einweichen und gut ausdrücken. Etwas Rindsuppe erwärmen und die Gelatine darin auflösen. Die aufgelöste Gelatine in die restliche Suppe einrühren und (am besten über Nacht) kalt stellen.

Rote Rüben waschen. In reichlich Wasser, gewürzt mit Kümmel, Salz, Essig, Zucker, Lorbeerblättern, weich kochen.

Die Roten Rüben abseihen. Die Enden abschneiden und noch in heißem Zustand mit den Händen unter fließend kaltem Wasser die Schale abreiben. Die Roten Rüben in hauchdünne Scheiben schneiden und vier kalte Suppenteller damit sorgfältig am Rand auslegen.

Die gelierte Rindsuppe einmal kurz durchrühren und in der Mitte der Teller anrichten.

Sauerrahm mit Wodka, Salz und Pfeffer abschmecken. Mit einem Löffel den Sauerrahm zwischen Suppengelee und Roten Rüben verteilen. Ein Nockerl Kaviar auf die Suppe setzen und mit frisch geschnittenem Schnittlauch bestreuen. Eiskalt servieren.

SUPPEN

Linsensuppe mit Wachtelbrust

Durch den Balsamico-Essig erhalten die Linsen einen bemerkenswerten Geschmack.

Zutaten für 4 Personen

- 4 Wachtelbrüste
- 1 kleine Zwiebel
- 1 Scheibe Frühstücksspeck
- 2 EL Schweineschmalz
- 100 g Linsen
- 1 Lorbeerblatt
- 1 TL frischer, gehackter Majoran
- 1 TL Senf
- 3 EL Balsamico-Essig
- 1 l Hühnerfond
- 1 Zweig Thymian
- 2 Zweige Rosmarin
- 3 EL Butter
- Salz, Pfeffer
- 1 EL geschlagenes Obers (Sahne)

40 Minuten / leicht

Zwiebel schälen und wie auch den Speck in kleine Würfel schneiden. In einer geräumigen Pfanne Schweineschmalz erhitzen, Zwiebel und Speck kurz durchschwenken. Linsen, Lorbeerblatt, Majoran und Senf beigeben, mit Balsamico-Essig ablöschen und mit dem Hühnerfond aufgießen. Thymian und 1 Rosmarinzweig zugeben, die Linsen weich kochen.

Danach Lorbeerblatt sowie Thymian- und Rosmarinzweig aus den Linsen entfernen. 2 EL kalte Butter zu den Linsen geben und mit dem Stabmixer pürieren.

Wachtelbrüste mit Salz und Pfeffer würzen. In 1 EL aufschäumender Butter mit einem Rosmarinzweig zuerst auf der Hautseite anbraten. Wenden, mit der Butter übergießen, kurz durchziehen lassen.

Die Linsensuppe nochmals kurz aufkochen, mit Salz, Pfeffer und Senf abschmecken. Das geschlagene Obers unterheben, die rosa gebratene Wachtelbrust einlegen und servieren.

Klare Rindsuppe

Einer der Grundbausteine der österreichischen Küche.

ZUTATEN FÜR CA. 2 LITER SUPPE

- 500 g Rindfleisch (z. B. Brust, Schulter oder Beinfleisch)
- 300 g Rindsknochen (nach Möglichkeit keine Röhrenknochen)
- 1 kleine Zwiebel
- 1 Suppengrün (Karotte, Knollensellerie, Petersilwurzel, Lauch)
- 80 g Milz
- 80 g Leber
- 1 Tomate
- 1 Lorbeerblatt
- 1 TL Pfefferkörner
- 1 Zweig Liebstöckel
- Salz

180 MINUTEN / LEICHT

Die gewaschenen Rindsknochen in kochendem Wasser kurz überbrühen. Abgießen und kalt abschwemmen. Zwiebel samt Schale halbieren, Wurzelansatz wegschneiden und in einer beschichteten Pfanne ohne Fett auf der Schnittfläche dunkel anbräunen (dadurch erhält die Suppe eine kräftigere Farbe). Suppengrün waschen und klein schneiden.

Bis auf das Gemüse alle Zutaten in einen Topf geben und mit 4 Liter kaltem Wasser aufgießen. Langsam aufkochen und bei kleiner Flamme 2 ½ bis 3 Stunden leicht köcheln lassen. Den aufsteigenden Schaum öfters abschöpfen. Erst 30 Minuten vor dem Abseihen der Suppe das Gemüse beigeben. Ansonsten würde der Gemüsegeschmack verloren gehen.

Suppe durch ein feines Sieb seihen, abschmecken. Mit einer der nachfolgenden Einlagen und frisch geschnittenem Schnittlauch oder Liebstöckel servieren. Man kann die Suppe auch mit etwas geriebener Muskatnuss aromatisieren.

Grießnockerln

Die schnelle Rezeptvariante zum klassischen Grießnockerl. Halten Sie sich aber bitte peinlich genau an das Rezept.

ZUTATEN FÜR 8 NOCKERLN

- 1 Ei (ca. 50 g)
- die gleiche Menge flüssige Butter (ca. 50 g)
- die doppelte Menge Grieß (ca. 100 g)
- Salz, Muskatnuss

20 MINUTEN / LEICHT

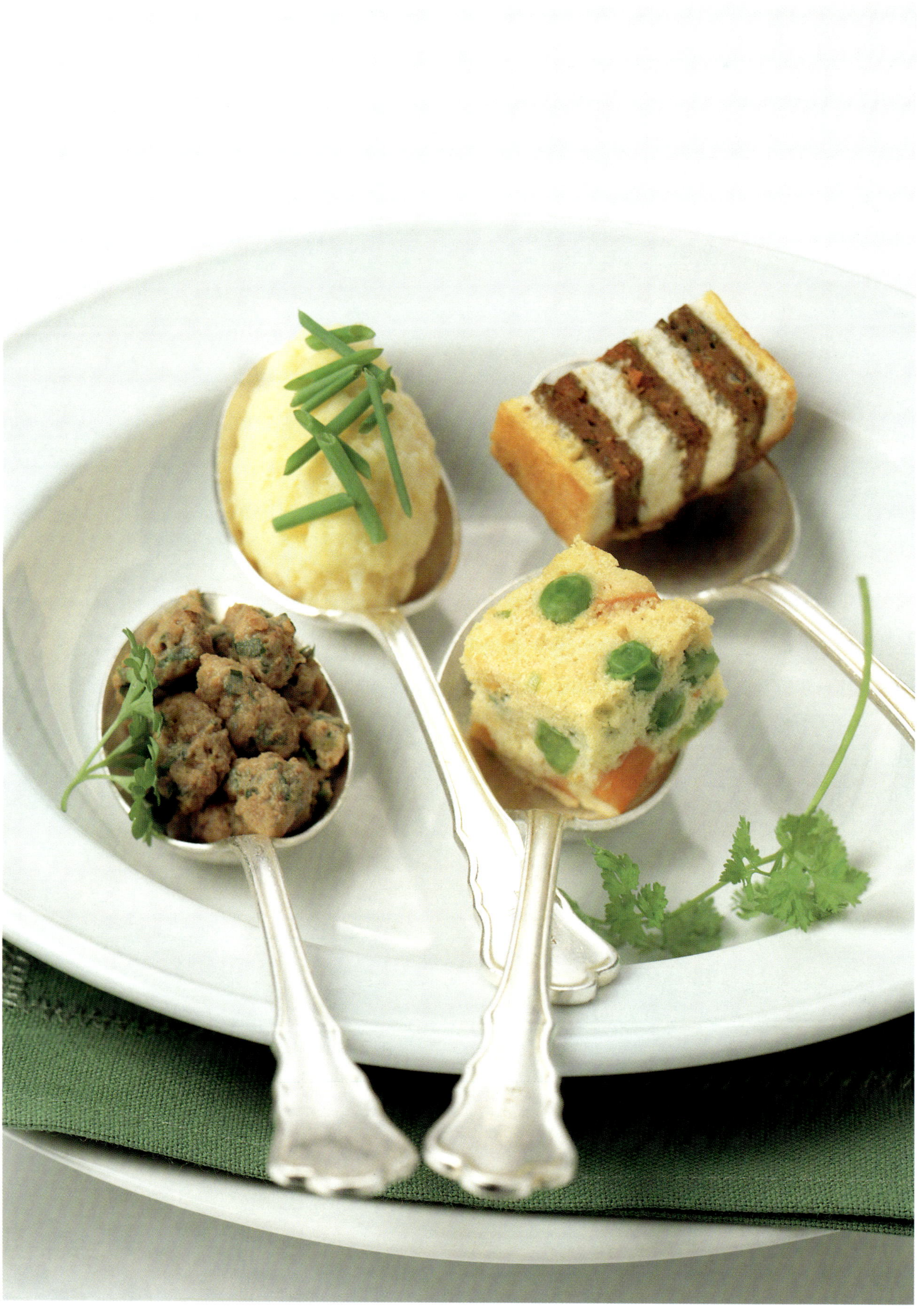

In die flüssige Butter das Ei mit einem Schneebesen einarbeiten; Grieß einrühren. Masse mit Salz und geriebener Muskatnuss abschmecken. Mit Hilfe von zwei kleinen Löffeln aus der Masse Nockerln formen und diese in Salzwasser 5 Minuten köcheln lassen. Vom Herd nehmen, mit kaltem Wasser abschrecken und 30 Minuten ziehen lassen. Grießnockerln aus dem Kochfond heben, abtropfen, in die Suppe geben und servieren.

TIPP: *Dieses Rezept funktioniert am besten, wenn Sie die Zutaten vorher abwiegen. In der Mischung müssen Sie unbedingt die Proportionen einhalten.*

Leberreis

Die schnelle Variante des Leberknödels.

ZUTATEN

150 g Rindsleber (fein faschiert)
2 Eier
60 g glattes Mehl
2 EL Weißbrotbrösel
2 EL flüssige Butter
1 EL gehackte Petersilie
1 TL gehackter Knoblauch
1 TL Majoran, Salz

15 MINUTEN / LEICHT

Alle Zutaten gut verrühren und abschmecken. Suppe oder Salzwasser zum Kochen bringen. Lebermasse mit Hilfe einer Teigkarte durch ein umgedrehtes Reibeisen pressen und einkochen. Einmal aufkochen lassen, beiseite stellen und einige Minuten durchziehen lassen. In Rindsuppe servieren.

Gemüseschöberl

Achten Sie darauf, dass die Schöberl nicht zu lange in der Suppe liegen und sich unangenehm vollsaugen.

ZUTATEN

70 g glattes Mehl
2 Eidotter
3 Eiklar
2 EL kleinwürfelig geschnitte Karotten
2 EL blanchierte Erbsen
2 EL kleinwürfelig geschnittene Sellerie
2 EL kleingeschnittener Lauch
1 EL gehackte Petersilie
Salz
Muskatnuss

◂ **Einlagen für die Rindsuppe: Leberreis, Grießnockerl, Gemüseschöberl, Milzschnitte (v. l. n. r.)**

30 Minuten / aufwendig

Das Gemüse in ganz wenig Wasser weich dämpfen und leicht salzen. Danach auf Küchenpapier abtropfen lassen.

Eiklar zu steifem Schnee schlagen. Zuerst die Eidotter, dann das gesiebte Mehl in den Eischnee einarbeiten. Mit Salz, Muskatnuss und gehackter Petersilie würzen.

Ein Backblech mit Backpapier belegen. Die Masse etwa fingerdick mit einer Teigkarte auf das Backpapier auftragen. Das vorgegarte Gemüse gleichmäßig auf dem Teig verteilen. Im auf 220° C vorgeheizten Backrohr in etwa 8 Minuten goldbraun backen.

Vom Blech nehmen, Biskuit wenden und das Backpapier (ähnlich wie bei einer Biskuitroulade) vorsichtig abziehen, dann auskühlen lassen.

In Würfel oder Rauten schneiden und erst kurz vor dem Servieren in die heiße Rindsuppe legen.

TIPP: *Statt mit Gemüse kann man die Schöberl auch mit Schinken oder geriebenen Käse füllen.*

Milzschnitten

Fertigen Sie von dieser Suppeneinlage am besten gleich eine größere Menge an. Milzschnitten eignen sich perfekt zum Tiefkühlen.

Zutaten

160 g fein geschabte Milz
2 Eier
4 Scheiben Toastbrot oder Weißbrot
1 TL fein gehackter Knoblauch
1 Prise Majoran

1 EL gehackte Petersilie
Salz, Pfeffer
1 EL Mehl
Öl zum Backen

30 Minuten / aufwendig

Milz, 1 Ei und Gewürze vermengen, mit Salz und Pfeffer abschmecken. Die Masse $1/2$ cm dick zwischen die Brotscheiben streichen.

In einer geräumigen Pfanne Öl erhitzen, die gefüllten Brotscheiben in Mehl wenden, durch verquirltes Ei ziehen und beidseitig im nicht zu heißen Öl goldgelb backen. Die gebackenen Brotscheiben im auf 180° C vorgeheizten Rohr auf jeder Seite 8 Minuten garen. Aus der Pfanne heben, abtropfen lassen und in Stücke schneiden.

Eintropfsuppe

Ein „Arme Leute"-Gericht, das heute bei vielen Menschen beinahe euphorische Reaktionen hervorruft. Neben aller Nostalgie bleibt die Tatsache, dass die aus einfachsten Zutaten hergestellte Suppe einfach toll schmeckt.

Zutaten für 4 Personen

220 g griffiges Mehl
¼ l Milch
3 Eier
1 EL Öl
Salz, Muskatnuss

15 Minuten / leicht

Um die Bildung von kleinen Bröckchen zu vermeiden, zuerst das Mehl in einen Topf geben, erst dann die Milch, die Eier und das Öl zugeben. Masse glatt rühren, mit Salz und Muskatnuss abschmecken. Teigmasse mit Hilfe eines Reibeisens und einer Teigkarte in kochendes Wasser reiben. Einmal kurz aufkochen lassen. Mit Hilfe eines Lochschöpfers abseihen. In Rindsuppe servieren.

Wiener Suppentopf

Ein wahres Fest für Suppentiger. Die Einlagen lassen sich selbstverständlich variieren. Eine entsprechende Menge klein geschnittenes Rindfleisch sollte aber in keinem Fall fehlen.

Zutaten für 4 Personen

1 l Rindsuppe
1 Karotte
1 gelbe Rübe
Milzschnitten
Grießnockerln
Frittaten
Gekochtes Rindfleisch oder Markscheiben
2 EL geschnittener Schnittlauch

20 Minuten / leicht

Karotte und gelbe Rübe schälen, in Scheiben schneiden. Rindfleisch in kleine, löffelgerechte Scheiben schneiden. Markscheiben in kochendes Salzwasser legen, einmal kurz aufkochen und 5 Minuten ziehen lassen. Mit einem Schaumlöffel herausnehmen, auf Küchenpapier legen, abtupfen und pfeffern. Grießnockerln in leicht gesalzenem Wasser wärmen, die Milzschnitten im Ofen erwärmen.

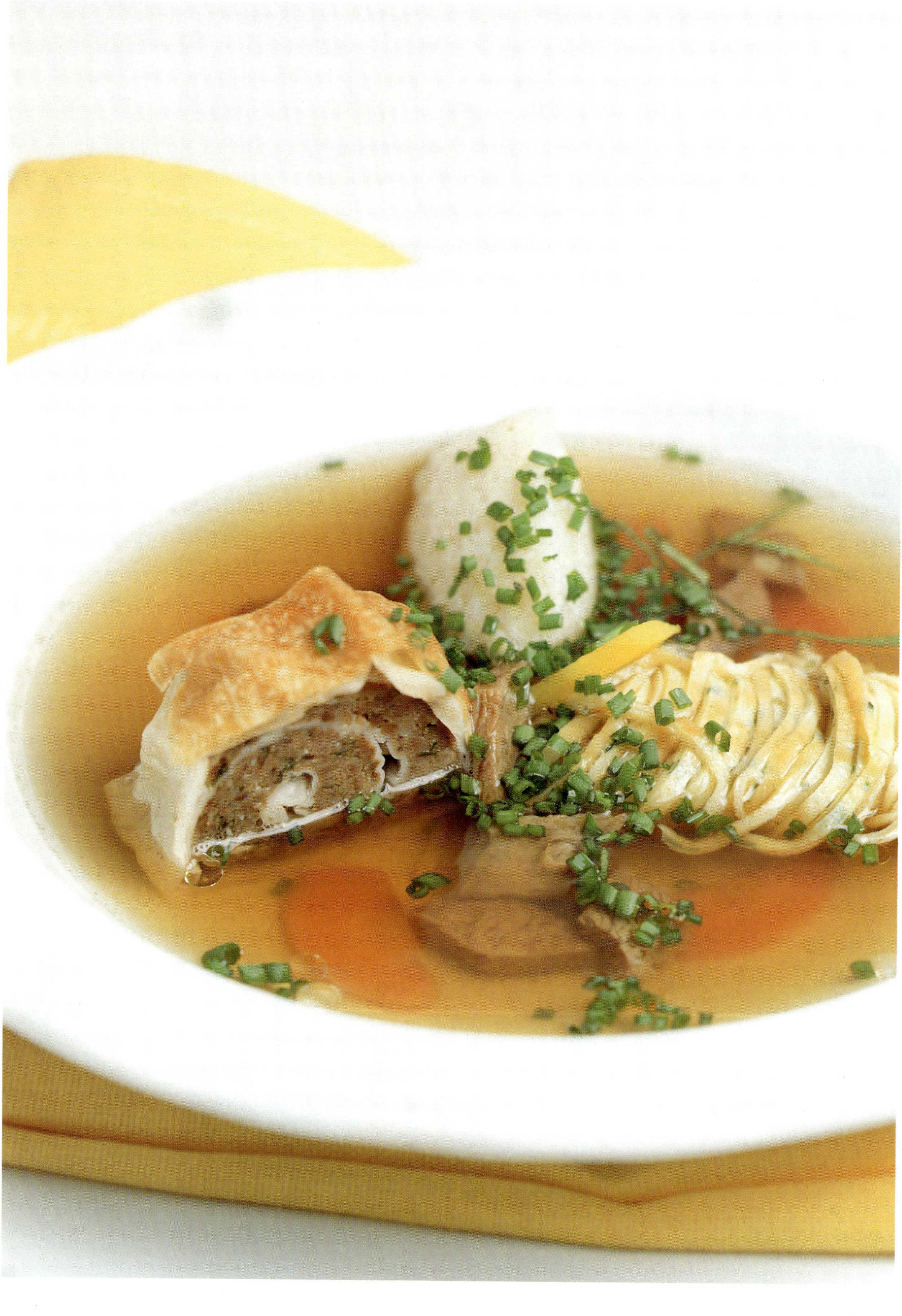

Die geschnittenen Karotten und gelben Rüben in der Suppe weich kochen. Gegartes Gemüse in heiße tiefe Teller aufteilen und die oben angeführten Einlagen einlegen. Mit frisch geschnittenem Schnittlauch bestreuen.

TIPP: Wiener Suppentiger lieben als Einlage auch Butternockerln (wie auf Seite 23 beschrieben) oder auch Fleisch- bzw. Lungenstrudel.

Erdäpfelsuppe mit Eierschwammerln

Wenn Sie beim Pilzesammeln im Wald nicht so erfolgreich waren, ist diese Suppe ein guter Trost, für die sie zudem nur wenig Pilze benötigen.

ZUTATEN FÜR 4 PERSONEN

350 g mehlige Kartoffeln
150 g Eierschwammerln (Pfifferlinge)
1 EL Butter
½ fein geschnittene Zwiebel
1 l milde Rindsuppe oder Hühnerfond

1 Lorbeerblatt
Salz, Pfeffer
getrockneter Majoran
1 EL gehackter Kerbel oder Petersilie
2 EL geschlagenes Obers

30 MINUTEN / LEICHT

Kartoffeln waschen, schälen und klein schneiden. Ein größeres Kartoffelstück für die spätere Einlage in Würfel schneiden. Eierschwammerln waschen und putzen, größere Pilze halbieren.

In einem Topf etwas Butter aufschäumen, Zwiebel darin farblos andünsten. Kartoffeln beigeben, durchrösten und mit Suppe aufgießen. Lorbeerblatt beigeben und etwa 20 Minuten weich kochen.

Lorbeerblatt entfernen, die Erdäpfel mit einem Stabmixer pürieren. Eierschwammerln in einer Pfanne mit etwas Butter anschwitzen, würzen.

Die als Einlage gedachten Erdäpfelwürfel in der Suppe weich kochen, danach die Eierschwammerln dazugeben. Mit Salz, Pfeffer, etwas Majoran und Kerbel abschmecken. Kurz vor dem Servieren das geschlagene Obers unterheben. In vorgewärmten Suppentellern anrichten.

TIPP: Vorsicht! Nicht zu lange mixen, weil die Kartoffeln sonst verkleistern. Mit einigen Löffeln Kernöl beträufelt, gewinnt die Suppe zusätzlich an Charakter.

◂ Wiener Suppentopf

Kirchtagssuppe

Eine aus Südkärnten stammende Rezeptur.

ZUTATEN FÜR 4 PERSONEN

200 g Kalbsschulter
200 g Rindschulter
150 g Lammschulter
2 Hühnerkeulen
1 Karotte
1 gelbe Rübe
¼ Sellerie
1 Stück Zimtrinde
2 Gewürznelken
5 Pfefferkörner

1 TL fein gehackter Ingwer
1 Msp. Anis
1 TL gehacktes Basilikum
4 Safranfäden
1 ½ l kaltes Wasser
¼ l Rahm
3 Eidotter
3 EL Mehl
Salz
1/16 l Weißwein

180 MINUTEN / AUFWENDIG

Kalb-, Rind- und Lammfleisch sowie die Hühnerkeulen mit den Gewürzen in kaltem Wasser zustellen und langsam zum Kochen bringen; bei kleiner Hitze weich kochen. Nach etwa 2 Stunden das geputzte Wurzelgemüse einlegen und weich kochen. Die gegarten Fleischstücke und das Gemüse aus der Suppe heben, erkalten lassen und in kleine Stücke schneiden.

Den Rahm, die Eidotter und das Mehl zu einer glatten Konsistenz verrühren. Die Suppe abseihen, aufkochen lassen und die Rahm-Eidotter-Mischung einrühren. Das Fleisch sowie das Wurzelgemüse beifügen. Mit Salz abschmecken und mit Weißwein vollenden.

Gerstensuppe

Nichts für Bürotiger: Eine kräftige Suppe, die das Zeug zur Hauptspeise hat.

ZUTATEN FÜR 4 PERSONEN

70–80 g Rollgerste
70 g kleine weiße Bohnen
400 g geselchte Schweinsripperln
1 Karotte
1 gelbe Rübe
½ Knolle Sellerie
1 Zwiebel

3 Zehen Knoblauch
2 Lorbeerblätter
1 EL Majoran
1 kleiner Bund Liebstöckel
1 TL Wacholderbeeren
1 Schuß Essig
Salz, Pfeffer

Gerstensuppe ▶

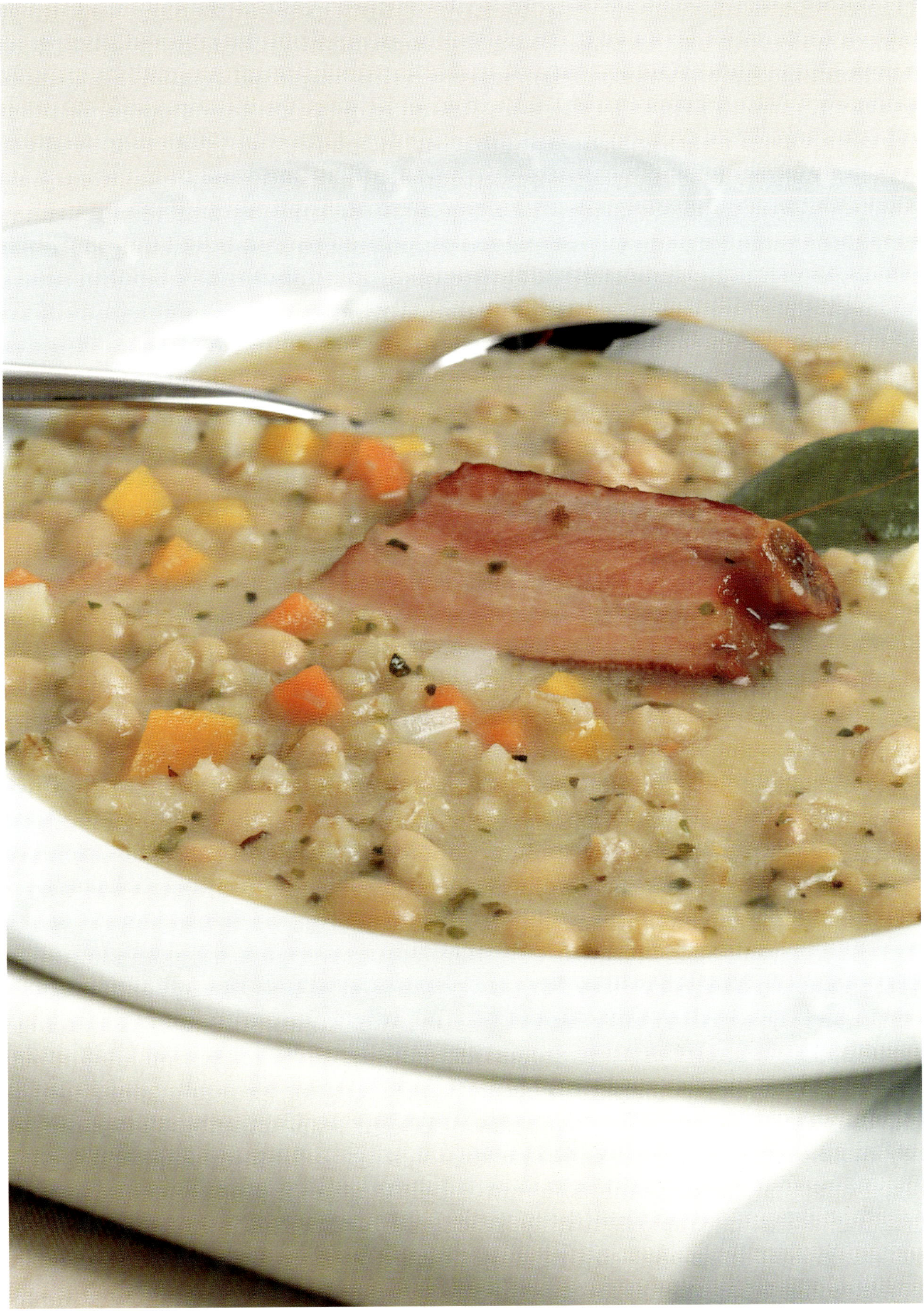

120 Minuten / aufwendig

Rollgerste und Bohnen getrennt über Nacht in reichlich Wasser einweichen.

Gemüse schälen und in kleinere Würfel schneiden. Die Zwiebel schälen und in größere Würfel schneiden. Knoblauch schälen und blättrig schneiden.

In einen geräumigen Topf ca. 2 Liter Wasser geben. Die geselchten Ripperln, Zwiebel, Knoblauch, Lorbeerblätter, Wacholderbeeren dazugeben und ca. 20 Minuten kochen. Dann die Bohnen hinzufügen und etwa 45 Minuten kochen lassen. Danach die Rollgerste, das geschnittene Gemüse und den Majoran zugeben und alles weich kochen lassen.

Wenn alles weich ist, das Fleisch herausnehmen. Kurz abkühlen lassen und in löffelgerechte Stücke schneiden. In die Suppe zurückgeben und mit Salz, Pfeffer, gehacktem Liebstöckel und einem Schuß Essig würzig abschmecken.

Gulaschsuppe

Sollten Sie die Gulaschsuppe bei einem Fest als sogenannte „Mitternachtseinlage" servieren, reduzieren Sie die Dosis von Knoblauch, Majoran und Zwiebel, weil sonst Sie und Ihre Gäste das Aroma nicht so schnell los werden.

Zutaten für 6 Personen

500 g Rinder-Schulterscherzel (vom niederen, weniger durchzogenen Stück)
4 mittelgroße Zwiebeln
3 mittelgroße Kartoffeln
1 roter Paprika
3 Zehen gehackter Knoblauch
1 Msp. gemahlener Kümmel
1 TL Tomatenmark
3 mittelgroße Essiggurkerln
1 EL getrockneter Majoran
3 EL edelsüßes Paprikapulver
1 Msp. scharfes Papikapulver
3 EL Gurkerlessig
½ l Rotwein
3 EL Schweineschmalz
Salz

180 Minuten / aufwendig

Zwiebeln schälen und fein schneiden. Kartoffeln schälen und in ca. 1 x 1 cm große Würfel, Schulterscherzel in knapp 2 x 2 cm große Würfel schneiden. Gurkerln kleinwürfelig schneiden. Paprika vom Kerngehäuse befreien und klein würfeln.

In einem geräumigen Topf Schweineschmalz erhitzen. Zwiebel auf kleiner Flamme und unter ständigem Umrühren goldgelb anrösten. Tomatenmark dazugeben, Paprikapulver kurz unterrühren, mit Gurkerlessig ablöschen. Danach mit Rotwein und ca. 1 l Wasser aufgießen. Mit Kümmel, Majoran und Knoblauch würzen und 30 Minuten lang köcheln lassen.

Das Fleisch zugeben und etwa 1 1/2 bis 2 Stunden bei kleiner Flamme köcheln lassen. Kartoffel- und Paprikawürfel sowie die Essiggurkerln dazugeben, alles weich kochen. Mit scharfem Paprikapulver und Salz abschmecken. Mit ofenfrischem Gebäck servieren.

> TIPP: *Bei der Herstellung von Gulasch oder Gulaschsuppe gibt es mehrere Möglichkeiten. Je nach ungarischer oder Wiener Methode kann man das Fleisch mit den Zwiebeln mitdünsten oder auch den frischen Paprika und die Gurkerln weglassen. Anderswo wiederum ist der obligate Löffel Rahm unverzichtbar. Was zählt, ist der individuelle Geschmack.*

Schrotsuppe mit frischen Kräutern

Lauwarm schmeckt diese Suppe am besten. Mit knusprig gebratenem Speck wird die Suppe zu einer kräftigenden Vorspeise.

ZUTATEN FÜR 4 PERSONEN

150 g gemischtes gemahlenes Getreide	*1 Karotte*
2 EL frisch gehackte Kräuter	*1 gelbe Rübe*
2 EL Sauerrahm	*Salz, Pfeffer*
1 l Gemüsefond	*1 Lorbeerblatt*

20 MINUTEN / LEICHT

Den Gemüsefond aufkochen, Getreideschrot und Lorbeerblatt beigeben und bei kleiner Flamme ca. 40 Minuten köcheln lassen. Erst danach die Suppe salzen.

Wurzelwerk waschen, fein reiben und in die Suppe geben. 5 Minuten leicht köcheln lassen und mit den gehackten Kräutern abschmecken. Die Suppe mit etwas Sauerrahm servieren.

> TIPP: *Eigentlich handelt es sich bei dieser Suppe um eine magenfreundliche Frühstückssuppe, also ideal für alle, die Diät machen. Sie können auch den Sauerrahm weglassen. Wenn Sie den Schrot in wenig Olivenöl durchrösten, schmeckt er wesentlich aromatischer.*

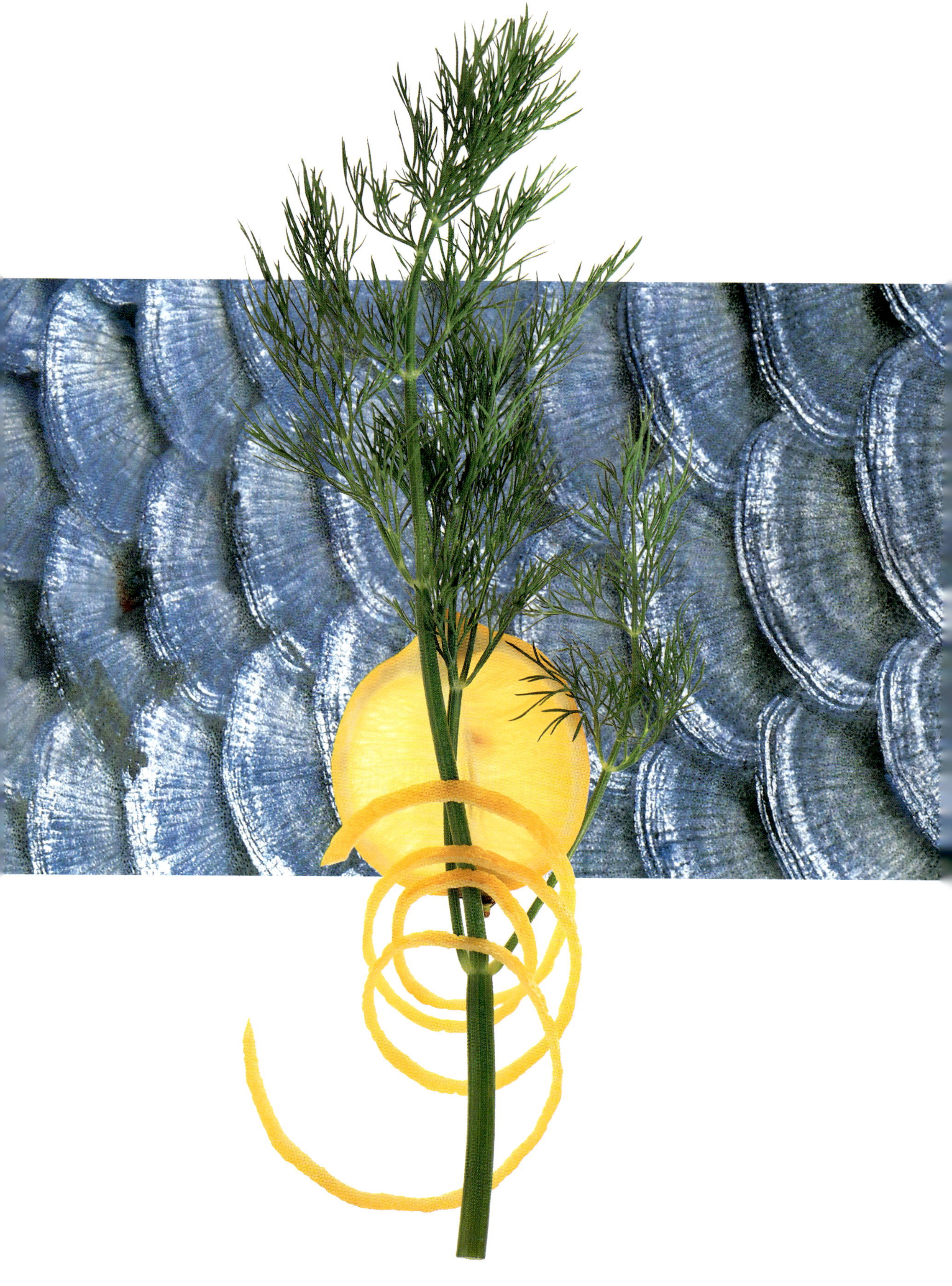

Fisch

Beim Thema Fisch und Meeresfrüchte findet jeder Koch seine perfekte Spielwiese. Durch die Vielzahl der kreativen Möglichkeiten ist die Fischküche nicht nur bei Profis, sondern auch bei ambitionierten Hobbyköchen besonders beliebt.

Steinbutt mit Salbei gebraten auf geschmortem Chicorée

Salbei und Steinbutt gelten nicht unbedingt als zwingende Kombination. Umso interessanter schmeckt dieses Gericht.

ZUTATEN FÜR 4 PERSONEN

600 g Steinbuttfilet
300 g junger Chicorée
1 kleiner Bund Salbei
3 EL Olivenöl
400 g Kartoffeln
1 Bund Jungzwiebeln oder einige Schalotten

1 EL Zucker
6 EL Butter
1/16 l Weißwein
Salz, Pfeffer
3–4 EL Fleischglace

60 MINUTEN / AUFWENDIG

Steinbuttfilet enthäuten und die dunklen Stellen (Fett) wegschneiden. Filet in 3 cm dicke Streifen schneiden und mit abgezupften Salbeiblättern und Olivenöl marinieren.

Chicorée putzen, große Stücke vierteln. Zwiebeln schälen und putzen, dabei den Strunk nicht entfernen, danach vierteln. Kartoffeln waschen, in Salzwasser weich kochen, schälen und würfelig schneiden.

Chicorée und Zwiebeln in kochendem Salzwasser getrennt kurz überbrühen, wobei die Zwiebeln etwas länger im Wasser bleiben sollten. Danach auf Küchenpapier legen.

Zucker in etwa 2 EL Butter karamellisieren, Zwiebeln dazugeben und einige Minuten schmurgeln. Dann den Chicorée kurz mitdämpfen und immer wieder etwas Weißwein zugießen. Mit Salz, Pfeffer und Fleischglace abschmecken.

Steinbuttfilets salzen und in einer geräumigen beschichteten Pfanne in wenig Butter mit den leicht gesalzenen Kartoffeln braten. Alles öfters durchschwenken.

Steinbutt auf dem Chicorée-Zwiebel-Mix mit den Kartoffeln auf heißen Tellern anrichten. Mit dem entstandenen Bratensaft beträufeln.

Steinbutt mit Salbei gebraten auf geschmortem Chicorée ▸

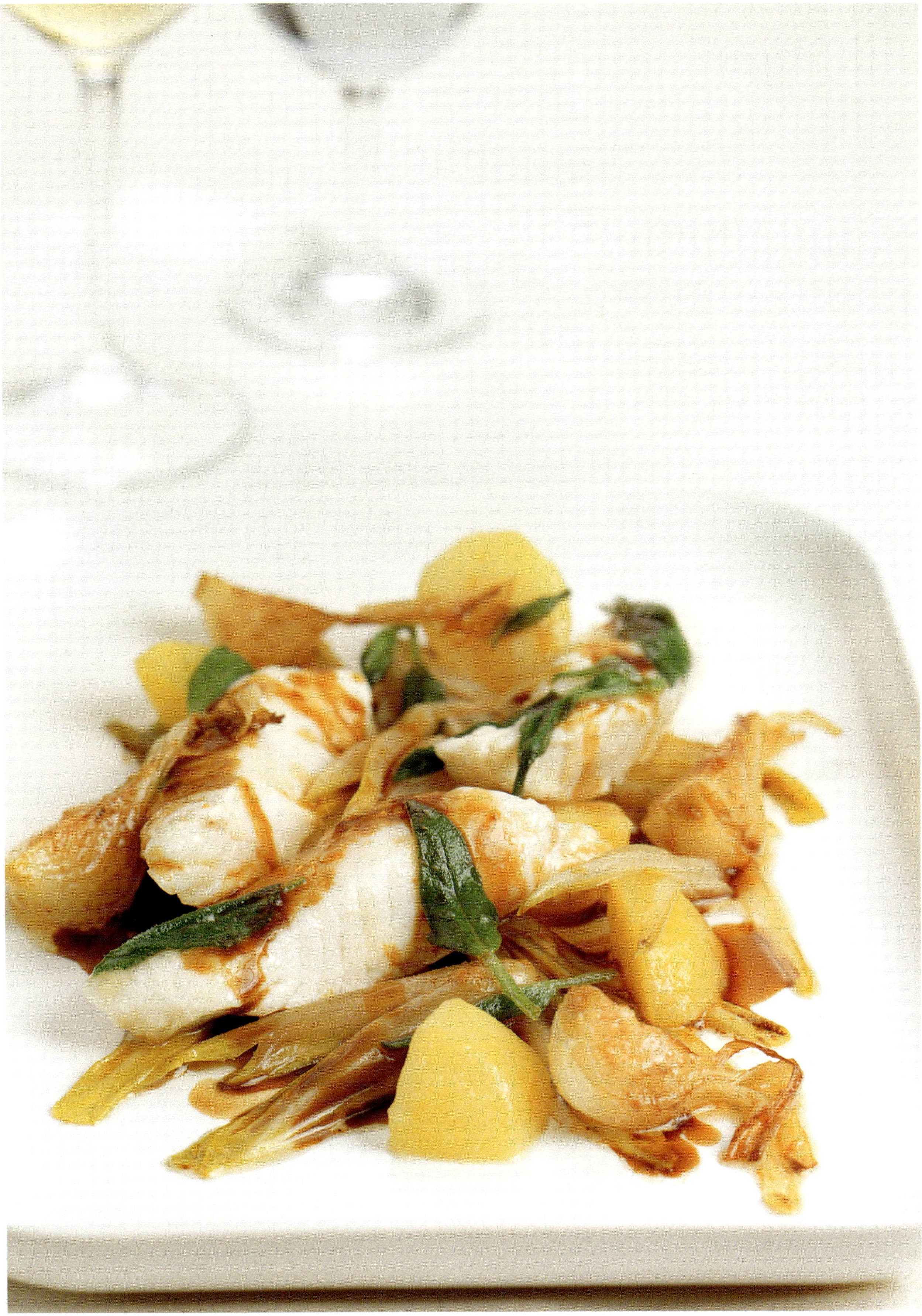

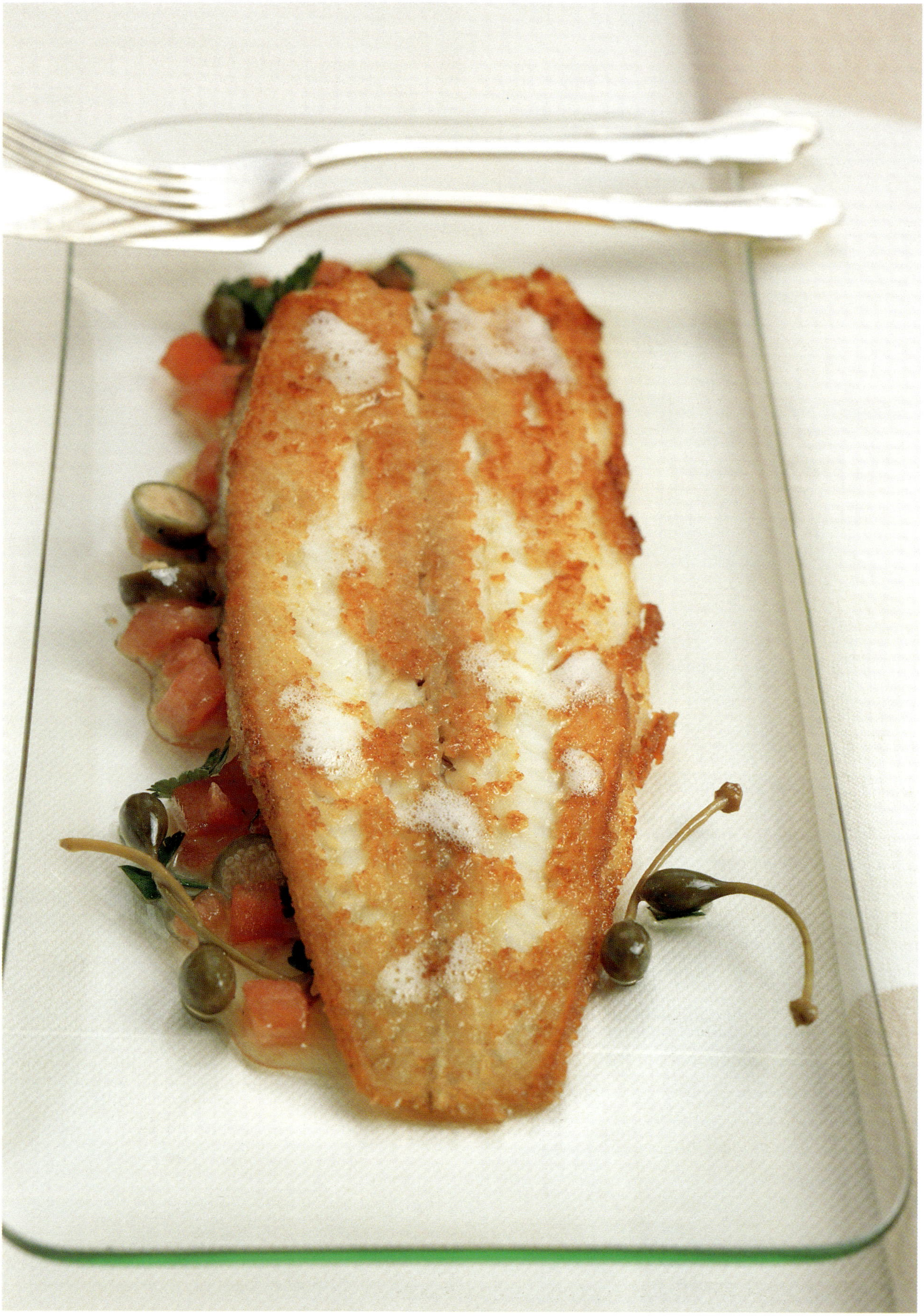

Seezunge mit Tomaten-Kapern-Butter

Eines meiner Lieblingsrezepte für Fisch, wobei die Tomaten-Kapern-Butter zu jeder Art von gebratenem Fisch paßt. Wenn Sie die Seezungen im Ganzen braten, bleiben diese viel saftiger.

<u>Zutaten für 4 Personen</u>

4 Seezungen à 350 g
2 mittelgroße Tomaten
2 EL Kapern
Weißbrösel und Mehl
Olivenöl zum Braten
4–5 EL Butter

2 EL gehackte Petersilie
1 TL Pommery-Senf
1 Schuß Weißwein
Saft von ½ Zitrone
Salz, Pfeffer

<u>25 Minuten / leicht</u>

Den Strunk der Tomaten herausschneiden. Tomaten kurz in kochendem Wasser blanchieren und in Eiswasser abschrecken. Die Haut abziehen und das Tomatenfleisch in kleine Würfel schneiden. Falls die Kapern sehr salzig oder scharf sind, diese kurz wässern.

Die Seezungen bei der Schwanzflosse mit einem Messer aufschaben. Die Haut der Seezungen von der Schwanzflosse bis zum Kopf abziehen. Mit einer Fischschere den Kopf sowie die Schwanzflosse abtrennen.

Seezungen beidseitig salzen, in einer Mehl-Brösel-Mischung wenden und in einer geräumigen Pfanne mit Olivenöl bei mittlerer Hitze beidseitig goldbraun braten. Am besten verwendet man dafür zwei große Pfannen.

Seezungen aus der Pfanne heben und warm stellen. Das Öl aus der Pfanne gießen, Butter dazugeben und gleichzeitig auch Tomaten, Kapern, Petersilie sowie Senf zugeben. Diese Mischung erhitzen, bis sie zu köcheln beginnt. Einen Spritzer Weißwein und den Zitronensaft zugeben. Die Sauce sollte nun eine stark sämige Konsistenz besitzen. Seezungen auf Tellern oder Platten anrichten und mit der Sauce übergießen. Als Beilage eignen sich Salzkartoffeln oder mit Olivenöl gewürzter Blattspinat.

<u>TIPP</u>: *Achten Sie darauf, dass die Pfanne nicht zu heiß ist, wenn Sie die Butter erwärmen. Falls die Butter ihre Emulsion zu verlieren droht, geben Sie einfach einige Spritzer Wasser oder Weißwein dazu.*

FISCH

Rochenflügel in Senfbutter

Wenn Sie, was selten genug ist, frischen Rochen sehen, dann kaufen Sie ihn...

Zutaten für 4 Personen

4 Rochenflügel-Filets
2 kleine Bund Petersilie
3 mittelgroße weiße Zwiebeln
1 EL Senfkörner
ca. 4 EL Butter

1 EL Pommery-Senf
Saft von $1/2$ Zitrone
$1/16$ l Weißwein
Salz, Pfeffer

30 Minuten / leicht

▼ Rochenflügel in Senfbutter

Vom Rochenflügel, falls notwendig, die Haut mit einem scharfen Messer vorsichtig abziehen. Petersilie waschen, abzupfen und hacken. Zwiebeln schälen und in Streifen schneiden. Senfkörner in etwas Wasser 20 Minuten lang kochen, danach abseihen.

Etwa 2 EL Butter aufschäumen und die Zwiebeln darin ohne Farbe zu nehmen anschwitzen. Mit Weißwein ablöschen und etwas einkochen lassen. Salzen, pfeffern und einige kalte Butterflocken in die Zwiebeln einrühren, damit eine cremige Sauce entsteht. Mit Salz, Pfeffer und gehackter Petersilie abschmecken.

In einer beschichteten Pfanne die restliche Butter aufschäumen und leicht bräunen. Pfanne vom Feuer nehmen, Rochenflügel einlegen, salzen, pfeffern und bei mäßiger Hitze beidseitig kurz braten. Der Fisch sollte in der Mitte noch leicht glasig sein. Fisch herausnehmen und auf einem warmen Teller zugedeckt warm halten.

In der in der Pfanne verbliebenen Butter Senf und Senfkörner aufschäumen lassen. Mit Zitronensaft abschmecken, wenn nötig noch etwas salzen.

Die Zwiebeln auf heißen Tellern aufteilen. Rochenflügel darauflegen und mit der Senfbutter überziehen.

Seeteufel mit Trüffel und Spinat

Wieviel Trüffeljus und Trüffel Sie beigeben, ist letztlich eine Kostenfrage. Doch wie man weiß, können es von den guten Zutaten nie zu viel sein…

Zutaten für 4 Personen

1 Seeteufel (ca. 1,20 kg)
1 große Knolle schwarze Trüffel
400 g blanchierter Blattspinat
400 g speckige Kartoffeln
1 EL Dijon-Senf

3 EL Olivenöl
4 EL Butter
$1/16$ l Trüffeljus
Salz, Pfeffer

60 Minuten / aufwendig

Kartoffeln waschen, in Salzwasser weich kochen, schälen und in mittelgroße Würfel schneiden. Die schwarze Haut des Seeteufels mit einem scharfen Messer abziehen. Das dunkle Fischfleisch (Fett) wegschneiden. Trüffel gut bürsten und in Scheiben schneiden. Backrohr auf 200° C vorheizen.

Seeteufel mit Salz, Pfeffer und Dijon-Senf würzen, Olivenöl und 2 EL Butter in einer beschichteten Pfanne erhitzen und den Seeteufel rundum anbraten. Trüffel dazugeben und gemeinsam mit dem Seeteufel einige Minuten leise schmurgeln lassen. Trüffeljus zugießen, blanchierten Blattspinat und Kartoffeln dazugeben. Alles zusammen mit etwas Wasser im vorgeheizten Rohr 8–10 Minuten garen. Den Fisch nach der Hälfte der Zeit einmal wen-

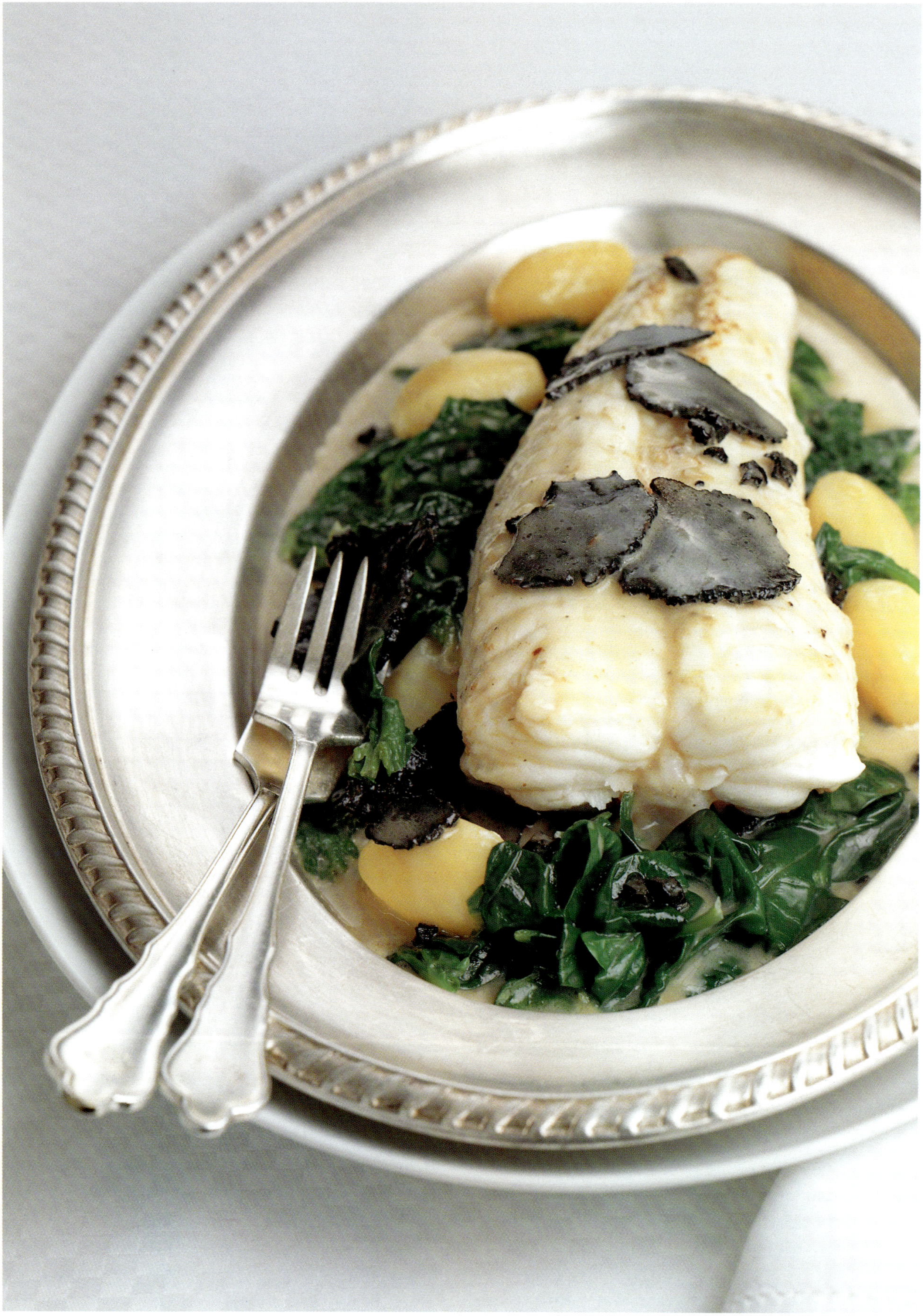

den. Die exakte Garzeit ist von der Größe des Seeteufels abhängig. Kurz vor dem Servieren restliche Butter bräunen. Den Seeteufel herausnehmen, das Kartoffel-Spinat-Ragout mit brauner Butter, Salz und Pfeffer abschmecken. Fisch entweder im Ganzen auf einer Servierplatte oder bereits portioniert auf heißen Tellern servieren.

> TIPP: *Ähnlich wie bei Fleisch bleibt auch Fisch ganz besonders saftig, wenn man ihn im ganzen Stück am Knochen zubereitet. Lassen Sie sich vom Fischhändler einen größeren Fisch geben, weil sich dieser für diese Zubereitungsart besonders gut eignet. Bei einer größeren Tischrunde bleibt davon mit Garantie nichts übrig.*

Gebratene Rotbarbenfilets auf Zitronen-Thymian-Butter

Wer die Küsten Südfrankreichs kennt, jemals den Wind, das Meer, den Duft von Thymian und Rosmarin verspürt hat, für den ist dieses mediterrane Gericht ganz einfach und logisch.

Zutaten für 4 Personen

- Je 2–4 Rotbarbenfilets (pro Person etwa 180 g)
- ca. 250 g grobes Meersalz
- 4 große mehlige Kartoffeln
- 1 kleiner Bund frischer Thymian
- 4–6 EL Butter
- $1/16$ l Weißwein
- Salz, Pfeffer
- $1/16$ l Olivenöl
- 1 Zitrone
- 2 EL Mehl
- 2 EL Weißbrotbrösel
- 8 EL Ratatouille (Rezept Seite 206) oder Zucchinigemüse

60 Minuten / aufwendig

Kartoffeln waschen. Das grobe Meersalz auf ein Backblech oder in einem feuerfesten Geschirr ca. 1 cm dick aufschichten. Kartoffeln auf dieses Salzbeet setzen und im auf 200° C vorgeheizten Backrohr eine Stunde lang garen.

Währenddessen die Thymianbutter zubereiten: Dafür Thymian waschen, abtrocknen, abzupfen und einige Male mit dem Messer durchschneiden. Insgesamt benötigt man etwa 1 EL Thymian.

In einem kleinen Topf 1 EL Butter aufschäumen, Thymian zugeben und kurz anschmurgeln, Weißwein zugießen, etwas einkochen lassen. Diese Reduktion mit der restlichen kalten Butter binden. Mit Salz, Pfeffer und dem Saft einer Zitrone abschmecken.

Die Rotbarbenfilets mit Salz und Pfeffer würzen. Mit der Hautseite in ein Gemisch aus Mehl und Weißbrotbrösel tauchen. In einer großen Pfanne in Olivenöl nur auf der

◂ Seeteufel mit Trüffel und Spinat

▲ **Gebratene Rotbarbenfilets auf Zitronen-Thymian-Butter**

Hautseite knusprig goldbraun braten. Der Fisch sollte im Kern noch einen Hauch glasig sein.

Die gegarten Kartoffeln aus dem Rohr nehmen, das Meersalz abwischen. Kartoffeln der Länge nach mit einem Messer aufschneiden, etwas auseinanderdrücken und mit der heißen Ratatouille füllen.

Thymianbutter auf die vorgewärmten Teller gießen. Die gefüllten Kartoffeln in die Mitte setzen und die gebratenen Fische mit der Hautseite nach oben dekorativ anrichten.

> TIPP: *Ganz wichtig beim Braten der Fischfilets ist die richtige Hitze, damit der Fisch optimal gart und die Hautseite knusprig, aber nicht verbrannt ist. Ich persönlich bevorzuge zum Braten solcher Fischfilets eine dicke Eisenpfanne mit Beschichtung. Damit der Fisch nicht trocken wird, legen wir die Filets im „Korso" vor dem Anrichten mit der Innenseite auf eine heiße, mit Butter ausgestrichene Platte.*

Tintenfischrisotto

Dieses Risotto kommt auch bei Gästen an, die sonst nicht so auf dieses italienische Reisgericht abfahren. Den endgültigen Geschmack kann man mit der Menge der Tintenfischtinte steuern.

Zutaten für 4 Personen

300 g Tintenfisch
300 g Risottoreis
1 Knolle Fenchel
1 Zwiebel
1 Zehe Knoblauch
2 Tomaten
Butter

1 Schuß Weißwein
ca. 0,6 l Rindsuppe
2 Packungen Tintenfischtinte
2 EL Olivenöl
1 Bund Basilikum
2 EL geriebener Parmesan
Salz, Pfeffer

30 Minuten / leicht

Fenchel putzen, die Fäden ziehen und in kleine Würfel schneiden. Fenchelgrün hacken und aufheben. Zwiebel und Knoblauch schälen und klein schneiden.

Tomaten am Strunk kreuzweise einschneiden, in kochendem Wasser blanchieren und in Eiswasser abschrecken. Haut abziehen, halbieren, entkernen und das Fruchtfleisch in kleine Würfel schneiden.

Tintenfische putzen (alle Häutchen abziehen), gut wässern und in Streifen schneiden.

In einem Topf 2 EL Butter aufschäumen. Zwiebel kurz anschwitzen. Knoblauch und Fenchel beigeben und bei kleiner Hitze durchrösten. Risottoreis dazugeben, durchrösten. Mit Weißwein ablöschen, einkochen und mit der heißen Suppe immer wieder unter ständigem Rühren aufgießen.

Tintenfischtinte zufügen, mit Salz und Pfeffer würzen und den Reis bei kleiner Flamme unter ständigem Rühren bissfest garen (dauert ca. 15 Minuten).

In einer Pfanne Olivenöl erhitzen. Tintenfischstreifen mit Salz und Pfeffer würzen, rasch anbraten. Tomatenwürfel beigeben. Durchschwenken und vom Feuer nehmen. Basilikum in feine Streifen schneiden.

Etwa die Hälfte der Tintenfische unter das Risotto mischen. 2–3 EL kalte Butter daruntermengen. Mit Parmesan und Basilikum abschmecken. Auf heißen Tellern anrichten. Mit den übrigen Tintenfischen und dem Fenchelgrün bestreut servieren.

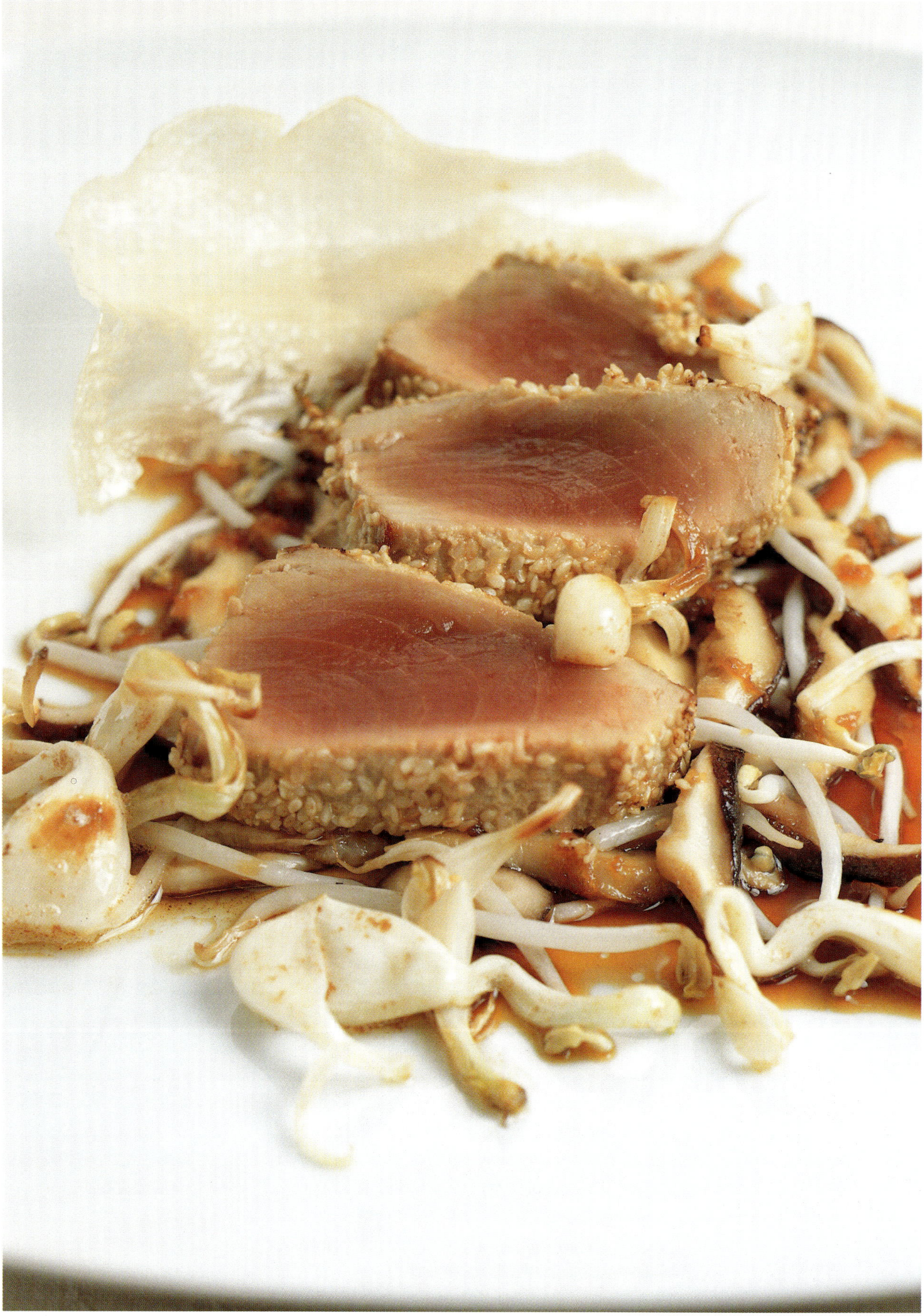

Thunfisch auf Sojasprossen und Shiitake-Pilzen

Ein nicht ganz alltägliches Fischgericht, das eigentlich nur „angebraten" wird.

Zutaten für 4 Personen

- 600–800 g frisches Thunfischfilet
- 1 kleine Ingwerwurzel
- $1/16$ l Sojasauce
- $1/16$ l Reiswein
- 4 EL Sesamöl
- 1 Knolle frischer junger Knoblauch
- 200 g Shiitake-Pilze
- 400 g Sojasprossen
- Olivenöl
- ca. 1 TL Stärkemehl
- 4 EL Sesamkörner

45 Minuten / leicht

Das Thunfischfilet komplett von Sehnen und Häutchen befreien. Ingwer schälen und fein reiben, etwa 1 TL beiseite nehmen. Thunfisch in zwei bis drei längliche Filets schneiden und diese in einem Gefäß mit dem 1 TL geriebenen Ingwer, einem Schuß Sojasauce, Reiswein und etwas Sesamöl marinieren. Zugedeckt 2 bis 3 Stunden im Kühlschrank stehen lassen.

Knoblauch schälen, kurz in kochendem Wasser überbrühen und auf Küchenpapier legen. Shiitake-Pilze putzen, entstielen und in breite Streifen schneiden.

Sojasprossen mit den Shiitake-Pilzen und dem blanchierten Knoblauch kurz in Olivenöl anschwitzen und mit Reiswein ablöschen. Die restliche Sojasauce zugießen und langsam etwa 1 Minute lang köcheln. Stärkemehl in etwas Wasser auflösen und unter ständigem Rühren das Gemüse damit binden. Die Sojasprossen und die Pilze sollten dann eine kurz gehaltene, sämigen Sauce bilden. Mit dem restlichen Ingwer, wenn nötig auch noch mit etwas Sojasauce oder Reiswein abschmecken.

Thunfisch in den Sesamkörnern wälzen und in Sesamöl rundum kurz jeweils $1^{1}/_{2}$ bis 2 Minuten anbraten. Der Fisch sollte innen noch so gut wie roh sein. Wenn der Thunfisch durchgebraten wäre, würde er trocken und langweilig schmecken.

Das Gemüse auf heißen Tellern anrichten. Den Thunfisch in 1 cm dicke Scheiben schneiden und darauflegen.

FISCH

Gratinierte Zucchinistreifen mit sautierten Garnelen

Dieses Gericht eignet sich perfekt für eine größere Gästerunde: Die Zucchini und die Sauce lassen sich wunderbar vorbereiten.

ZUTATEN FÜR 4 PERSONEN

250 g Garnelen ohne Schale
2 größere Zucchini
ca. 100 g Polenta
Olivenöl
ca. ½ l milde Rindsuppe
4 EL frisch geriebener Parmesan
2 EL geschlagenes Obers (Sahne)
Mehl zum Stauben
Salz

Für die Tomatensauce:
4 reife Tomaten
100 g Tomatensaft
3 EL Butter
1 gestrichener EL Tomatenmark
Salz, Pfeffer
1 Prise Zucker
1 kleiner Bund Basilikum
2 Hand voll Rucola
Balsamico-Essig

60 MINUTEN / AUFWENDIG

In einem Topf etwas Olivenöl erhitzen, Polenta darin farblos anschwitzen. Mit der Suppe aufgießen, salzen und aufkochen. Umrühren und zugedeckt im auf 150° C vorgeheizten Backrohr etwa 20 Minuten garen. Öfters umrühren. Falls erforderlich etwas Suppe oder Wasser nachgießen. Anschließend überkühlen.

Tomaten in kochendem Wasser blanchieren, in Eiswasser abschrecken, die Haut abziehen, Fruchtfleisch in kleine Würfel schneiden. In einem Topf etwas Butter aufschäumen, Tomatenmark und Tomatenwürfel beigeben, durchrösten, verköcheln lassen. Mit Tomatensaft auffüllen, mit Salz, Pfeffer und Zucker würzen. Basilikumblätter abzupfen, einige Male durchschneiden und dazugeben. Tomatensauce bis zum Servieren warm halten.

Die Zucchini der Länge nach in dünne Scheiben schneiden und leicht salzen. In Mehl wenden und in einer Pfanne mit Olivenöl beidseitig goldgelb braten. Polenta mit würzigem Olivenöl und geriebenem Parmesan abschmecken. Etwas Obers einrühren.

Die Zucchinistreifen ca. 1 cm dick mit der Polenta bestreichen. Mit Parmesan bestreuen und unter der Grillschlange im Rohr bei maximaler Hitze überbacken.

Die Garnelen putzen, den Darm entfernen und würzen. In einer Pfanne mit etwas Olivenöl braten. Die Zucchinistreifen auf vorgewärmten Tellern anrichten, die Tomatensauce dekorativ auf die Teller verteilen, mit den Garnelen belegen.

Rucola mit Salz, Olivenöl und Balsamico-Essig marinieren und darüber streuen.

Gratinierte Zucchinistreifen mit sautierten Garnelen ▶

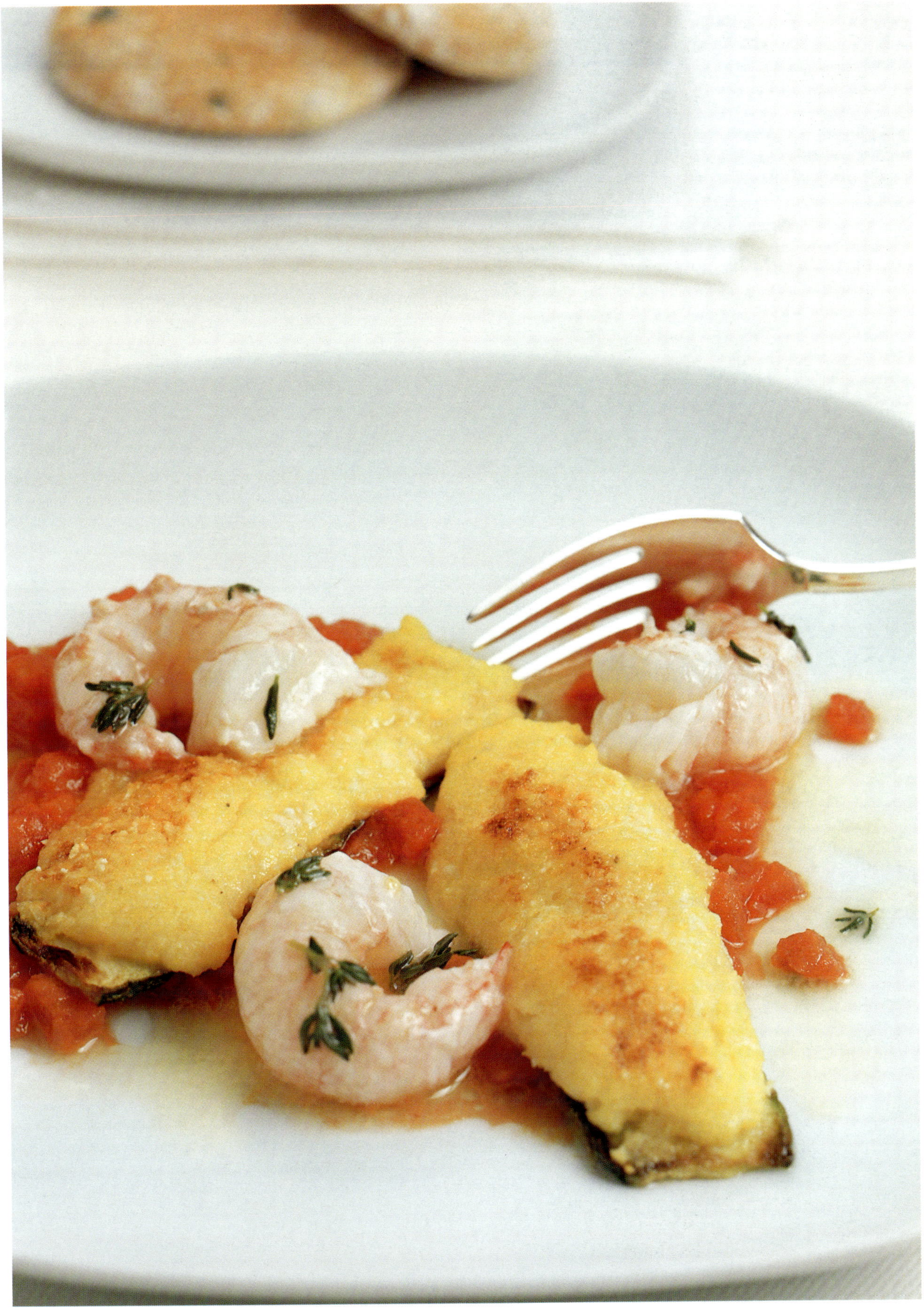

▲ Marinierte Scampi auf Tomaten

Marinierte Scampi auf Tomaten

Das perfekte Beispiel für gelungenen kulinarischen Minimalismus. Allerfrischeste Scampi sind für dieses Rezept Grundvoraussetzung.

ZUTATEN FÜR 4 PERSONEN

- 20 Stück Scampi (Kaisergranaten)
- 1 Bund Basilikum
- 1/8 l Olivenöl
- 1 kleiner Bund Frühlingszwiebeln
- 2 Limetten
- 6 reife Fleischtomaten
- Pfeffer
- grobes Meersalz

20 MINUTEN / LEICHT

Basilikumblätter vom Stiel abzupfen. Die größeren Blätter mit etwa der Hälfte des Olivenöls mixen, durch ein Sieb seihen oder drücken.

Den Schwanz der Scampi vom restlichen Körper ablösen (am besten herausziehen oder herausdrehen). Schale mit einer Schere seitlich aufschneiden und das Schwanzfleisch herauslösen. Mit einem kleinen Messer den Darm herausziehen.

Frühlingszwiebeln putzen und in schräge, dünne Scheiben schneiden. Limetten waschen. Tomaten in dünne Scheiben schneiden und auf kalten Tellern auflegen.

Die Scampischwänze mit Limettensaft, schwarzem, gemahlenem Pfeffer, Olivenöl und Meersalz marinieren. Scampi auf die Tomaten setzen. Kleine Basilikumblätter und die Frühlingszwiebeln darüber streuen. Alles nochmals mit Olivenöl (grünes Öl sieht am besten aus) beträufeln. Mit Meersalz und Pfeffer endgültig abschmecken. Das fertige Gericht mit etwas geriebener Limettenschale parfümieren.

Gebratener Saibling mit Spinattascherln

Dass sich jeder Esser seinen Saibling selbst tranchiert, gehört bei diesem Gericht zum Programm. Meines Erachtens sollte man nicht immer alle Produkte auf anonyme Filets reduzieren.

Zutaten für 4 Personen

4 Saiblinge à 300–350 g
1 Bund Petersilie
$1/16$ l Olivenöl
1 kleiner Bund Thymian
Weißbrotbrösel und Mehl
4 EL Butter
1 EL Kapern
Saft von 1 Zitrone
4 EL Fleischglace
Öl zum Frittieren

Für die Spinattascherln:
300 g doppelgriffiges Mehl

1 Ei
$1/16$ l Wasser
2 EL Olivenöl
1 TL Salz
150 g blanchierter, ausgedrückter Blattspinat
1 EL gehackte Zwiebel
100 g Topfen (Quark)
2 EL geriebener Parmesan
2 EL Butter
1 Eidotter
Salz, Pfeffer
Muskatnuss

90 Minuten / für Ehrgeizige

Aus Mehl, Ei, Wasser und Olivenöl einen kompakten Teig kneten. Im Kühlschrank zugedeckt etwa 1 Stunde rasten lassen.

Spinat fein hacken. In einer Pfanne Butter bräunen, die Zwiebel darin glasig rösten. Spinat kurz darin durchschwenken, mit Salz, Pfeffer und Muskatnuss abschmecken. In eine Schüssel geben, etwas abkühlen lassen. Mit Topfen und geriebenem Parmesan vermi-

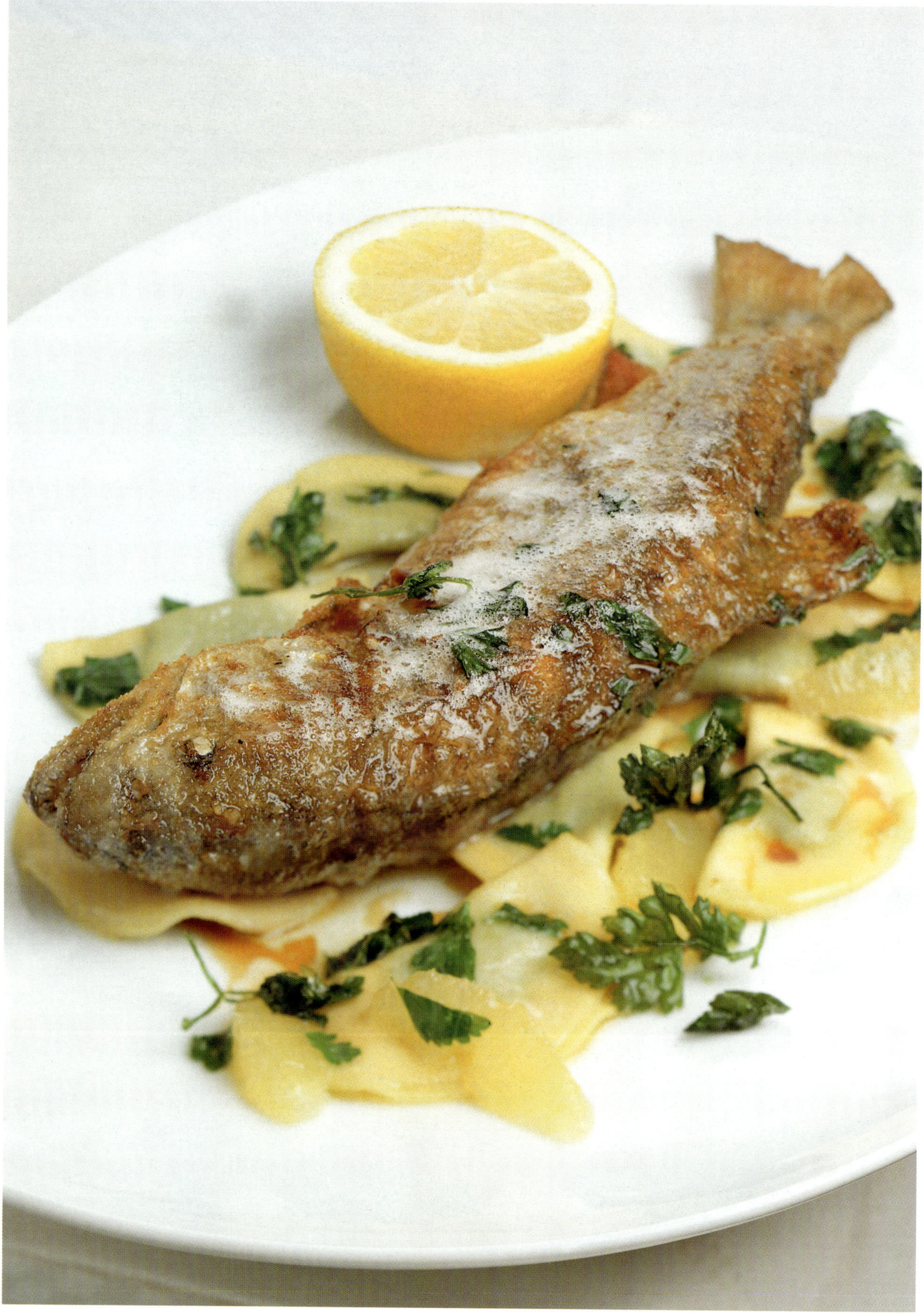

schen. Den Teig sehr dünn ausrollen und mit einem Ausstecher Kreise mit einem Durchmesser von etwa 5–7 cm ausstechen.

Die Teigkreise mit je 1 EL der Spinatfülle belegen. Teigränder mit etwas verquirltem Eidotter bestreichen. Teigtascherln zusammenklappen und die Ränder gut andrücken, auf ein bemehltes Blech legen.

Petersilienblätter abzupfen und in heißem Öl frittieren. Auf Küchenpapier legen, abtropfen lassen und leicht salzen. Vom Thymian etwa 1 TL Blätter abzupfen.

Die Saiblinge mit dem Thymian füllen. Fische innen und außen mit Salz und gemahlenem Pfeffer würzen. Etwas Weißbrotbrösel und Mehl in einem Teller vermischen, die Saiblinge darin wenden. Saiblinge in einer beschichteten Pfanne in heißem Olivenöl beidseitig eher knusprig braten.

Währenddessen die Spinattascherln in gesalzenem Wasser etwa 2 Minuten köcheln lassen. Danach abseihen, wieder in den Topf zurückgeben und in ein wenig Butter durchschwenken. Leicht salzen und warm halten.

Die knusprig gebratenen Saiblinge aus der Pfanne nehmen. Öl abschütten und 4 EL Butter darin aufschäumen. Mit Zitronensaft, Thymian, Kapern und der Fleischglace eine mollige Buttermischung bereiten. (Sollten Sie über keine Fleischglace verfügen, geht's auch ohne.)

Die Spinattascherln auf heißen Tellern anrichten, mit der Buttermischung beträufeln und mit dem gebratenen Saibling servieren.

TIPP: *Lassen Sie die fertigen Spinattascherln im Tiefkühlfach etwas anfrieren. Das erleichtert Ihnen das weitere Arbeiten ungemein.*

Forelle Müllerin

Ein Klassiker, an dem es nichts zu verändern gibt.

Zutaten für 4 Personen

4 Forellen á ca. 350 g
2 EL gehackte Petersilie
Saft von 1/2 Zitrone
4 EL Butter

Mehl und Weißbrotbrösel
Öl zum Braten
Salz, Pfeffer

20 Minuten / leicht

Forelle ausnehmen (erledigt am besten der Fischhändler). Zu Hause gut auswaschen. Innen und außen mit Küchenpapier abtrocknen. Backrohr auf 200° C vorheizen.

◂ Gebratener Saibling mit Spinattascherln

Forelle innen und außen mit Salz und Pfeffer würzen. In einer beschichteten, ofenfesten Pfanne etwas Öl erhitzen. Den Fisch in einem Mehl-Brösel-Gemisch wälzen. In einer beschichteten Pfanne beidseitig eher scharf anbraten. In das vorgeheizte Rohr schieben. Nach 4 Minuten umdrehen und nochmals so lange braten, bis die Haut goldgelb und knusprig ist. (Garprobe: Mit Messer oder Gabel in den Rücken stechen und probieren, ob sich das Filet leicht abheben läßt.)

Fertige Forellen auf eine ovale, vorgewärmte Servierplatte legen (am schönsten ist eine silberne). Bratöl aus der Pfanne abgießen. Butter aufschäumen lassen und mit Zitronensaft, Petersilie und Salz würzen.

Forellen mit der Butter begießen. Servieren und bei Tisch zerteilen. Dazu passen junge Kartoffeln und Blattsalate.

Forelle blau mit Wurzelgemüse

Ein leichtes Fischgericht, das wesentlich von der Qualität des Kochsuds abhängt. Trachten Sie danach, die besonders feinen Bachforellen zu bekommen.

Zutaten für 4 Personen

4 Forellen á ca. 300 g
¼ l Riesling
6 EL Weißweinessig
1 Zwiebel
300 g gemischtes Wurzelgemüse (Karotte, gelbe Rübe, Lauch, Sellerie)

2 EL grob gehackte Petersilie
2 Lorbeerblätter
6 EL Butter
10 Pfefferkörner
Salz
3 l Wasser

30 Minuten / leicht

Forellen küchenfertig vorbereiten (erledigt am besten der Fischhändler). Um eine schöne Blaufärbung der Forellen zu gewährleisten, legt man am besten die Forellen auf eine Servierplatte und beträufelt sie mit der Hälfte des Weinessigs.

Wurzelgemüse waschen, schälen und in feine Streifen schneiden. Wasser mit den Gewürzen, dem restlichen Essig, Wein und Wurzelgemüse in einem geräumigen Topf einmal kurz aufkochen.

Forellen einlegen (die Fische dürfen nicht übereinander liegen) und etwa 10 Minuten bei schwacher Hitze gar ziehen lassen (nicht kochen!). Sollten die Fische „zerreißen", ist dies nur ein Zeichen, dass der Fisch frisch ist.

In einem kleinen Topf die Butter erwärmen. Forellen vorsichtig mit den Wurzelgemüsestücken aus dem Topf heben und auf Teller legen. Mit Petersilie bestreuen und mit der warmen Butter beträufeln. Dazu passen ausgezeichnet Salzerdäpfel.

Karpfenfilet in Pfeffer-Rotwein-Sauce

Wer Karpfen schätzt, wird dieses Gericht lieben. Die intensiv-würzige Sauce ergänzt sich perfekt mit dem doch eher robusten Fisch, dessen Qualitäten mitunter sträflich unterschätzt werden

Zutaten für 4 Personen

- Etwa 1 kg Karpfenfilets ohne Haut
- 1 Karotte
- 1 gelbe Rübe
- 2 Zwiebeln
- 2 Zehen Knoblauch
- ½ l kräftiger Rotwein
- ⅛ l Kalbsglace (bzw. kräftiger Bratensaft)
- ⅛ l Fischfond (aus den Gräten herstellen, Rezept Seite 248)
- 150 g Knollensellerie
- 1 Bund Petersilie
- 2 Lorbeerblätter
- 1 Zweig Thymian
- 3 EL Butter
- schwarzer, grob gestoßener Pfeffer
- Salz

60 Minuten / für Ehrgeizige

Von den Karpfenfilets sämtliche graue Fettansätze und andere unschöne Stellen wegschneiden und in gut 200 g schwere Stücke schneiden. Die Filets einige Male leicht einschneiden (schröpfen). Beidseitig mit Salz und grob gemahlenem schwarzen Pfeffer würzen.

Karotte und gelbe Rübe waschen, schälen, in kleine Würfel schneiden. Petersilie waschen, Blätter abzupfen, hacken. Zwiebel und Knoblauch schälen, in größere Würfel schneiden.

In einer Pfanne etwas Butter aufschäumen, Zwiebel und Knoblauch darin andünsten, ohne dass beides Farbe annimmt. Mit Rotwein aufgießen, Thymian und Lorbeerblatt beigeben, weich dünsten; öfters umrühren. Wenn der Rotwein fast zur Gänze verkocht ist, mit Fischfond und Kalbsglace aufgießen, mit Salz würzen. Bei kleiner Flamme nochmals 10 Minuten köcheln lassen. Lorbeerblatt und Thymian entfernen.

Das Wurzelgemüse in etwas Butter anschwitzen, mit Salz würzen. Mit wenig Wasser untergießen und bissfest kochen.

Karpfenfilets in die Rotweinzwiebeln einlegen und ca. 4 Minuten auf jeder Seite bei kleiner Hitze ziehen lassen. Die exakte Garzeit hängt von der jeweiligen Stärke der Fischfilets ab.

Sobald die Karpfenfilets gegart sind, das Wurzelwerk beigeben und kurz erwärmen. Karpfen auf vorgewärmten Tellern anrichten, die Sauce mit etwas Butter und der frisch gehackten Petersilie verfeinern. Karpfenfilets mit der Sauce beträufeln. Dazu passen Salzkartoffeln.

Wels auf Chicorée mit Fenchelsabayon

Durch die mediterran anmutenden Beilagen erhält der heimische Wels eine ungeahnte Eleganz.

ZUTATEN FÜR 4 PERSONEN

4 Welsfilets à ca. 150 g (ohne Haut und Fett)
1 Knolle Fenchel
3 Stück Chicorée
Saft von 1 Orange
Saft von ½ Zitrone
1 Schuß Weißwein
1 Lorbeerblatt
2–3 EL Butter
1 EL Dijon-Senf
2 EL frisch gehackte Petersilie

Weißbrotbrösel
Mehl
Öl zum Braten
ca. 0,1 l Kalbsfond oder milde Rindsuppe
Salz, Pfeffer
Zucker
Olivenöl
Balsamico-Essig
1 Eidotter
1 Schuß Weißwein

45 MINUTEN / FÜR EHRGEIZIGE

Fenchel waschen, Fenchelgrün abschneiden und aufheben, Strunk wegschneiden. Fenchelknolle mit einem Sparschäler dünn schälen. Eventuell vorhandene Fäden ziehen, anschließend feinwürfelig schneiden.

In einem Topf etwas Butter aufschäumen, die Fenchelwürfel darin farblos anschwitzen, Lorbeerblatt beigeben, mit Weißwein ablöschen, mit etwas Kalbsfond untergießen und weich dünsten. Mit Salz und Pfeffer würzen. Wenn der Fenchel weich ist, einige kalte Butterstücke einrühren. Das Lorbeerblatt entfernen.

Für den Chicorée den Strunk dünn abschneiden. Chicorée in lauwarmes Wasser legen, damit die Bitterstoffe ausgeschwemmt werden, anschließend in Salzwasser mit etwas Zucker, Orangen- und Zitronensaft etwa 20 Minuten kochen. Chicorée in einzelne Blätter zupfen. Flach in eine große Pfanne legen. Mit Balsamico-Essig, Olivenöl, Salz und Pfeffer abschmecken. Vor dem Servieren vorsichtig erwärmen.

Fischfilets beidseitig salzen, auf der Außenseite mit Dijon-Senf bestreichen, mit Petersilie bestreuen. Abschließend etwas Weißbrotbrösel und Mehl darüber stauben und andrücken.

In einer beschichteten Pfanne etwas Öl erhitzen. Die Fischfilets zuerst auf der Bröselseite braten. Wenn der Fisch goldgelb und knusprig ist, umdrehen und kurz fertig braten.

Fenchelgrün fein hacken und unter den weich gekochten Fenchel mischen. Eidotter und Weißwein in eine hitzebeständige Schüssel geben und über Wasserdampf dickschau-

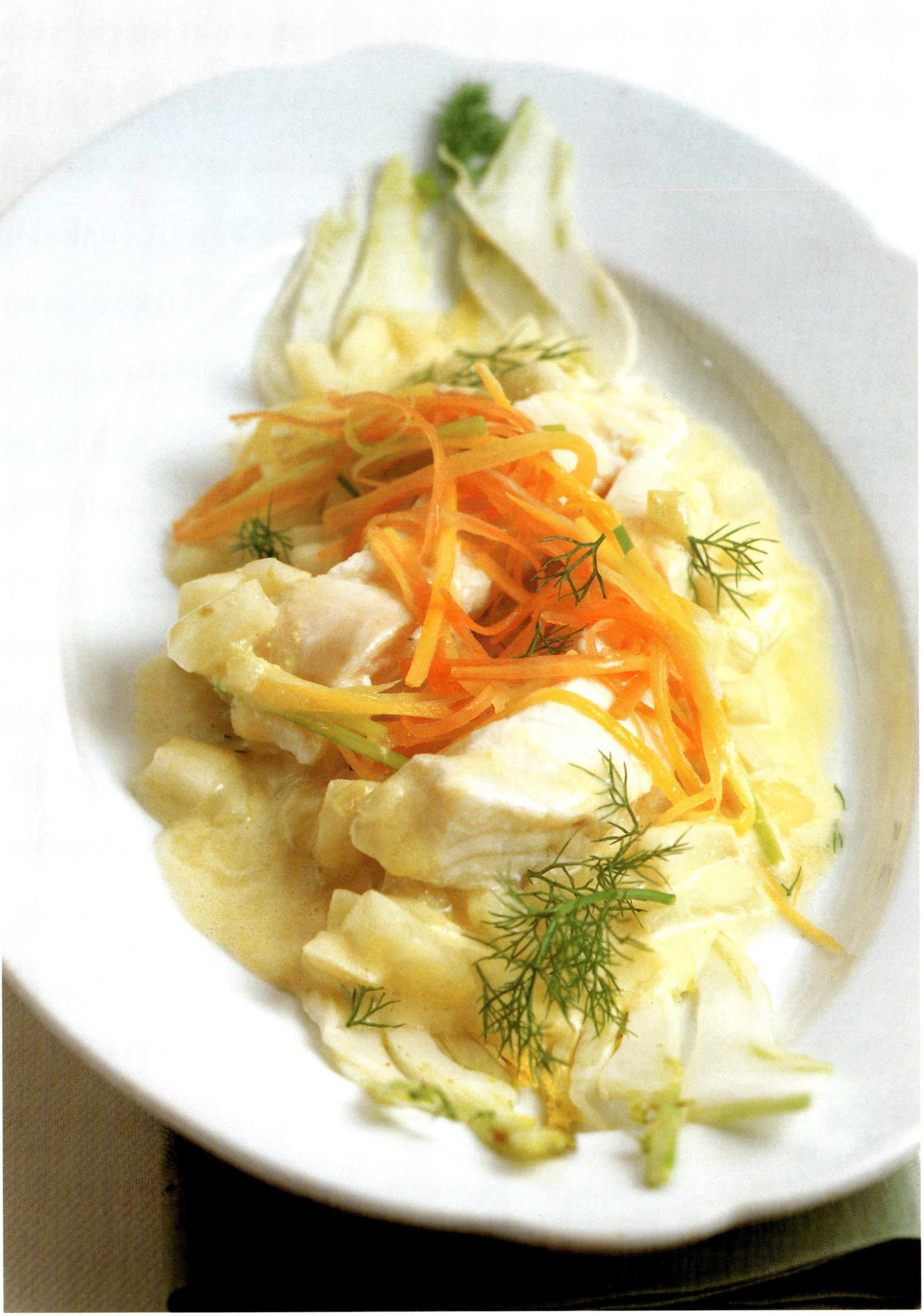

mig zu einem Sabayon aufschlagen. Kurz vor dem Servieren das Sabayon unter den Fenchel rühren. Chicoréeblätter auf vorgewärmte Teller legen. In der Tellermitte das Fenchelsabayon anrichten, darauf den gebratenen Wels platzieren. Eventuell mit Gemüse-Julienne bestreuen

Fischtopf mit Bohnen

Diesen Eintopf kann man noch mit einigen gekochten Kartoffeln ergänzen. Auch kann man mit mehr Tabasco und frischen Pfefferschoten feuriger würzen.

ZUTATEN FÜR 4 PERSONEN

600 g Zander- oder Welsfilet
3 rote Paprika
1 kleine Zwiebel
ca. 20 Stück Perlzwiebeln
ca. 2 Hand voll weiße Bohnen
2 Lorbeerblätter
3 Zehen Knoblauch
1 kleiner Bund Petersilie
1/2 l milde Rindsuppe

2 EL Sauerrahm
1/8 l Obers (Sahne)
3 EL Butter
50 g Frühstücksspeck
1 TL Paprikapulver
1 Zweig Thymian
etwas Weißwein
Salz, Pfeffer
Tabasco oder frische Pfefferschoten

60 MINUTEN / AUFWENDIG

Bohnen über Nacht in reichlich kaltem Wasser einweichen. Am nächsten Tag mit Thymian, einem Lorbeerblatt und einer Knoblauchzehe weich kochen, danach abseihen.

Zwiebel und Knoblauch schälen, fein schneiden. Perlzwiebeln schälen, in kochendem Salzwasser blanchieren und abseihen. Mit klein geschnittenem Speck und etwas Butter anschmurgeln. Mit Salz und Pfeffer würzen, mit Weißwein ablöschen, dann kurz dünsten. Die Zwiebeln sollten noch bissfest sein.

Paprika waschen, halbieren, entkernen und klein schneiden. Zwiebel und Knoblauch in Butter anschmurgeln. Paprika beigeben, andünsten und mit Weißwein ablöschen. Mit Rindsuppe aufgießen, Lorbeerblatt dazugeben und in ca. 15 Minuten weich dünsten. Obers beigeben und aufkochen lassen. Lorbeerblatt entfernen, pürieren und durch ein Sieb seihen. Mit Salz und Pfeffer würzen.

Fischfilets in kleine Stücke schneiden, mit Paprikapulver, Salz, Pfeffer und zerdrücktem Knoblauch würzen. Fisch in die Paprikasauce legen und bei kleiner Hitze gar ziehen lassen. Die gekochten Bohnen unterheben, mit Salz, Pfeffer und Tabasco pikant abschmecken. Mit gehackter Petersilie und Sauerrahm garnieren. Dazu paßt am besten frisches Weißbrot.

Zander auf Majoranzwiebeln ▲

Zander auf Majoranzwiebeln

Hier wird der Zander aus seiner geschmacklichen Neutralität gelockt.

<u>Zutaten für 4 Personen:</u>

4 Zanderfilets à 150 g (entgrätet und ohne Haut)
2 EL Mehl
2 EL Weißbrotbrösel
1 EL Dijon-Senf
gut ⅛ l kräftiger Rotwein
1/16 l Fleischglace

6 Zwiebeln
1 EL Kristallzucker
2 TL Butter
1 EL gehackte Petersilie
1 TL frisch gehackter Majoran
Öl
Salz, Pfeffer

<u>30 Minuten / leicht</u>

Zwiebeln schälen, halbieren und in dünne Streifen schneiden. Öl erhitzen, Zucker darin leicht karamellisieren. Zwiebeln beigeben und langsam goldgelb rösten. Mit Rotwein ablöschen, etwas einkochen lassen und die Fleischglace dazugießen. Mit Salz, Pfeffer und Majoran abschmecken. Beiseite nehmen und mit kalten Butterflocken montieren.

Zander salzen, die Außenseite mit Dijon-Senf einpinseln. Gehackte Petersilie auf die Senfschicht andrücken, mit Mehl und Weißbrotbröseln bestreuen.

Öl in einer beschichteten Pfanne erhitzen. Die Zanderfilets einlegen und nicht zu rasch braten, weil sonst die Mehl-Brösel-Mischung zu schnell Farbe nimmt und der Fisch nicht die erwünschte Kruste bekommt. Wenn die Kruste schön braun ist, Zanderfilets wenden und noch einige Minuten in der Pfanne garen. In der Zwischenzeit die Majoranzwiebeln auf heißen Tellern anrichten. Zanderfilets aus der Pfanne heben, mit Küchenpapier abtupfen und anrichten. Als Beilage passt sehr gut eine Polenta.

Krebse im Kümmel-Biersud

Natürlich kann man Krebse wesentlich eleganter und „tellerfertig" servieren. Aber Handarbeit ist beim Krebseessen das halbe Vergnügen.

Zutaten für 4 Personen

20 Krebse
1 kleiner Bund Dille
½ l Gemüsefond
¼ l Bier
1 Karotte
1 gelbe Rübe
½ Knolle Sellerie
1 Msp. gehackter Kümmel
3 EL Butter
Salz

30 Minuten / leicht

Gemüse schälen und kleinwürfelig schneiden. 1 EL Butter in einem großen Topf aufschäumen lassen. Gemüse kurz durchschwenken und den gehackten Kümmel zugeben. Mit dem Bier ablöschen, kurz aufkochen. Mit Gemüsefond auffüllen und etwa 10 Minuten leicht köcheln lassen.

Die Krebse in den Sud geben, einmal kurz aufkochen. Öfters durchschwenken und etwa 5 Minuten zugedeckt ziehen lassen.

In der Zwischenzeit Dille zupfen und fein hacken. Die Krebse in Tellern aufteilen. Den Sud mit Dille, Salz und Pfeffer abschmecken. Zum Schluß kalte Butter einarbeiten, damit der Fond sämig wird. Vor dem Servieren den Sud über die Krebse gießen.

Krebs-Eintopf ▲

Krebs-Eintopf

Eine simple, stimmige Kombination: Tomaten, Basilikum und frische Krebse.
Statt der Butter kann man die Sauce auch mit feinem Olivenöl vollenden.

<u>Zutaten für 4 Personen</u>

20 Krebse
1 Stange Dille
1 EL Kümmel
Salz
2 Schalotten
6 Tomaten
1 EL Tomatenmark

3 Zehen Knoblauch
1 kleiner Bund Basilikum
1/8 l Weißwein
6 EL kalte Butter
1/16 l Olivenöl
Salz, Pfeffer

<u>40 Minuten / leicht</u>

In einem geräumigen Topf reichlich Wasser mit Dille, Kümmel und Salz zum Kochen bringen. Die Krebse einlegen und das Wasser einmal aufkochen lassen. Krebse herausnehmen und in kaltem Wasser abschrecken. Die Krebsschwänze vom Körper trennen und halbieren. Mit Hilfe eines kleinen spitzen Messers den Darm entfernen. Die Scheren ausbrechen und beiseite stellen.

Die Krebspanzer in einem Topf mit Olivenöl anschmurgeln. Schalotten schälen, vierteln, dazugeben. Tomatenmark, Knoblauch und Basilikumstiele ebenfalls dazugeben und alles kurz rösten. Tomaten klein schneiden und mitköcheln lassen. Nach und nach Weißwein zugießen und die Sauce nach ca. 20 Minuten durch ein Spitzsieb passieren.

Die Krebsschwänze in einer beschichteten Pfanne kurz in Olivenöl anbraten. Die Tomatenreduktion zugießen, mit grob geschnittenen Basilikumblättern, einigen Butterflocken, Salz und grob gemahlenem Pfeffer vollenden. Dazu paßt frisches Baguette.

Muscheln im Sud

Servieren Sie zu diesem Klassiker geröstete Weißbrotscheiben, mit denen man den köstlichen Sud besonders genussvoll auftunken kann.

Zutaten für 4 Personen

1 kg Miesmuscheln
4 kleine Schalotten
$1/16$ l Olivenöl
$1/8$ l Weißwein
$1/8$ l Gemüse- oder Fischfond

2 kleine, feste Tomaten
1 kleiner Bund Petersilie
3 Lorbeerblätter
4–6 Zehen Knoblauch
Salz, Pfeffer

30 Minuten / leicht

Die Muscheln gut wässern und wenn nötig seitlich den „Bart" herausziehen. Am besten reinigt man die Muscheln, wenn man sie unter fließendem Wasser in den Händen reibt, als würde man sich die Hände waschen. Muscheln danach auf ein Sieb legen. Die Schalotten schälen und fein schneiden. Petersilie grob hacken.
Den Strunk der Tomaten herausschneiden. Tomaten in kochendem Wasser kurz überbrühen, in kaltem Wasser abschrecken. Haut abziehen, Tomaten entkernen und das Fruchtfleisch in kleine Würfel schneiden. Knoblauchzehen schälen und in feine Scheiben schneiden.

In einem großen Topf Olivenöl erhitzen, Knoblauch dazugeben und einmal durchschwenken. Die Muscheln dazugeben und unter öfterem Umrühren kurz durchrösten. Mit Weißwein ablöschen, den Gemüse- oder Fischfond und die Lorbeerblätter dazugeben und

Muscheln im Sud ▲

zugedeckt etwa 3 Minuten unter öfterem Rühren garen. Muscheln, die jetzt noch nicht aufgesprungen sind, aussortieren und wegwerfen.

Den Sud mit Tomaten, gehackter Petersilie sowie frisch gemahlenem Pfeffer abschmecken. Wenn notwendig, vorsichtig salzen. Mit etwas Olivenöl beträufelt in tiefen Tellern servieren.

> TIPP: *Statt mit Olivenöl (im Idealfall schmeckt es pikant-würzig) kann man den Sud auch mit kalten Butterflocken sämig abrunden.*

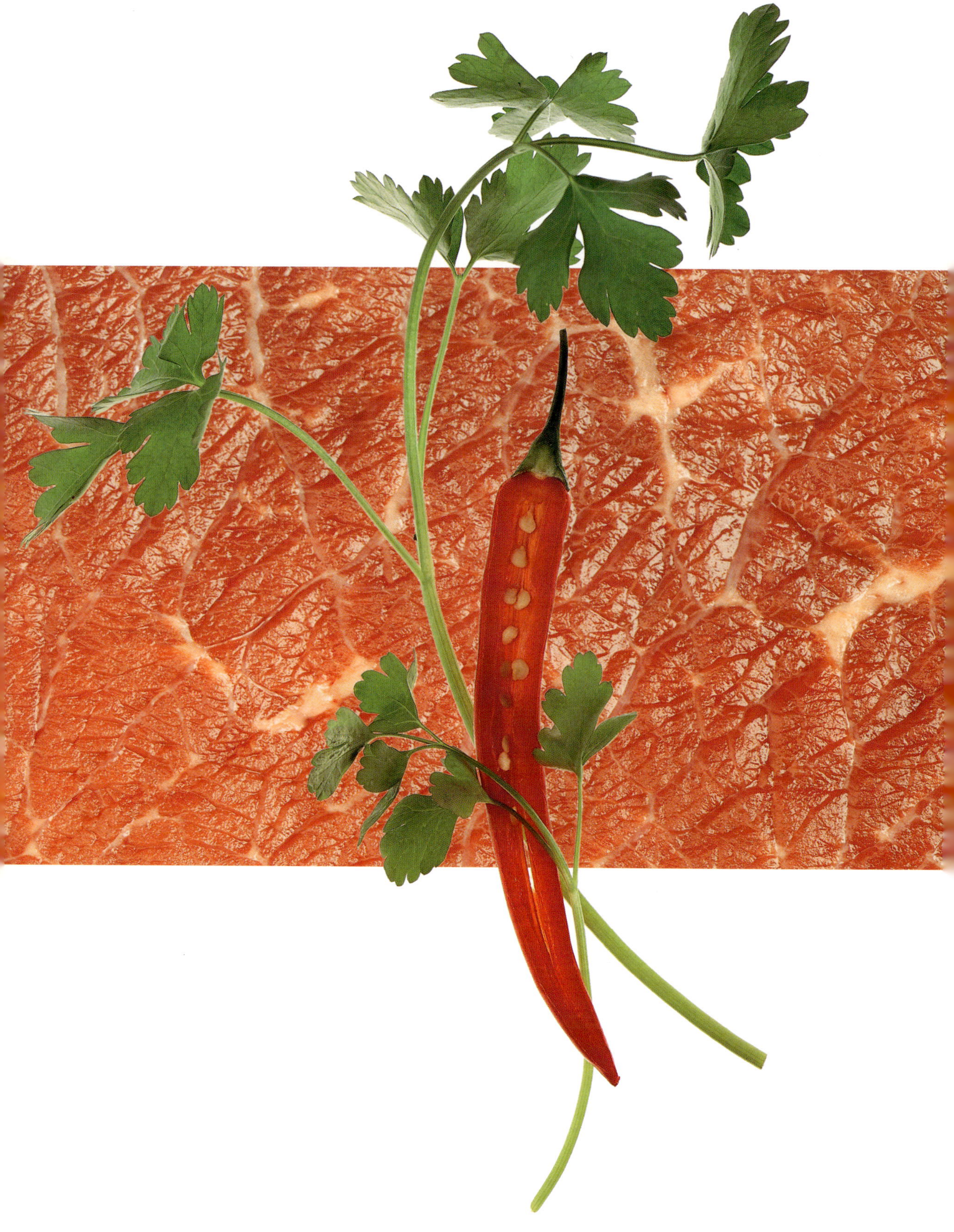

Fleisch

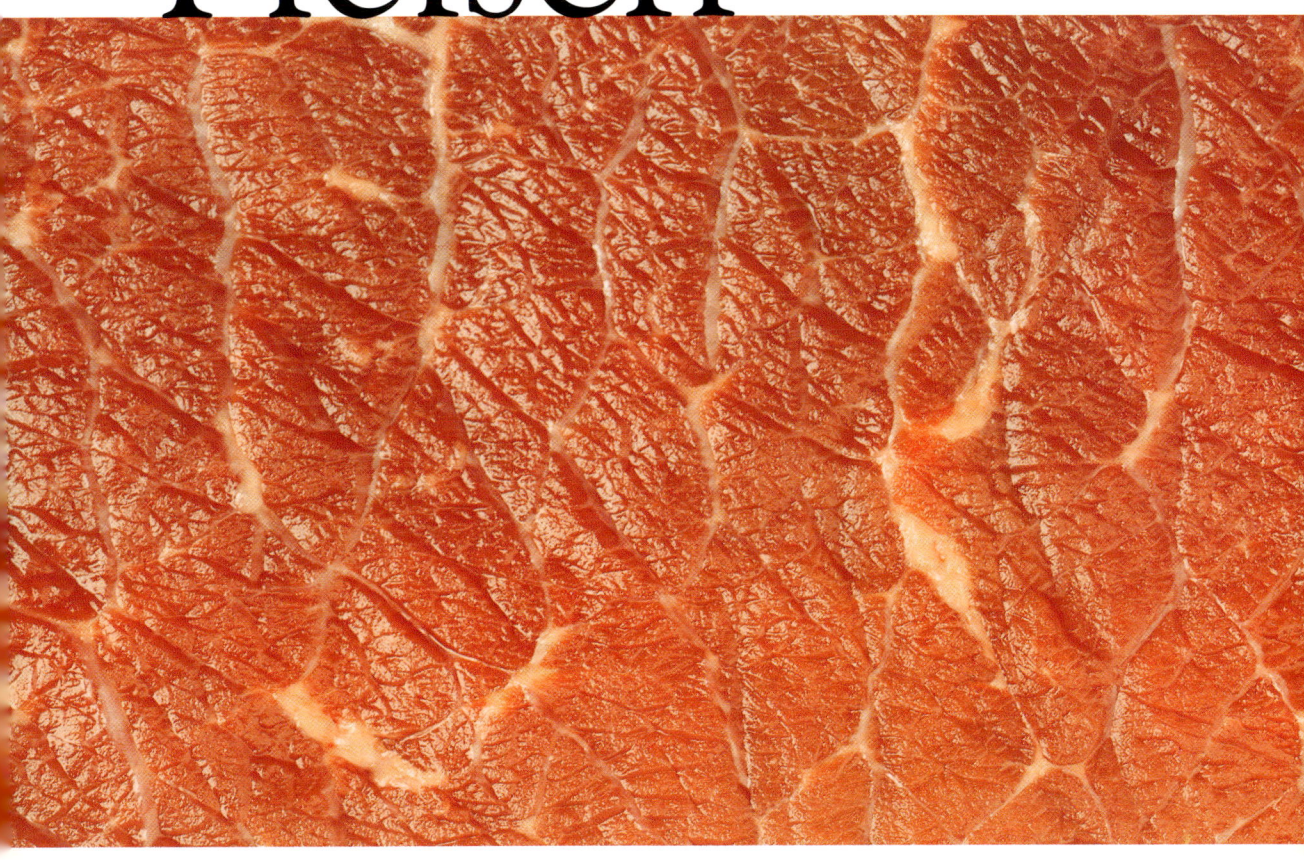

Je mehr das Thema gesunde Ernährung in den Mittelpunkt rückt, umso mehr gerät Fleisch leider ins Abseits. Entscheidend ist letztlich die konsumierte Menge, und bei einem schönen Menü ist der Fleischgang für mich stets der krönende Höhepunkt.

Knusprige Entenbrust

Wer das Entenfleisch besonders knusprig haben will, sollte die Ente im Ganzen braten und danach auslösen.

ZUTATEN FÜR 4 PERSONEN

- 4 ausgelöste Entenbrüste
- 1 roter Paprika
- 120 g Zuckerschoten
- 150 g Frühlingszwiebeln
- 150 g Shiitake-Pilze
- 3 Zehen Knoblauch
- ½ Chinakohl
- 1/16 l Reiswein
- 1 EL Stärkemehl
- 1 EL Honig
- ca. 1/16 l Sojasauce
- 4 EL Sesamöl
- Öl zum Frittieren
- ca. 150 g vorgekochte Glasnudeln oder frische Nudeln
- gut 1/8 l Geflügelfond oder milde Rindsuppe
- 1 nussgrosses Stück Ingwer
- 150 g Sojasprossen
- 1 EL gehackter frischer Koriander
- etwas Chilisauce

60 MINUTEN / FÜR EHRGEIZIGE

Paprika halbieren und in etwa ½ cm dicke Streifen schneiden. Zuckerschoten schräg halbieren. Frühlingszwiebeln putzen. Shiitake-Pilze und Chinakohl ebenfalls putzen und in Streifen schneiden. Knoblauchzehen hacken, das Stärkemehl mit dem Reiswein verrühren. Entenbrüste auf der Hautseite einschneiden, mit Honig und etwas Sojasauce marinieren. Im Kühlschrank 2 bis 3 Stunden durchziehen lassen.

Entenbrüste in Sesamöl langsam anbraten, dabei immer wieder mit dem heißen Öl übergießen. Kurz wenden, die Hitze reduzieren und abermals wenden. Die Hitze nun leicht erhöhen, damit die Haut zu bräunen beginnt. Danach für 10 Minuten in den auf 180° C vorgeheizten Ofen geben. Vorsicht: Durch den Honig muß die Hitze gut kontrolliert werden, weil sonst die Haut zu dunkel zu werden droht. Die gegarten Entenbrüste aus dem Rohr nehmen und mit der Hautseite nach oben im abgeschalteten, warmen Rohr rasten lassen.

Reichlich Frittieröl erhitzen. Die vorgekochten Nudeln oder Glasnudeln in eine flache Form bringen und im heißen Öl frittieren. Die Nudeln sollten dabei schön aufspringen. Auf Küchenpapier legen, abtropfen lassen und warm halten.

In derselben Pfanne das vorbereitete Gemüse mit dem Knoblauch bei starker Hitze rasch anbraten. Mit dem Geflügelfond ablöschen und mit der Stärkemehl-Reiswein-Mischung binden. Mit Sojasauce, geriebenem Ingwer, gehacktem Koriander und Chilisauce abschmecken. Das Gemüse sollte jetzt nur noch kurz garen und einen kernigen Biss haben.

Die Entenbüste in Stücke schneiden und auf dem Gemüse mit den frittierten Nudeln servieren.

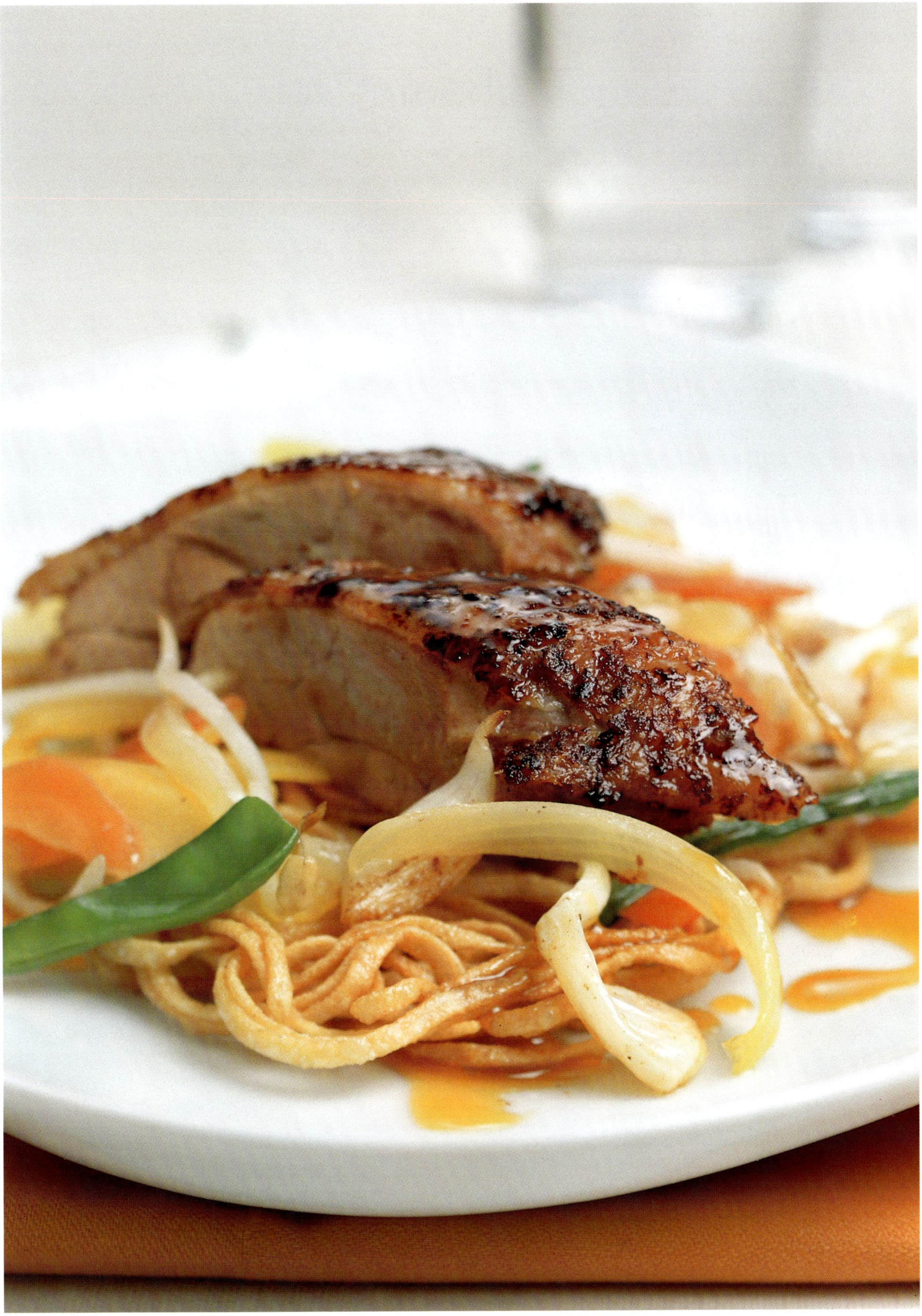

Gebratene Taubenbrust im Kohlwickel

Wenn Sie einmal in die Situation kommen, frische Tauben am Markt kaufen zu können, greifen Sie zu und verwenden Sie folgende Rezeptur.

ZUTATEN FÜR 4 PERSONEN

4 ganze Tauben (bratfertig vorbereitet)
1 ganzer Wirsingkohl
2 kleine Zwiebeln
1 Wurzelwerk (1 Karotte, ½ Sellerie, ½ Stange Lauch)
3 Zehen Knoblauch
20 Stück Perlzwiebeln
6 EL Butter
1 EL Zucker
½ l trockener Rotwein
1 Lorbeerblatt
3 Zweige Thymian
1 EL Honig
200 g Champignons
3 EL gehackte Petersilie
Olivenöl zum Braten
8 dünne Scheiben geräucherter Speck
$\frac{1}{16}$ l Obers (Sahne)
Salz, Pfeffer

90 MINUTEN / FÜR EHRGEIZIGE

Vom Kohlkopf den Strunk und die äußeren Blätter entfernen. 8 schöne große Blätter zum Einwickeln der Tauben beiseite legen. Aus den restlichen Kohlblättern die groben Rippen herausschneiden und alles in fingerdicke Streifen schneiden. Die Zwiebeln schälen, davon eine fein hacken, die andere in grobe Würfel schneiden. Wurzelwerk waschen und in grobe Würfel schneiden. Knoblauch schälen und fein schneiden.

Perlzwiebeln schälen. In 1 EL Butter 1 EL Zucker karamellisieren. Die Perlzwiebeln dazugeben und kurz durchrösten. Mit ca. ¼ l Rotwein aufgießen. Lorbeerblatt und Thymian beigeben, Perlzwiebeln langsam köchelnd weich garen. Danach mit Honig, Salz, Pfeffer abschmecken und bereithalten.

Champignons waschen, trocken tupfen und fein hacken. In einer Teflonpfanne 2 EL Butter aufschäumen. Die Zwiebel darin glasig rösten und bei starker Hitze die Champignons dazugeben. Alles gut durchrösten, bis die Champignons in sich zusammenfallen. Die gehackte Petersilie zugeben, mit Salz und Pfeffer abschmecken. Ebenfalls zur Seite stellen.

Die Taubenbrüste vorsichtig vom Brustbein weg mit einem kleinen scharfen Messer von den Knochen lösen. Zart salzen und pfeffern und in aufschäumender Butter beidseitig kurz anbraten; bereithalten. Die verbliebenen Karkassen zerkleinern. Mit dem geschnittenen Gemüse und der Zwiebel in einen Topf mit Olivenöl gut anbraten. Thymian, Lorbeerblatt und etwas Knoblauch dazugeben. Mit ca. ¼ l Rotwein ablöschen, einkochen lassen. Mit Rindsuppe oder Wasser auffüllen, langsam einige Zeit köcheln lassen. Sauce abseihen.

Die beiseite gelegten Kohlblätter blanchieren, wenn nötig die groben Rippen vorsichtig herausschneiden. Auf Küchenpapier legen und abtrocknen. Alle Kohlblätter wenig salzen und mit 1 EL Champignonmasse bestreichen. Die angebratene Taubenbrust daraufsetzen und mit einem weiteren Kohlblatt bedecken. Taubenbrüste behutsam im Kohlmantel einwickeln. Das Backrohr auf 180° C vorheizen.

Den in Streifen geschnittenen Kohl kurz in Salzwasser blanchieren, abseihen, kalt abschrecken und gut ausdrücken. In einem Topf Butter aufschäumen, Knoblauch dazugeben, den Wirsingkohl hineingeben und einige Minuten dämpfen. Zur Seite nehmen und die Taubenbrüste daraufsetzen. Mit den Speckblättern belegen und für ca. 15–18 Minuten im Rohr garen. Danach die Brüste herausnehmen, in einer Folie warm halten und den Kohl bei starker Hitze mit dem Obers sämig einkochen. Mit Salz und Pfeffer abschmecken.

Kohl auf heißen Tellern anrichten. Die Taubenbrüste daraufsetzen, die Perlzwiebeln rundum verteilen. Mit der eingekochten Sauce beträufeln und servieren.

Rosa gebratene Entenbrust auf Chicorée

Ein betont leichtes Gericht, das sich sowohl als Vorspeise wie auch als Hauptgang eignet und zahlreiche optische Gestaltungsmöglichkeiten offen läßt.

Zutaten für 4 Personen

4 ausgelöste Entenbrüste
4 EL Olivenöl
1 Stück kalte Butter
3 Stück Chicorée
3 EL Butter

2 EL Kristallzucker
1/16 l weißer Portwein
2–3 EL Himbeeressig
Salz, Pfeffer

30 Minuten / leicht

Chicorée putzen, Strunk herausschneiden, Blätter waschen. Entenbrüste waschen, mit Küchenpapier trocken tupfen. Die Haut mit einem scharfen Messer rautenförmig einschneiden.

In einer geräumigen Pfanne Öl erhitzen und die Brüste mit der Hautseite nach unten in die Pfanne legen. Anbraten, mit Salz und Pfeffer würzen. 1 TL Butter dazugeben und fertig braten. Das Fleisch sollte innen noch einen rosa Kern haben.

Während des Bratens Entenbrust mehrmals wenden und mit dem Bratfett übergießen. Dadurch erhält die Brust eine knusprige Haut und bleibt saftig. Die fertig gebratene Entenbrust vor dem Aufschneiden mit der Hautseite nach oben rasten lassen.

In einer Pfanne etwas Butter aufschäumen, Zucker dazugeben und leicht karamellisieren. Die gewaschenen und abgelösten Chicoréeblätter beigeben und durchschwenken. Mit weißem Portwein ablöschen, mit Salz und Pfeffer abschmecken. Chicoréeblätter etwa 3 Minuten schmurgeln lassen, danach mit Himbeeressig abschmecken.

Die glacierten Chicoréeblätter fächerartig auf Tellern anrichten. Die Entenbrust in dünne Scheiben schneiden und dekorativ auf den Chicorée legen.

Hühnerbrust auf Melanzani und Bulgur

Huhn mit einem Hauch Orient. Durch den verstärkten Einsatz von Gewürzen wie etwa gemahlenem Sternanis, Piment oder auch Zimt kann man das Huhn noch wesentlich ausdrucksvoller würzen.

Zutaten für 4 Personen

- 4 Hühnerbrüste
- 2 Melanzani (Auberginen)
- 12 Knoblauchzehen
- 2 Tomaten
- 1 Zwiebel
- 250 g Bulgur
- 1 unbehandelte Zitrone
- 1 nussgroßes Stück Ingwer
- 1 TL Paprikapulver
- 1/8 l Olivenöl
- 1/4 l Joghurt
- 1 kleiner Bund Minze
- einige frische Thymianzweige
- etwas Mehl

90 Minuten / aufwendig

Die Hühnerbrüste am besten schon am Vortag mit geriebenem Ingwer, abgezupftem Thymian, geriebener Zitronenschale, Paprikapulver und 2–3 EL Olivenöl marinieren. Knoblauch schälen und halbieren.

Die Tomaten mit kochendem Wasser überbrühen, Haut abziehen und vierteln. Melanzani waschen und in 1/2 cm dünne Scheiben schneiden.

Zwiebel schälen, fein hacken und in Olivenöl glasig anrösten. Bulgur dazugeben, kurz mitschwitzen lassen. Mit der doppelten Menge Wasser aufgießen und langsam köcheln lassen. Nach etwa 10 Minuten die Tomaten beigeben. Je nach Bedarf etwas Wasser nachgießen. Bulgur weich kochen, mit Salz abschmecken.

Das Rohr auf 180° C vorheizen. In einer Pfanne die Hühnerbrüste beidseitig in Olivenöl anbraten. Knoblauch dazugeben und im Rohr auf beiden Seiten etwa 8 Minuten garen. In der Zwischenzeit die Melanzani in Mehl wenden und in heißem Olivenöl beidseitig goldbraun braten. Auf Küchenpapier legen und warm halten.

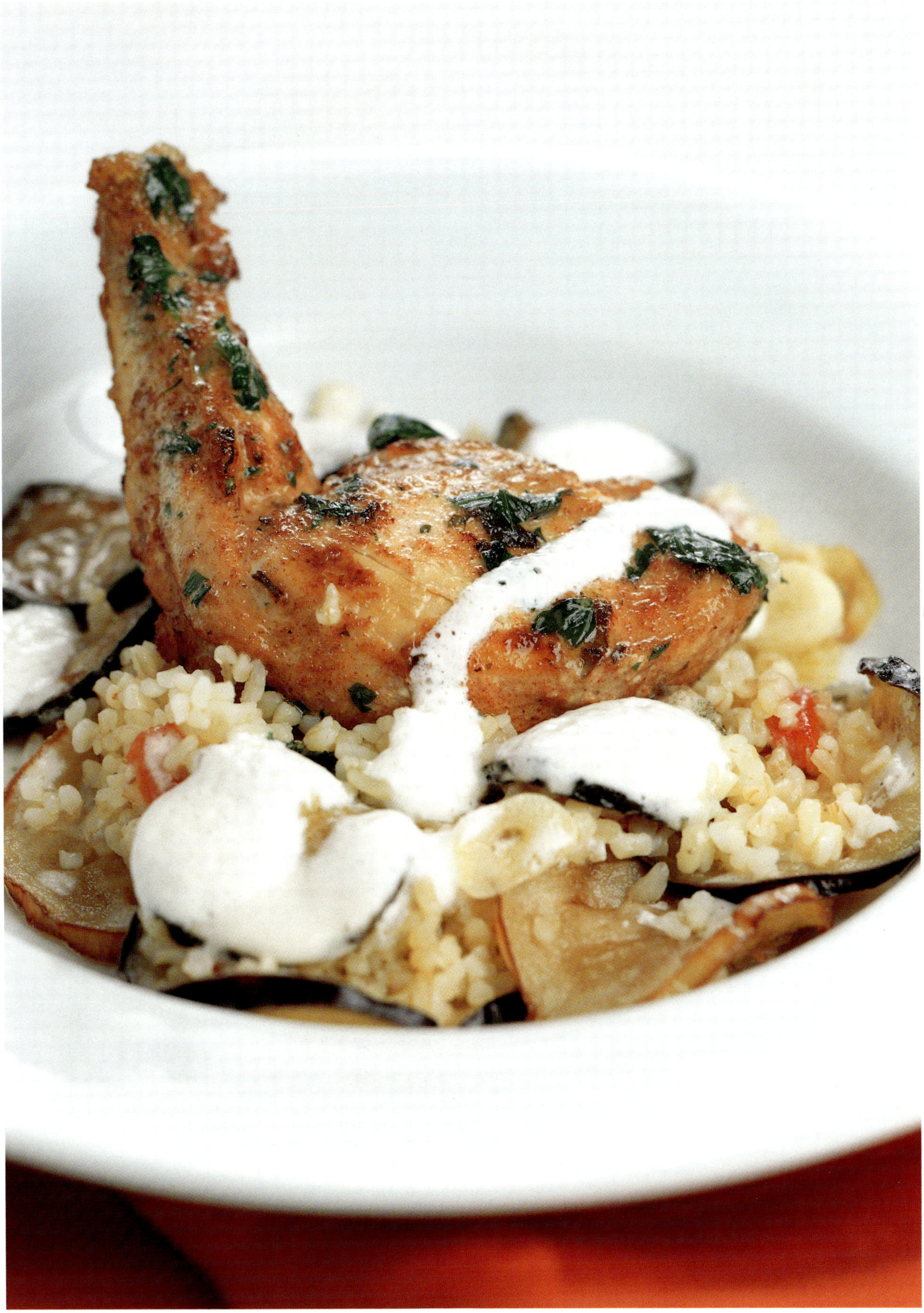

Minze waschen und in feine Streifen schneiden. Mit dem Joghurt verrühren, mit Zitronensaft, Salz und Pfeffer abschmecken.

Bulgur in der Mitte von heißen Tellern anrichten. Die Melanzani darum herumlegen. Die gebratenen Hühnerbrüste samt den Knoblauchzehen daraufsetzen. Mit der Joghurt-Minze-Sauce servieren.

TIPP: *Bulgur ist ein aus dem Orient stammender Weizenschrot, der im Vergleich zu herkömmlichem Reis wesentlich eiweiß- und vitaminreicher ist.*

Gefülltes Freilandhuhn mit Bohnen und Kernöl

Noch steirischer kann man ein Huhn nicht zubereiten. Die Semmelfülle mit den Bohnen zu kombinieren und mit Kernöl zu parfümieren, mag aufs erste etwas befremdlich wirken, schmeckt aber ausgezeichnet.

Zutaten für 4 Personen

2 bratfertige Freilandhühner
140 g Hühnerleber
4 Semmeln
½ Zwiebel
3 EL Butter
150 g gekochte Bohnen
3 EL Sauerrahm
ca. ⅛ l Milch
3 Eier
1 kleiner Bund Petersilie
1 EL getrockneter Majoran
Muskatnuss
ca. 1/16 l Kernöl
2 EL Olivenöl
1 EL grob geschnittener, frischer Rosmarin
Salz, Pfeffer

120 Minuten / aufwendig

Zwiebel schälen und fein hacken. Die Semmeln würfelig schneiden. Petersilie waschen, abzupfen und grob hacken.

Zwiebel in der Butter glasig anrösten und mit den geschnittenen Semmelwürfeln vermischen. Mit Bohnen, Sauerrahm, Milch, Eiern, Petersilie und Majoran gut vermengen. Backrohr auf 180° C vorheizen.

Hühnerleber würfelig schneiden, in aufgeschäumter Butter kurz durchrösten (die Leber darf innen noch blutig sein). Leber salzen, pfeffern und zur Semmelmasse geben. Alles noch einmal durchmischen, mit Salz, Muskatnuss und Kernöl würzen. Die Fülle sollte die Konsistenz von Knödelmasse besitzen.

Die Hühner damit füllen und die Öffnung mit einem Spieß verschließen oder mit

Küchengarn vernähen. Die Hühner mit Olivenöl beträufeln, mit Rosmarin und Salz würzen. In einer Bratpfanne mit etwas Wasser für 1½ Stunden ins vorgeheizte Rohr schieben. Während der gesamten Bratzeit die Hühner immer wieder mit der Bratenflüssigkeit übergießen. Die Hitze je nach Bräunung der Haut erhöhen oder reduzieren.

Die gegarten Hühner zuerst halbieren und dann die Keule von der Brust trennen. Die Keule auf die Fülle setzen und servieren. Den Bratensaft abseihen und extra servieren.

TIPP: *Achten Sie darauf, dass die verwendeten Bohnen wirklich völlig weich gekocht sind, da sie sonst in der saftigen Fülle wie ein harter Fremdkörper wirken.*

Coq au vin

Dieser edle Hühnereintopf wird von 3 Faktoren dominiert: von der Qualität des Huhns, der Aromatik des verwendeten Rotweins und der Akribie des Kochs.

ZUTATEN FÜR 4 PERSONEN

2 Freilandhühner (mit Innereien)
2 Scheiben Hamburgerspeck (ca. ½ cm dick)
2 EL Butter
16 kleine Schalotten
16 Stück Champignons
2 EL Mehl
4 Zehen Knoblauch
1 Flasche Burgunder-Rotwein
1 Kräuterstrauß (Petersilie, 1 Zweig Thymian und 1 Lorbeerblatt)
¼ l Geflügelfond
4 cl Cognac
1 EL gehackte Petersilie
Salz, Pfeffer

90 MINUTEN / AUFWENDIG

Freilandhuhn vierteln, Rückgrat wegschneiden. Die Lebern für später aufheben. Butter in einer großen Pfanne aufschäumen und den würfelig geschnittenen Speck sowie die geschälten Schalotten langsam goldgelb anbraten. Alles aus der Pfanne heben und auf Küchenpapier legen. Die Hühnerteile leicht salzen und pfeffern, danach in Mehl wenden.

Champignons putzen, waschen und wenn nötig halbieren. In der schon zuvor verwendeten Pfanne die Champignons kurz anbraten. Aus der Pfanne nehmen und zu den Speckwürfeln geben.

In derselben Butter (die mit dem Fett des Specks angereichert ist) die mit reichlich Mehl bestaubten Hühnerteile bei guter Hitze beidseitig anbraten. Knoblauchzehen andrücken, dazugeben, mit dem Rotwein aufgießen. Kräuterstrauß zugeben und zugedeckt köcheln lassen. Nach und nach den Hühnerfond zugießen. Auf dem Herd oder im Backrohr bei 150° C 45 bis 60 Minuten garen. Danach aus dem Ofen nehmen, die Hühner-

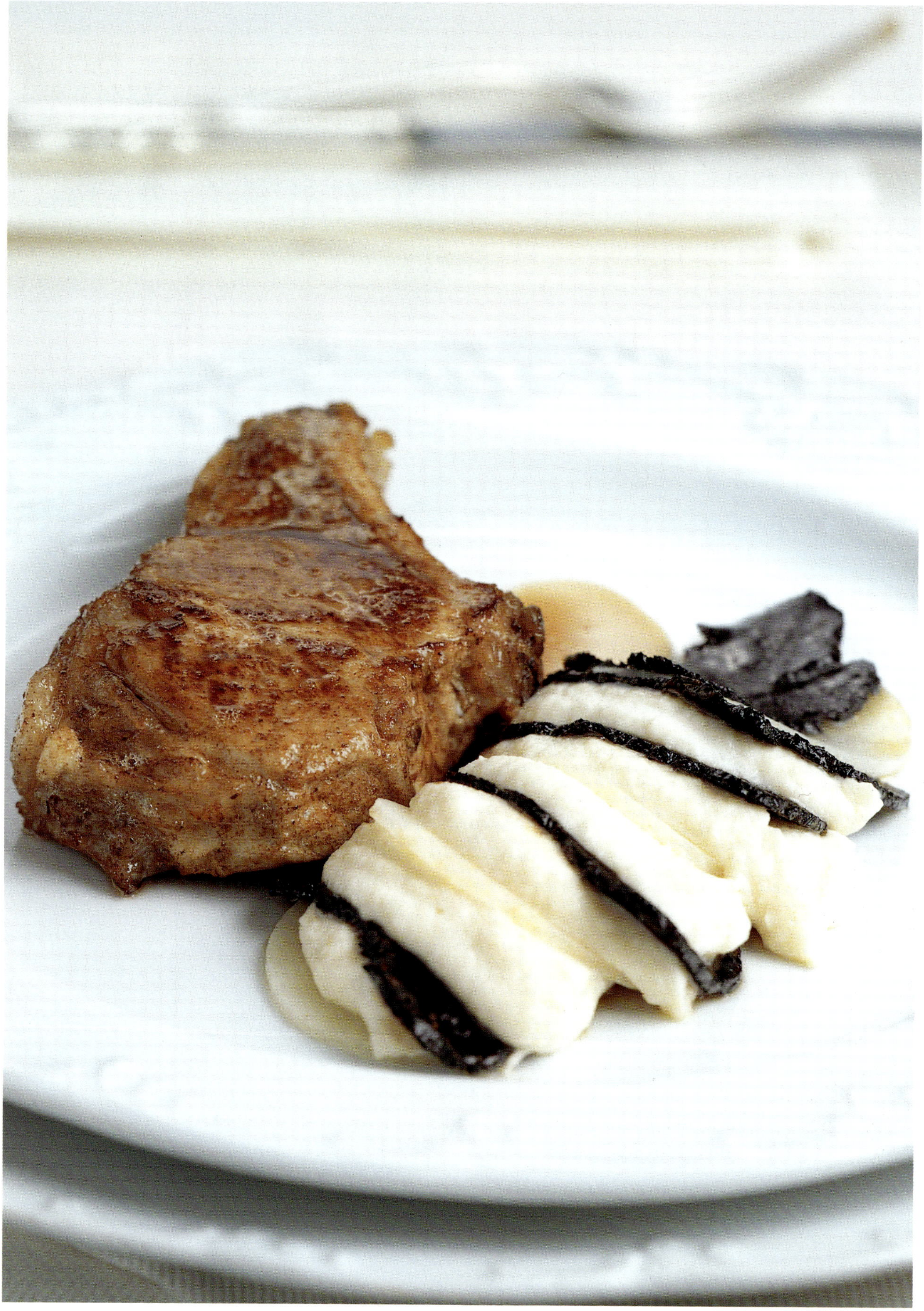

stücke und das Gemüse herausnehmen und in einer Schüssel warm halten. Die Sauce durch ein Sieb seihen.

Die Hühnerleber in kleine Stücke schneiden und in einer Pfanne kurz anbraten, mit Cognac und etwa Sauce ablöschen. Einkochen lassen, dann durch ein Sieb passieren. Mit dieser Paste die Sauce montieren und je nach Konsistenz noch das eine oder andere Stück kalte Butter einarbeiten. Mit der gehackten Petersilie abschmecken. Die Hühnerteile und das Gemüse nochmals in die Sauce legen, erwärmen und mit gerösteten Weißbrotscheiben servieren.

Kalbsrückenkotelett mit Sellerie-Trüffel-Lasagne

Allein schon wegen der Zutaten ein wahres Festtagsgericht. Braten Sie die Koteletts betont langsam, damit sie schön zart und saftig werden.

ZUTATEN FÜR 4 PERSONEN

4 Kalbsrückenkoteletts à 200–250 g
2 kleinere Knollen Sellerie
2 Knollen schwarze Perigord-Trüffel
1/16 l Trüffelsaft
1/16 l Madeira

6 EL Butter
1 EL Olivenöl zum Braten
Salz, Pfeffer

60 MINUTEN / FÜR EHRGEIZIGE

Trüffel gut abbürsten und in dünne Scheiben schneiden. Eine Knolle Sellerie schälen und in grobe Würfel schneiden. Mit wenig Wasser zugedeckt (oder noch besser im Druckkochtopf) weich kochen. Sellerie mit einem Stabmixer pürieren und ca. 2 EL Butter einarbeiten, mit Salz abschmecken.

Die zweite Sellerieknolle schälen, in dünne Scheiben schneiden und in 1 EL Butter und Salz weich garen, dann warm halten. Backrohr auf 100° C vorheizen.

Die Kalbskoteletts in 1 EL Olivenöl und 1 EL Butter beidseitig langsam rosa braten (jeweils ca. 4 Minuten). Fleisch aus der Pfanne nehmen und im Rohr bei 100° C 10 Minuten rasten lassen.

Die Bratpfanne nochmals erhitzen. Die Trüffelscheiben hineingeben, kurz durchschwenken, mit Trüffelsaft und Madeira ablöschen. Noch kurze Zeit köcheln lassen, dann ca. 2 EL Butter in die Sauce einarbeiten. Die Kalbskoteletts salzen und pfeffern, wieder in die Pfanne legen. Fleisch kurz durchschwenken und auf heißen Tellern anrichten. Mit den Sellerie- und Trüffelscheiben wie auf dem Foto gezeigt anrichten.

◂ Kalbsrückenkotelett mit Sellerie-Trüffel-Lasagne

Kalbsleberscheiben mit Calvadosäpfeln

Durch die Äpfel erhält man eine sehr attraktive, fruchtige Sauce, die sich auf elegante Weise mit der Leber ergänzt.

Zutaten für 4 Personen

400 g Kalbsleber
2 Stück säuerliche Äpfel
¼ l trockener Weißwein
4 cl Calvados

2 EL Zucker
3 EL Butter
3 EL Olivenöl
Salz, Pfeffer

25 Minuten / leicht

Von der Kalbsleber die feine silberne Haut abziehen, danach in etwa 1 cm dicke Scheiben schneiden. Die Äpfel schälen und achteln. Äpfel mit einem kleinen, scharfen Küchenmesser in die Form eines Halbmondes bringen.

Weißwein mit Zucker bis auf ein Drittel der ursprünglichen Menge einkochen. Die Äpfel zugeben und unter häufigem Schwenken 5–6 Minuten bei großer Hitze reduzierend einkochen. Danach 2 EL Butter einrühren und mit dem Calvados abschmecken. Es sollte sich zu diesem Zeitpunkt nur noch ein dicker, süß-säuerlich schmeckender Flüssigkeitsfilm in der Pfanne befinden.

Olivenöl mit 1 EL Butter erhitzen, die Kalbsleberscheiben einlegen und beidseitig je nach persönlichen Geschmack mehr oder weniger rosa braten. Danach aus der Pfanne heben und mit Salz und Pfeffer würzen.

Die Kalbsleberscheiben abwechselnd mit den Äpfeln auf Tellern anrichten. Mit dem Saft der glacierten Äpfel beträufeln. Dazu paßt am besten Kartoffelpüree oder ein anderes Gemüsepüree.

Gefüllte Kalbsbrust

Der Sonntagsbraten-Klassiker für ehrgeizige Köche.

ZUTATEN FÜR 6 PERSONEN:

- 1 Kalbsbrust (untergriffen und ohne Rippen ca. 2 kg)
- 4 EL Butterschmalz
- 1 EL edelsüßes Paprikapulver
- 1 kleine Knolle Sellerie
- 2 gelbe Rüben
- 2 Karotten
- 1 große Zwiebel
- 3 angedrückte Knoblauchzehen
- 1 TL Pfefferkörner
- 2 Lorbeerblätter
- 5 Semmeln
- ¾ l Milch
- 2 Eidotter
- 4 Eier
- 3 EL Butter
- 2 EL gehackter Liebstöckel
- ¼ l Wein
- 1 EL Grieß
- Salz
- Muskatnuss

200 MINUTEN / FÜR EHRGEIZIGE

Die Kalbsbrust innen und außen mit Salz und etwas Paprikapulver würzen und beiseite legen. (Das Paprikapulver harmoniert sehr gut mit dem Kalbfleisch und gibt der Brust nach dem Braten eine noch schönere Farbe.) Für die Fülle Semmeln in feine Scheiben schneiden und mit der lauwarmen Milch übergießen. Nach 15 Minuten mit einem Schneebesen leicht verschlagen.

Butter in einer Pfanne leicht bräunen, 2 ganze Eier beigeben und mit Hilfe eines Kochlöffels so lange rühren, bis die Eimasse leicht stockt. Vom Herd nehmen, mit Salz und gehacktem Liebstöckel abschmecken. Alle Eier, Eidotter, Rührei und Grieß vorsichtig unter die Semmelmasse heben. Mit Salz und geriebener Muskatnuss würzen, Masse 20 Minuten im Kühlschrank rasten lassen. Je behutsamer die Zubereitung der Füllung erfolgt, umso schöner ist die Marmorierung der Füllmasse beim Aufschneiden der fertigen Kalbsbrust.

Die untergriffene Kalbsbrust mit der Semmelmasse füllen. Das offene Ende der Brust mit einem langen Spieß oder Küchengarn verschließen. In einer geräumigen Pfanne Butterschmalz erhitzen und die Kalbsbrust rundum anbraten.

Kalbsbrust aus der Pfanne heben. Im Bratenrückstand das geschälte, grob geschnittene Wurzelwerk, die geschnittene Zwiebel, Lorbeerblatt, Knoblauch und Pfefferkörner anbraten. Wenn das Wurzelwerk hellbraune Röstspuren aufweist, mit ¼ l Wein ablöschen. Die Kalbsbrust mit der Brustseite nach unten auf das Gemüse setzen und für 2 Stunden im Rohr bei 180° C braten. Während der Bratzeit die Kalbsbrust immer wieder mit Bratensaft übergießen. Nach 2 Stunden die Kalbsbrust wenden und nochmals 1 Stunde braten. Immer wieder übergießen, falls notwendig mit etwas Wasser aufgießen. Wenn die Oberseite der Brust während des Bratens zu krustig und dunkel wird, mit Alufolie abdecken.

Kalbsbrust aus der Pfanne heben, abgedeckt rasten lassen. Den Bratensaft mit dem Gemüse durch ein Spitzsieb drücken. Den so entstandenen Natursaft je nach Geschmack nochmals würzen und zur aufgeschnittenen Kalbsbrust servieren.

Gebratenes Kalbsbries auf Krebs-Spargel-Ragout

Außerhalb der Saison kann man statt Spargel auch Schwarzwurzeln verwenden.

ZUTATEN FÜR 4 PERSONEN

500 g Kalbsbries
16–20 Flußkrebse
¼ l trockener Weißwein
12 Stangen weißer Spargel
2 Eier
1 EL gehackter Kerbel
8 kleine Kartoffeln
½ l Geflügel- oder Kalbsfond

3 EL Mehl
4–5 EL Weißbrotbrösel
1 EL Kümmel
1 kleiner Bund Dille
Öl zum Braten
3 EL Butter
Salz, Pfeffer

45 MINUTEN / FÜR EHRGEIZIGE

Das Kalbsbries am besten über Nacht gut wässern. Danach in leicht gesalzenem Wasser zartrosa überkochen. Dafür das Bries kalt zustellen, danach abschütten und noch einmal kalt mit einem Schuß Weißwein aufkochen. Bei kleiner Hitze je nach Größe 8–10 Minuten köcheln lassen. Bries danach zwischen 2 Tellern etwas flach drücken.

Spargel schälen und in Salzwasser weich kochen. Spargel in 3 cm lange Stücke schneiden, wenn nötig die Stücke auch halbieren. Die Kartoffeln schälen und in mittelgroße Würfel schneiden. In leicht gesalzenem Wasser weich kochen.

Die Flußkrebse in reichlich kochendem Wasser mit dem Kümmel und der Dille einmal kurz aufkochen. Danach 2 Minuten ziehen lassen. Herausnehmen und ausbrechen.

Es ist ratsam, einen Teil des Kochsuds bereitzuhalten und die ausgebrochenen Krebse hineinzulegen. Das verhindert, dass sich die Krebse dunkel verfärben. Den restlichen Weißwein mit dem Geflügel- oder Kalbsfond so stark einkochen, dass sich am Ende nur noch ⅛ l Flüssigkeit im Topf befindet.

Eventuell verbliebene Häutchen vom Kalbsbries abziehen. Bries in 1½ cm dicke Scheiben schneiden, salzen, pfeffern und auf einer Seite panieren: also wie ein Schnitzel in Mehl, danach in verquirltes Ei und dann in Brösel legen, aber eben nur auf einer Seite.

Gebratenes Kalbsbries auf Krebs-Spargel-Ragout ▶

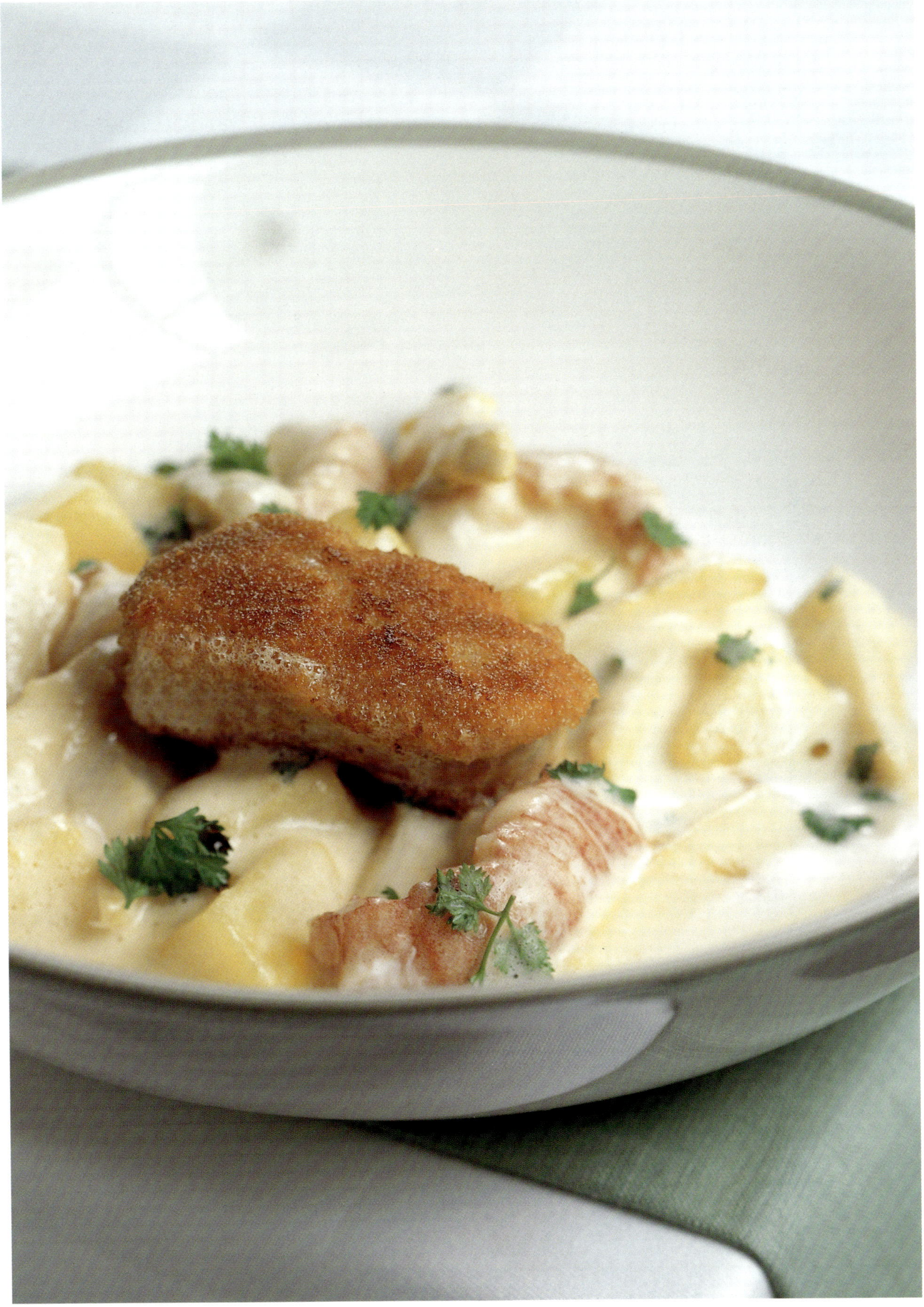

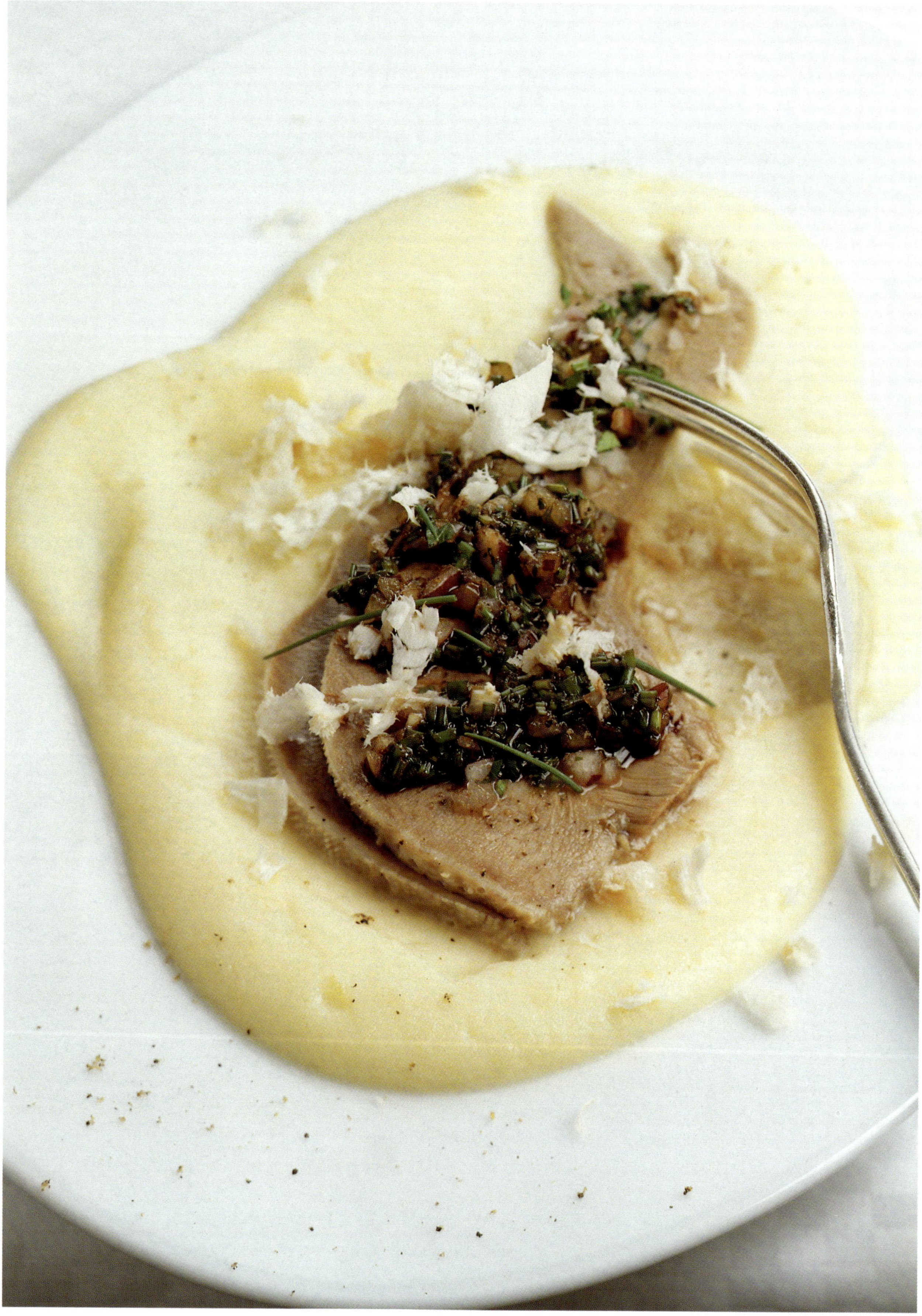

Die Spargelstücke, die gegarten Kartoffeln und die Krebse in den reduzierten Fond legen und erwärmen. 2–3 EL Butter einrühren, damit die Sauce schön sämig wird. Eier trennen. Die Eidotter in einem Schneekessel über Dampf mit ca. $^{1}/_{16}$ l Weißwein zu einem Sabayon aufschlagen.

In einer Pfanne Öl erhitzen und das Kalbsbries darin mit der panierten Seite nach unten goldgelb backen. Die Pfanne dabei am Herd immer wieder kreisend bewegen. Danach Bries herausnehmen und auf Küchenpapier von überschüssigem Fett befreien.

Das Krebs-Spargel-Ragout nochmals erwärmen (aber nicht aufkochen). Mit Salz, Pfeffer und gehacktem Kerbel abschmecken und ganz am Schluß das Sabayon darunterziehen, sodass ein lockeres, leichtes Ragout entsteht. In tiefen, heißen Tellern anrichten und das Kalbsbries daraufsetzen.

Kalbszüngerln mit Kartoffel-Kren-Püree

Aromatisierte Kartoffelpürees sind nicht unbedingt etwas Neues. Die Variante mit Kren ist aber völlig neu.

ZUTATEN FÜR 4 PERSONEN

2 Kalbszungen
Wurzelgemüse (Karotte, gelbe Rübe, Sellerie, Lauch)
1 kleine rote Zwiebel
4 EL Kernöl
4 EL Balsamico-Essig
1 kleiner Bund Schnittlauch
2 EL geriebener Kren (Meerrettich)

800 g mehlige Kartoffeln
ca. 0,2 l Milch
3 EL Butter
1 Lorbeerblatt
Pfefferkörner
Salz
Muskatnuss

120 MINUTEN / LEICHT

Die Kalbszungen mit dem gewaschenen Wurzelgemüse, Lorbeerblatt und einigen Pfefferkörnern kalt zustellen und weich kochen. Das dauert ca. $1^{1}/_{2}$ Stunden. Erst in der Mitte der Kochzeit die Zungen leicht salzen, weil sie sonst rot werden. Die weich gekochten Kalbszungen aus dem Sud nehmen, kurz in eiskaltem Wasser abschrecken. Dadurch läßt sich die Haut leicht abziehen. Das Abziehen selbst klappt am besten mit den Fingern oder mit Hilfe eines kleinen Messers. Die Kalbszungen danach wieder in den Sud legen.

Schnittlauch waschen und fein schneiden. Die rote Zwiebel schälen und fein hacken. Kartoffeln schälen, halbieren und in Salzwasser weich kochen. Danach abseihen und

◂ Kalbszüngerln mit Kartoffel-Kren-Püree

durch eine Kartoffelpresse drücken. Milch und Butter erwärmen und mit Hilfe eines Schneebesens in die zerdrückten Kartoffeln einrühren. (Hier eine genaue Milchmenge anzugeben ist unmöglich, weil jeder Kartoffel unterschiedlich viel Flüssigkeit aufnehmen kann. Beim Einrühren spürt man aber schon, ob die angegebene Menge reicht. Sonst eben noch mehr Milch oder Butter einarbeiten.) Püree salzen, mit geriebener Muskatnuss würzen und den geriebenen Kren unterziehen.

Die rote Zwiebel in einer Schüssel mit dem geschnittenen Schnittlauch, dem Kernöl und dem Balsamico-Essig marinieren. Leicht salzen und pfeffern. Kalbszüngerln nochmals im Sud erwärmen, dann in dünne, längliche Scheiben schneiden. Kartoffel-Kren-Püree auf heißen Tellern anrichten. Kalbszüngerln darüberlegen und mit etwas Zwiebel-Schnittlauch-Marinade beträufeln. Je nach individuellem Geschmack mit noch mehr geriebenem Kren bestreuen.

Gebratene Kalbsstelze

Herzhafter Fleischgenuß, wie ich ihn mag. Mit der Marinade erzeugt man eine sehr stimmige Aromatik.

ZUTATEN FÜR 4 PERSONEN

2 mittelgroße Kalbsstelzen (Haxen)
1 unbehandelte Zitrone
2 EL frisch gehackter Rosmarin
1 EL frisch gehackter Thymian
1 EL geschnittenes Basilikum
2 Lorbeerblätter
3 Zehen Knoblauch
½ Stange Lauch
2 Karotten
2 gelbe Rüben
½ Knolle Sellerie
1 Zwiebel (grob geschnitten) oder 10 Perlzwiebeln
3 Stangen Staudensellerie
2 Tomaten
⅛ l Weißwein
1/16 l Olivenöl
Salz, Pfeffer

180 MINUTEN / LEICHT

Kalbsstelzen schon am Vortag vorbereiten: Die Kalbsstelzen grob zuputzen (Sehnen und Häutchen entfernen). Stelzen in ein Gefäß geben und mit Thymian, Rosmarin, zerbröselten Lorbeerblättern, Olivenöl und der abgeriebenen Schale einer Zitrone marinieren. Im Kühlschrank einen Tag lang durchziehen lassen.

Alles Gemüse schälen und etwas in Form bringen (z. B. Karotten und Rüben wie am Foto in Stifte schneiden). Tomaten kurz überkochen, Haut abziehen und in kleine Würfel schneiden.

In einer Pfanne Olivenöl erhitzen, die Stelzen pfeffern und rundum anbraten. (Ach-

Gebratene Kalbsstelze ▸

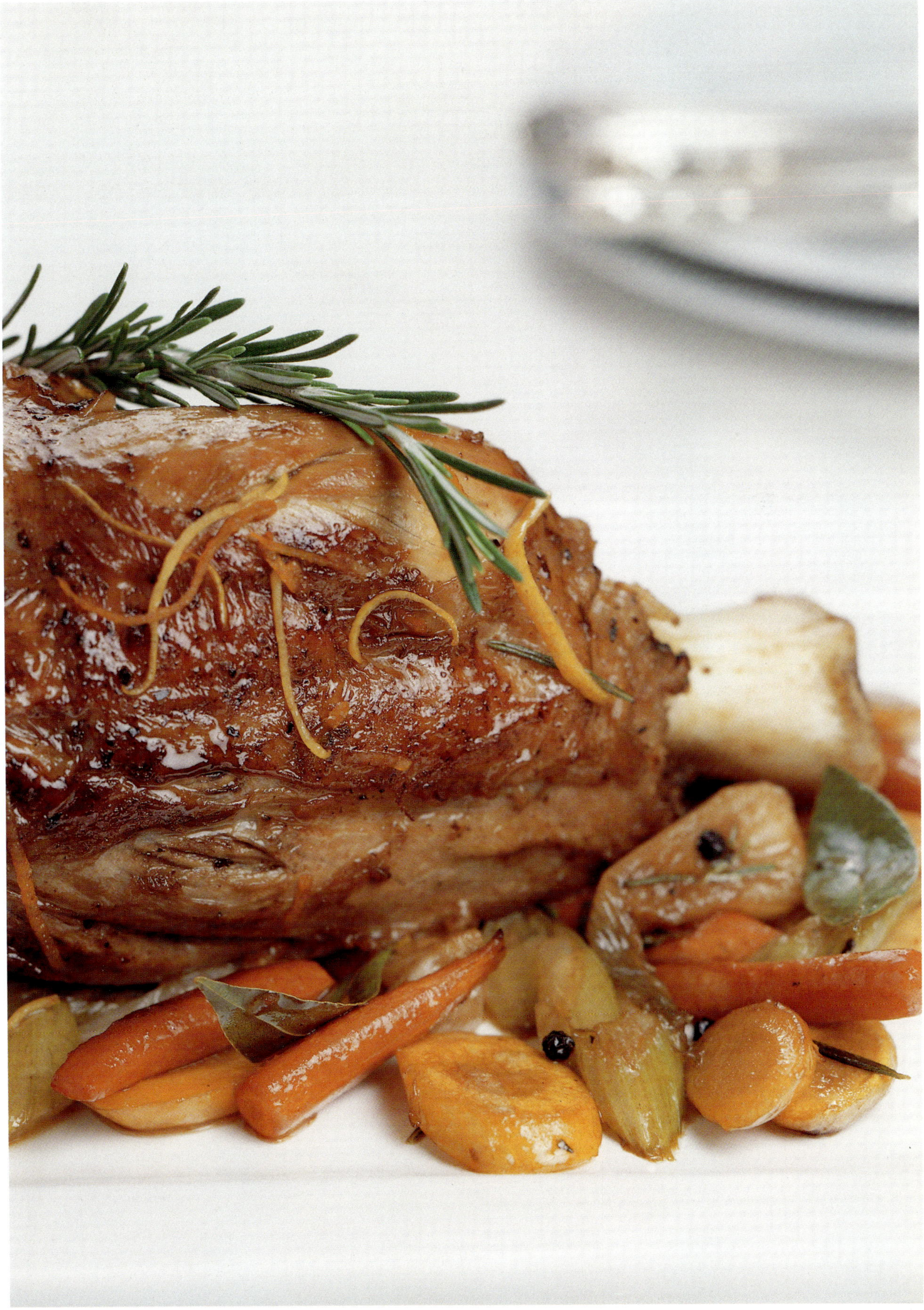

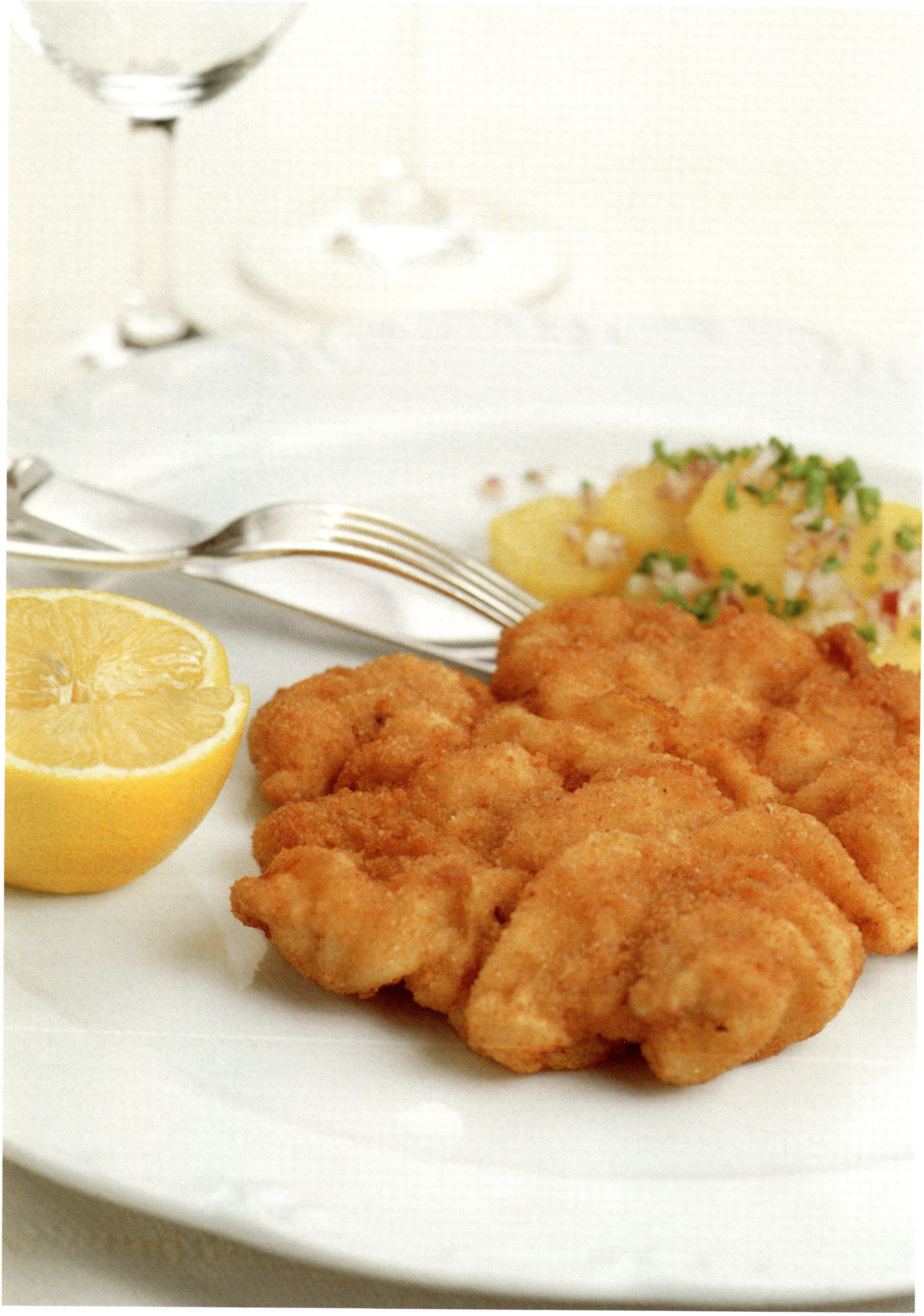

tung, das Fleisch wird erst kurz vor dem Servieren gesalzen.) Die Stelzen im vorgeheizten Backrohr bei 160° C unter oftmaligem Wenden etwa 2 Stunden braten.

Das vorbereitete Gemüse dazugeben, öfter umrühren und nach 20 Minuten die Tomaten und den Wein zufügen. Die Hitze nun auf 200° C erhöhen, Fleisch öfters wenden und 30 Minuten schmurgeln lassen. Die Stelzen herausnehmen, salzen und in Alufolie verpackt 20 Minuten ruhen lassen.

Das Gemüse und den entstandenen Saft mit Salz, Pfeffer und Basilikum abschmecken. Die Stelzen nochmals erhitzen und auf dem geschmorten Gemüse anrichten.

Wiener Schnitzel mit Kartoffelsalat

Sparen Sie beim Backen der Schnitzel nicht bezüglich der Fettmenge. Die Schnitzel müssen im wahrsten Sinn des Wortes im Fett schwimmen, um eine wirklich knusprige Panier zu bekommen.

Zutaten für 4 Personen

4 Kalbsschnitzel à ca. 150 g (vorzugsweise aus dem Rücken geschnitten)
Mehl, Ei, Semmelbrösel zum Panieren
Salz
Öl bzw. Butterschmalz (oder wie im Originalrezept Schweineschmalz) zum Backen

500 g Kipfler (oder andere festkochende Kartoffeln)
1 rote Zwiebel
Salz, Pfeffer
Zucker
Weinessig, Öl
1 TL Estragonsenf
1 Bund Schnittlauch

45 Minuten / leicht

Für den Salat Zwiebel schälen, klein schneiden. Kartoffeln waschen, mit Salzwasser zustellen, weich kochen (dauert je nach Größe der Kartoffeln ca. 30 Minuten). Noch warm schälen, in Scheiben schneiden. Mit der Marinade aus Weinessig, Öl, Zucker, Senf, Salz, Pfeffer und Zwiebel vermischen und würzig abschmecken. In Wien isst man den Salat leicht süßlich. Vor dem Servieren mit geschnittenem Schnittlauch bestreuen.

Schnitzel vom Fleischhauer quer zur Faser schneiden lassen. Schnitzel dünn klopfen. Das geht am besten mit einem sogenannten Plattiereisen oder mit einem ungerippten schweren Gegenstand, wie z. B. dem Boden einer schweren Pfanne. Vor dem Klopfen das Fleisch zwischen Klarsichtfolie legen. Auf gar keinen Fall dürfen die Fleischfasern zerstochen werden, wie es bei den „Klopfmaschinen" der Fleischhauer der Fall ist.

◂ Wiener Schnitzel mit Kartoffelsalat

Schnitzel salzen. In Mehl wenden, gut abschütteln. Durch verquirltes Ei ziehen. Anschließend in Semmelbröseln wenden.

In heißem Fett goldgelb backen. Die Schnitzel müssen im Fett schwimmen. Pfanne immer ein wenig rütteln, damit Fett und Schnitzel in Bewegung bleiben. So hebt sich die Panier am besten ab, und das Schnitzel bekommt seine einzigartige wellige Struktur. Beim Wenden nicht ins Fleisch stechen.

Schnitzel nach dem Backen gründlich mit Küchenpapier abtupfen. Mit dem noch lauwarmen Erdäpfelsalat servieren.

Schweinsbraten

Lieben Sie Bratensaft? Einen noch tolleren Schweinsbratensaft bekommt man, wenn das Fleisch auf einer Auflage von grob gehackten Schweinsknochen und Zwiebeln gebraten wird.

Zutaten für 4–6 Personen

1 Schopfbraten (ca. 1,5 kg)
2 EL Schweineschmalz
2 EL gehackter Kümmel
6 gehackte Zehen Knoblauch
Salz
Wasser zum Braten

180 Minuten / leicht

In einer geräumigen Bratpfanne das Schweineschmalz erhitzen. Den Schopfbraten einlegen und rundum kurz anbraten. Erst jetzt, wenn sich die Fleischporen geschlossen haben, mit Salz würzen. Schopfbraten ohne Zugabe von Flüssigkeit im auf 180° C vorgeheizten Rohr 30 Minuten braten.

Schopfbraten wenden und den Bratenrückstand mit etwa $1/2$ l Wasser ablöschen. Während der nächsten $1\ 1/2$ Stunden den Schopfbraten immer wieder mit dem eigenen Saft übergießen.

Danach den Schweinsbraten mit gehacktem (bitte keine Knoblauchpresse verwenden) Knoblauch und Kümmel würzen bzw. einreiben. Den inzwischen verdunsteten Bratensaft mit etwas Wasser auffüllen und den Braten häufig damit begießen. Den Braten in etwa 30 Minuten fertig garen.

Den fertig gegarten Schweinsbraten aus dem Rohr nehmen. Bratensaft durch ein Sieb seihen. Dieser Natursaft kann, muß aber nicht, mit 1 EL glatt gerührter Kartoffelstärke etwas eingedickt werden.

Den Braten in fingerdicke Scheiben schneiden und mit dem Natursaft servieren. Dazu paßt am besten ein Stöckelkraut und Semmelknödel.

TIPP: Beinahe jeder österreichische Landstrich hat eine eigene Zubereitungsphilosphie für das Grundnahrungsmittel Schweinsbraten entwickelt. Mancherorts werden große Bratenstücke noch über Nacht mariniert. Manchmal wird das Fleisch schon zu Beginn des Bratvorgangs mit Paprikapulver, Knoblauch und Kümmel gewürzt. Nicht überall üblich ist das Anbraten des Bratenstücks, obwohl das Fleisch dadurch viel saftiger bleibt. Speziell dann, wenn der Braten bereits mit viel gepresstem Knoblauch eingerieben ist, kann heftiges Anbraten negative Auswirkungen haben. Der Knoblauch schmeckt dann bitter und färbt den Braten dunkel.

Geschmorter Schweinsbraten mit Biersaftl

Die deftige Variante zum klassischen Schweinsbraten mit einer besonders aromatischen Sauce.

ZUTATEN FÜR 4–6 PERSONEN:

1 Schopfbraten (ca. 1,5 kg)
2 EL Schweineschmalz
1 Karotte
1 gelbe Rübe
1/4 Knolle Sellerie
2 Zwiebeln
2 Lorbeerblätter
10 Pfefferkörner

1 EL gehackter Kümmel
5 gehackte Zehen Knoblauch
1 dicke Scheibe Frühstücksspeck (würfelig geschnitten)
1/2 l kräftiges Bier (z. B. Bockbier)
1 EL Kartoffelmehl
Salz, Pfeffer

180 MINUTEN / LEICHT

In einem geräumigen Bräter Schweineschmalz erhitzen und den Schopfbraten darin rundum scharf anbraten. Mit Salz und Pfeffer würzen und im auf 180° C vorgeheizten Backrohr 1½ Stunden lang braten.

Schopfbraten aus dem Rohr nehmen, das geschälte, kleinwürfelig geschnittene Wurzelgemüse, würfelig geschnittene Zwiebeln, Lorbeerblätter, Pfefferkörner, gehackten Kümmel, Knoblauch sowie den Speck beigeben. Schopfbraten auf das Gemüse setzen und etwa 1 Stunde schmoren.

Während des Bratens den Schopfbraten wiederholt mit einem guten Teil des Biers begießen. Den verdunsteten Bratensaft abwechselnd mit etwas Wasser und Bier auffüllen. Das regelmäßige Übergießen gewährleistet die Saftigkeit des Bratens.

Nach ca. 3 Stunden den Schopfbraten aus der Pfanne heben und den Bratensaft abseihen. 1/16 l Bier mit 1 TL Kartoffelmehl verrühren und den Bratensaft damit binden. Den Schopfbraten aufschneiden und mit dem Biersaftl übergießen.

Rinderfilet auf Sojagemüse

Fleisch und würziges Gemüse: Braten Sie beides bitte nur kurze Zeit.

Zutaten für 4 Personen

4 Rinderfilets à 250 g
ca. 200 g Sojasprossen
15 Stück Shiitake-Pilze
1 kleine Knolle Ingwer
1 Hand voll Erbsenschoten
½ roter Paprika
5 Jungzwiebeln

3 Zehen Knoblauch
Sojasauce
Traubenkernöl
Öl zum Braten
Butter
Salz
Pfeffer

20 Minuten / leicht

Gemüse waschen, Sojasprossen putzen, Paprika entkernen, halbieren und in Streifen schneiden. Shiitake-Pilze halbieren, Erbsenschoten und Jungzwiebel ebenfalls der Länge nach halbieren. Knoblauch und Ingwer schälen, in feine Streifen schneiden.

In einer Pfanne Öl erhitzen und die Rinderfilets auf beiden Seiten etwa 2 Minuten rasch anbraten, erst dann mit Salz und Pfeffer würzen. Rinderfilet aus der Pfanne heben und an einem warmen Platz rasten lassen. (Durch das Rasten kann sich der Fleischsaft gleichmäßig im Filet verteilen.)

Traubenkernöl in einer Pfanne erhitzen, Gemüse in der Reihenfolge Shiitake-Pilze, Zwiebel, Knoblauch, Erbsenschoten, Sojasprossen und Paprika kurz anschwitzen. Knoblauch und Ingwer zugeben, mit Sojasauce abschmecken und alles kurz durchschwenken.

In der Pfanne, in der das Fleisch gebraten wurde, ein Stück Butter aufschäumen lassen, Rinderfilets einlegen, nochmals kurz durchschwenken und mit dem Sojagemüse servieren.

Vanillerostbraten

Für diesen Klassiker bevorzuge ich die magere Beiriedschnitte.

Zutaten für 4 Personen

4 Scheiben Rostbraten à 220 g
6 gehackte Zehen Knoblauch
¼ l Rindsuppe
Mehl zum Stauben

1 EL Butter
1 EL Senf
Öl zum Braten
Salz, Pfeffer

15 Minuten / leicht

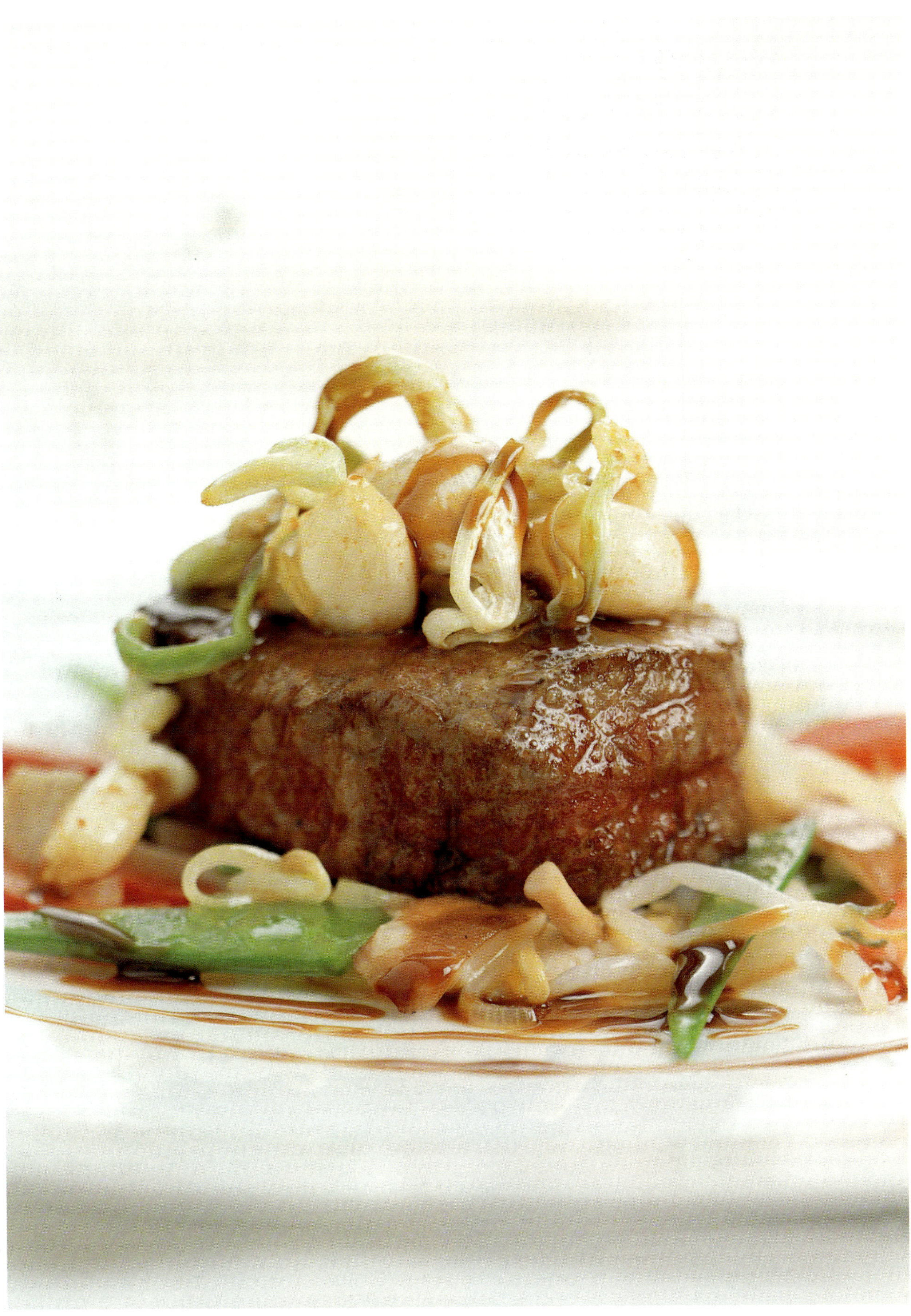

Fleisch am Rand mit einem scharfen Messer einschneiden (so behält das Fleisch während des Bratens seine Form und rollt sich nicht auf). Fleisch zwischen Klarsichtfolie legen und leicht plattieren (am besten mit dem Boden einer schweren Pfanne).

Fleisch mit Senf und Pfeffer würzen, mit Mehl bestauben. In einer Pfanne Öl erhitzen, Fleisch beidseitig scharf anbraten. Erst jetzt, wenn die Fleischporen schon geschlossen sind, mit Salz würzen. Den gehackten Knoblauch zugeben und unter mehrmaligem Wenden das Fleisch je nach Wunsch rosa oder fast durch braten.

Fleisch aus der Pfanne heben, Bratenrückstand samt dem Knoblauch mit Rindsuppe aufgießen und kurz einkochen lassen. Saft mit kalter Butter montieren. Fleisch nochmals einlegen, kurz durchziehen lassen. Auf heißen Tellern servieren. Als klassische Beilage gibt es dazu in Wien Bratkartoffeln und Salzgurken.

TIPP: *Den Knoblauch nicht pressen, sondern mit Hilfe eines scharfen Messers hacken. Nur so behält der Knoblauch sein eigentliches Aroma.*

Rinderfiletscheiben mit Rucolasalat

Ein Hit für heiße Tage. Dieses Gericht besticht jeden Gast durch seine Einfachheit und ist schnell zubereitet.

Zutaten für 4 Personen

600 g Rinderfilet
200 g Rucola
100 g Parmesan
2 EL Senfkörner
2 EL Pommery-Senf
Olivenöl
Balsamico-Essig
Salz, Pfeffer

30 Minuten / leicht

Senfkörner in reichlich Wasser 20 Minuten kochen, abseihen und auf einem Sieb abtropfen lassen. Rinderfilet von Häutchen und Fettstellen befreien. In dünne Scheiben schneiden und wenn nötig diese leicht klopfen. Rucola putzen und waschen, ein- bis zweimal durchschneiden. Parmesan in dünne Scheiben schneiden oder hobeln.

Rinderfiletscheiben mit Senf bestreichen, die gekochten Senfkörner andrücken, leicht salzen und pfeffern. In einer geräumigen Pfanne in wenig Olivenöl beidseitig sehr rasch anbraten. Herausnehmen und warm halten. Das Fleisch sollte noch fast roh sein.

Rucola mit Olivenöl, Balsamico, Salz und Pfeffer marinieren. Auf Tellern anrichten. Rinderfiletscheiben darauflegen und mit dem Parmesan bestreuen.

Rinderfiletscheiben mit Rucolasalat ▸

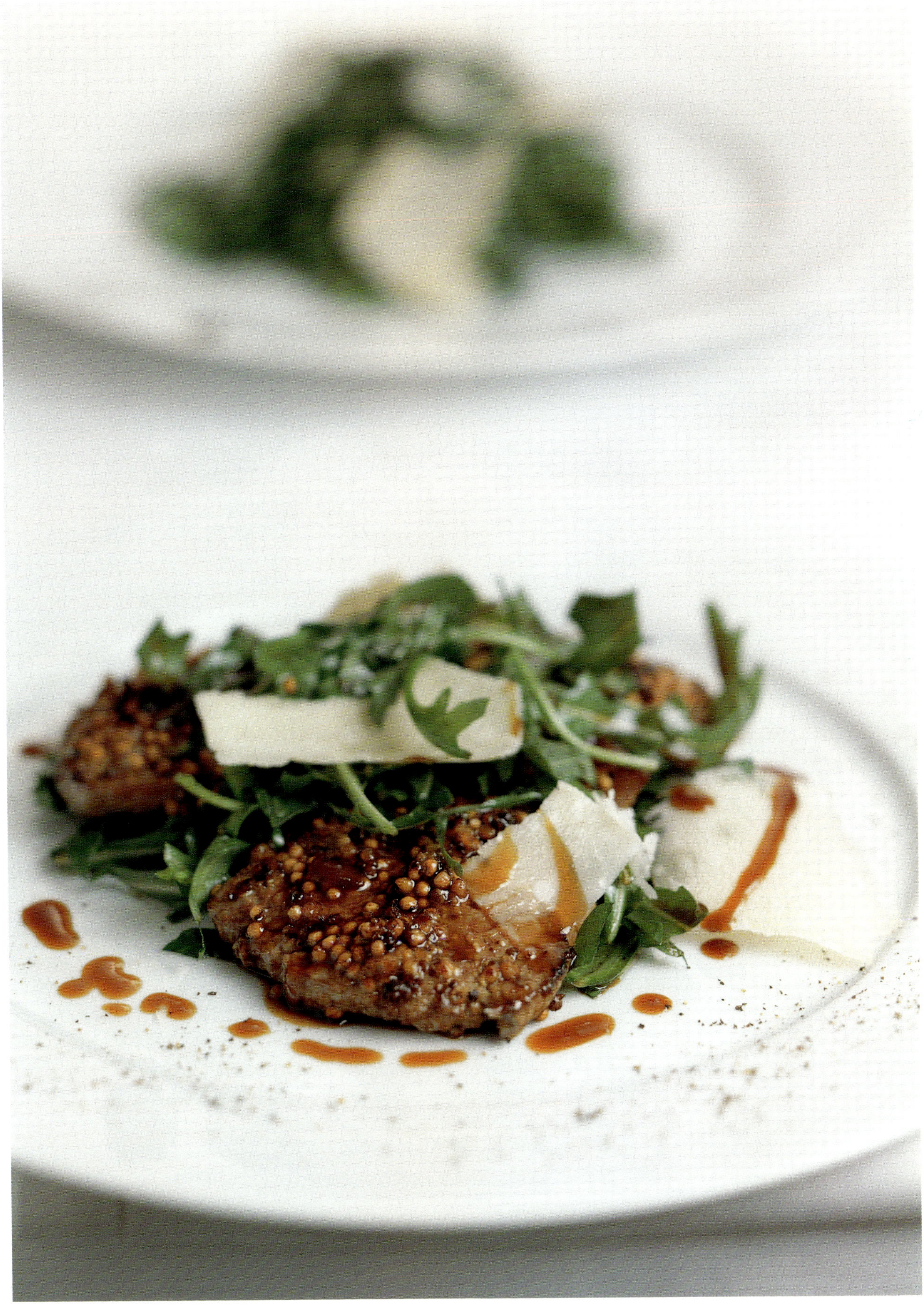

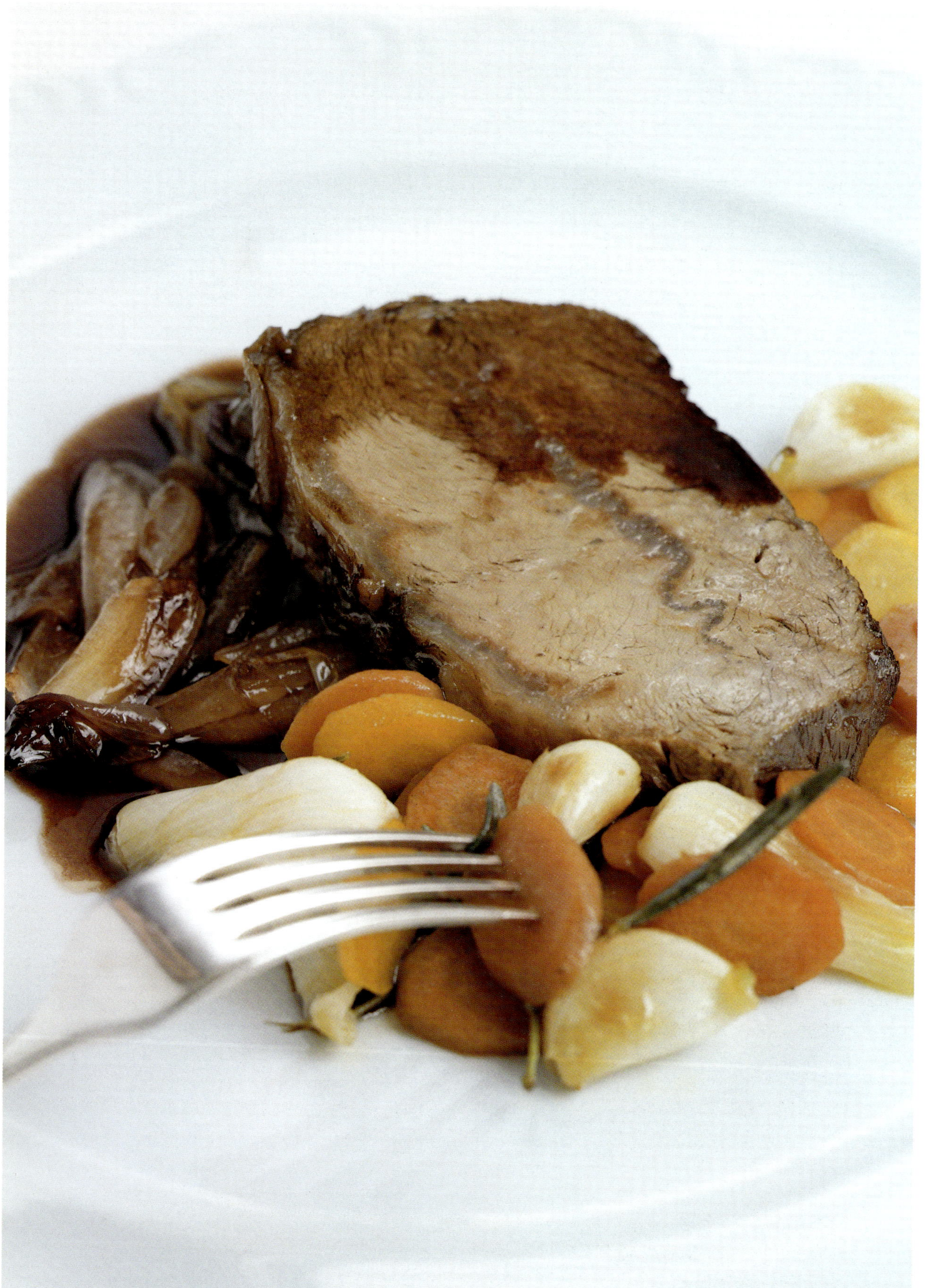

Geschmortes Rindsschulterscherzel in Barolo

Früher war es üblich, derartige Bratenstücke mit grünem oder zart geräuchertem Speck zu spicken. Eine Methode, die besonders bei sehr mageren Fleischstücken auch heute noch erfolgversprechend ist.

Zutaten für 4 Personen

- 1,2 kg Rindsschulterscherzel
- 1 Karotte
- 1 gelbe Rübe
- 1/4 Knolle Sellerie
- 5 Zehen Knoblauch
- 3 Zwiebeln
- 1 Zweig Rosmarin
- gut 1 EL gerebelter, frischer Thymian
- 1/4 l Rindsuppe
- 1 EL Tomatenmark
- 2 schwache EL glattes Mehl
- 0,7 l Barolo-Rotwein
- 3 Lorbeerblätter
- 1 TL angedrückte Pfefferkörner
- 2 EL Butter
- 1 EL Senf
- Salz
- Olivenöl zum Anbraten

200 Minuten / aufwendig

Wurzelgemüse schälen und in daumendicke Würfel schneiden. Zwiebeln schälen, halbieren und in etwa 1 1/2 cm große Würfel schneiden.

In einer geräumigen Pfanne Öl erhitzen und das Fleisch rundum scharf anbraten. Fleisch aus der Pfanne heben, beiseite stellen und in derselben Pfanne die Zwiebeln goldgelb anbraten. Zwiebeln herausnehmen und zur Seite stellen. In die Pfanne noch etwas Öl zugießen, das Wurzelgemüse und die angedrückten Knoblauchzehen beigeben. Gemüse bei schwacher Hitze und unter ständigem Rühren langsam braun schmoren. (Je vorsichtiger dieser Schmorvorgang geschieht, desto intensiver und kräftiger wird der Geschmack und die Farbe der Sauce.)

Tomatenmark in das Gemüse rühren, kurz durchrösten und mit Barolo aufgießen. Die Rindsuppe dazuleeren. Erst jetzt das Rindsschulterscherzel mit Salz und gemahlenem Pfeffer würzen und in die Sauce einlegen. Lorbeerblätter, Rosmarin, Thymian und Pfefferkörner beigeben, wenn nötig mit noch mehr Rotwein untergießen. Rindsschulterscherzel zugedeckt im Rohr bei 160° C langsam dahinschmurgeln lassen. Das Fleisch öfters wenden. Je nach Größe des Fleischstückes dauert diese Prozedur rund 3 Stunden.

Das weich gegarte Fleisch aus der Sauce heben und warm halten. Sauce durch ein feines Spitzsieb passieren. In einem Topf Butter aufschäumen, die gerösteten Zwiebeln dazugeben und kurz durchrösten. Das Mehl beigeben, durchrühren, beiseite stellen und etwas abkühlen lassen. Danach die Sauce mit einem Schneebesen einrühren und in 10 bis 15 Mi-

◂ **Geschmortes Rindsschulterscherzel in Barolo**

nuten leicht sämig einkochen. Die Sauce mit Salz, Pfeffer und Senf abschmecken. Rindsschulterscherzel in Scheiben schneiden, auf Tellern anrichten und mit der Sauce übergießen. Dazu passen Nudeln in jeder Form und geschmortes Gemüse.

> TIPP: Legen Sie besonderes Augenmerk darauf, wieviel Mehl Sie tatsächlich zum Saucenbinden benötigen. Je weniger, umso besser. Das mitgekochte und in Folge passierte Gemüse sorgt ohnehin schon für eine schöne Bindung der Sauce.

Girardi-Rostbraten

Dieses nach dem großen Volksschauspieler Alexander Girardi benannte Gericht besitzt noch den Charme und den Geschmack der „guten alten Zeit".

Zutaten für 4 Personen

- 4 Scheiben Rostbraten à 220 g (von der Beiried geschnitten)
- Öl zum Braten
- 1 Zwiebel
- 10–15 Stück Champignons
- 1 EL Kapern
- ca. $1/16$ l Obers (Sahne)
- 1 TL Estragon-Senf
- $1/4$ l Kalbsfond oder Suppe
- etwas geriebene Zitronenschale
- 1 EL gehackte Petersilie
- 2 hart gekochte Eier
- Mehl zum Bestauben
- Salz, Pfeffer

30 Minuten / leicht

Rostbraten leicht klopfen und an den Rändern mit dem Messer etwas einschneiden. Champignons waschen, putzen und blättrig schneiden. Zwiebel und Eier schälen und fein hacken.

In einer Pfanne Öl erhitzen. Die Rostbraten beidseitig in Mehl wenden und im heißen Öl beidseitig gut anbraten, danach aus der Pfanne heben.

Die fein gehackte Zwiebel in der Pfanne goldgelb anrösten. Champignons dazugeben, kurz durchrösten und mit dem Kalbsfond aufgießen. Kapern und Zitronenschale dazugeben und einige Minuten köcheln lassen.

Rostbraten in die Pfanne legen und nach Belieben dünsten. Sollte der Rostbraten in der Mitte noch zart rosa sein, empfiehlt es sich, 4 bis 5 Minuten nachzudünsten. Obers und Senf beigeben, die Sauce bei großer Hitze noch einmal kurz reduzierend einkochen. Rostbraten auf heißen Tellern anrichten. Mit der Sauce überziehen, mit gehacktem Ei und Petersilie bestreuen. Als Beilage passen Bratkartoffeln oder Bandnudeln.

Entrecôte „Café de Paris" auf Prinzessbohnen

Für mich ist eine dicke Scheibe Entrecôte das schönste Stück Fleisch zum Kurzbraten. Die würzige „Café de Paris"-Buttermischung übernimmt in diesem Fall die Aufgabe einer Sauce.

Zutaten für 4 Personen

4 Scheiben Beiried (Roastbeef) à 250 g
2 EL Dijon-Senf
4 EL Olivenöl
2 Schalotten
4–6 EL „Café de Paris"-Butter (Rezept Seite 256)
500 g Prinzessbohnen
1 EL Butter
Salz, Pfeffer

30 Minuten / leicht

Beiried mit Dijon-Senf und etwas Olivenöl bestreichen. Schalotten schälen und fein hacken. Die „Café de Paris"-Butter bei Zimmertemperatur bereit halten. Die Prinzessbohnen putzen und in stark gesalzenem Wasser bissfest kochen, abseihen und in Eiswasser abschrecken.

Beiried entweder auf dem Grill oder in einer Pfanne mit Olivenöl bei mittlerer Hitze beidseitig braten (die Zeit hängt vom individuell gewünschten Garungsgrad ab). Danach Fleisch herausnehmen und an einem warmen Platz rasten lassen.

In der Zwischenzeit die Schalotten in Butter glasig anschwitzen. Die Prinzessbohnen dazugeben, kurz durchschwenken, mit Salz und Pfeffer würzen. Die Beiriedscheiben bei starker Hitze nochmals beidseitig nachbraten, salzen und pfeffern. Die Bohnen auf heißen Tellern anrichten, Fleisch daraufsetzen. Das Öl aus der Fleischpfanne abschütten, die „Café de Paris"-Butter in die noch warme Pfanne geben und mit dem Saft, der sich beim Rasten des Fleisches gebildet hat, erwärmen und über dem Fleisch verteilen.

> TIPP: *Statt der Bohnen können Sie als Beilage auch Blattspinat reichen. In Anbetracht der verwendeten Gewürzbuttermischung sollte das Gemüse auf jeden Fall eher natur und möglichst fettarm zubereitet sein.*

Beef Tatar

Purer kann man Fleisch nicht genießen. Verwenden Sie bitte unbedingt frisches, nicht zu abgehangenes Rinderfilet.

Zutaten für 4 Personen

- 500 g Rinderfilet (vom Lungenbratenkopf oder den Spitzen)
- 1 kleine Zwiebel
- 2 Essiggurkerln
- 2 EL Kapern
- 2 Eigelb
- 3 EL Olivenöl
- 1 Schuss Cognac
- 1 EL Ketchup
- 1 TL edelsüßes Paprikapulver
- 1 Msp. scharfes Paprikapulver
- 1 EL gehackte Petersilie
- 1 EL scharfer Senf
- Salz, Pfeffer

25 Minuten / leicht

Rinderfilet peinlich genau von Haut und Sehnen befreien und mit einem scharfen Messer fein hacken. Wer sich diese Arbeit nicht antun will, kann das Fleisch auch mit dem feinen Scheibenaufsatz einer Küchenmaschine faschieren. Zwiebel schälen und fein hacken. Essiggurkerln und Kapern ebenfalls fein hacken.
Das Fleisch in eine Schüssel geben und mit einer Gabel alle anderen Zutaten sorgfältig einarbeiten. Je nach individuellem Geschmack milder oder schärfer abschmecken.

> TIPP: Ich bestreiche mein Tatar auf Toast gerne noch mit etwas Kaviar und bestreue das ganze mit gehacktem Ei.

Marinierte Lammkoteletts

Diese Lammkoteletts schmecken am besten vom Holzkohlengrill. Sie in der Pfanne zu braten, bringt einen um das halbe Vergnügen.

Zutaten für 4 Personen

- 12 Lammkoteletts
- 4 EL Ketchup
- 2 EL Joghurt
- 2 EL Senfkörner
- 1 EL frisch gehackter Ingwer
- 1 Zweig Thymian
- 2 Zehen Knoblauch
- Saft und geriebene Schale von ½ Zitrone
- Olivenöl
- Salz, Pfeffer

30 Minuten / leicht

Senfkörner in reichlich kochendem Wasser 20 Minuten lang weich kochen. Abseihen, kalt abschwemmen. Knoblauch schälen und fein schneiden. Lammkoteletts von Sehnen und Fett befreien. Zugeputzte Koteletts leicht klopfen.

Joghurt, Knoblauch, Ingwer, Zitronensaft, geriebene Zitronenschale, 2 EL Olivenöl, Ketchup, die gekochten Senfkörner und reichlich gemahlenen Pfeffer verrühren. Die Lammkoteletts darin, wenn möglich über Nacht, zumindest aber 6 Stunden im Kühlschrank durchziehen lassen.

In einer Pfanne etwas Olivenöl erhitzen. Koteletts darin mit einem Zweig Thymian (bringt Aroma) beidseitig kurz braten. Das Fleisch sollte am Ende innen noch rosa sein. Dazu passen gebratene Zucchinischeiben, Ratatouille oder Folienkartoffeln.

Lammnavarin

Mit Navarin bezeichnet man Fleischragouts und Eintöpfe. Verwenden Sie für dieses Gericht vorzugsweise junges Lammfleisch.

Zutaten für 4 Personen:

- 1 kg Lammfleisch (Schulter)
- 1 Zwiebel
- 6 EL Olivenöl
- 1/2 l milde Rindsuppe
- 1/2 l trockener Weißwein
- 12 Oliven
- 20 Kapernbeeren
- 150 g harter Schafskäse
- 2 Fleischtomaten
- 2 EL gehackte Petersilie
- 1 TL abgezupfte Thymianblätter
- 1 Zweig Rosmarin
- 2 Lorbeerblätter
- 1 TL Tomatenmark
- 1 EL Mehl
- Salz, Pfeffer

120 Minuten / aufwendig

Das Lammfleisch in gleichmäßig große Würfel schneiden, mit Mehl bestauben. Zwiebel und Knoblauch schälen, kleinwürfelig schneiden.

Olivenöl in einem Schmortopf erhitzen, das Fleisch dazugeben und rasch anbraten. Salzen und pfeffern, Zwiebel und Knoblauch zugeben, alles kurz schmoren. Tomatenmark zufügen, etwas durchrösten, mit Weißwein ablöschen. Thymian, Rosmarin und Lorbeerblätter beigeben, etwa 5 Minuten einkochen lassen. Mit milder Rindsuppe aufgießen und langsam bei schwacher Hitze etwa 1 1/2 Stunden zugedeckt schmoren. Nach der Hälfte der Garzeit Oliven und Kapernbeeren dazugeben.

In der Zwischenzeit die Tomaten in kochendem Wasser blanchieren, abschrecken, Haut abziehen und vierteln. Das Fruchtfleisch in Streifen schneiden. Schafskäse in 1 cm große Würfel schneiden.

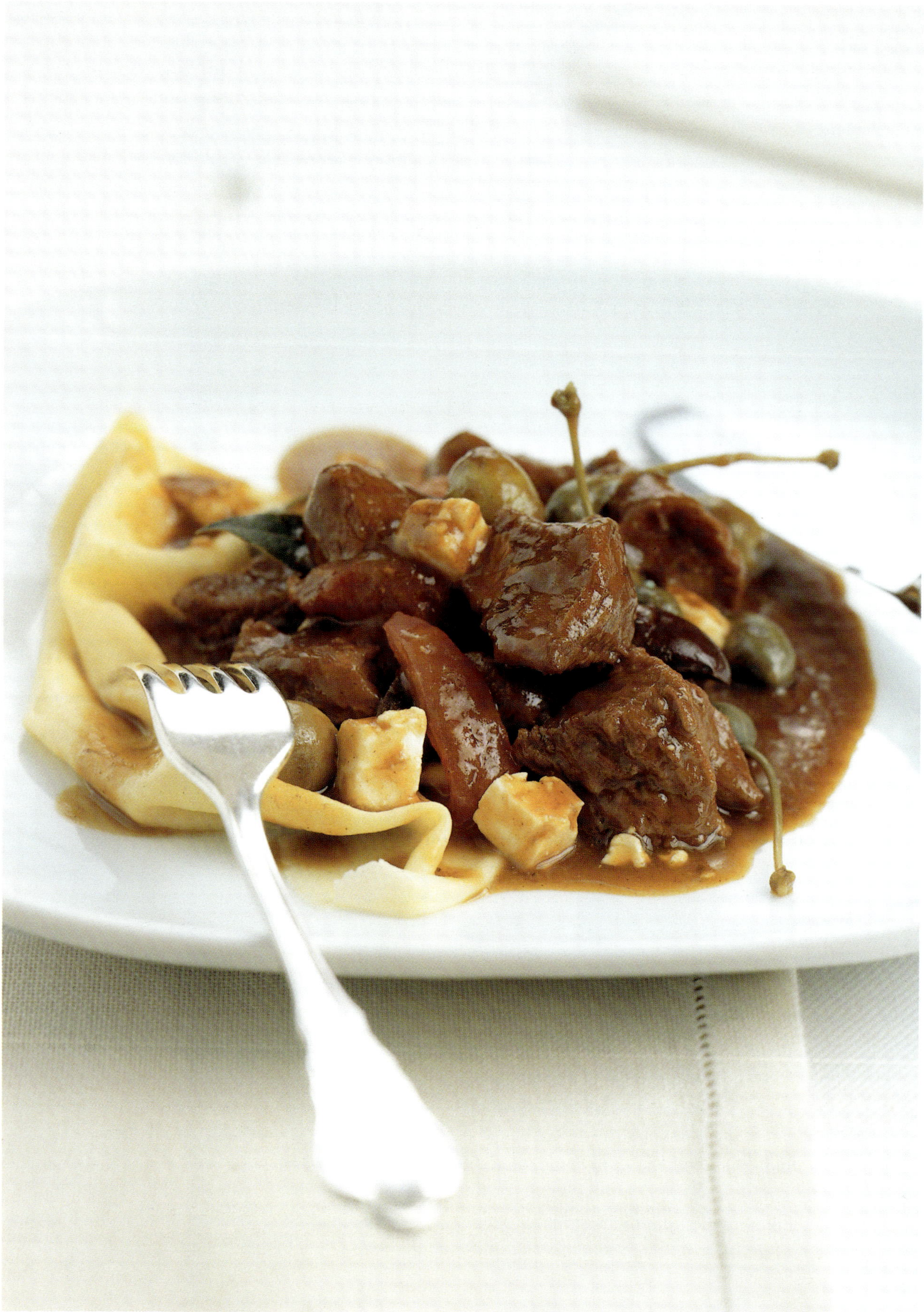

Das gegarte Fleisch vor dem Servieren mit gehackter Petersilie und dem Schafskäse würzen. Je nach Geschmack kann man auch noch ein ausdrucksreiches Olivenöl einrühren. Servieren Sie zum Lammnavarin Nudeln oder auch gebratene Kartoffeln.

Lammkeule im Ganzen mit geschmortem Gemüse

Die Lammkeule mit dem Knochen zu braten mag zwar beim Aufschneiden manche Probleme bereiten, aber dafür wird das Fleisch mit dieser Methode wesentlich saftiger.

ZUTATEN FÜR 4–6 PERSONEN

- 1 Lammkeule (von einem möglichst jungen Lamm. Wichtig: nicht ausgelöst, sondern mit Knochen)
- 3 EL Olivenöl
- 2 Karotten
- 2 gelbe Rüben
- 1 Staude Stangensellerie
- 10–20 Schalotten (je nach Größe)
- 1 EL abgezupfter Thymian
- 1 EL frischer Rosmarin
- 4 Lorbeerblätter
- 10 angedrückte Zehen Knoblauch
- 10 Pfefferkörner
- ¼ l Weißwein
- Salz, Pfeffer

200 MINUTEN / LEICHT

In einer Pfanne oder einem Bräter Olivenöl erhitzen. Lammkeule rundum anbraten, herausheben. Pfeffern, wieder zurücklegen und im Rohr bei mäßiger Hitze (ca. 150° C) 1 Stunde braten. Während des Bratens einige Male wenden.

In der Zwischenzeit das Wurzelgemüse waschen und schälen. In ca. 5 cm lange und 1 cm dicke Stifte schneiden. Schalotten und Knoblauch schälen. Alles Gemüse in die Pfanne geben. Rosmarin, Thymian und Lorbeerblätter einrühren. Die Lammkeule auf das Gemüse setzen und anfangs bei etwas größerer Hitze (180° C) braten. Weißwein angießen und den daraus entstehenden Saft immer wieder über die Keule schöpfen. Nach etwa 30 Minuten die Temperatur wieder auf rund 150° C reduzieren. Etwas Rindsuppe oder Wasser zugießen. Je nach Größe der Keule dauert dieser Bratvorgang 2½ bis 3 Stunden.

Die fertig gebratene Lammkeule vor dem Servieren in der Pfanne noch kurze Zeit rasten lassen, dann dosiert salzen. Danach aufschneiden und auf dem „saftigen" Gemüse servieren.

TIPP: *Sie können die Lammkeule auch mit Knoblauch spicken. Schneiden Sie dafür mit einem dünnen Messer kleine Einstiche in die Keule und stecken Sie in diese Knoblauchstifte hinein.*

◂ Lammnavarin

Lammkarree mit Gemüse gebraten

Die wohl gebräuchlichste und populärste Art, feines Lammfleisch zuzubereiten. Nicht genug kann man betonen, dass durchgebratenes Lammkarree langweilig schmeckt. Daher im Zweifelsfall schon nach eher kurzer Bratzeit testen, wie weit das Fleisch bereits durchgegart ist.

Zutaten für 4 Personen

- 2 Stück Lammkarree à ca. 400 g
- 1 Knolle junger Knoblauch
- 2–3 Stangen Sellerie
- 2 Karotten
- 1 gelbe Rübe
- 1/8 l Weißwein
- 1/4 l Rindsuppe
- 1 Zweig Rosmarin
- 1 kleiner Bund Thymian
- 3 Lorbeerblätter
- 2 EL kalte Butter
- Olivenöl zum Braten
- 2 EL Dijon-Senf
- Salz, Pfeffer

35 Minuten / leicht

Fleisch weitgehend von Häuten, Sehnen und groben Fettstellen befreien. Mit Dijon-Senf und grob gemahlenem Pfeffer einreiben.

Karotten, gelbe Rüben und Stangensellerie putzen, in kleine Würfel schneiden. Knoblauch schälen.

In einer geräumigen Pfanne Olivenöl erhitzen, das Fleisch rundum anbraten und im auf 180° C vorgeheizten Rohr 10 Minuten braten.

Fleisch aus der Pfanne heben. Den geschälten, angedrückten Knoblauch und das Gemüse hineingeben und kurz anschmoren. Mit der Hälfte des Weißweins und der Rindsuppe aufgießen. Rosmarin, Thymian sowie Lorbeerblätter beigeben. Das Fleisch auf das Gemüse

Lammkarree mit Gemüse gebraten ▸

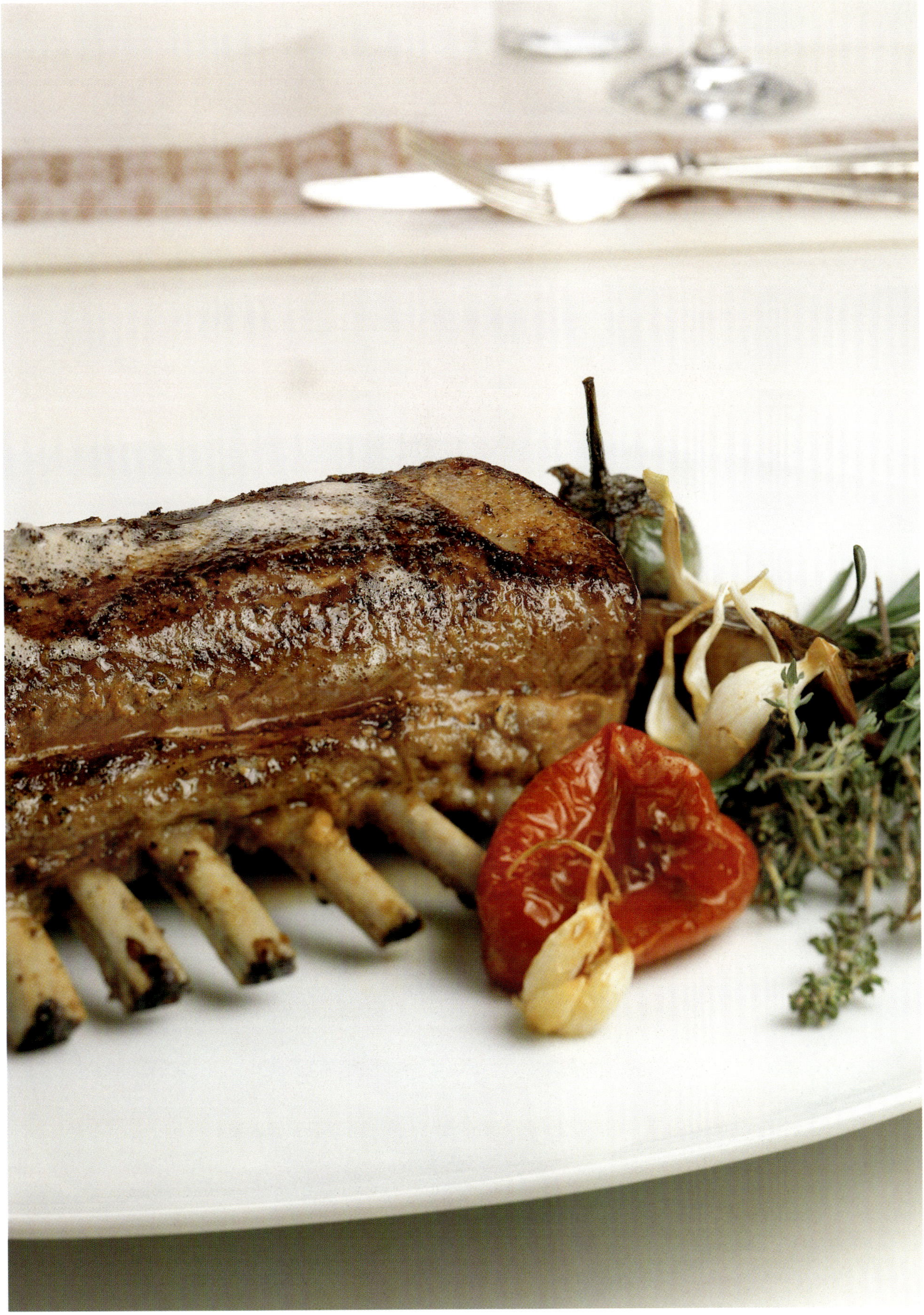

setzen und im Rohr bei 180° C weitere 15 Minuten schmoren. Das Fleisch während des Schmorens immer wieder mit dem entstehenden Bratensaft übergießen. Fertig gebratenes Fleisch aus dem Rohr nehmen, salzen, pfeffern, in Alufolie einwickeln und rasten lassen.

Gemüse und Bratensatz mit der restlichen Suppe und dem Weißwein aufgießen und auf die Hälfte der ursprünglichen Menge einkochen. Saft abseihen und die kalte Butter einrühren, damit eine leichte Bindung entsteht. Sauce nochmals abschmecken. Fleisch portionieren und mit dem Gemüse servieren.

TIPP: *Man kann das Lammkarree im Zuge von Menüvorbreitungen auch ohne Probleme schon einige Stunden vorher vorbraten. Wichtig dabei: erst bei Fertigstellung des Gerichts salzen, weil sonst der wertvolle Fleischsaft ausläuft.*

Überbackene Kutteln

Die Kosten für die Grundzutaten sind nicht weiter der Rede wert. Wichtig ist vor allem die liebevolle Zubereitung, die im wahrsten Sinn des Wortes mit Herzblut erfolgen sollte.

Zutaten für 4 Personen

1 kg rohe Kutteln
150 g gemischtes Wurzelgemüse
½ Zwiebel
2 Lorbeerblätter
10 Pfefferkörner
1 Thymianzweig
1 fein geschnittene Zwiebel
100 g Karotte
100 g Lauch
100 g Staudensellerie
3 EL Butter
1 fein geschnittene Zehe Knoblauch
Saft von ½ Zitrone

1 Bouquet garni (1 Stück Lauch, 1 Zweig Thymian und Rosmarin, 2 Petersilstengel)
⅛ l trockener Weißwein
¼ l Geflügelfond
⅛ l Crème fraîche
1 EL fein gehackte Petersilie
1 EL geschnittener Schnittlauch
1 EL gehackter Kerbel
2 EL frisch geriebener Parmesan
2 EL frisch geriebener Emmentaler
Salz, Pfeffer
Zucker
Muskatnuss

270 Minuten / für Ehrgeizige

Kutteln putzen (oder vom Fleischhauer vorbereiten lassen) und mit kaltem Wasser sorgfältig waschen. Kutteln, mit reichlich Wasser bedeckt, gemeinsam mit Lorbeerblättern, Pfefferkörner Thymianzweig, der Zwiebelhälfte und dem Wurzelgemüse 4 Stunden kochen. Immer wieder mit etwas frischem Wasser auffüllen. Gekochte Kutteln auskühlen lassen und in dünne Streifen schneiden.

Karotten, Lauch und Staudensellerie putzen, waschen und in dünne Streifen schneiden. In einer geräumigen Pfanne 2 EL Butter aufschäumen und fein geschnittene Zwiebel ohne Farbe anschwitzen. Knoblauch, das Bouquet garni und die geschnittenen Kutteln beimengen. Mit Salz, Pfeffer, Muskatnuss und Zitronensaft würzen, bei schwacher Hitze einige Minuten köcheln lassen. Mit dem Weißwein ablöschen, aufkochen lassen. Geflügelfond zugießen und auf die Hälfte der ursprünglichen Menge reduzieren. Crème fraîche einrühren und sämig einkochen.

In einer Pfanne die restliche Butter aufschäumen lassen und das geschnittene Gemüse beigeben. Kurz durchschwenken, mit Salz und einer Prise Zucker würzen. Gemüse kurz anschwitzen, mit etwas Wasser aufgießen und bissfest kochen. Das Gemüse und die fein gehackten Kräuter mit den Kutteln vermischen.

In tiefe Teller einfüllen, mit Parmesan und Emmentaler bestreuen und im Backrohr bei maximaler Oberhitze goldgelb gratinieren.

Gebratene Wildschweinkeule

In jedem Fall sollte die Keule von einem jungen Tier stammen.

Zutaten für 4–6 Personen

1 Wildschweinkeule (Gewicht maximal 3 kg)
3 EL Butterschmalz
1 Karotte
1 gelbe Rübe
¼ Sellerieknolle
2 Zwiebeln
5 angedrückte Zehen Knoblauch
20 feingehackte Wacholderbeeren
10 Pfefferkörner
1 Zweig Thymian
1 Zweig Rosmarin
1 TL Majoran
5 EL Preiselbeeren
5 EL Honig
½ Rotwein (oder Wasser)
Salz, Pfeffer

200 Minuten / aufwendig

Die Wildschweinkeule schon am Vortag marinieren. Keule rundum mit Preiselbeeren und Honig einschmieren. Mit Majoran, Pfeffer, zerdrücktem Knoblauch, Thymian, Rosmarin und Wacholderbeeren einreiben. In eine Folie einwickeln und im Kühlschrank lagern.

Am nächsten Tag in einer geräumigen Pfanne oder einem Bräter Butterschmalz erhitzen. Wildschweinkeule darin rundum anbraten, salzen und im auf 160° C vorgeheizten Rohr 2 Stunden langsam braten. Immer wieder etwas Wasser untergießen. Wurzelgemüse schälen und kleinwürfelig schneiden.

Wildschweinkeule aus dem Bräter heben und im Bratenrückstand das Wurzelgemüse, würfelig geschnittene Zwiebeln, Knoblauchzehen, Wacholderbeeren, Pfefferkörner sowie Thymian und Rosmarin kurz anschwitzen. Wildschweinkeule auf das Gemüse setzen. Eine Stunde lang mit dem Gemüse im eigenen Saft schmoren. Danach unter Zugabe von ½ Liter Wasser oder Rotwein die Wildschweinkeule in einer weiteren Stunde langsam fertig braten. Während des Bratens ist es wichtig, die Wildschweinkeule immer wieder mit dem entstehenden Bratensaft zu übergießen. Nur so bleibt sie zart und saftig und entwickelt ihren unverwechselbaren Geschmack.

Die fertig gebratene Wildschweinkeule aus dem Bräter nehmen. Bratensaft abseihen, abschmecken. Falls notwendig, noch etwas einkochen oder leicht binden. Die Wildschweinkeule je nach Gusto mit Schmorgemüse oder anderen Beilagen servieren.

TIPP: *Diese Art der Marinade kann man auch für den edelsten Teil, den Rücken, verwenden. Braten Sie den Rücken auf einigen Knochen und etwas Gemüse und ziehen Sie daraus einen würzigen Bratensaft.*

Gebratener Hirschrücken mit Rotweinzwiebeln

Mit eingelegten schwarzen Nüssen oder einem Kürbiskonfit als Beilage bekommt dieses Wildgericht einen individuellen Touch. Traditionalisten wird man dazu aber lieber Rotkraut und Schupfnudeln servieren.

ZUTATEN FÜR 4–6 PERSONEN

- 1 Hirschrücken (Gewicht maximal 3 kg)
- 500 g Schalotten
- ½ l kräftiger Rotwein
- 2 Zweige Rosmarin
- 1 EL abgezupfte Thymianblätter
- 2 EL Honig
- 2 Lorbeerblätter
- 1 EL angedrückte Wacholderbeeren
- 3 EL Butter
- 1 EL Zucker
- 2 EL Olivenöl
- Salz, Pfeffer

60 MINUTEN / AUFWENDIG

Von einem Rosmarinzweig die Nadeln abzupfen und grob hacken. Hirschrücken zuputzen, mit etwas Olivenöl, Pfeffer sowie Rosmarin und angedrückten Wacholderbeeren einreiben. Schalotten putzen und schälen, aber nicht den Strunk wegschneiden, weil sie sonst während der Zubereitung auseinanderfallen.

Butter aufschäumen, die Schalotten zugeben und mit dem Zucker etwas anbraten. Rotwein zugießen, Thymian, Lorbeerblätter und einen Rosmarinzweig hineingeben und unter öfterem Schütteln des Kochgefäßes die Schalotten so lange einkochen, bis die Flüssigkeit

Gebratener Hirschrücken mit Rotweinzwiebeln ▲

schon sehr stark reduziert ist. Mit Honig abschmecken und bereithalten. Rohr auf 180° C vorheizen.

Butter und Olivenöl erhitzen, den Hirschrücken darin rundum anbraten und im heißen Ofen etwa 20 Minuten braten. Danach herausnehmen, salzen, in eine Folie wickeln und 5 Minuten rasten lassen. Danach nochmals etwa 5 Minuten im Ofen fertig garen. Die exakte Garzeit richtet sich nach dem jeweiligen Durchmesser des Fleischstückes.

Die Schalotten auf eine große Servierplatte geben, den Hirschrücken darauflegen und bei Tisch tranchieren.

> TIPP: *Ein schönes Stück Fleisch im Ganzen oder am Knochen zu garen, garantiert immer eine gewisse Saftigkeit, wie man sie bei portionierten Steaks niemals erreichen kann. Bei derartigen Gerichten muß man, die passenden Beilagen vorausgesetzt, auch nicht zwingend eine Sauce dazu bereiten. Falls Sie aber über einige Knochen verfügen, sollten Sie nicht darauf verzichten: Klein gehackte Knochen mit etwas Gemüse anrösten und mit dem Hirschrücken braten. Während der Rücken rastet, die Knochen mit etwas Rotwein oder Suppe einkochen und so eine kurze Sauce ziehen.*

Rustikales &

Hausgemachtes

Hausmannskost definiere ich als die Wurzeln unseres persönlichen Geschmacks. Je mehr kulinarische Traditionen im privaten Rahmen praktiziert werden, umso besser ist es um unsere Küche bestellt.

Kalbsvögerl mit Champignons

Mit Vögerl bezeichnet man das ausgelöste Stelzenfleisch. Es handelt sich dabei um ein schön durchzogenes Fleisch, das sich hervorragend zum Schmoren und Dünsten eignet.

Zutaten für 4 Personen

- *1 kg Kalbsvögerl (ausgelöstes Stelzenfleisch)*
- *3 EL Butterschmalz*
- *¼ l Kalbsfond oder Rindsuppe*
- *¼ l Weißwein*
- *200 g Champignons*
- *⅛ l Obers (Sahne)*
- *1 Stange Lauch*
- *2 Karotten*
- *1 gelbe Rübe*
- *1 Zwiebel*
- *2 Lorbeerblätter*
- *2 EL Butter*
- *Salz, Pfeffer*

120 Minuten / leicht

Fleisch von groben Fettstellen und Häutchen befreien. Lauch putzen und waschen, in grobe Stücke schneiden. Karotten, gelbe Rübe und Zwiebel schälen, grobwürfelig schneiden. In einer Pfanne Butterschmalz erhitzen. Die zugeputzten Kalbsvögerl rundum anbraten. Herausnehmen, salzen und pfeffern.

Gemüse im Bratenrückstand anbraten und die gewürzten Kalbsvögerl wieder in die Pfanne geben. Fleisch und Gemüse unter öfterem Umrühren etwa 10 Minuten lang schmurgeln. Mit dem größten Teil des Weißweins und des Kalbsfonds aufgießen, Lorbeerblätter zugeben und kurz einreduzieren lassen. Zugedeckt (oder noch besser im Rohr bei 150° C) in etwa 1½ Stunden weich dünsten. Dabei immer wieder mit etwas Kalbsfond oder Rindsuppe übergießen. In der Zwischenzeit die Champignons putzen, waschen und eher dickblättrig schneiden.

Kalbsvögerl aus dem Sud heben, Lorbeerblatt entfernen. Den Saft mit dem Gemüse durch ein Spitzsieb drücken. Champignons in 2 EL schäumender Butter rasch anschwitzen, etwas salzen und zum Schmorsaft geben. Mit Obers auffüllen und etwa 10 Minuten langsam köcheln lassen, danach abschmecken. Die Sauce kann auch noch mit frisch gehackter Petersilie verfeinert werden. Kalbsvögerl in die fertige Sauce einlegen, nochmals kurz erwärmen. Mit Bandnudeln servieren.

TIPP: Wie bei allen Schmorgerichten kommt es auch hier auf das richtige Verhältnis von Flüssigkeit, Gemüse und Fleisch an. Damit sämtliche Aromaten auch tatsächlich ihren Geschmack freisetzen können, sollten man nie mit zu forcierter Hitze arbeiten.

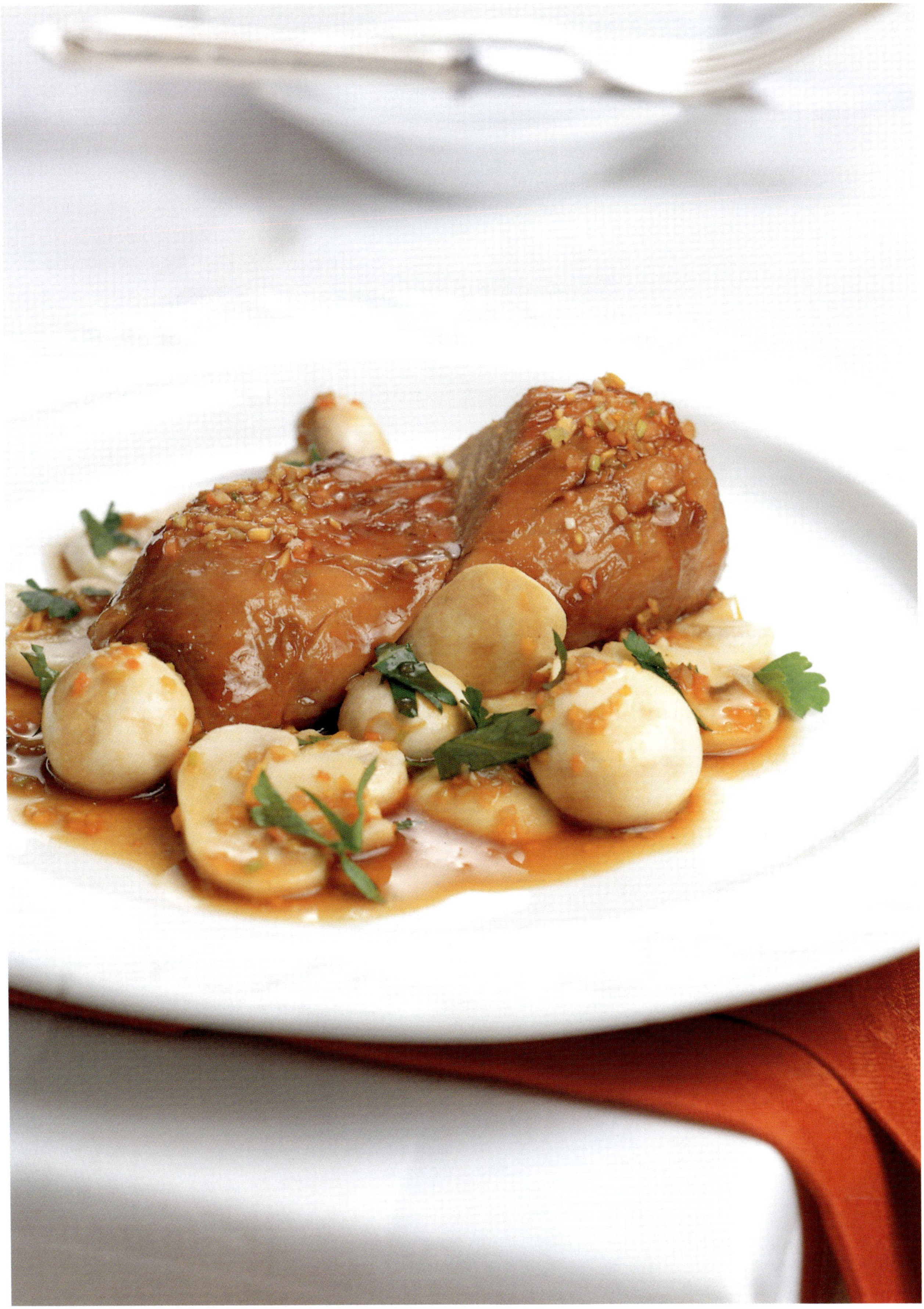

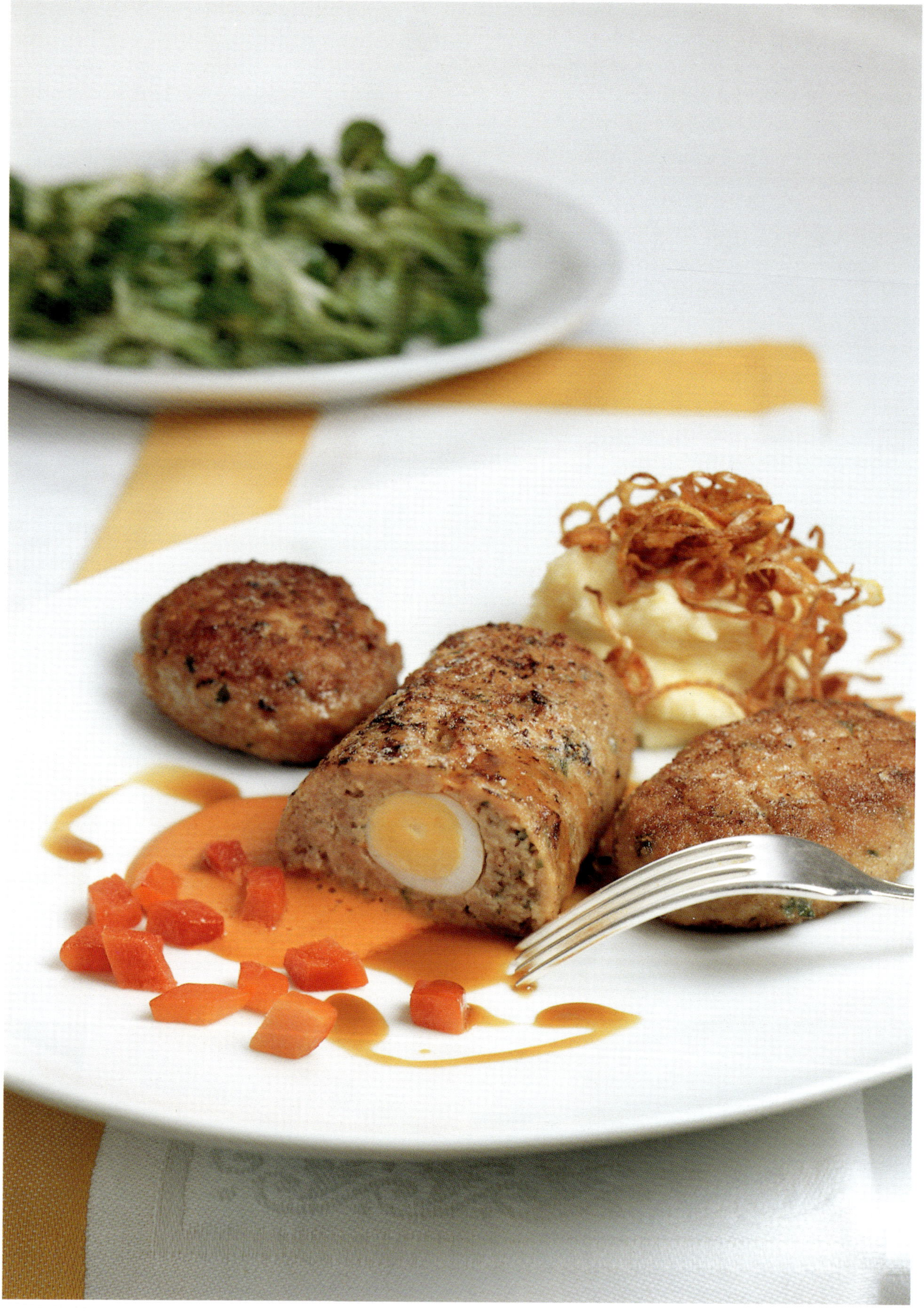

Faschierter Braten

Die Umhüllung des faschierten Bratens mit einem Schweinsnetz sorgt dafür, dass der Braten ganz saftig bleibt und während der Zubereitung nicht aufreißt.

Zutaten für 4 Personen

- 800 g gemischtes (Schwein und Rind) Faschiertes (Hackfleisch)
- 1 Zwiebel
- 4 Zehen Knoblauch
- 80 g Frühstücksspeck
- 4 Semmeln
- Milch zum Einweichen
- 2 TL scharfer Senf
- 2 Eier
- 1 EL Majoran
- 1 EL Butter
- 1 Schweinsnetz zum Braten
- Öl
- Salz, Pfeffer

60 Minuten / aufwendig

Semmeln in große Würfel schneiden und in lauwarmer Milch einweichen. Zwiebel und Knoblauch schälen, fein schneiden. Den würfelig geschnittenen Speck in einer heißen Pfanne anbraten, damit das Fett austritt. Zwiebel und Knoblauch dazugeben, glasig rösten.

Die eingeweichten Semmeln gut ausdrücken, zusammen mit dem Speck und der Zwiebel-Knoblauch-Mischung mit dem Fleischwolf fein faschieren. Diese Masse mit dem Faschierten vermischen. Mit Senf, Majoran, Salz und Pfeffer abschmecken. Die beiden Eier zugeben und gut durchrühren.

Hände mit lauwarmem Wasser befeuchten und aus der Masse einen oder zwei gleichmäßig große Striezel formen. Mit dem Schweinsnetz vorsichtig umhüllen.

Eine feuerfeste Form mit Butter ausstreichen. Das Faschierte einlegen und im auf 180° C vorgeheizten Rohr etwa 50 Minuten braten. Zur Hälfte der Bratzeit etwas Wasser angießen. Den Braten immer wieder damit übergießen.

Fertigen Braten in Scheiben aufschneiden. Auf Tellern mit dem entstandenen Saft benetzen. Dazu paßt am besten Kartoffelpüree mit gerösteten Zwiebeln.

> **TIPP:** Man kann den faschierten Braten auch mit gekochten Eiern (wie auf unserem Foto), Essiggurkerln oder auch Pfefferoni füllen. Wenn Sie aus der Faschiertenmasse Laibchen formen, diese in Semmelbrösel wenden und in heißem Öl goldgelb braten, haben sie die klassischen faschierten Laibchen. Diese lassen sich bei mäßiger Temperatur im Backrohr gut warm halten. Sehr gut passt dazu eine Sauce aus frischen Paprikaschoten und natürlich ein Kartoffelpüree. Und in vielen Wiener Beiseln wird dieses typische Wirtshausgericht mit Kartoffelsalat und Senf serviert. Für echte Wiener Butterschnitzel wird ausschließlich Kalbfleisch verwendet, allerdings wird es kaum gewürzt.

◂ Fleischlaibchen, Faschierter Braten und Butterschnitzel

Gefüllte Paprika

Die Fülle für die gefüllten Paprika läßt sich variieren: Zum Beispiel mit faschiertem Lammfleisch, das man mit Oliven und Schafkäse kräftig abschmeckt.

Zutaten für 4 Personen

- 400 g gemischtes Faschiertes (Hackfleisch)
- 8 mittelgroße grüne Paprika
- 3 Semmeln
- Milch zum Einweichen
- 1 Zwiebel
- 2 EL Schweineschmalz
- 4 Zehen Knoblauch
- 1 EL getrockneter Majoran
- 1 dicke Scheibe Frühstücksspeck
- 2 Eier
- 1 TL scharfer Senf
- 2 EL gehackte Petersilie
- 2 EL kalte Butter
- 3 EL Tomatenmark
- 1 kg Tomaten (würfelig geschnitten)
- 2 Lorbeerblätter
- 2 EL Zucker
- 1/4 l Tomatensaft
- 1 Zweig Thymian
- 2 EL Weißbrotbrösel
- Salz, Pfeffer

90 Minuten / aufwendig

Semmeln in Milch einweichen, danach ausdrücken. Zwiebel und Knoblauch schälen, klein schneiden. Zwiebel in Schmalz glasig rösten. Knoblauch, Majoran und den in Würfel geschnittenen Speck beifügen, kurz mitschwitzen. Beiseite stellen und abkühlen lassen.

Semmelmasse durch die feine Scheibe des Fleischwolfs faschieren und mit dem Faschierten vermengen. Eier einrühren, mit Petersilie, Majoran, Salz, Pfeffer und Senf kräftig abschmecken.

Von den Paprikaschoten die Kappe abschneiden und entkernen. Die ausgehöhlten Paprika mit der Fleischmasse füllen, die Kappe wieder aufsetzen.

In einem Topf Butter aufschäumen lassen, Tomatenmark kurz durchrösten, die Tomaten dazugeben, Tomatensaft, 1/8 l Wasser, Lorbeerblätter, Thymian, Zucker und etwas Salz hinzufügen; 20 Minuten verkochen lassen. Die gefüllten Paprika nach Möglichkeit stehend in die Sauce geben und diese 30 Minuten zugedeckt köcheln lassen.

Paprika aus der Sauce in einen anderen Topf legen. Die Weißbrotbrösel zur Tomatensauce geben, nochmals mit Salz, Zucker und etwas Pfeffer abschmecken. 5 Minuten durchkochen lassen und die Sauce durch ein Sieb auf die Paprika passieren. Vor dem Servieren noch einmal kurz aufkochen lassen.

> TIPP: Durch die Zugabe von gekochtem Reis wird die Fülle noch lockerer. In manchen Rezepten werden die Paprika vor dem Dünsten auch kurz angebraten. Durch die Weißbrotbrösel wird die Sauce schön sämig. Selbstverständlich kann man die Sauce auch natur belassen.

Kalbsbeuschel

Im „Korso" ist das Beuschel schon längst zum Kultgericht geworden. Wer sich dafür entscheidet, selbst ein Beuschel zu kochen, sollte sich auf eine Menge Arbeit gefaßt machen.

Zutaten für 4–6 Personen

- ½ Kalbslunge
- ½ Kalbsherz
- 4 kleine Zwiebeln
- 1 Karotte
- 1 gelbe Rübe
- ½ Stange Lauch
- ¼ Sellerieknolle
- 3 Lorbeerblätter
- 1 TL angedrückte schwarze Pfefferkörner
- 1 EL Kapern
- 2 mittelgroße Essiggurkerln
- 6 Zehen Knoblauch
- 1 kleiner Bund Petersilie
- 1 EL scharfer Senf
- 4 EL Weinessig
- 1 EL Balsamico-Essig
- 1 TL edelsüßes Paprikapulver
- ⅛ l Obers (Sahne)
- 2 EL Butter
- ½ l Riesling
- Salz, Pfeffer

180 Minuten / für Ehrgeizige

Von der Lunge den Schlund, grobe Sehnen und Fettstränge wegschneiden. Zusammen mit dem Herz für mindestens 2 Stunden in kaltes Wasser legen. Zwischendurch das Wasser wechseln und die Beuschelstücke ein wenig durchspülen. Am Ende sollte kein Blut mehr austreten und das Wasser klar sein.

Zwiebel, Karotten, gelbe Rübe, Lauch und Sellerie putzen. Die Hälfte davon grob schneiden, den anderen Teil für später aufheben. Grob geschnittenes Gemüse, 2 Lorbeerblätter, die angedrückten Pfefferkörner und einen Schuß Essig in einem großen Topf mit etwa 2 Liter Wasser aufkochen. Das gewässerte Beuschel einlegen und zugedeckt etwa 45 Minuten kochen lassen. Das Beuschel muß dabei komplett mit Flüssigkeit bedeckt sein. Die weich gekochte Lunge aus dem Sud heben. Das Herz noch etwa 15 Minuten länger kochen und dann ebenfalls herausnehmen. Kochsud durch ein Sieb seihen und aufheben.

Beuschel und Herz in eine Schüssel geben. Das Beuschel mit einem passenden Teller abdecken und diesen mit einem Gewicht beschweren. Am besten über Nacht, mindestens aber einige Stunden im Kühlschrank stehen lassen. Das gepreßte Beuschel mit einem kleinen Messer peinlich genau zuputzen, Haut und eventuelle Fettstellen ablösen und alles in feine Streifen schneiden. Dieser arbeitsreiche Putzvorgang ist entscheidend für die Qualität des Gerichts, darum bitte sehr exakt arbeiten.

Das Beuschel mit Senf, Balsamico-Essig, der Hälfte des Weißweins und einem Lorbeerblatt marinieren, einige Stunden durchziehen lassen.

Das restliche Gemüse in feine Streifen schneiden. Zwiebeln und Knoblauchzehen schälen und fein schneiden, Essiggurkerln grob schneiden. Zwiebeln und Knoblauch in etwas Butter anschwitzen. Gurkerln und Kapern dazugeben, mit dem restlichen Weißwein ablöschen und mit dem Kochsud aufgießen. 30 Minuten einkochen lassen, danach fein aufmixen.

Das feingeschnittene Beuschel und die Gemüsestreifen in die aufgemixte Sauce geben, Obers beigeben und einige Minuten kochen lassen. Das fertige Beuschel sollte zu diesem Zeitpunkt eine eher sämige Konsistenz besitzen. Mit gehackter Petersilie, Senf, Balsamico-Essig, Paprikapulver, Salz, Pfeffer, eventuell auch einem Schuß Weißwein endgültig abschmecken. Am besten mit Serviettenknödel und gebratenem Wachtelspiegelei in heißen tiefen Tellern servieren.

Überbackene Schinkenfleckerln

Dieses Gericht kann man wunderbar tieffrieren, deshalb gleich mehr machen.

Zutaten für 4 Personen

300 g Teigfleckerln
200 g Beinschinken
1 fein geschnittene Zwiebel
3 EL gehackte Petersilie
3 Eier
1 EL Majoran
1 Becher Sauerrahm

Butter
2 EL Weißbrotbrösel
4 EL geriebener Parmesan oder Emmentaler
Salz, Pfeffer
Muskatnuss

45 Minuten / leicht

Eine Backform mit Butter ausstreichen und mit Weißbrotbröseln bestreuen. Schinken in kleine Würfel schneiden. Fleckerln in reichlich kochendem Salzwasser bissfest kochen. Die Fleckerln sollten gefühlsmäßig fast noch roh sein. Abseihen und kalt abschwemmen.

Backrohr auf 200° C vorheizen. In einem Topf etwas Butter aufschäumen und Zwiebel glasig anrösten. Geschnittenen Schinken mitrösten. Fleckerln zugeben. Topf beiseite stellen. Petersilie, Eier, Sauerrahm, Muskatnuss und Majoran einmengen. Mit Salz und Pfeffer kräftig abschmecken.

In die Backform füllen, glatt streichen und mit Käse bestreuen. Die Fleckerln sollten komplett mit „Flüssigkeit" bedeckt sein, damit ist auch nach dem Backen eine gewisse Saftigkeit garantiert. Für etwa 30 Minuten ins vorgeheizte Backrohr stellen. Die Hitze muß nach der Halbzeit des Garvorganges um 20° C reduziert werden. Mit grünem Blattsalat servieren.

Überbackene Schinkenfleckerln ▸

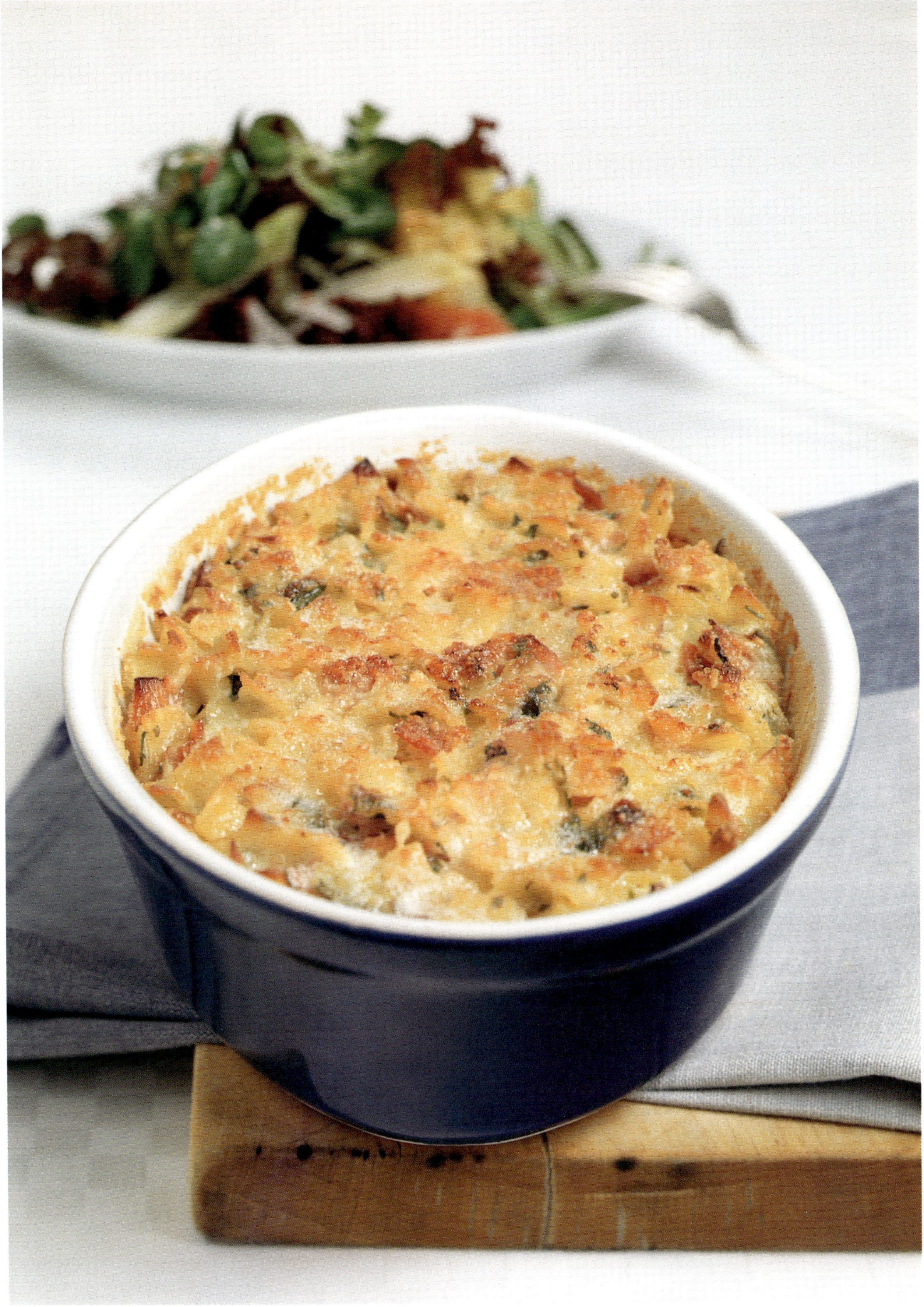

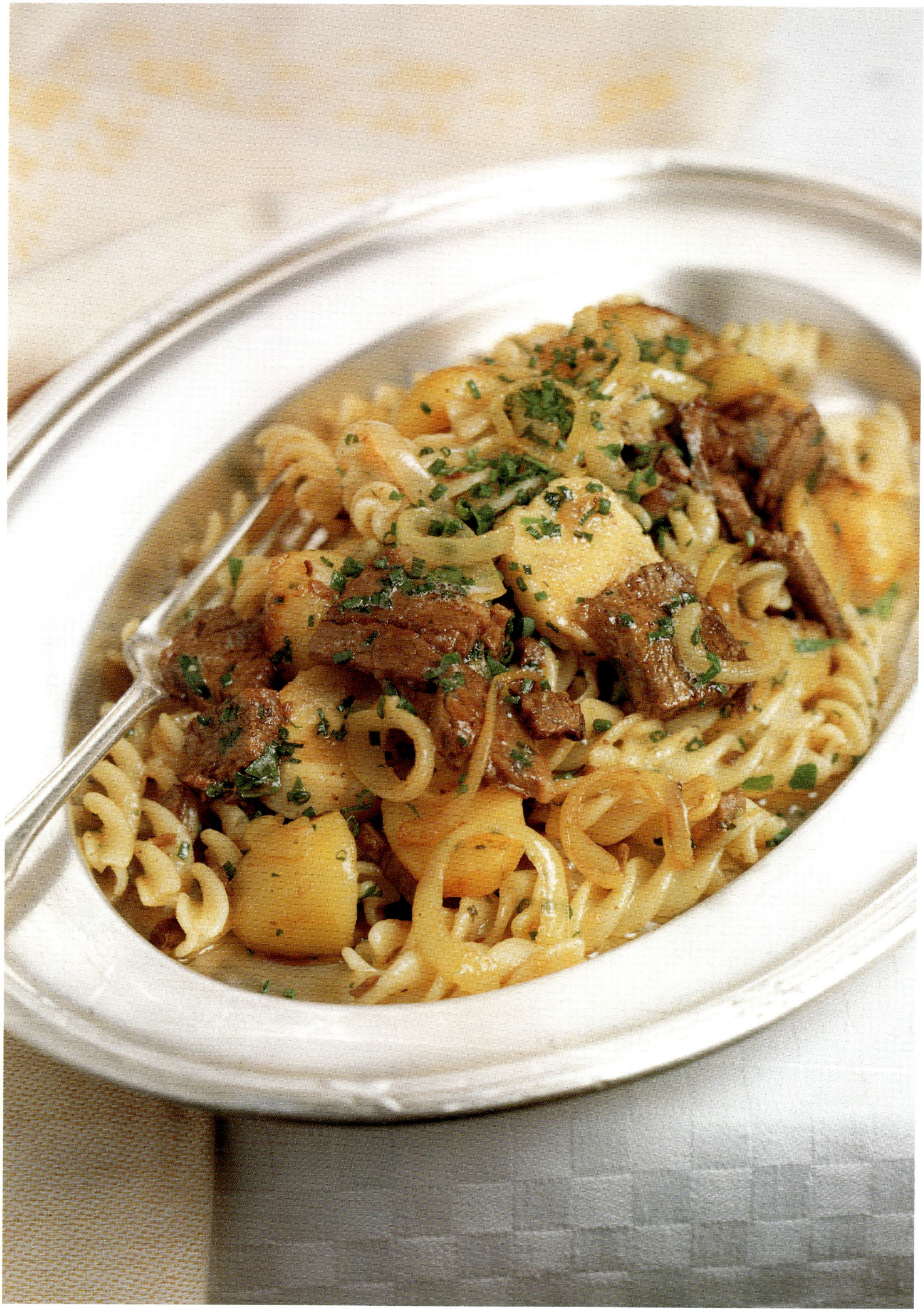

Rindfleischgröstel

Dieses in manchen österreichischen Regionen auch Grenadiermarsch genannte Gericht ist im Grunde ein Spaziergang durch den Kühlschrank.

Zutaten für 4 Personen

500 g gekochtes Rindfleisch (z. B. Tafelspitz, Schulter oder Beinfleisch)
1 Zwiebel
1 Hand voll gekochte Nudeln (z. B. Hörnchen, Fleckerln oder Spiralen)
3–4 große gekochte Kartoffeln
1 Bund Petersilie
Öl zum Braten
1 Prise getrockneter Majoran
Salz, Pfeffer

20 Minuten / leicht

Rindfleisch in gleichmäßig große Würfel oder Scheiben schneiden. Zwiebel schälen, fein schneiden. Abgezupfte Petersilie fein hacken. Kartoffeln schälen und blättrig schneiden.

In einer geräumigen (vorzugsweise beschichteten) Pfanne etwas Öl oder auch Schmalz erhitzen. Zuerst Zwiebel anbraten, Kartoffelscheiben beigeben und anbräunen lassen. Nudeln und Fleisch zugeben, zügig durchrösten. Mit Salz, Pfeffer und Majoran abschmecken. Kurz vor dem Servieren gehackte Petersilie einstreuen. Dazu paßt am besten grüner Salat oder mit Kernöl marinierter Vogerlsalat.

TIPP: *Man kann das Gröstel auch noch mit einem Spiegelei krönen, was die ganze Angelegenheit noch etwas saftiger macht.*

Reisfleisch

Ein klassisches, oftmals zu Unrecht unterschätztes Rezept.

Zutaten für 4 Personen

800 g Schweinefleisch (am besten Schopfbraten)
2 Lorbeerblätter
2 fein geschnittene Zwiebeln
3 Zehen Knoblauch
ca. ¾ l Rindsuppe
2 EL edelsüßes Paprikapulver
1 TL gemahlener Kümmel
250 g Langkornreis
1 TL getrockneter Majoran
3 EL geriebener Parmesan
Öl, Salz, Pfeffer

90 Minuten / leicht

◂ **Rindfleischgröstel**

In einem Topf Zwiebel in etwas Öl glasig rösten. Fleisch in kleine Würfel schneiden und beigeben. Zerdrückten Knoblauch, Lorbeerblatt, Majoran und Kümmel zufügen. Mit Salz und Pfeffer würzen. 20 Minuten auf kleiner Flamme schmurgeln lassen.

Von der Flamme nehmen, ein wenig abkühlen lassen. Paprikapulver unterrühren, kurz ziehen lassen, mit Rindsuppe aufgießen. Aufkochen und zugedeckt etwa 30 Minuten köcheln lassen.

Danach Reis beigeben, der zu diesem Zeitpunkt etwas mehr als 2 cm mit Flüssigkeit bedeckt sein muß. Gegebenenfalls Wasser oder Suppe zugießen. Zugedeckt bei kleiner Hitze 30 Minuten auf dem Herd oder im Rohr (bei 160° C) gar dünsten.

Auf tiefen, vorgewärmten Tellern anrichten. Mit Parmesan bestreut servieren. Dazu paßt Blattsalat.

Wurzelfleisch

Ein authentisches Rezept aus der Steiermark. In manchen steirischen Regionen wird das Fleisch vor dem Garen schon in Stücke geschnitten. Ich bevorzuge aber die hier angeführte Methode, weil das Fleisch so viel saftiger bleibt.

Zutaten für 4–6 Personen

- 1½ kg Schweinsschopfbraten (Schweinekamm)
- 2 Karotten
- 2 gelbe Rüben
- 1 Stange Lauch
- ½ Sellerieknolle
- 1 EL geschnittener Liebstöckel (oder 2 EL gehackte Petersilie)
- 2 Lorbeerblätter
- 1 Schuß Essig
- 2 EL geriebener Kren (Meerrettich)
- Salz, Pfeffer

120 Minuten / leicht

Das Fleisch mit Küchengarn zusammenbinden, damit es beim späteren Schneiden leichter zu behandeln ist. Karotten, Rüben und Sellerie schälen und in Stifte schneiden. Lauch halbieren, gut waschen und in längliche Blätter schneiden.

In einem geräumigen Topf so viel Wasser zum Kochen bringen, dass der Schopfbraten komplett mit Wasser bedeckt ist. Einen Schuß Essig und Lorbeerblätter zugeben. Bei kleiner Hitze 90 Minuten köcheln lassen.

Danach das geschnittene Gemüse zugeben und den Sud leicht salzen. Die verdampfte Flüssigkeit nicht ergänzen. Am Ende des Kochvorgangs sollten nur noch etwa 4 Schöpfer voll des eingekochten Kochsuds vorhanden sein.

Wurzelfleisch ▲

Küchengarn vom weich gegarten Fleisch abschneiden. Fleisch in Scheiben schneiden. In tiefen, heißen Tellern anrichten. Den Kochsud nochmals abschmecken und schöpferweise das Gemüse samt dem Sud über dem Fleisch verteilen. Mit geriebenem Kren und in Streifen geschnittenem Liebstöckel bestreuen.

Blunzengröstel

Ein deftiges Gericht für Herbst und Winter. Im Sommer verzichten gute Produzenten wegen der hohen Temperaturen auf die Herstellung von Blutwurst.

Zutaten für 4 Personen:

500 g Blutwurst
1 Zwiebel
400 g festkochende Kartoffeln
2 EL frisch gehackte Petersilie
1 EL Öl zum Braten
2 EL geriebener Kren (Meerrettich)
1 EL getrockneter Majoran
Salz, Pfeffer

20 Minuten / leicht

Blutwurst schälen und in 1 cm dicke Scheiben schneiden. Kartoffeln waschen, in Wasser weich kochen. Anschließend schälen und in Scheiben schneiden.

Zwiebel schälen, halbieren und in Streifen schneiden. In einer großen beschichteten Pfanne Öl erhitzen. Zwiebel und Kartoffelscheiben darin rösten. Blutwurst beigeben und scharf anbraten. Mit Majoran, Salz und Pfeffer abschmecken.

Kurz vor dem Servieren gehackte Petersilie unterrühren. Blunzengröstel auf vorgewärmten Tellern anrichten. Mit frisch geriebenem Kren bestreuen.

TIPP: *Besonders gut schmeckt dazu ein mit Kernöl marinierter Vogerlsalat.*

Geröstete Kalbsnieren mit Hirn

Ein klassisches Wiener Gabelfrühstücks-Gericht, das heute leider viel zu selten in Wirtshäusern angeboten wird.

Zutaten für 4 Personen

600 g Kalbsnieren ohne Haut und Fett
400 g Kalbshirn enthäutet
2 EL Butter
Öl zum Braten
1 fein geschnittene Zwiebel
1 EL gehackte Petersilie
Salz, Pfeffer
getrockneter Majoran

30 Minuten / leicht

Hirn unter fließendem Wasser gut wässern, danach die feine Haut vollständig abziehen. Nieren der Länge nach aufschneiden, Fettstränge mit einem scharfen Messer vorsichtig entfernen. Die zugeputzten Nieren blättrig schneiden. Kalbshirn mit Küchenpapier abtupfen und mit einem Messer einige Male durchhacken.

In einer Pfanne Butter aufschäumen lassen, Zwiebel goldgelb anrösten. Das gehackte Hirn beigeben, kurz durchschwenken. Mit Salz, Pfeffer und Majoran abschmecken.

In einer anderen Pfanne 2 EL Butter bräunen, die Nieren darin rasch und scharf anbraten. Erst jetzt mit Salz und Pfeffer würzen. Nieren auf ein Sieb schütten, etwas abtropfen lassen. Mit dem gerösteten Hirn vermischen. Nochmals gemeinsam kurz erhitzen. Nochmals abschmecken, gehackte Petersilie beigeben und mit Salzkartoffeln servieren.

TIPP: *Nieren lassen beim Braten fast immer Wasser. Das ergäbe bei diesem Gericht einen undelikaten Einheitsbrei, den sie aber durch die Verwendung von zwei Pfannen vermeiden.*

Krautfleckerln

Ein Relikt aus der sogenannten „Arme Leute"-Küche. Heute sind Krautfleckerln eine willkommene Alternative zum permanenten Fleischgenuß. Verwenden Sie für dieses Gericht unbedingt eine Pfanne mit möglichst dickem Boden

ZUTATEN FÜR 4 PERSONEN

300 g Teigfleckerln
1 Kopf Weißkraut (ca. 700 g)
1 Zwiebel
1 TL gehackter Kümmel

1 EL Zucker
1 Spritzer Essig
Schweineschmalz
Salz, Pfeffer

45 MINUTEN / LEICHT

Weißkrautkopf halbieren, den dicken Strunk entfernen. Kraut in etwa 2 cm große Quadrate schneiden. Zwiebel schälen und fein schneiden.

Fleckerln in Salzwasser bissfest kochen. Achtung: Während des Kochvorgangs öfters probieren, denn wenn die Fleckerln zu weich sind, wird das ganze Gericht pappig.

In einer geräumigen Pfanne Schweineschmalz erhitzen und den Zucker darin karamellisieren. Danach Zwiebel zugeben und hellbraun rösten. Das geschnittene Kraut beigeben und unter ständigem Rühren eine schöne braune Farbe nehmen lassen. Das dauert etwa 25 Minuten. Der geschmackliche Erfolg liegt im langsamen Braundünsten des Krauts. Leicht salzen.

Die bissfest gekochten Fleckerln unter das Kraut rühren. Mit Salz, Pfeffer, Essig, Kümmel abschmecken. Krautfleckerln vor dem Servieren unbedingt 10 Minuten in der Pfanne durchziehen lassen. Erst dadurch nehmen die Nudeln den typischen Krautgeschmack und das unverwechselbare Aroma an.

Rustikales & Hausgemachtes

Erdäpfelgulasch

Wer will, kann auf die Wurst verzichten. Wegen des typischen Aromas kann man in diesem Fall ein Stück Speck mitkochen, das man dann vor dem Servieren wieder entfernt.

Zutaten für 4 Personen

- 10 mittelgroße speckige Kartoffeln
- 300 g dürre Wurst (Braunschweiger)
- 4 Zwiebeln
- 3 EL edelsüßes Paprikapulver
- 1 TL Tomatenmark
- 2 EL Weinessig
- 6 fein gehackte Zehen Knoblauch
- 1 TL gestoßener Kümmel
- 1 EL Majoran
- 2 Lorbeerblätter
- 3 EL Schweineschmalz
- 1 l milde Rindsuppe
- 1 Msp. scharfes Paprikapulver
- ½ grüner Paprika
- ½ roter Paprika oder 2 Essiggurkerln
- Salz

90 Minuten / leicht

Die Haut von der Wurst abziehen. Wurst halbieren und in ca. ½ cm dicke, halbmondförmige Stücke schneiden. Die Kartoffeln schälen, je nach Größe halbieren oder vierteln und in kaltem Wasser bereit stellen. Zwiebeln schälen und fein schneiden.

Schweineschmalz erhitzen, Zwiebeln darin vorsichtig und langsam hellbraun rösten. Pfanne vom Herd nehmen, Tomatenmark und edelsüßes Paprikapulver einrühren, mit Essig ablöschen. Knoblauch, Kümmel, Majoran und Lorbeerblätter dazugeben, mit Rindsuppe und ½ l Wasser auffüllen. Aufkochen lassen und etwa 45 Minuten bei mäßiger Hitze köcheln lassen. Danach die Lorbeerblätter herausnehmen und mit dem Stabmixer etwas pürieren.

Die geschnittenen Kartoffeln in das Gulasch geben, etwa 25 Minuten langsam köcheln lassen. Die dürre Wurst in einer Pfanne mit wenig Öl scharf anbraten. Auf ein Sieb geben und das Fett abtropfen lassen. Wurst in das Gulasch geben und alles etwa 10 Minuten köcheln lassen.

Gulasch vom Herd nehmen, mit Salz und etwas scharfem Paprikapulver abschmecken. Falls das Gulasch nicht die erwünschte Sämigkeit hat, 2 oder 3 Kartoffelstücke herausheben, mit dem Stabmixer pürieren und wieder ins Gulasch geben.

Das fertig gegarte Gulasch sollte vor dem Servieren noch 20 Minuten zugedeckt am Herdrand stehen, damit die Kartoffeln schön durchziehen können. Mit klein geschnittenen Essiggurkerln oder kurz in wenig Öl angerösteten Paprikawürfeln in tiefen Tellern anrichten.

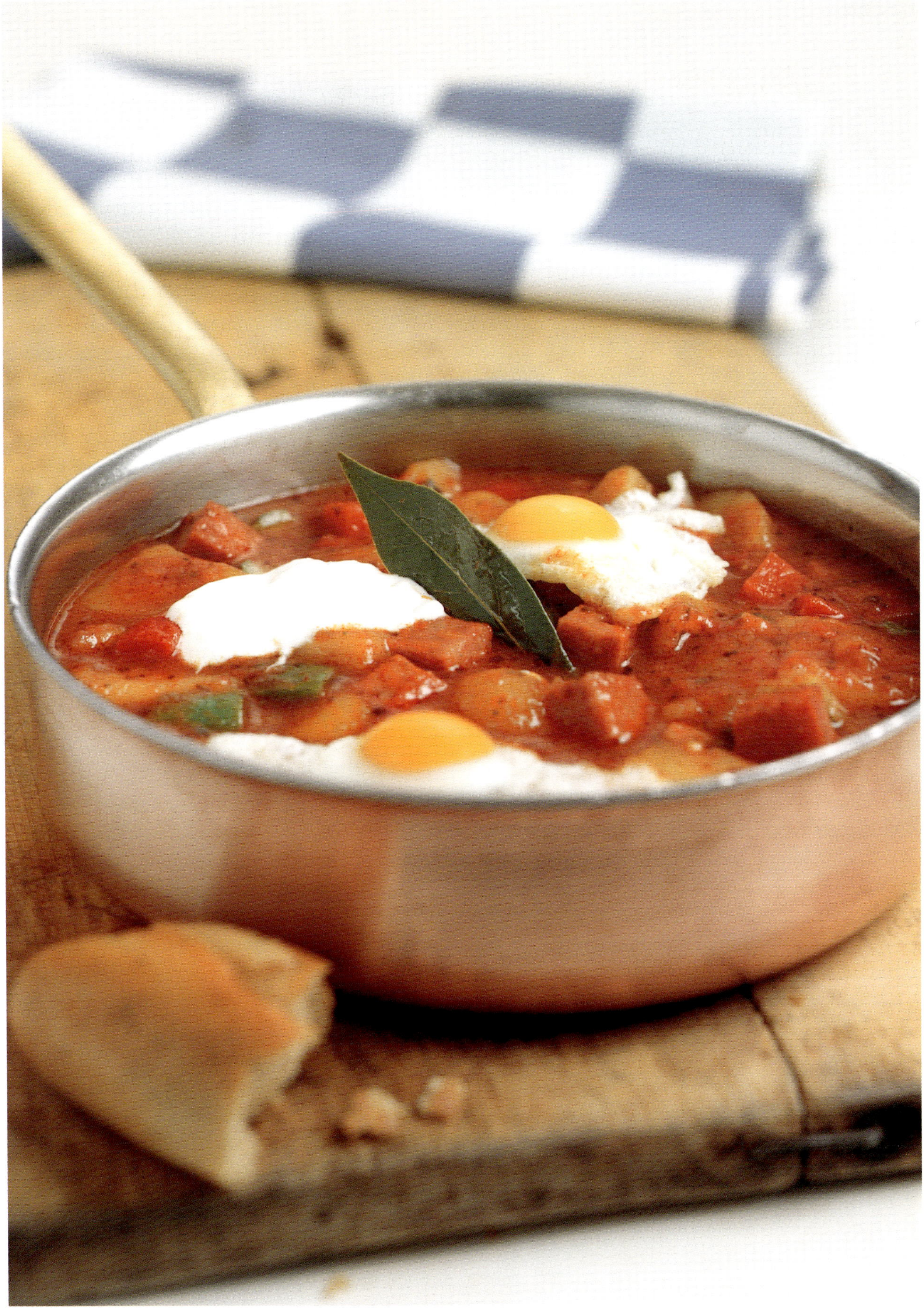

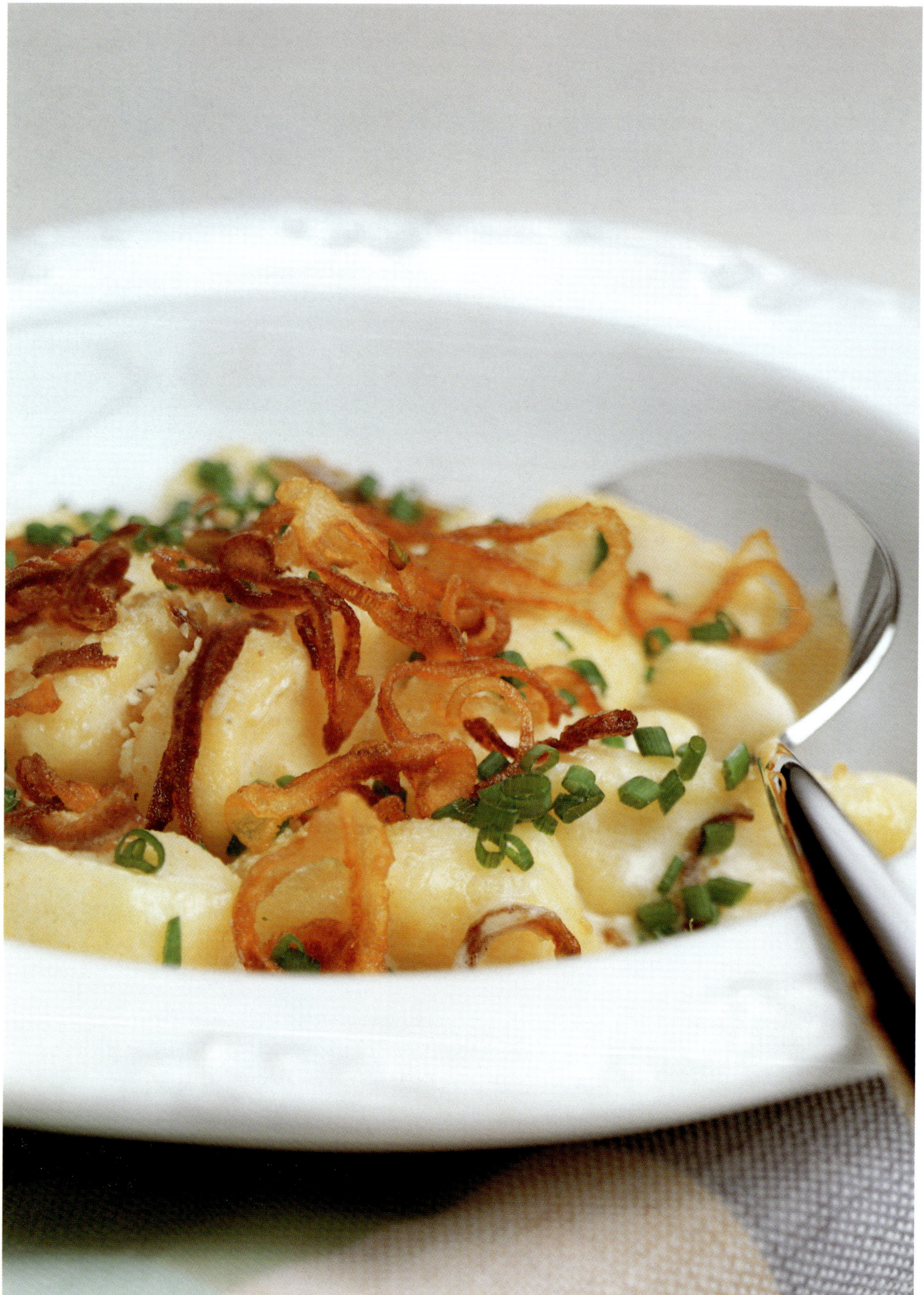

Zwiebelgnocchi

Ein wunderbar einfaches Gericht, welches seinen Ursprung im „Korso" hat. Die Zwiebelgnocchi lassen sich sehr gut in ein Menü einbauen.

Zutaten für 4 Personen

- 1/4 l Kalbsfond
- 1/16 l Obers (Sahne)
- 3 EL Sauerrahm
- 1 TL Dijon-Senf
- 2 EL geschnittener Schnittlauch
- 2 EL geriebener Bergkäse
- 2 Zwiebeln
- Öl zum Frittieren
- 1 EL Mehl
- 1 Prise Muskatnuss
- Salz

Für den Gnocchiteig:
- 230 g glattes Mehl
- 500 g mehlige Kartoffeln
- 150 g Topfen (Quark) (10 % Fett)
- 3 Eidotter
- 1 ganzes Ei
- 1 TL Salz
- Muskatnuss

60 Minuten / leicht

Kartoffeln weich kochen, schälen und noch warm durch eine Kartoffelpresse drücken. Mit Mehl, Topfen, Salz, Muskatnuss, Eidottern und Ei vermengen. Rasch zu einem geschmeidigen Teig verarbeiten. Teig 10 Minuten rasten lassen, anschließend zu einer dünnen Rolle auswalken. Mit einer Teigkarte oder einem Messer etwa 2 cm lange Stücke (Gnocchi) abschneiden.

Gnocchi in reichlich kochendem Salzwasser einmal aufkochen lassen, beiseite stellen und 2 bis 3 Minuten ziehen lassen. Mit einem Schaumlöffel herausheben, mit kaltem Wasser abschrecken (so wird die Stärke weggespült, und die Gnocchi kleben nicht aneinander).

Zwiebeln schälen und in feine Ringe schneiden. Mit Mehl bestauben und in reichlich heißem Öl goldbraun frittieren. Herausnehmen und auf Küchenpapier abtropfen lassen.

In einem geräumigen Topf den Kalbsfond aufkochen lassen und auf ein Drittel der ursprünglichen Flüssigkeitsmenge einkochen. Obers beigeben, aufkochen lassen und 3 Minuten auf kleiner Flamme weiterköcheln. Mit glatt gerührtem Sauerrahm, Muskatnuss, Dijon-Senf, geriebenem Bergkäse und Salz abschmecken. Die Gnocchi untermengen, kurz durchschwenken. Erst unmittelbar vor dem Servieren frittierte Zwiebelringe und den Schnittlauch beifügen. In heißen, tiefen Tellern anrichten und servieren.

TIPP: *Wenn Sie die ungekochten Gnocchi auf die gerippte Fläche einer Reibe oder die Zinken einer Gabel drücken, bekommt der Teig ein hübsches Muster.*

Zwiebelfleisch

Ein typisches Wiener Tellergericht, das seinen Ursprung auf den Märkten haben dürfte, wo man früher zum Gabelfrühstück gerne etwas Saftiges speiste.

Zutaten für 4 Personen

1 kg Schweinsschulter
4 mittelgroße Zwiebeln
1 TL Tomatenmark
2 EL Weißweinessig
1 EL Mehl

5 Zehen Knoblauch
1 EL Majoran
2 Lorbeerblätter
3 EL Schweineschmalz

80 Minuten / leicht

Zwiebeln und Knoblauch schälen, blättrig schneiden. Die Schweinsschulter zuputzen und nicht zu dünn schnetzeln.

In einem Topf Schweineschmalz erhitzen, Zwiebeln dazugeben und zu goldgelber Farbe rösten. Danach das Fleisch beifügen und bei kräftiger Hitze durchrösten, bis das Fleisch Wasser läßt. Bei der gleichen Hitze so lange unter häufigem Umrühren schmoren, bis das Fleisch wieder zu rösten beginnt. Knoblauch und Tomatenmark beigeben, gut durchrösten und mit Mehl stauben. Ständig durchrühren, Essig beigeben und mit Wasser aufgießen. Lorbeerblätter, Salz und Pfeffer dazugeben, und unter öfterem Umrühren etwa 1 Stunde langsam köcheln.

Lorbeerblätter entfernen und mit Majoran abschmecken, eventuell nachsalzen. Mit frischem Brot oder Gebäck servieren. Ein schönes Bier ist dazu eigentlich Pflicht.

> **TIPP:** *In meinem Lehrbetrieb, der „Wieselburger Bierinsel" im Wiener Prater, gab es viele solcher Gerichte, die nach klassischer Rezeptur aus Rindfleisch zubereitet wurden. Ich erinnere mich an Majoran-, Kümmel- und Bierfleisch, die allesamt so ähnlich wie dieses Zwiebelfleisch zubereitet wurden. Probieren Sie's doch auch einmal...*

Kroketten vom Wild

Wer Kroketten als etwas Altmodisches ansieht, sollte sich durch dieses Rezept eines Besseren belehren lassen. In der Luxusvariante kann man die Krokettenmasse auch noch mit gehackter schwarzer Trüffel veredeln.

Zutaten für 4 Personen

500 g Reh- oder Hirschschulter
100 g Hühnerleber
1 Zwiebel
4 Zehen Knoblauch
4 Semmeln
Milch zum Einweichen
10 angedrückte Wacholderbeeren
1 EL gerebelter Rosmarin
1 EL abgezupfte Thymianblätter
1 Apfel
2 Scheiben Frühstücksspeck
Saft von 2 Orangen
Schale von 1 Orange und 1 Zitrone
½ l kräftiger Rotwein
6 cl Cognac
2 Lorbeerblätter
3 EL Weißbrotbrösel
1 Ei
2 EL Butterschmalz
4 EL Preiselbeeren
etwas Majoran
Mehl, Ei und Brösel zum Panieren
Öl zum Backen

90 Minuten / für Ehrgeizige

Fleisch zuputzen, also von Sehnen und Häutchen befreien. Hühnerleber ebenfalls putzen und wie auch den Speck in kleine Würfel schneiden. Zwiebel und Knoblauch schälen, klein schneiden. Apfel schälen, Kerngehäuse entfernen und blättrig schneiden. Semmeln entrinden und in Milch einweichen.

Speck in Butterschmalz glasig rösten, Zwiebel und Knoblauch ebenfalls durchrösten. Das Fleisch und die Hühnerleber dazugeben, bei großer Hitze kräftig durchrösten. Wacholder, Lorbeerblätter, Rosmarin, Thymian sowie die Äpfel beigeben. Mit Cognac ablöschen, Rotwein und Orangensaft zugießen. Alles zusammen so lange kochen, bis die Flüssigkeit fast völlig verkocht ist. Danach auf ein Blech schütten, Lorbeerblätter entfernen und abkühlen lassen.

Semmeln gut ausdrücken und mit dem gegarten Fleisch fein faschieren. Das Ei einrühren und mit Weißbrotbröseln sowie Preiselbeeren gut verrühren. Die Masse mit Salz, Pfeffer, Majoran, geriebener Zitronen- und Orangenschale abschmecken, danach kalt stellen.

Aus der Masse Kroketten formen. Kroketten im Tiefkühler leicht anfrieren lassen, erst dann in Mehl, Ei und Brösel panieren. In reichlich heißem Öl schwimmend goldgelb backen. Danach das Fett mit Küchenpapier abtupfen. Mit Preiselbeeren oder einer klassischen Sauce Cumberland servieren.

Moretti-Burger

Dieser Burger wurde zu Ehren von Schauspieler Tobias Moretti kreiert. Auf seinem Bauernhof weiden die raren Tuxer Hochalmrinder, deren Fleisch durch eine mustergültige Qualität besticht.

<u>Zutaten für 4 Personen</u>

- 500 g gut zugeputztes, mageres Rindfleisch (vorzugsweise vom weißen Scherzel)
- 80 g Frühstücksspeck
- 100 g Kalbsnierenfett (oder 100 g grüner Speck)
- 3 EL Olivenöl
- 1 TL Tomatenmark
- 1 El Dijon-Senf
- 2 EL gehackte Petersilie
- 1 TL edelsüßes Paprikapulver
- 2 Eier
- 1 Eidotter
- 500 g große mehlige Kartoffeln
- 1 Salatgurke
- Saft von ½ Zitrone
- 5 EL Joghurt
- 1 EL Sauerrahm
- 1 EL gehackte Dille
- 2 EL Weinessig
- 2 EL fein geschnittener Schnittlauch
- 1 Zwiebel
- Mehl zum Stauben
- Zucker
- Muskatnuss
- Salz, Pfeffer
- Öl zum Braten

<u>90 Minuten / für Ehrgeizige</u>

Das Fleisch mit dem Fett (oder Speck) fein faschieren (oder bereits vom Fleischhauer vorbereiten lassen). In einer Schüssel mit 1 Ei, Eidotter, Salz, Pfeffer, Petersilie, Paprikapulver, Tomatenmark, Dijon-Senf und Olivenöl kräftig vermischen.

Zwiebel schälen und in feine Ringe schneiden. Mit Mehl bestauben und in einer Pfanne in reichlich Öl goldgelb frittieren. Herausnehmen und auf Küchenpapier abtropfen lassen.

Kartoffeln gut waschen. Aus einer großen Kartoffel vier etwa 1 cm dicke Scheiben schneiden. Im Idealfall sollten die Kartoffelscheiben handtellergroß sein. Kartoffelscheiben in Salzwasser etwa 10 Minuten vorkochen, herausnehmen und bereithalten.

Restliche Kartoffeln in Salzwasser weich kochen. Schälen, mit einer Kartoffelpresse zerdrücken. Mit Ei, Salz, Muskatnuss glatt rühren. Falls die Masse zu fest sein sollte, noch ein Ei zugeben.

Salatgurke fein raspeln, kräftig salzen, durchmischen und etwas stehen lassen. Das ausgetretene Wasser abschütten. Mit Zitronensaft, Joghurt, Sauerrahm, Dille, Weinessig und Zucker marinieren. Backrohr auf 180° C vorheizen.

Eine beschichtete Pfanne mit Öl ausstreichen und erhitzen. Aus der Kartoffelmasse mit einem Löffel 4 Laibchen (2 cm hoch, 8 cm Durchmesser) formen. In die Pfanne einlegen

Moretti-Burger

und für 5 Minuten ins Rohr geben, dann wenden und im abgeschalteten Rohr bis zur weiteren Verwendung liegen lassen.

Aus der Fleischmasse 4 gleich große Laibchen formen. In einer heißen Pfanne in wenig Öl beidseitig braten. Die Burgerlaibchen sollten am Ende innen noch rot sein. In derselben Pfanne neben den Burgern auch die vorgekochten Kartoffelscheiben beidseitig goldgelb braten.

Gebratene Kartoffelscheiben aus der Pfanne heben und auf Küchenpapier abtropfen lassen. Auf heißen Tellern verteilen. Die Rahmgurken auf den Kartoffelscheiben anrichten. Darauf die Burger setzen und diese mit etwas Röstzwiebeln bestreuen. Mit den Kartoffellaibchen aus dem Rohr bedecken. Mit Schnittlauch bestreut servieren.

> TIPP: *Verwenden Sie für dieses Rezept nur ausgesuchtes Fleisch, dann darf der Burger auch saftig und halbdurch gebraten sein. Einen Luxusburger erhalten Sie, wenn Sie das Faschierte aus Rinderfiletspitzen herstellen.*

Pizza-Grundteig

Dieser Pizzateig schmeckt ganz besonders gut, wenn man ihn möglichst dünn ausrollt und sehr knusprig bäckt.

Zutaten für 2 grosse Pizzen

500 g glattes Mehl	1 TL Salz
¼ l lauwarmes Wasser	1 TL Zucker
5 g Hefe	4 EL Olivenöl

45 Minuten / leicht

Mehl in eine Schüssel sieben. Zerbröselte Hefe in lauwarmem Wasser auflösen und in das Mehl einarbeiten. Teig mit Salz, Zucker und Olivenöl glatt kneten.

Zugedeckt an einem warmen Ort etwa 30 Minuten gehen lassen. Das Volumen des Teiges sollte sich in dieser Zeit etwa verdoppelt haben.

Danach weiter verarbeiten. Teigreste lassen sich portioniert auch sehr gut einfrieren.

Pizza Margherita

Die klassische grün-rote Pizza-Basis-Kreation für viele weitere Belagsvarianten.

Zutaten für 2 grosse Pizzen

1 Rezept Pizza-Grundteig	4 EL geriebener Parmesan
750 g enthäutete Tomaten	4 EL Olivenöl
400 g Mozzarella	Zucker
1 kleiner Bund Basilikum	Salz, Pfeffer

30 Minuten / leicht

Tomaten in grobe Stücke schneiden. Leicht salzen und etwas zuckern. Etwa 20 Minuten in einem Topf bei mäßiger Hitze einkochen lassen, dann abkühlen lassen.

Mozzarella in Scheiben schneiden. Pizzateig ausrollen. Mit dem Tomatenragout und den Mozzarellascheiben belegen. Im Ofen bei maximaler Hitze auf der untersten Schiene in 6 bis 8 Minuten knusprig backen.

Herausnehmen, mit geriebenem Parmesan und abgezupften Basilikumblättern bestreuen. Vor dem Servieren mit etwas Olivenöl beträufeln.

Eierschwammerlgulasch

Ein Hausmannskostklassiker par excellence, der in der „Korso"-Variante durch die Paprikasauce wesentlich eleganter als im Original wirkt.

Zutaten für 4 Personen

1 kg Eierschwammerln (Pfifferlinge)
2 rote Paprika
2 mittelgroße Zwiebeln
1 gehackte Zehe Knoblauch
2 Scheiben Frühstücksspeck
1 Zweig Liebstöckel
1 EL edelsüßes Paprikapulver

2 TL Essig
¼ l Wasser oder leichte Rindsuppe
¹⁄₁₆ l Obers (Sahne)
3 EL Sauerrahm
1 EL frisch gehackte Petersilie
Öl zum Braten
Salz, Pfeffer

60 Minuten / aufwendig

Eierschwammerln unter fließendem Wasser rasch und kurz durchspülen. Pilze mit einem kleinen Messer von Erdresten befreien und sofort nach dem Putzen auf Küchenpapier abtropfen lassen. Paprika halbieren, vom Kerngehäuse befreien und in Stücke schneiden. Zwiebeln schälen und in Stücke schneiden.

Eine Pfanne heiß werden lassen, etwas Öl eingießen und die geputzten Eierschwammerln darin kurz durchschwenken. Mit Salz und Pfeffer würzen. Eierschwammerln in ein Sieb leeren. Den Saft der Schwammerln auffangen und beiseite stellen.

Zwiebel in Öl goldbraun anrösten, die geschnittenen Paprika sowie den Speck dazugeben und alles etwas schmurgeln lassen. Pfanne vom Herd nehmen, Paprikapulver einrühren und mit Essig ablöschen. Mit Eierschwammerlfond und Rindsuppe auffüllen und 20 bis 25 Minuten köcheln lassen. Danach Obers und Sauerrahm zugeben, mit Salz und Pfeffer abschmecken und im Mixer fein pürieren. Durch ein feines Sieb passieren und mit geschnittenem Liebstöckel abschmecken.

Eierschwammerln in die Paprikasauce geben, 2 bis 3 Minuten köcheln lassen. Noch einmal abschmecken und mit frischem Gebäck oder Serviettenknödel servieren.

> TIPP: *Das Schwammerlgulasch kann auch mit abgezogenen und in Würfel geschnittenem Paprikafruchtfleisch als Einlage serviert werden. Achten Sie beim Putzen der Eierschwammerln darauf, dass diese nur so kurz wie möglich mit dem Wasser in Kontakt geraten. Pilze saugen sofort das Wasser auf, welches Sie dann beim Braten ungewollterweise in der Pfanne haben.*

Eierspeise mit Erdäpfeln und Zwiebel

Weil manche Küchennovizen standhaft behaupten, dass sie „nur eine Eierspeise kochen können", ist dieses Gericht völlig zu Unrecht in den Ruf einer allzu simplen Speise gekommen.

Zutaten für 4 Personen

12 Eier aus Freilandhaltung
4–6 Stück gekochte speckige Erdäpfel
1 Zwiebel
1 Msp. edelsüßes Paprikapulver
2 EL Butter oder Schweineschmalz
1–2 EL geschnittener Liebstöckel oder Schnittlauch
Salz, Pfeffer
ev. Kürbiskernöl

20 Minuten / leicht

Zwiebel schälen und in feine Streifen schneiden. Erdäpfel schälen und in dünne Blätter schneiden. Eier in eine Schüssel schlagen, mäßig salzen und pfeffern.

In einer großen beschichteten Pfanne Butter oder Schmalz erhitzen. Zwiebel darin glasig andünsten, die Kartoffelscheiben zugeben und bis zu einer leichten Bräunung von Zwiebel und Erdäpfeln durchrösten, leicht salzen. Bei großer Hitze die Eier eingießen und das Paprikapulver darüberstreuen. Wenn die Eier am Pfannenrand leicht zu stocken beginnen, die Masse mit einem Kochlöffel vom Rand weg mehrere Male in die Mitte ziehen. Eventuell kurz durchrühren und sofort auf heißen Tellern verteilen.

Mit Schnittlauch oder Liebstöckel bestreuen, mit Kernöl beträufeln und servieren. Und falls Sie zufällig etwas Bratensaft herumstehen haben, veredeln einige Tropfen davon Ihre Eierspeise in fast schon unglaublicher Weise.

> **TIPP:** *Zum guten Gelingen einer Eierspeise ist unter anderem die richtige Pfanne entscheidend. Sie muß einen dicken, optimal wärmeleitenden Boden besitzen. Nur so kann man das Fett ordentlich und gleichmäßig erhitzen. Wenn man die Eier in nicht ausreichend erhitztes Fett eingießt, wird die Eierspeise hart und zäh. Achten Sie auch darauf, dass die Eierspeise beim Servieren noch einen Hauch Flüssigkeit besitzt und die Eier nicht komplett durchgerührt sind. Es ist ja nicht zuletzt die Marmorierung, die eine wirklich gute Eierspeise ausmacht.*

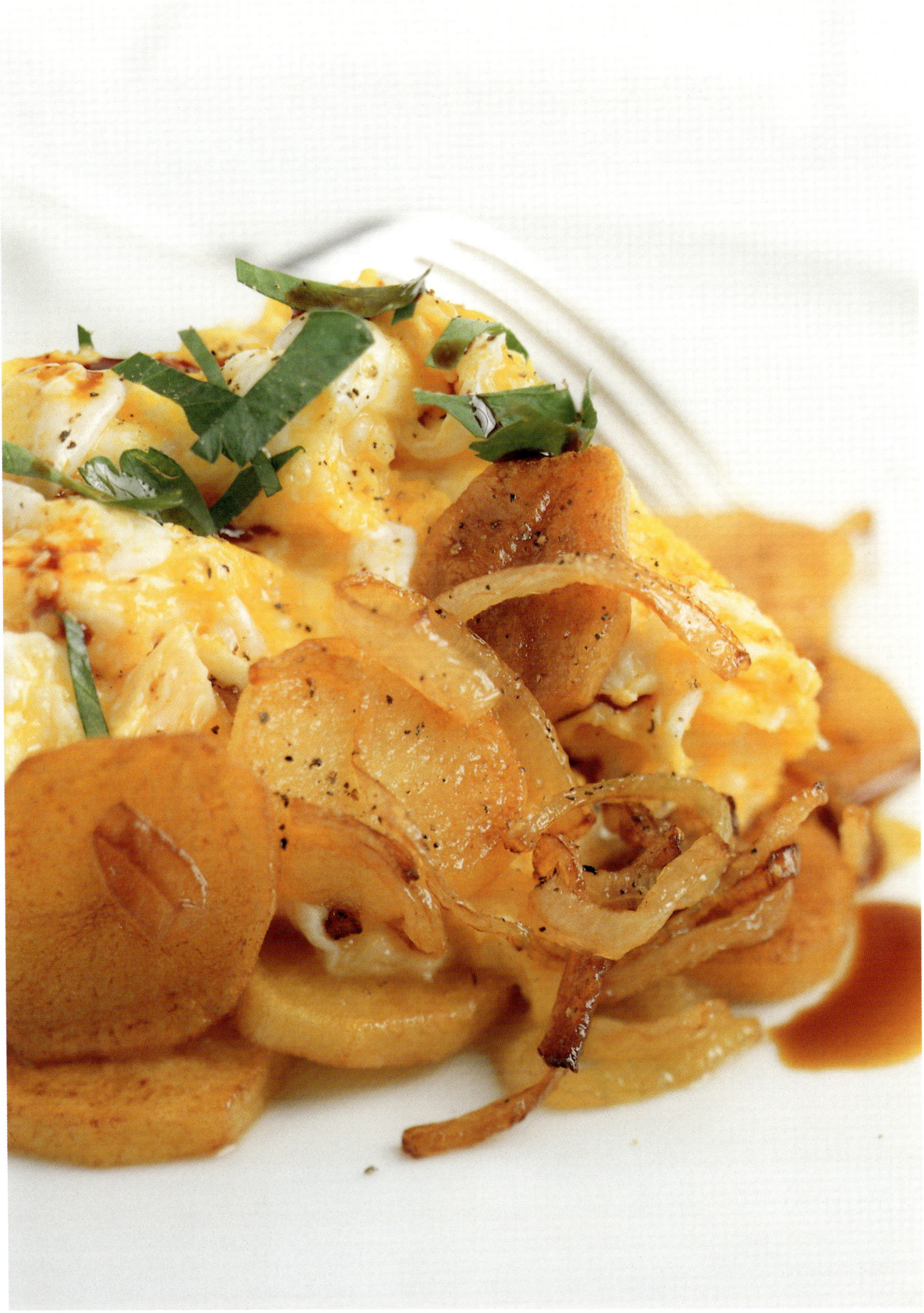

Geröstete Pilze

Wenn die Pilze beim ersten Anbraten „pfeifen und quietschen", paßt die Temperatur.

Zutaten für 4 Personen

600 g Pilze (Sorte je nach Marktangebot)
3 EL Butter
4 Eier
1 Zwiebel
2 EL frisch gehackte Petersilie

2 EL gemischte, frisch geschnittene Gartenkräuter (Liebstöckel, Schnittlauch, Kresse)
Salz, Pfeffer

15 Minuten / leicht

Pilze putzen, halbieren; größere Stücke vierteln. Zwiebel fein schneiden.

Pilze in einer großen heißen Pfanne ohne Zugabe von Fett so lange rösten, bis sie Wasser ziehen. In diesem Moment auf ein Sieb schütten.

In derselben Pfanne Zwiebel in etwas Butter farblos anschwitzen. Pilze beigeben, mit Salz und Pfeffer würzen, etwa 3 Minuten durchrösten.

Eier mit den Kräutern verrühren und über die Pilze gießen. Sobald die Eier cremig anziehen, Pfanne vom Feuer nehmen. Mit frischem Brot oder Petersilkartoffeln servieren.

Krautkrapfen

Eine deftige Angelegenheit, die ihren Ursprung in Südtirol hat. Krautkrapfen lassen sich gut bei einem rustikalen Stehbuffet servieren.

Zutaten für 4 Personen

200 g Sauerkraut
1 Zwiebel
1 dicke Scheibe Frühstücksspeck
Öl oder Schweineschmalz zum Backen
1 EL Mehl
4 angedrückte Wacholderbeeren
1 Lorbeerblatt
1 TL ganzer Kümmel

Salz, Zucker

Für den Nudelteig:
200 g Roggenmehl
200 g Weizenmehl
3 Eier
einige Tropfen Olivenöl
1 Ei zum Bestreichen

90 Minuten / aufwendig

Krautkrapfen ▶

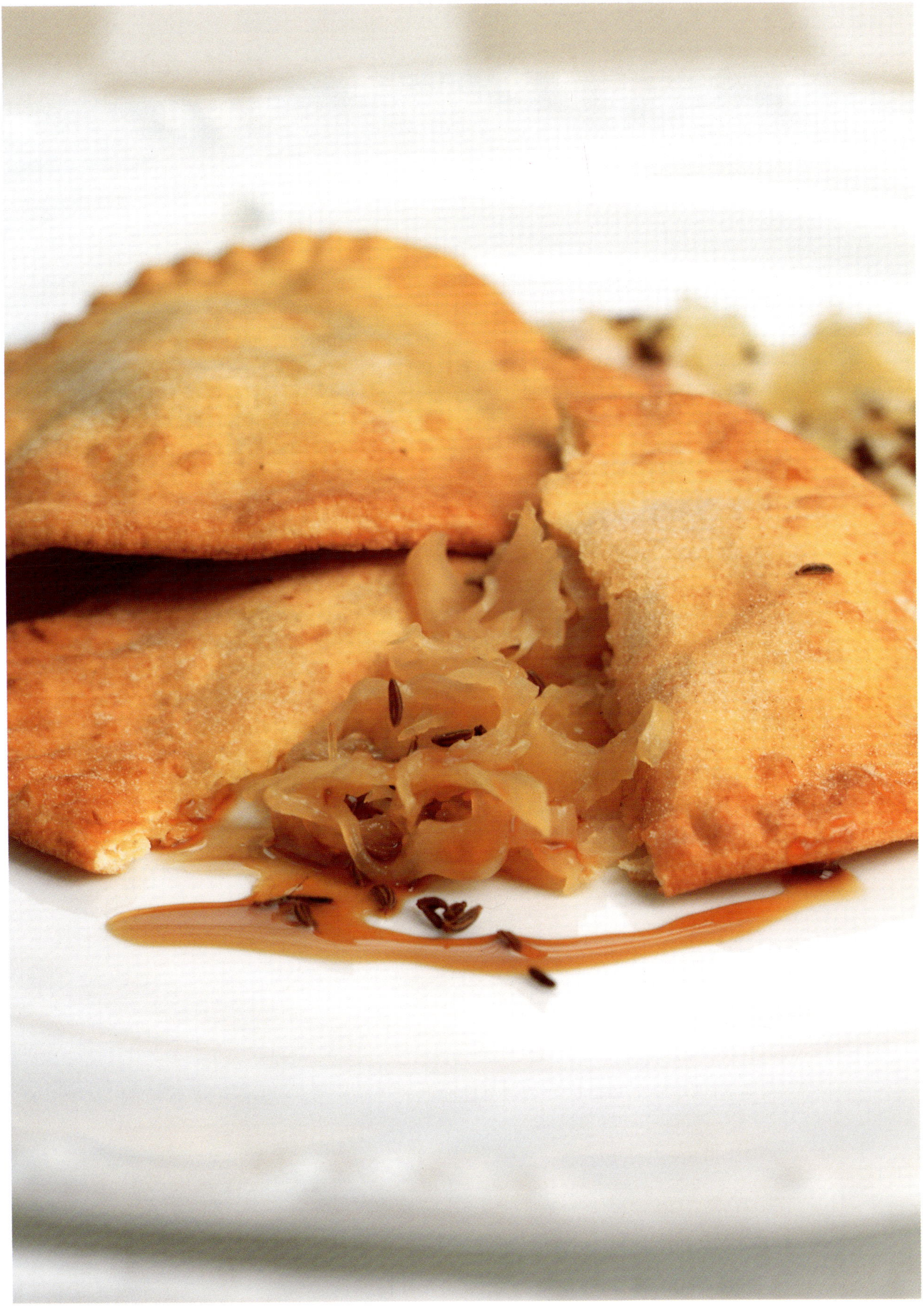

Zwiebel und Speck in kleine Würfel schneiden. In einer geräumigen Pfanne Öl erhitzen, Zwiebel und Speck darin glasig dünsten. Mehl, Wacholderbeeren, Lorbeerblatt und Kümmel zugeben, kurz mitrösten und mit etwas kaltem Wasser aufgießen. Mit einem Schneebesen ständig durchrühren und aufkochen lassen.

Sauerkraut einige Male durchschneiden und beigeben. Zugedeckt etwa 20 Minuten dünsten. Mit Zucker, Salz und Pfeffer abschmecken, danach abkühlen lassen.

Alle Zutaten für den Nudelteig zu einem glatten, festen Teig verarbeiten. Teig etwa 30 Minuten rasten lassen und anschließend dünn ausrollen.

Mit verquirltem Ei bestreichen und mit einem Ausstecher (Durchmesser 8 cm) Kreise ausstechen. Die Hälfte der Kreise löffelweise mit etwas Sauerkraut belegen. Mit den anderen Teigkreisen belegen; Ränder andrücken und gut verschließen.

Krautkrapfen in heißem Öl oder Schweineschmalz goldgelb backen. Die Krapfen während des Backens immer wieder wenden, damit diese beidseitig eine schöne Farbe bekommen.

Krautkrapfen aus dem Fett heben und auf Küchenpapier abtropfen lassen. Noch heiß mit Sauerkraut oder einem Kartoffel-Vogerlsalat servieren.

Krautfleisch

Die geschmackliche Intensität dieses Gerichtes hängt von der verwendeten Fleischsorte ab. Freaks wählen das intensivere Bauch- oder Stelzenfleisch.

Zutaten für 4 Personen

750 g Schweinsschulter oder Fleisch von der vorderen Stelze
3 mittelgroße Zwiebeln
3 EL Schweineschmalz
1 TL Tomatenmark
3 EL edelsüßes Paprikapulver
2 TL Weinessig
1 TL gemahlener Kümmel
2 gehackte Zehen Knoblauch
2 Lorbeerblätter
1 kg Sauerkraut
3 EL glatt gerührter Sauerrahm
Salz, Pfeffer

120 Minuten / leicht

Das Schweinefleisch in 3 cm dicke Würfel schneiden. Zwiebeln schälen und in Streifen schneiden. Schweineschmalz erhitzen und die Zwiebelstreifen langsam unter ständigem Rühren goldgelb rösten.

Die Pfanne vom Herd nehmen, Tomatenmark und Paprikapulver einrühren, mit Essig ablöschen. Schweinefleisch, gemahlenen Kümmel, Knoblauch und Lorbeerblätter dazugeben und mit Wasser bedecken. Etwa 1¼ Stunden langsam köcheln lassen. Danach sollte das Fleisch weich gegart sein, ansonsten noch entsprechend länger köcheln lassen.

Sauerkraut einige Male durchschneiden, zum Fleisch geben und durchrühren. Das Krautfleisch nun noch etwa 25 Minuten bei kleiner Flamme weiterköcheln lassen. Wenn nötig nochmals mit Salz und Pfeffer abschmecken.

Vor dem Anrichten glatt gerührten Sauerrahm darunterziehen und mit Salzkartoffeln servieren.

> TIPP: Bestreuen Sie das fertige Krautfleisch mit etwas scharfem Paprikapulver. Das ergibt einen besonders rassigen Akzent.

Spinatknödel mit Gemüse-Käsesauce

Ein schönes fleischloses Hauptgericht, das durch seine Ausgiebigkeit auch hungrigen Fleischtigern gefällt.

ZUTATEN FÜR 4 PERSONEN

8 Semmeln	1 Schuß Weißwein
2 Eier	1 Karotte
1 Zwiebel	1 gelbe Rübe
ca. ¼ l Milch	¼ Knolle Sellerie
1 großer Bund Petersilie	1 EL geschnittener Schnittlauch
5 EL Butter	1 EL Mehl
200 g blanchierter, gut ausgedrückter Blattspinat	⅛ l Obers (Sahne)
	Salz, Pfeffer
¼ l Kalbs- oder Hühnerfond	Muskatnuss

45 MINUTEN / AUFWENDIG

Zwiebel schälen und fein schneiden. Petersilie abzupfen und hacken. Semmeln in Würfel schneiden. 1 EL Butter aufschäumen, Zwiebel dazugeben und glasig rösten. Petersilie einmal kurz durchrühren und die noch heißen Zwiebeln mit den Semmelwürfeln vermischen. Milch darüberleeren, Eier zugeben, mit Salz und Muskatnuss würzen, alles durchmischen. Die Semmel-Eier-Masse sollte gefühlsmäßig noch eher saftig wirken. 10 Minuten einziehen lassen, wenn nötig noch etwas Milch zugießen.

Die restliche Butter in einer Pfanne braun werden lassen. Den gut ausgedrückten Blattspinat einige Male durchschneiden, zur Butter geben. Salzen, pfeffern, durchschwenken und unter die Semmelmasse mischen. Mehl dazugeben und alles zugedeckt stehen lassen.

Karotte, Rübe und Sellerie putzen und schälen, mit einem Reibeisen grob raspeln. Butter aufschäumen, Gemüse kurz darin andünsten. Mit Weißwein ablöschen, den Kalbs-oder Geflügelfond dazugießen und alles zusammen 15 Minuten lang einkochen. Obers zugeben, mit Salz und Pfeffer abschmecken und auf die gewünschte sämige Konsistenz einkochen. Stattdessen kann man auch mit dem Mixstab etwas Gemüse in die Sauce pürieren oder etwas gekochte Kartoffeln hineinmixen.

Aus der Semmel-Spinat-Masse Knödel formen und diese in wallendes Salzwasser einkochen. Etwa 20 Minuten lang vorsichtig köcheln lassen.

Die heiße Gemüse-Käsesauce auf tiefen Tellern verteilen. Mit Schnittlauch bestreuen, die Knödel daraufsetzen.

TIPP: *Machen Sie unbedingt vor dem eigentlichen Knödelkochen einen Probeknödel. Wenn sich dieser beim Einkochen auflöst, braucht die Masse noch mehr Mehl.*

Dinkellaibchen mit Blattsalaten und Joghurtdip

Ein Vollwert-Gericht, das man schon am Morgen als kräftigendes Frühstück zu sich nehmen kann. Zu kleinen Bällchen geformt, sind die Dinkellaibchen auch eine tolle Beilage.

Zutaten für 4 Personen

- 150 g Dinkelflocken
- 1 Schalotte
- 2 Karotten
- 1 gelbe Rübe
- 4 EL Hanföl (oder neutrales Speiseöl)
- 300 g gemischter Blattsalat
- 1 roter Paprika
- 1/8 l Joghurt
- Saft von 1/2 Zitrone
- 1 Zehe Knoblauch
- 3 EL Weißbrotbrösel
- 1 EL frisch gehackte Petersilie
- 2 Eier
- 2 gekochte mehlige Kartoffel
- Muskatnuss
- 2 EL Balsamico-Essig
- 3 EL Traubenkernöl
- Salz, Pfeffer

40 Minuten / aufwendig

Dinkelflocken in wenig Salzwasser 5 Minuten kochen. Danach sollte keine Flüssigkeit mehr im Topf sein. Schalotte klein schneiden. Karotten und gelbe Rübe schälen, dünn raspeln. Schalotte in etwas Hanföl farblos anschwitzen. Karotten und Rübe beigeben und kurz mitrösten, abkühlen lassen.

Gemischten Blattsalat (z. B. Lollo Rosso, Frisée, Rucola) putzen und waschen. Paprika waschen, entkernen und kleinwürfelig schneiden.

Für den Joghurtdip Joghurt glatt rühren. Mit Salz, Pfeffer, Zitronensaft und etwas zerdrücktem Knoblauch verrühren.

Dinkelflocken mit der Zwiebel–Karotten-Mischung, Petersilie, etwa 2 EL Weißbrotbröseln, Eiern und den zerdrückten Kartoffeln vermengen. Mit Salz, Pfeffer und Muskatnuss abschmecken. Laibchen formen und in Bröseln wenden.

In einer geräumigen Pfanne Hanföl erhitzen und die Laibchen darin beidseitig goldgelb braten. Aus der Pfanne auf Küchenpapier heben und abtropfen lassen. Den vorbereiteten Salat sowie die Paprikawürfel mit Balsamico-Essig, Traubenkernöl und Salz marinieren.

Laibchen mit Salat anrichten, mit den Paprikawürfeln bestreuen und mit dem Joghurtdip servieren.

Gratinierte Vollkornspätzle

Selbst die größten Genießer sollten nach Zeiten des Völlerns hin und wieder einige Vollwert-Tage einlegen. Dieses Gericht beweist, dass gesunde Küche nicht langweilig schmecken muß.

Zutaten für 4 Personen

200 g Dinkelmehl
200 g Hartweizengrieß
2 Eier
Wasser
4 EL Hanföl
500 g Brokkoli

400 g Champignons
2 EL gehackte Petersilie
¼ l Obers (Sahne)
1 EL Butter
100 g Parmesan (oder anderer Hartkäse)
Salz, Pfeffer

60 Minuten / leicht

Grieß, Mehl, Eier, Wasser, 2 EL Hanföl und Salz zu einem glatten Teig verarbeiten, mindestens 30 Minuten ruhen lassen. Den Teig mit einem Spätzlesieb in kochendes Salzwasser schaben. Einmal aufkochen lassen, abschütten und mit kaltem Wasser abschrecken. 1 EL Hanföl untermischen, damit die Spätzle geschmeidig bleiben und nicht zusammenkleben.

Brokkoli putzen, die Röschen in Salzwasser bissfest kochen. Butter in einer Pfanne aufschäumen lassen, die geputzten und geviertelten Champignons kurz anschwitzen. Salzen, mit Obers aufgießen, kurz einkochen lassen und die Brokkoliröschen dazugeben.

In einem feuerfesten Geschirr die Spätzle verteilen, Champignon-Brokkoli-Masse darübergeben und mit dem geriebenen Käse bestreuen. Im Ofen bei 200° C in etwa 15 Minuten goldgelb gratinieren.

Leberaufstrich

Ein wunderbarer Aufstrich für den Aperitif oder auch für den kleinen Hunger zwischendurch.

Zutaten für 4 Personen

- 200 g Hühnerleber
- 2 Zwiebeln
- 100 g Champignons
- 5 Zehen Knoblauch
- 2 EL Zucker
- 1 EL gezupfter, frischer Thymian
- 1 EL geschnittener Rosmarin
- 3 Lorbeerblätter
- ½ l Geflügelfond
- ¼ l kräftiger Rotwein
- 1 Msp. Oregano
- 2 EL Butter
- Salz, Pfeffer

60 Minuten / Aufwendig

Hühnerleber von Fett, Sehnen und Häutchen befreien. Zwiebel und Knoblauch schälen, fein schneiden. Champignons waschen und grob schneiden.

Butter aufschäumen, Zucker darin karamellisieren. Zwiebel und Knoblauch kurz darin anrösten. Danach Leber und Champignons dazugeben und bei großer Hitze durchrösten.

Sämtliche Gewürze dazugeben und mit Rotwein ablöschen. Einige Minuten einkochen lassen, dann mit dem Geflügelfond auffüllen. Etwa 40 Minuten lang langsam reduzierend einkochen, bis kaum noch Flüssigkeit vorhanden ist.

Lorbeerblätter entfernen, Leber mit einem Stabmixer fein pürieren. Wenn nötig hinterher auch noch durch ein Haarsieb streichen. Masse nochmals mit Salz und Pfeffer abschmecken, dann in kleine Formen füllen und zugedeckt in den Kühlschrank stellen, über Nacht durchziehen lassen. Bei Zimmertemperatur mit geröstetem Weißbrot servieren.

Hausgemachtes Sauerkraut

Früher hat jeder Haushalt sein Sauerkraut nach dieser Methode selbst gemacht.

Zutaten

- 3 kg Weißkraut
- ca. 80 g Salz
- 3 EL Kümmel
- 2 EL Wacholderbeeren
- 6 Lorbeerblätter

30 Minuten / leicht

Vom Weißkraut die äußeren Blätter entfernen, das Kraut vierteln und den Strunk herausschneiden. Das Kraut mit seiner Innenseite auf einem Hobel in 2 mm dünne Streifen schneiden. Danach schichtweise in einen Holzbottich einlegen. Jede Schicht salzen und mit den Aromaten bestreuen. Hinterher stets gut anpressen, bis das Kraut Wasser läßt. Mit einem Deckel oder Teller beschweren, aber nicht verschließen. Der durch das Anpressen und Einsalzen entstandene Krautsaft sollte etwa 1 cm hoch über dem Kraut stehen. Kraut an einem kühlen, dunklen Ort vergären lassen. Das dauert drei bis vier Wochen. Zum rascheren Start der Gärung kann man Molke oder im Handel erhältlichen milchsäurevergorenen Sauerkrautsaft beigeben.

TIPP: *Auf dieselbe Weise kann man auch milchsäurevergorene weiße Rüben herstellen: Rüben schälen und raspeln, danach einsalzen (Lorbeer, Kümmel und Wacholder weglassen).*

Rustikaler Wurstsalat

Der ultimative Salat beim Heurigen und im Schrebergarten.

Zutaten für 4 Personen

150 g Wiener Wurst
150 g Extrawurst
100 g in Scheiben geschnittener Emmentaler
4 Essiggurkerln
1 roter Paprika
1 Hand voll gekochte Erbsen
3 EL Mayonnaise
3 EL Sauerrahm
1 EL würziger Senf
1 kleine Zwiebel oder 1 Bund Frühlingszwiebel
2 hartgekochte Eier
2 EL Gurkerlessig
Worcestersauce
Salz, Pfeffer

30 Minuten / leicht

Zwiebel schälen, halbieren und in Streifen schneiden (Frühlingszwiebel entsprechend putzen und in Scheiben schneiden). Paprika waschen, halbieren, entkernen und in feine Streifen schneiden. Essiggurkerln der Länge nach in dünne Scheiben schneiden, anschließend in Streifen schneiden.

Haut von der Wurst abziehen, auf der Maschine dünn aufschneiden. Wurst und Käse in Streifen schneiden. Erbsen, Wurst, Zwiebel, Essiggurkerln und Käse miteinander vermischen. Mit Mayonnaise und Sauerrahm binden, mit Gurkerlessig, Salz, Pfeffer, Senf und Worcestersauce abschmecken. Mit den in Scheiben geschnittenen Eiern garnieren. Gekühlt servieren.

Eingelegte Perlzwiebeln

Nach dieser Methode kann man auch Maiskolben oder Pfefferoni einlegen.

Zutaten

800 g Perlzwiebeln
1 roter Paprika
1 l Salzwasser
¼ l Weinessig
⅛ l Wasser

380 g Zucker
3 Gewürznelken
1 TL Senfkörner
1 TL Pimentkörner
1 kleine Knolle geschälter Ingwer

30 Minuten / leicht

Perlzwiebeln putzen und bereit stellen. Roten Paprika halbieren, Kerne entfernen und in kleine Würfel schneiden. Salzwasser aufkochen, Perlzwiebeln einlegen und 1 Minute lang kochen. Paprikawürfel im Salzwasser für etwa 30 Sekunden blanchieren. Perlzwiebeln und Paprikawürfel mit einem Schaumlöffel aus dem Wasser heben, gut abtropfen lassen.

Für den Einlegefond Essig mit Wasser, Zucker, Gewürznelken, Senfkörnern, Pimentkörnern und der geviertelten Ingwerknolle aufkochen. Kurz abkühlen lassen.

Perlzwiebeln und Paprikawürfel in sterile Einmachgläser füllen, mit dem Einlegefond übergießen und sorgfältig verschließen.

Senfgurken

Eine herrliche Beilage zu kaltem Schweinsbraten.

Zutaten

3 reife gelbe Gurken
1 Zwiebel
1 EL Senfkörner
1 EL Korianderkapseln
1 Zweig Basilikum
1 Zweig Estragon

2 Nelken
5 Körner schwarzer Pfeffer
5 Körner Piment
1 EL Salz
Essig und Wasser

30 Minuten / leicht

Gurken schälen und halbieren. Mit einem kleinen Löffel die Kerne ausschaben, nochmals der Länge nach einschneiden. Die Zwiebel schälen und vierteln.

Eingelegtes Gemüse ▶

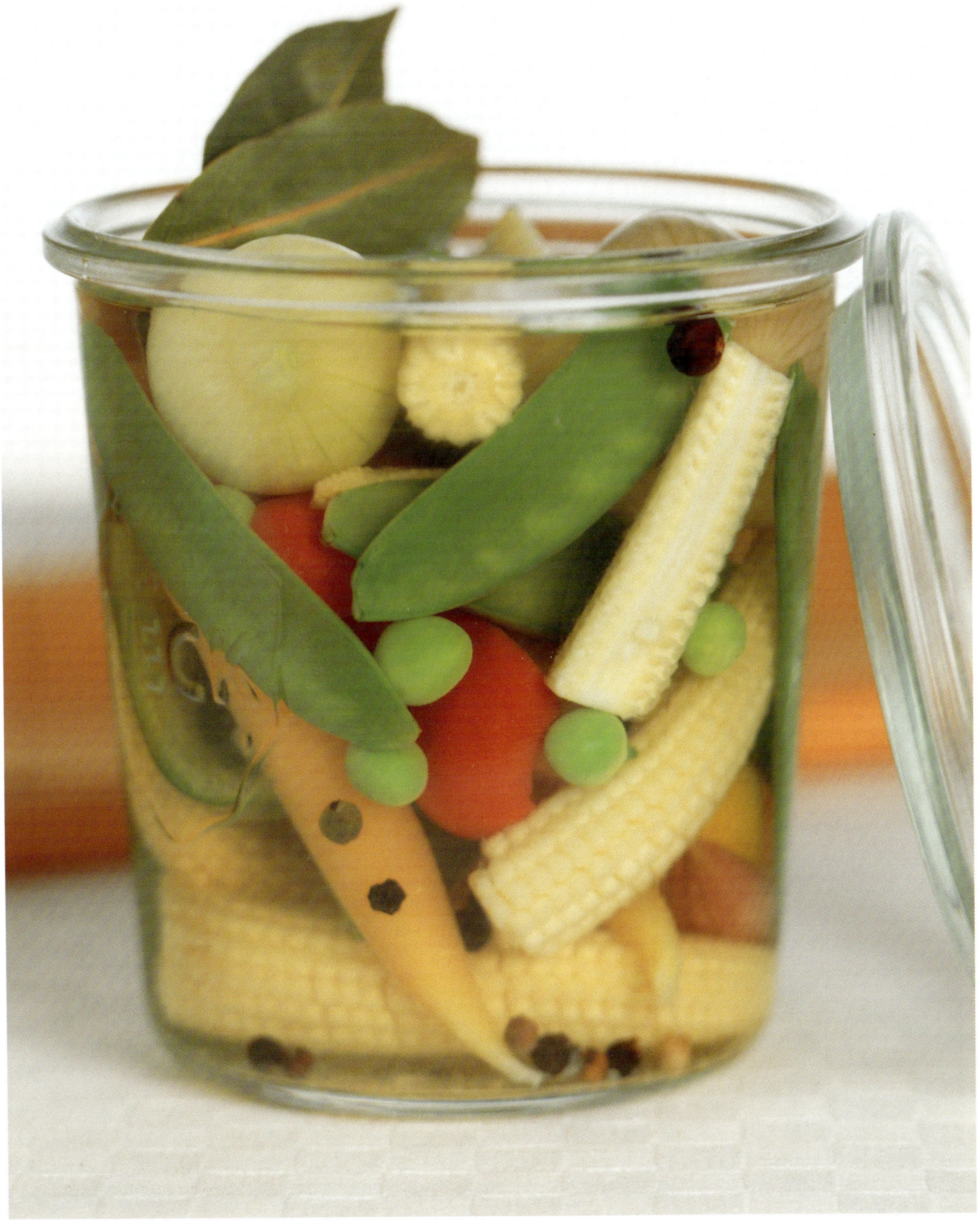

In einem geräumigen, sterilen Glas die geviertelte Zwiebel sowie die Senfkörner, Koriander, Basilikum, Estragon, Nelken, Pfeffer- und Pimentkörner einfüllen. Die gevierteleten Gurkenstücke dazugeben und mit Salz bestreuen. Mit einer Mischung aus einem Drittel Essig und zwei Dritteln Wasser auffüllen und luftdicht verschließen. An einem kühlen, dunklen Ort aufbewahren.

Süßsaures Kürbiskonfit

Kürbiskonfit paßt wunderbar zu kalten und warmen Wildgerichten, Pasteten und kalten Platten.

Zutaten

- 2 kg Winterkürbis
- ¼ l Weinessig
- 500 g Rohrzucker
- 2 Zimtstangen
- 2 Lorbeerblätter
- 14 Gewürznelken
- 1 l Wasser
- ¹⁄₁₆ l Balsamico-Essig
- 100 g frischer Ingwer
- Saft von 2 Orangen und 2 Zitronen
- 1 TL fein geschnittene Orangenschale
- 1 TL fein geschnittene Zitronenschale

120 Minuten / für Ehrgeizige

Kürbis schälen, halbieren und Kerne entfernen. Das Kürbisfleisch in ca. 1 cm große Würfel schneiden und diese in einem geräumigen Gefäß bereit stellen. Ingwer schälen und dünnblättrig schneiden.

Wasser mit Weinessig, Rohrzucker, Zimtstangen, Lorbeerblättern, Gewürznelken, Balsamico-Essig, Ingwer, Orangen- und Zitronensaft sowie Zitronen- und Orangenschalen aufkochen. Die noch heiße Marinade über die geschnittenen Kürbisstücke leeren und kalt stellen. Über Nacht im Kühlschrank durchziehen lassen.

Kürbiswürfel am nächsten Tag abseihen und die Flüssigkeit auf etwa ein Drittel der ursprünglichen Menge einkochen. Danach die Kürbiswürfel in saubere Einmachgläser füllen, mit dem Saft bedecken und verschließen. Die Kürbisgläser im Wasserbad (ca. 85° C) 20 Minuten kochen. Einmachgläser aus dem Wasser heben und in einem kühlen, dunklen Raum aufbewahren.

Schwarze Nüsse

Eine vielfältig einsetzbare Garnitur, die vorzugsweise bei Wildgerichten zum Einsatz kommt.

ZUTATEN

500 g grüne Walnüsse
500 g Zucker
½ Zimtstange

3 Gewürznelken
2 Sternanis
1 aufgeschnittene Vanilleschote

30 MINUTEN / LEICHT

Nüsse waschen und rundum mehrmals mit einer Nadel einstechen. Für 5 Tage in kaltes Wasser legen und das Wasser zweimal täglich wechseln. In dieser Zeit werden die Nüsse schwarz.

Die schwarzen Nüsse in reichlich Wasser weich kochen, abseihen und trocknen lassen. 300 g Zucker mit ½ l Wasser aufkochen. Nüsse und Gewürze zugeben und nochmals kurz aufkochen lassen. Über Nacht durchziehen lassen.

Die Nüsse aus der Zuckerlösung nehmen und den Zuckersirup erneut mit dem restlichen Zucker (200 g) aufkochen.

Nüsse in sterile Einmachgläser füllen, mit dem abgekühlten Sirup übergießen und gut verschließen. Eingelegte Nüsse an einem kühlen, dunklen Ort aufbewahren. Nach etwa einem Monat haben die eingelegten Nüsse das optimale Aroma bekommen.

Eierlikör

Gemeinhin hat der Eierlikör nicht unbedingt ein großes Renommee. Mit diesem selbst hergestellten Eierlikör können Sie nicht nur ein wenig Alchemist spielen, sondern auch Ihre Gäste auf originelle Weise zum Staunen bringen.

ZUTATEN

¼ l Milch
300 g Zucker
2 Vanilleschoten
⅛ l Obers (Sahne)

12 Eidotter
1/16 l Cognac
0,2 l Weingeist
¼ l Birnenbrand

120 MINUTEN / AUFWENDIG

Vanilleschoten der Länge nach aufschneiden und das Mark herauskratzen. Milch, 150 g Zucker, Vanillemark und die ausgekratzten Schalen einmal aufkochen. Abseihen und abkühlen lassen.

Eidotter mit dem restlichen Zucker in einem geräumigen Schneekessel über Wasserdampf schaumig-dickflüssig aufschlagen. Vanillemilch vorsichtig unter die Masse rühren. Schneekessel samt Wasserbad vom Herd nehmen. Bei der so verringerten Hitze alle verbliebenen Zutaten einrühren. Die Masse muß eine cremige, mayonnaiseartige Konsistenz aufweisen.

In sterile Flaschen abfüllen, kühl lagern und möglichst frisch verbrauchen.

Holunderblütensirup

Eine schöne Möglichkeit, den wild wachsenden, herrlich duftenden Holunder für kurze Zeit zu konservieren. Die wesentlich selteneren Akazienblüten kann man ebenfalls auf diese Art behandeln.

Zutaten

- Saft von 2 Orangen
- Saft von 2 Zitronen
- 50 grob gerebelte Holunderblüten
- 5 l Wasser
- 2 kg Zucker
- 70 g Ascorbinsäure (kristallisiertes Vitamin C; erhältlich in Apotheken)

25 Minuten / leicht

Orangen- und Zitronensaft, die abgerebelten Holunderblüten und das Wasser miteinander vermischen und 2 Tage im Kühlschrank durchziehen lassen.

Flüssigkeit abseihen und 1 Liter davon mit dem Zucker aufkochen. Ascorbinsäure sowie den restlichen Saft zugeben, durchrühren und in sterile Flaschen abfüllen.

Holunderblütensirup kühl lagern und so frisch wie möglich verbrauchen.

Erdbeer–Rhabarber-Marmelade

Laut Lebensmittelkodex sollte eine Marmelade keine Fruchtstückchen enthalten. Gerade das, so finde ich, macht aber einen Teil des Geschmacks aus.

ZUTATEN

1 kg Erdbeeren
1 kg Rhabarber
1,5 kg Gelierzucker
4 cl weißer Rum

60 MINUTEN / LEICHT

Erdbeeren putzen, Rhabarber ebenfalls putzen und schälen. Früchte in etwa gleich große Stücke schneiden und gemeinsam in einem Topf einige Stunden ziehen lassen. Früchte anschließend unter ständigem Rühren aufkochen, etwa 20 Minuten köcheln lassen. Den aufsteigenden Schaum abschöpfen. Gelierzucker und weißen Rum zum Fruchtpüree geben, nochmals kurz aufkochen. Die noch heiße Marmelade in sterile Einmachgläser füllen und luftdicht verschließen.

Marillenmarmelade

Nur vollreife Marillen garantieren den erwünschten Geschmack.

ZUTATEN

1 kg Marillen
0,5 kg Gelierzucker
5 cl Marillenbrand

60 MINUTEN / LEICHT

Marillen waschen, entkernen und vierteln. Früchte mit Zucker und Marillenbrand vermischen und einige Stunden durchziehen lassen. Unter öfterem Rühren aufkochen und 15 Minuten köcheln lassen. Den aufsteigenden Schaum abschöpfen. Marillenmarmelade in sterile Einmachgläser füllen und luftdicht verschließen.

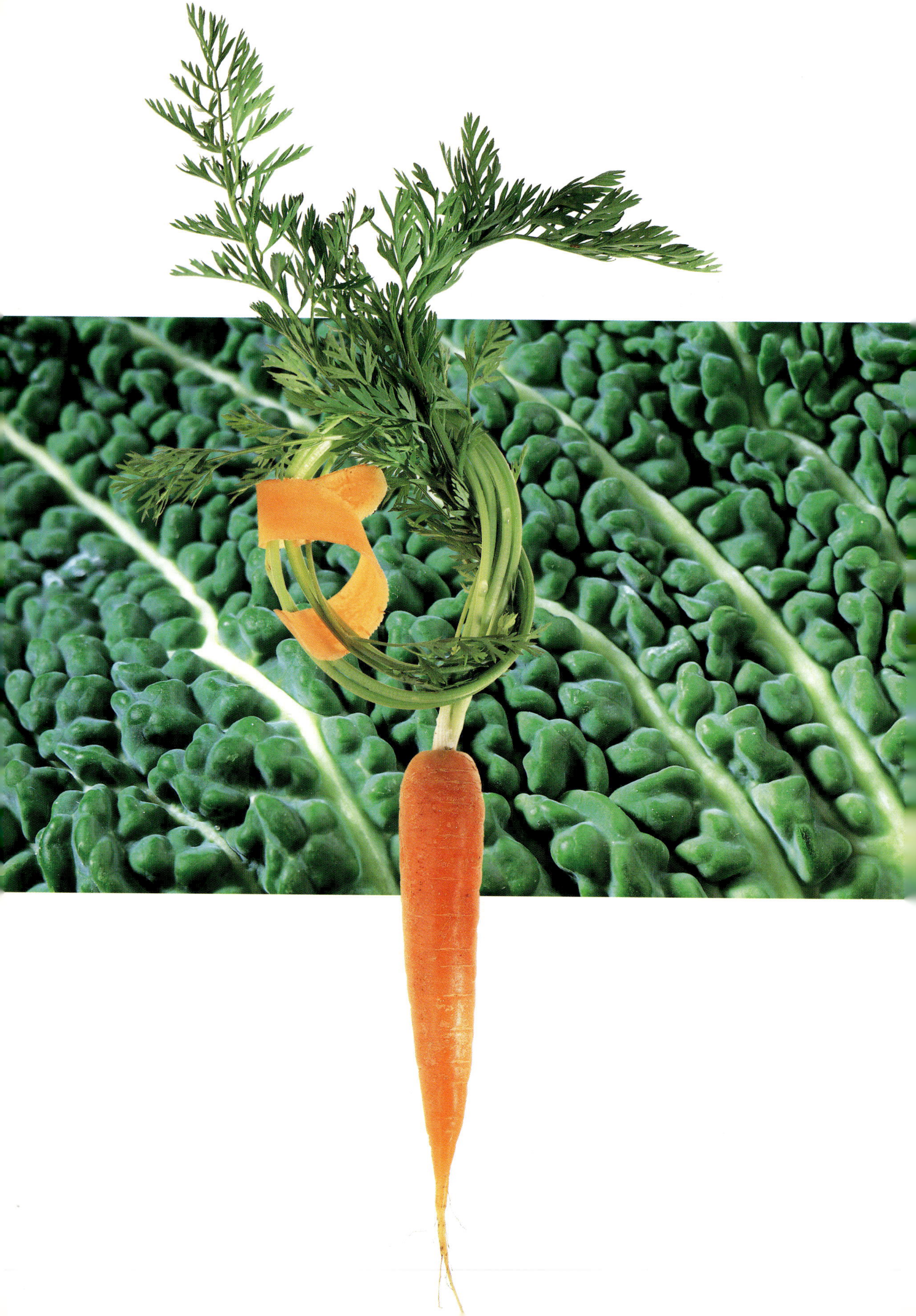

Gemüse

Gemüse gestaltet jede Speise entscheidend mit und ist eine echte Herausforderung für jeden Koch. Die wichtigsten Ingredienzen für ein gutes Gemüsegericht: profunde Produktkenntnis sowie Zeit und Sorgfalt bei der Zubereitung.

Fenchel auf weißen Bohnen

Diese mediterrane Rezeptur kann man sowohl als Beilage wie auch als äußerst attraktives Hauptgericht ansehen.

ZUTATEN FÜR 4 PERSONEN

800 g junge Fenchelknollen
1 Zwiebel
2 Zehen Knoblauch
300 g gekochte weiße Bohnen
2 EL geriebener Parmesan
1/16 l Olivenöl

80 g Weißbrotbrösel
1/8 l Hühnerfond
2 Lorbeerblätter
1 Zweig Thymian
1/4 l Weißwein
Salz, Pfeffer

60 MINUTEN / LEICHT

Fenchel putzen, eventuelle Fäden entfernen. Zwiebel und Knoblauch schälen, fein schneiden. Weißwein mit Hühnerfond, der Hälfte des Zwiebels, Lorbeerblättern, Thymian und etwas Salz aufkochen. Fenchel einlegen (große Knollen halbieren) und zugedeckt bei kleiner Hitze etwa 30 Minuten garen. Zwischendurch einmal umdrehen. Gegarten Fenchel im Kochsud bis zur weiteren Verwendung stehen lassen. Lorbeerblätter und Thymianzweig herausnehmen.

Den geschnittenen Knoblauch in einem Drittel des Olivenöls anrösten. Restlichen Zwiebel dazugeben, ohne Farbe anschwitzen. Bohnen beigeben und mit der Hälfte des Fenchel-Kochsuds aufgießen, 10 Minuten köcheln lassen. Mit der Hälfte des Parmesans, Salz, Pfeffer und Olivenöl kräftig abschmecken. Zur besseren Bindung 2 EL Weißbrotbrösel einrühren.

Gegarte Bohnen auf feuerfesten Tellern verteilen. Fenchel aus dem Sud heben, auf den Bohnen anrichten. Fenchel mit dem restlichen Parmesan und den verbliebenen Weißbrotbröseln bestreuen, mit Olivenöl beträufeln. Bei maximaler Oberhitze im Rohr goldbraun gratinieren.

TIPP: *Bei ganz jungem, zarten Fenchel können Sie auf das Ziehen der Fäden auch verzichten.*

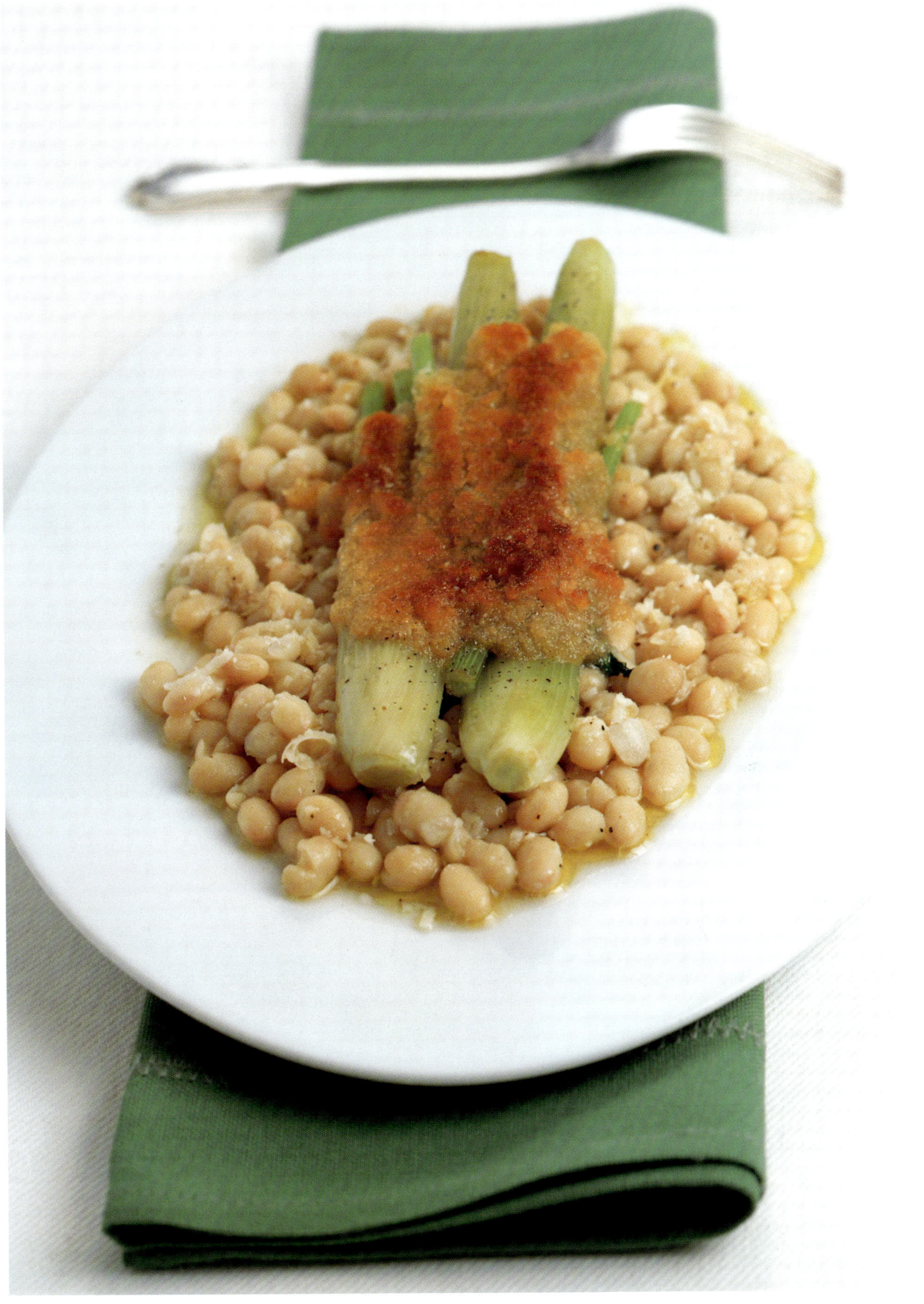

Gratinierter Fenchel

Die perfekte Beilage zu Lamm- und Kalbfleisch. Läßt sich auch gut mit kräftig gewürztem Fisch kombinieren. Mit einem Schuß Balsamico-Essig wird der gratinierte Fenchel zu einer feinen Vorspeise.

ZUTATEN FÜR 4 PERSONEN

2 Knollen Fenchel
1 kleine Karotte
Olivenöl
½ fein geschnittene Zwiebel
50 g Frühstücksspeck
Salz, Pfeffer
1 Lorbeerblatt
1 Schuß Weißwein

Für die Fülle:
2 reife Tomaten
2 Zehen Knoblauch
1 Stück Mozzarella
Olivenöl
2 EL frisch geriebener Parmesan
Salz, Pfeffer

40 MINUTEN / LEICHT

Fenchel waschen und schälen. Fäden mit einem kleinen Messer ziehen. Fenchel der Länge nach halbieren.

Karotte waschen, schälen und kleinwürfelig schneiden. Speck kleinwürfelig schneiden. Backrohr auf 180° C vorheizen.

In einer Pfanne etwas Olivenöl erhitzen. Zwiebel, Speck und Karotten anschwitzen, ohne dass sie Farbe annehmen. Fenchelhälften beigeben, mit Salz, Pfeffer und Lorbeerblatt würzen. Mit Weißwein ablöschen, einkochen lassen. Mit etwas Wasser untergießen, etwa 35 Minuten zugedeckt im Backrohr dünsten. Dabei immer wieder etwas Wasser nachgießen.

Tomaten in kochendem Wasser blanchieren, in Eiswasser abschrecken. Haut abziehen, Tomaten halbieren, entkernen, Fruchtfleisch klein schneiden. Knoblauch schälen, klein schneiden. In einer Pfanne etwas Olivenöl erhitzen, Knoblauch farblos anschwitzen. Tomatenwürfel beigeben, kurz durchschwenken, mit Salz und Pfeffer würzen. Pfanne beiseite stellen und abkühlen lassen. Mozzarella in Würfel schneiden, mit den abkühlten Knoblauch-Tomatenwürfeln vermischen.

Fenchel in ca. 2 cm dicke Stücke schneiden, mit den dünneren Seiten leicht überlappend in ein feuerfestes Geschirr einschlichten und mit der Tomaten-Mozzarella-Masse füllen. Mit Parmesan bestreuen und mit etwas Olivenöl beträufeln. Danach bei starker Oberhitze goldbraun überbacken.

Italienisches Gemüse

Eine sommerliche Spezialität, die man zu gegrillten Gerichten oder auch als eigenständige Vorspeise servieren kann.

Zutaten für 4 Personen

- 2 grüne Paprika
- 2 rote Paprika
- 3–4 Zucchini
- 2 Artischocken
- 3–4 Zehen Knoblauch
- 1/16 l Olivenöl
- 1/8 l neutrales Speiseöl
- 1 Bund Basilikum
- Saft von 1 Zitrone
- Balsamico-Essig je nach Geschmack

40 Minuten / leicht

Knoblauch schälen und in Scheiben schneiden. Paprika vierteln, Kerngehäuse herausschneiden und flach drücken. In einer Pfanne Speiseöl erhitzen, Paprika mit der Hautseite voran einlegen und so lange braten, bis sich die Paprika bräunen. Danach herausnehmen, abschrecken und die Haut abziehen.

Zucchini waschen und in ca. 3–4 mm dicke Scheiben schneiden. Die Artischocken putzen (siehe Rezept Artischockensalat Seite 14). Allerdings braucht man für dieses Gericht nur die Artischockenböden. Diese werden in eher feine Scheiben geschnitten und mit etwas Zitronensaft beträufelt.

Olivenöl in eine geräumige Pfanne geben und leicht erhitzen. Zuerst den Knoblauch, dann die Artischocken zugeben. Etwa 1 Minute „leise" braten. Danach die Zucchini beigeben, weitere 3–4 Minuten braten. Zum Schluß die abgezogenen Paprika mitbraten.

Kurz vor dem Fertigwerden mit Balsamico und Zitronensaft abschmecken. Salzen, pfeffern und nach Belieben mit Olivenöl beträufeln, in jedem Fall aber mit Basilikumblättern bestreut servieren.

TIPP: *Das Gemüse sollte stets frisch mariniert, das heißt, nicht aus dem Kühlschrank, serviert werden.*

Kraut und Rüben

Ein wahrer Festschmaus für sämtliche Vegetarier und all jene, die es vielleicht noch werden wollen. Verwenden Sie für dieses Gericht die zarten, recht kleinen jungen weißen Rüben, die mancherorts auch unter ihrem französischen Namen „navet" angeboten werden.

Zutaten für 4 Personen

- 1 kleiner Kohlkopf (Wirsing)
- 2–3 Stück mittelgroße Rote Rüben (Rote Beete)
- 400 g weiße Rüben
- 1 Zwiebel
- 2 Zehen Knoblauch
- 0,2 l Obers
- 1 TL gestoßener Kümmel
- 1 TL ganzer Kümmel
- 1 Lorbeerblatt
- 1 TL schwarze Pfefferkörner
- 2 Zweige Thymian
- 4 EL Zucker
- 1 Schuß Weinessig
- 2 EL Balsamico-Essig
- 1 EL geriebener Kren (Meerrettich)
- 4 EL Butter
- Salz, Pfeffer

90 Minuten / aufwendig

Die Roten Rüben waschen und in reichlich Wasser mit Weinessig, Salz, 3 EL Zucker, ganzem Kümmel und den Pfefferkörnern in etwa 1 Stunde (hängt von der Größe ab) weich kochen. Gleich danach herausnehmen und schälen.

Vom Kohl äußere Blätter entfernen, Kopf vierteln und den Strunk herausschneiden. Die Kohlvierteln noch ein- oder zweimal durchschneiden. Zwiebel und Knoblauch schälen, fein schneiden.

Kohl in Salzwasser blanchieren, in Eiswasser abschrecken und gut ausdrücken. Zwiebel in Butter anschwitzen, Kohl dazugeben und in sich zusammenfallen lassen. Fast alles Obers (etwa 4 EL zurückbehalten) dazugießen, mit Lorbeerblatt, Salz, Pfeffer und Kümmel würzen. Kohl 10 Minuten garen lassen. Mit dem Stabmixer einen Teil des Gemüses am Topfrand ganz kurz mixen, so wird das Kohlgemüse ohne Einbrenn und Fett schön sämig.

Die weißen Rüben schälen und je nach Größe vierteln oder achteln. Butter mit Thymian und Zucker aufschäumen, die Rüben kurz durchschwenken. Mit wenig Wasser untergießen und unter öfterem Umrühren bei kleiner Hitze garen lassen. Bei diesem Glaciervorgang darauf achten, dass sich immer ganz wenig Wasser im Kochgeschirr befindet.

Eine Rote Rübe kleinwürfelig schneiden, den Rest in die Größe der weißen Rüben zuschneiden. Die Roten Rüben-Würfel mit dem restlichen Obers in einem Topf aufkochen und mit dem Stabmixer fein pürieren. Mit Salz, Pfeffer, Balsamico-Essig und dem geriebe-

Kraut und Rüben ▲

nen Kren abschmecken. Die Roten Rüben-Stücke in das Rübenpüree einlegen und vorsichtig erwärmen.

Kohlgemüse auf heißen Tellern verteilen. Weiße und Rote Rüben samt Sauce dekorativ darauf anrichten.

> TIPP: *Legen Sie besonderes Augenmerk auf die entsprechende Würzung des Roten-Rüben-Kochsuds. Die Aromen des Kochsuds sind entscheidend für den späteren Geschmack der gegarten Rübe.*

Gefüllte Polentatorte mit Spinatsauce

Genießen Sie die Polentatorte entweder als Beilage oder als vegetarisches Hauptgericht mit einer Spinatsauce.

ZUTATEN FÜR 6–8 PERSONEN

200 g Maisgrieß
3 Eier
3 Zwiebeln
4 EL frisch geriebener Parmesan
ca. 1/2 l milde Rindsuppe
1 TL getrockneter Majoran
Olivenöl
Salz, Pfeffer
Muskatnuss
1/16 l Bratensaft

Für die Spinatsauce:
2 Hand voll blanchierter Blattspinat (oder gleiche Menge tiefgekühlte Ware)
1 EL Butter
ca. 1/16 l Obers (Sahne)
Salz
Pfeffer
1/2 Zehe Knoblauch

90 MINUTEN / AUFWENDIG

Zwiebeln schälen und in feine Streifen schneiden. In einer Pfanne mit etwas Olivenöl goldgelb rösten. Mit Bratensaft ablöschen, etwas einkochen, mit Salz, Pfeffer und getrocknetem Majoran würzen.

In einem Topf Olivenöl erhitzen, Maisgrieß darin anrösten. Mit der Rindsuppe aufgießen, aufkochen, mit Salz würzen und zugedeckt bei kleiner Flamme 1 Stunde langsam dünsten (Topf am besten in das 150° C heiße Backrohr stellen). Öfters umrühren. Wenn nötig etwas Wasser zugießen. Gegarten Maisgrieß herausnehmen und abkühlen lassen. Eier und 3 EL Parmesan einrühren, mit Salz, Pfeffer und Muskatnuss abschmecken.

Die Hälfte der Polentamasse in eine Springform oder ein feuerfestes Geschirr einfüllen. Polentamasse mit den Zwiebeln belegen und restliche Polenta darüber auftragen und glatt streichen.

Im auf 200° C vorgeheizten Backrohr 20 Minuten lang backen. Anschließend mit etwas geriebenem Parmesan bestreuen und unter der Grillschlange goldgelb gratinieren.

Zubereitung der Spinatsauce: Knoblauch fein schneiden. Den blanchierten Blattspinat klein hacken. In einer Pfanne etwas Butter aufschäumen, den Knoblauch darin farblos anschwitzen. Spinat beigeben, würzen, kurz durchrösten und mit der Suppe aufgießen.

Aufkochen lassen, Obers beigeben und im Standmixer pürieren. Danach nochmals abschmecken und heiß zur Polentatorte servieren.

Gefüllte Melanzani auf Bulgur

Auch ohne Bulgur sind die gefüllten Melanzani eine ausgezeichnete Beilage, die sich dazu auch noch gut vorbereiten läßt.

ZUTATEN FÜR 4 PERSONEN

2 Melanzani (Auberginen)
Olivenöl
1 roter Paprika
2 Zwiebeln
4 Zehen Knoblauch
1 EL Pinienkerne
4 reife Tomaten
⅛ l Tomatensaft
1 Lorbeerblatt
Salz, Pfeffer

1 Msp. Kardamom
1 Msp. Zimt
1 TL Honig

Für den Bulgur:
200 g Bulgur
2 EL Olivenöl
½ fein geschnittene Zwiebel
0,3 l Wasser
Salz

60 MINUTEN / AUFWENDIG

Für den Bulgur in einem Topf Olivenöl erhitzen, Zwiebel darin glasig andünsten. Bulgur beigeben, durchrösten und mit heißem Wasser aufgießen. Salzen, aufkochen, umrühren und zugedeckt bei kleiner Flamme ca. 20 Minuten dünsten.

Melanzani waschen, der Länge nach halbieren, mit Salz und Pfeffer würzen. In einer Pfanne etwas Olivenöl erhitzen, Melanzani beidseitig anbraten. Backrohr auf 200° C vorheizen. Paprika waschen, halbieren, Kerngehäuse entfernen, klein würfelig schneiden.

Zwiebel und Knoblauch schälen. Zwiebel halbieren, in feine Streifen schneiden. In einer Pfanne etwas Olivenöl erhitzen. Zwiebel darin goldgelb anschwitzen, Knoblauch, Paprikawürfel und Pinienkerne beigeben. Durchrösten und geviertelte Tomaten beigeben. Mit Tomatensaft aufgießen, mit Salz, Pfeffer, Kardamom, Zimt, Honig und Lorbeerblatt würzen; etwas köcheln lassen.

Melanzani auf ein Backblech legen, mit dem Zwiebelgemüse belegen und im vorgeheizten Backrohr etwa 20 Minuten überbacken.

Ratatouille

Ein Beilagen-Evergreen der mediterranen Küche. Kurz sautiert, kann man das Ratatouille auch als Á-la-minute-Gericht servieren.

Zutaten für 4 Personen

- 1 Melanzani (Aubergine)
- 2 Zucchini
- 2 Zwiebeln
- 5 Zehen Knoblauch
- 4 Tomaten
- ca. 1/8 l Olivenöl
- 1 TL gerebelter und gehackter Thymian
- 1 TL gehackter Rosmarin
- 2 Lorbeerblätter
- 1 roter Paprika
- 1 EL Tomatenmark
- 1 EL Weißbrotbrösel
- 1 kleiner Bund Basilikum
- Salz, Pfeffer

45 Minuten / leicht

Melanzani und Zucchini waschen, in nicht zu kleine Würfel schneiden. Paprika waschen, halbieren, entkernen und würfelig schneiden. Zwiebeln und Knoblauch schälen. Knoblauch in feine Blätter, Zwiebeln würfelig schneiden. Den Strunk der Tomaten herausschneiden, in kochendem Wasser blanchieren, kalt abschrecken, Haut abziehen und würfelig schneiden.

In einem geräumigen Topf den Knoblauch in gut der Hälfte des Olivenöls leicht anschwitzen. Zwiebel zugeben und eher langsam glasig rösten. Thymian, Rosmarin und Lorbeerblätter beigeben. Der Reihe nach Paprika, Melanzani und Zucchini bei großer Hitze durchrösten. Tomatenmark kurz mitrösten, dann auch die Tomatenwürfel beigeben. Vorsichtig salzen und pfeffern. Bei mäßiger Hitze zugedeckt 20 Minuten köcheln lassen. Am Ende der Garzeit die Weißbrotbröseln einrühren und diese noch kurz verkochen lassen. Topf vom Herd nehmen, mit geschnittenem Basilikum, Olivenöl, Salz und Pfeffer abschmecken.

Junges Gemüse

Wie schon der Name sagt, sollte man wirklich nur möglichst junge Gemüsesorten verwenden. Auch Kohlrabi, weiße Rübchen oder Karfiol wären passend.

Zutaten für 4 Personen

2 Karotten
200 g Erbsenschoten
1/2 Staude Stangensellerie
300 g Blattspinat
1 Hand voll gekochte Erbsen
150 g Champignons
4 Stangen weißer Spargel oder Schwarzwurzeln
0,3 l Gemüsefond
Saft von 1/2 Zitrone
4 EL Butter
1 TL Zucker
2 EL geschnittener Kerbel
2 EL geschnittenes Basilikum
1/16 l Weißwein
2 Eidotter
Salz, Pfeffer
Muskatnuss

45 Minuten / aufwendig

Spinat putzen, waschen und in Salzwasser blanchieren. Kalt abschrecken und gut ausdrücken. Etwas Butter in einer Pfanne bräunen und den ausgedrückten Blattspinat darin anschwitzen. Mit Salz, Pfeffer und Muskatnuss würzen, beiseite stellen.

Selleriestangen in nicht zu große Stücke schneiden. In wenig Butter und Gemüsefond langsam weich garen. Karotten schälen, in Stifte schneiden, in wenig Butter und Gemüsefond mit Zucker weich garen.

Champignons waschen. Mit dem Zitronensaft, 1/16 l Wasser und einer Prise Salz zugedeckt in einem Topf etwa 5 Minuten köcheln lassen. Den Topf dabei öfters durchschütteln. Erbsenschoten falls nötig zuputzen, in Salzwasser blanchieren, danach kalt abschrecken. Spargel oder Schwarzwurzeln schälen, in Wasser weich kochen, danach in Stücke schneiden.

Den restlichen Gemüsefond auf etwa 1/16 l einkochen. Mit gut 1 EL kalter Butter aufmixen. Mit Salz, Pfeffer und den geschnittenen Kräutern abschmecken.

Die beiden Eidotter mit dem Weißwein in einem Schneekessel über Wasserdampf zu einem cremigen Sabayon aufschlagen. Unter den gebundenen Gemüsefond ziehen.

Blattspinat auf Tellern verteilen, Gemüse darüber verteilen, mit dem Sabayon überziehen. Im heißen Ofen bei maximaler Oberhitze goldgelb überbacken.

TIPP: *Gemüse wird in der Regel leider in viel zuviel Wasser gegart. Die schonendste Methode wäre Dämpfen. In ganz wenig Wasser gedünstet, bleiben ebenfalls noch viele wertvolle Inhaltsstoffe erhalten.*

Rote-Rüben-Soufflé

Servieren Sie dieses Soufflé mit einer Kräutersauce als Vorspeise oder als Beilage zu Wildgerichten.

Zutaten für 4 Personen

- 600 g rohe Rote Rüben (Rote Beete)
- 2 Eier
- 1 Eidotter
- 1/16 l Obers (Sahne)
- 1 EL Kümmel
- 1 Schuß Essig
- 1 Lorbeerblatt
- Butter zum Ausstreichen der Formen
- Salz, Pfeffer

90 Minuten / leicht

Rote Rüben waschen, in einem Topf mit Wasser bedeckt zustellen und in etwa 1 Stunde weich kochen. Das Wasser mit Salz, Kümmel, Lorbeerblatt und Essig würzen.

Die gekochten Rüben schälen, passieren und abwiegen. Für das Soufflé braucht man 400 g gekochte und passierte bzw. pürierte Rote Rüben. Mit den übrigen Zutaten vermischen, abschmecken.

Das Backrohr auf 160° C vorheizen. Kleine Dariolformen oder Kaffeetassen mit Butter ausstreichen, die Masse einfüllen und im Wasserbad etwa 20 Minuten pochieren.

Die Soufflés aus der Form stürzen und servieren.

Schwarzwurzelsalat

Ein gehaltvoller Salat, ideal für jedes rustikale Sommerbuffet.

Zutaten für 4 Personen

- 500 g geputzte Schwarzwurzeln (ca. 1 kg Rohware)
- 2 EL Butter
- 1/2 Becher Sauerrahm
- 2 EL Mayonnaise
- 250 g Champignons
- 1 Hand voll Erbsen
- 1 Bund Petersilie
- Saft von 2 oder 3 Zitronen
- Salz, Pfeffer

45 Minuten / aufwendig

Schwarzwurzeln waschen, schälen und gleich mit Zitronensaft benetzen, damit sie nicht braun werden. In 4 cm lange Stücke schneiden. Dicke Stücke halbieren. In gesalzenem

Wasser mit dem Zitronensaft bissfest kochen (dauert ca. 7 Minuten). Abseihen und gut abtropfen lassen.

Petersilie waschen, Blätter abzupfen, hacken. Champignons waschen, Stiele entfernen, Köpfe vierteln. In einer Pfanne etwas Butter aufschäumen, die Champignons bei kleiner Flamme darin schmoren. Mit Salz und Pfeffer würzen.

Anschließend beiseite stellen und abkühlen lassen. Erbsen in kochendem Salzwasser blanchieren und in Eiswasser abschrecken.

Champignons, Schwarzwurzeln und Erbsen vermischen. Mit Sauerrahm binden, mit Mayonnaise marinieren. Mit Zitronensaft, Salz, Pfeffer und Petersilie abschmecken. Gekühlt servieren.

Kürbisgemüse

Im Herbst sollte man an den auf den Märkten angebotenen frischen Kürbissen keinesfalls achtlos vorbeigehen. Diese facettenreiche Beilage können Sie sowohl zu Fleisch wie auch zu Fisch servieren.

ZUTATEN FÜR 4 PERSONEN:

- 800 g Kürbis
- 1 Zwiebel
- 3 Zehen Knoblauch
- ½ roter Paprika
- 4 EL Schmalz
- 1 EL Tomatenmark
- gemahlener Kümmel
- 1 EL Paprikapulver
- 1 Schuß Weißweinessig
- 150 g Sauerrahm
- Salz, Pfeffer aus der Mühle

30 MINUTEN / LEICHT

Zwiebel und Knoblauch schälen. Knoblauch zerdrücken, Zwiebel fein schneiden. Paprika entkernen, in kleine Würfel schneiden. Kürbis schälen, Kerne entfernen. Das Fruchtfleisch grob reißen oder feinblättrig schneiden.

In einer Pfanne Schmalz erhitzen, Zwiebel darin glasig andünsten. Knoblauch, Paprikawürfel und Kürbis beigeben. Gut durchrösten, danach Tomatenmark und Kümmel dazugeben und nochmals kurz rösten.

Pfanne vom Herd nehmen, das Paprikapulver einrühren, mit Weißweinessig ablöschen und ca. 10 Minuten langsam schmoren lassen. Mit Salz und Pfeffer würzig abschmecken. Kurz vor dem Servieren glatt gerührten Sauerrahm daruntermischen.

TIPP: Echte Steirer übergießen ihr Gemüse natürlich mit Kürbiskernöl.

Gebratene Maisplätzchen mit Zwiebelkonfit

Ein zwar sehr aufwendiges, aber auch sehr originelles Gericht. Servieren Sie die Plätzchen als Beilage oder als Zwischengericht in einem raffinierten Menü.

Zutaten für 4 Personen

600 g mehlige Kartoffeln
150 g Maiskörner (entspricht etwa 2 frischen Kolben)
2 weiße Zwiebeln
2 EL Butter
2 EL Zucker
¼ l Weißwein
1 Zweig Thymian
6 Dörrpflaumen
1 EL Honig
2 Eier

80 g Gervais- oder Hüttenkäse
2 EL Sauerrahm
1 EL geschnittener Schnittlauch
2 EL geschnittenes Basilikum
0,2 l Joghurt
1 EL geschnittene Minze
Saft von ½ Zitrone
Öl zum Backen
Muskatnuss
Salz, Pfeffer

60 Minuten / für Ehrgeizige

Zwiebeln schälen, grobwürfelig schneiden. In einem Topf Butter aufschäumen, Zucker darin leicht karamellisieren und die Zwiebel kurz darin durchschwenken. Mit Weißwein aufgießen, samt dem Thymian bei kleiner Hitze weich dünsten, bis fast die komplette Kochflüssigkeit verdampft ist. Dörrpflaumen in kleine Würfel schneiden und unter die Zwiebel rühren. Mit etwas Honig nachschmecken.

Kartoffeln waschen und in Salzwasser weich kochen, Kochwasser abgießen, schälen und durch die Kartoffelpresse drücken. Kartoffeln mit den ganzen Eiern, Salz und Muskatnuss glatt rühren. Mais in den Kartoffelteig einrühren.

Gervais- oder Hüttenkäse mit Sauerrahm, Schnittlauch, Basilikum, Salz und Pfeffer verrühren. Joghurt mit Zitronensaft, Salz, Pfeffer und Minze abschmecken. Eine beschichtete Pfanne mit etwas Öl ausschmieren. Aus der Kartoffelmasse mit einem Löffel gleichmäßige, etwa 1 cm dünne Plätzchen formen und in die erhitzte Pfanne legen. Bei kleiner Hitze auf dem Herd, mit einer Folie abgedeckt, auf jeder Seite jeweils 3 Minuten backen.

Auf den vorbereiteten Tellern in der Mitte etwas Joghurtsauce auftragen. Die gebratenen Maisplätzchen darauf legen, abwechselnd Zwiebelkonfit und Kräuterkäse darauf verteilen.

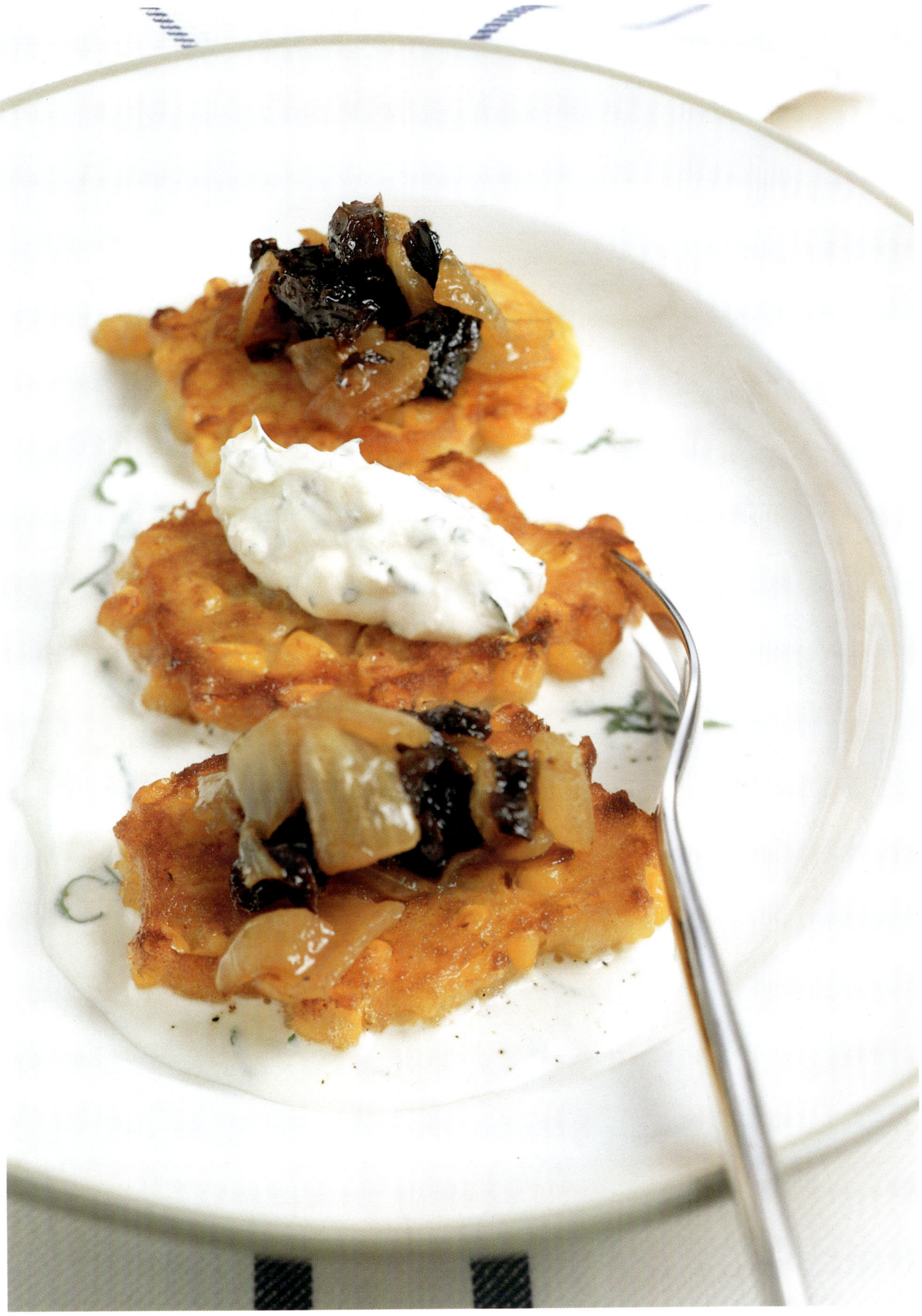

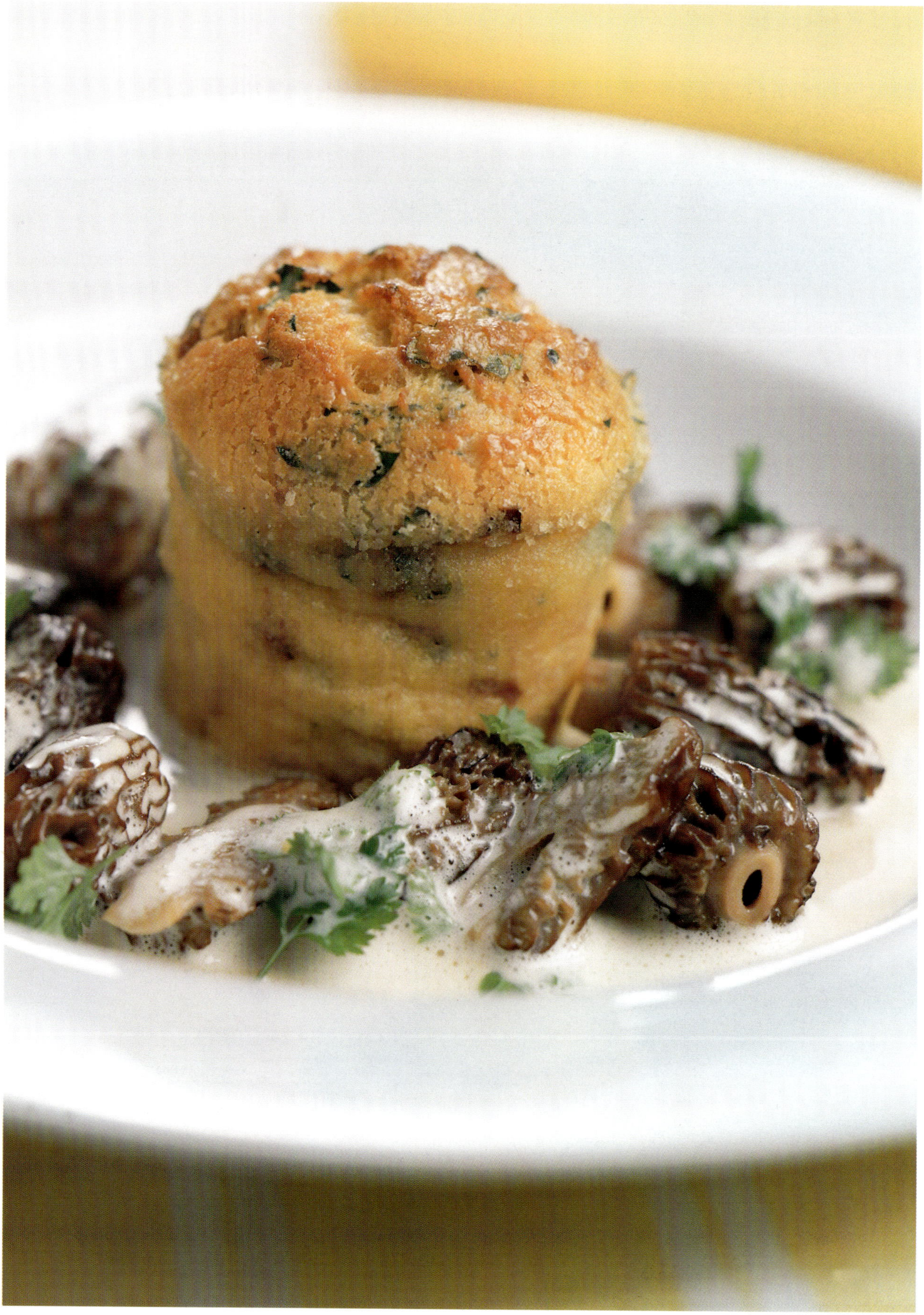

Weißbrotauflauf mit Morcheln

Ein unkompliziert herzustellendes Soufflé, das wenig Zeit braucht und im wahrsten Sinn des Wortes immer aufgeht.

ZUTATEN FÜR 4 PERSONEN

100 g Weißbrotbrösel
500 g frische Morcheln
3 EL Parmesan
¼ l Milch
3 Eier
1 TL Stärkemehl
Muskatnuss

1 kleiner Bund Kerbel
5 EL Butter
¼ l Hühnerfond
1/16 l Obers (Sahne)
1 Schuß Weißwein
1 Eidotter
Salz, Pfeffer

50 MINUTEN / LEICHT

Weißbrotbrösel mit dem Parmesan, Milch, den Eiern, Stärkemehl, Salz, etwas Pfeffer und Muskatnuss sowie einem EL gehackten Kerbel in eine Schüssel geben; mit einem Schneebesen gut verrühren.

Morcheln putzen, halbieren, gut durchwaschen. Auf ein Tuch legen und abtropfen lassen. 2 EL Butter in einer Pfanne aufschäumen, Morcheln darin anrösten, salzen und pfeffern. Morcheln auf ein Sieb schütten und abtropfen lassen. Die Flüssigkeit auffangen und diese mit dem Hühnerfond stark einkochen lassen. Obers dazugeben, nochmals aufkochen, dann 2 EL kalte Butter einarbeiten. Den größten Teil der Morcheln in die Sauce geben, den Rest unter die Weißbrotmasse mischen.

Passende, ofenfeste Portionsförmchen mit wenig Butter ausstreichen. Weißbrotmasse einfüllen und im Wasserbad 20 Minuten lang im auf 180° C vorgeheizten Rohr garen.

In einem Schneekessel mit dem Schneebesen Eidotter mit Weißwein über Dampf schaumig zu einem Sabayon aufschlagen. Die Morcheln nochmals vorsichtig erhitzen. Mit Salz, Pfeffer und dem restlichen Kerbel abschmecken. Sabayon darunterziehen und nicht mehr kochen lassen.

Den Auflauf aus den Förmchen stürzen und in tiefen Tellern mit den Morcheln anrichten.

Morchelgratin mit Spargel

Dieses Rezept vereint die attraktivsten Zutaten des Frühlings.

Zutaten für 4 Personen

400 g frische Morcheln
18 Stück weißer Spargel
Saft von 1 Zitrone
1 Semmel
1 EL Zucker
150 g Obers (Sahne)

Butter
1 kleiner Bund Kerbel
1 EL geschlagenes Obers (Schlagsahne)
1 EL glattes Mehl
Salz, Pfeffer

45 Minuten / aufwendig

Den Spargel vom Kopf beginnend schälen. In einem Topf reichlich Wasser aufkochen, mit Zitronensaft, Salz und Zucker würzen. Semmel beigeben, dann den Spargel darin bissfest kochen. Das dauert je nach Stärke der Stangen etwa 15 Minuten. Den gegarten Spargel auf ein Gitter oder Küchentuch legen.

1 EL Mehl und 1 EL Butter zu einer festen Masse verkneten, Mehlbutter beiseite legen.

Morcheln putzen, Stiele wegschneiden. Morcheln einige Male durchwaschen, damit der Sand herausgespült wird. Morcheln halbieren. In einer Pfanne etwas Butter erhitzen, die Morcheln darin rasch anbraten. Morcheln auf ein Sieb schütten und den Vorgang wiederholen. Mit Salz und Pfeffer würzen, mit Obers aufgießen, einmal kurz aufkochen lassen.

Morcheln abseihen, Sauce in einem Topf auffangen. Morcheln beiseite stellen. Die Sauce nochmals aufkochen. Die vorbereitete Mehlbutter mit einem Stabmixer in die Sauce einarbeiten. Etwa 5 Minuten langsam köcheln lassen und nochmals schaumig aufmixen. Morcheln in die Sauce geben, nochmals abschmecken. Kerbel waschen, Blätter abzupfen und hacken.

Spargel in etwas Wasser mit Butter aufwärmen. Kurz vor dem Servieren den Kerbel und das geschlagene Obers in die Morchelsauce einrühren. Spargel in die Mitte der Teller legen, mit der Morchelsauce überziehen und unter der Grillschlange im Backofen überbacken.

GEMÜSE

Endiviensalat mit warmen Käferbohnen

Ein Salat, den man unbedingt lauwarm genießen muß.

ZUTATEN FÜR 4 PERSONEN

2 Stück Endiviensalat
300 g gekochte Käferbohnen
3 speckige Kartoffeln
5 Frühlingszwiebeln
1 Zehe fein gehackter Knoblauch
2 hart gekochte Eier

1/16 l Balsamico-Essig
1/16 l Kürbiskernöl
1 EL Dijon-Senf
1 TL Zucker
Salz, Pfeffer

45 MINUTEN / LEICHT

Kartoffeln waschen, in Salzwasser weich kochen. Herausnehmen, noch warm schälen und blättrig schneiden. Die gekochten Bohnen erwärmen, mit den Kartoffeln vermischen. Mit Balsamico-Essig, Kürbiskernöl, Dijon-Senf, Knoblauch, Zucker, Salz und Pfeffer marinieren.

Endiviensalat putzen, wenn nötig äußere Blätter entfernen, kalt waschen. Endiviensalat in feine Streifen schneiden. Frühlingszwiebeln putzen und waschen, schräg in feine Scheiben schneiden. Eier schälen und klein hacken.

In die noch warmen Käferbohnen Frühlingszwiebeln und Endivienstreifen unterheben. Mit den gehackten Eiern bestreuen. Den Salat am besten sofort servieren, weil er nur frisch zubereitet und noch warm wirklich gut schmeckt.

Krautstrudel

Damit es gut schmeckt, muß das Kraut bei möglichst kleiner Hitze schmurgeln.

ZUTATEN FÜR 4–6 PERSONEN

1 Packung fertiger Strudelteig
1 kleiner Kopf Weißkraut
1 Zwiebel
100 g Frühstücksspeck
2 EL Schmalz
1 EL edelsüßes Paprikapulver

1/4 l Weißwein
1 TL getrockneter Majoran
1 TL Kümmel
Salz, Pfeffer
Butter zum Bestreichen

60 MINUTEN / AUFWENDIG

Zwiebel schälen, fein schneiden. Speck kleinwürfelig schneiden. Vom Kraut die äußeren Blätter entfernen. Krautkopf halbieren, den Strunk herausschneiden. Kraut in feine Streifen schneiden oder hobeln.

In einem geräumigen Topf Schmalz erwärmen, Zwiebel und Speck darin glasig anrösten. Kraut beigeben und durchrösten, bis es in sich zusammenfällt. Etwa 20 Minuten bei kleiner Hitze schmurgeln. Mit Salz, Pfeffer, Kümmel und Majoran würzen.

Mit Weißwein ablöschen und weich dünsten. Der Wein sollte dabei komplett verdampfen. Vom Herd nehmen, kurz abkühlen lassen und das Paprikapulver unterrühren. Nochmals abschmecken.

Das Backrohr auf 200° C vorheizen. Je 2 Stück Strudelblätter übereinander legen, mit flüssiger Butter bestreichen. Etwa die Hälfte der Fläche mit der Krautmasse belegen. Teig straff einrollen, Enden gut verschließen. Auf ein mit Backpapier ausgelegtes Backblech setzen. Achten Sie dabei darauf, dass sich die Teignaht unten befindet. Mit Butter bestreichen und 20 Minuten backen.

Karfiol und Brokkoli mit Butter und Brösel

Mit Butter und Brösel zubereitetes Gemüse ist eine typische österreichische Spezialität. Bei der Zubereitung muß man darauf achten, dass die Brösel wirklich ganz langsam knusprig geröstet werden.

Zutaten für 4 Personen

500 g Karfiol (Blumenkohl)
700 g Brokkoli
100 g Semmelbrösel
140 g Butter

2 Zehen Knoblauch
2 EL gehackte Petersilie
4 EL Olivenöl
Salz, Pfeffer

30 Minuten / leicht

Karfiol und Brokkoli putzen, Röschen herauslösen und diese in gleichmäßig große Stücke schneiden. Karfiol und Brokkoli separat in Salzwasser kochen und danach in Eiswasser abschrecken. Herausnehmen und auf einem Tuch abtropfen lassen.

Knoblauch schälen und fein schneiden. Butter in einer Pfanne aufschäumen, Brösel dazugeben und unter öfterem Umrühren bei kleiner Hitze knusprig bräunen. Am Schluß mit Knoblauch, Salz, Pfeffer und Petersilie abschmecken. Karfiolröschen dazugeben und kurz durchschwenken.

Karfiol und Brokkoli mit Butter und Brösel ▲

Gleichzeitig in einer anderen Pfanne Brokkoli in Olivenöl erwärmen, leicht salzen. Beide Gemüse auf heißen Tellern anrichten. Eventuell noch zusätzlich mit gekochtem und gehacktem Ei bestreuen.

TIPP: *Verwenden Sie für das Rösten der Brösel geklärte Butter. Letztere enthält keine Molke, weshalb die Brösel viel schneller knusprig werden.*

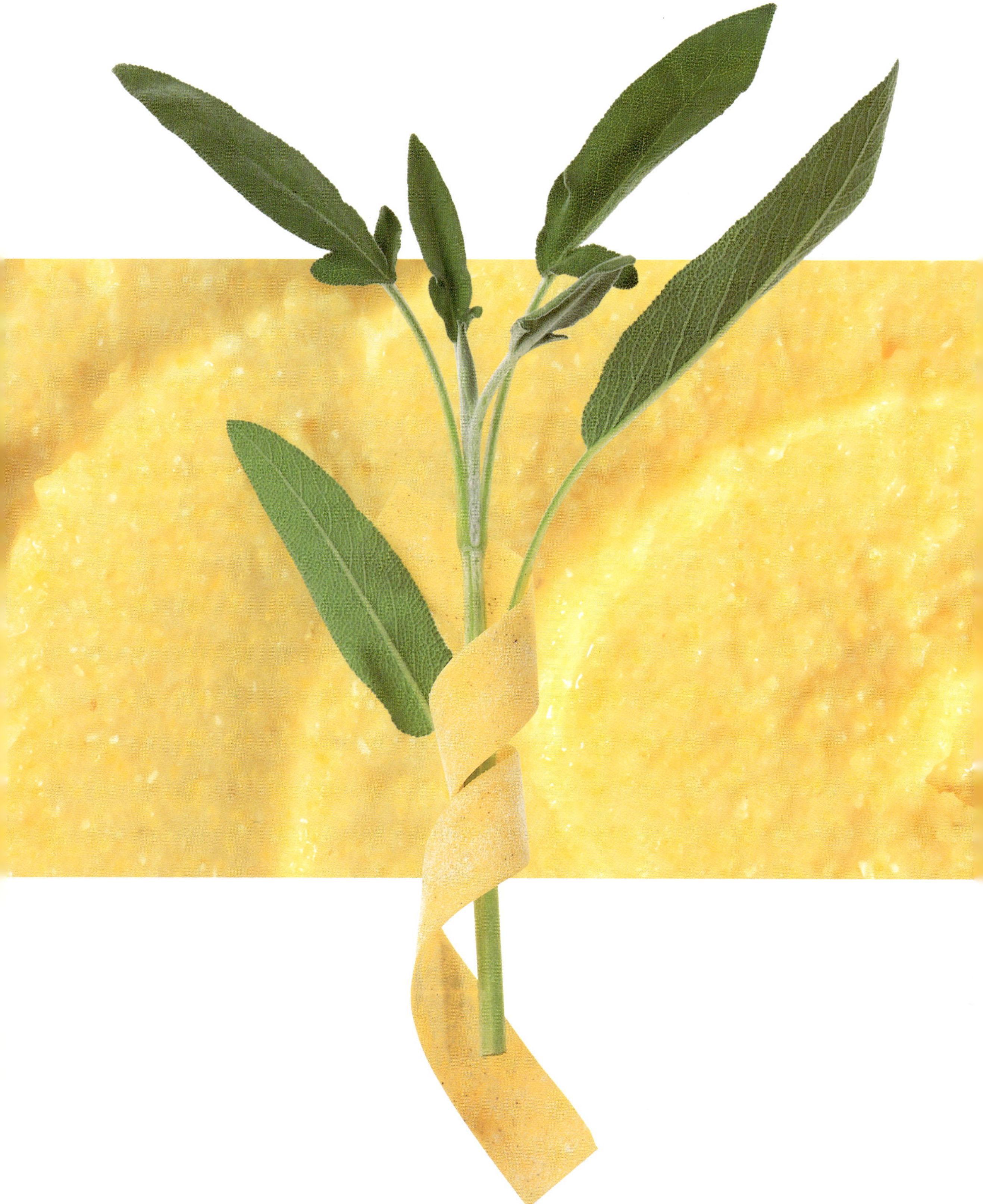

Beilagen

Die wahre Qualität einer sorgfältig zubereiteten Speise zeigt sich oft in den scheinbaren Nebensächlichkeiten. Beilagen dienen schon längst nicht mehr der bloßen Sättigung und haben daher entsprechend raffiniert zu sein.

Gemüse im Sud

Orientieren Sie sich bei der Zutatenwahl nicht sklavisch am Rezept, sondern am aktuellen Marktangebot.

Zutaten für 4 Personen

12 junge Karotten
4 Stangen Lauch
1 Staude Stangensellerie
4 Stück weiße Rüben
1 Knolle junger Knoblauch
¼ l trockener Weißwein
⅛ l Hühnerfond oder milde Rindsuppe

2 Lorbeerblätter
2 Zweige Thymian
kleiner Bund Basilikum
1/16 l Olivenöl
Salz, Pfeffer

35 Minuten / leicht

Gemüse waschen und putzen, in nicht zu kleine Stücke schneiden (siehe Foto). Knoblauch schälen. Weißwein und Hühnerfond am besten in einem länglichen Kochgefäß mit Lorbeerblatt und Thymian aufkochen, leicht salzen. Der Reihe nach weiße Rüben, Karotten, Stangensellerie, Lauch und Knoblauch in den Topf geben. Einmal aufkochen lassen, Topf mit einer Alufolie abdecken. Im auf 180° C vorgeheizten Rohr 20 Minuten lang garen.

Herausnehmen, Gemüse mit frisch geschnittenem Basilikum, Olivenöl, Salz und Pfeffer abschmecken. Mit dem Sud servieren. Dazu paßt wunderbar frisches Knoblauchbaguette.

Blattspinat mit Kartoffeln und Olivenöl

Paßt wunderbar zu gebratenem Fisch.

Zutaten für 4 Personen

600 g frischer Blattspinat
600 g festkochende Kartoffeln
1 Zwiebel
3 Zehen Knoblauch

0,2 l milde Rindsuppe
⅛ l Olivenöl
Salz, Pfeffer

60 Minuten / leicht

Gemüse im Sud ▶

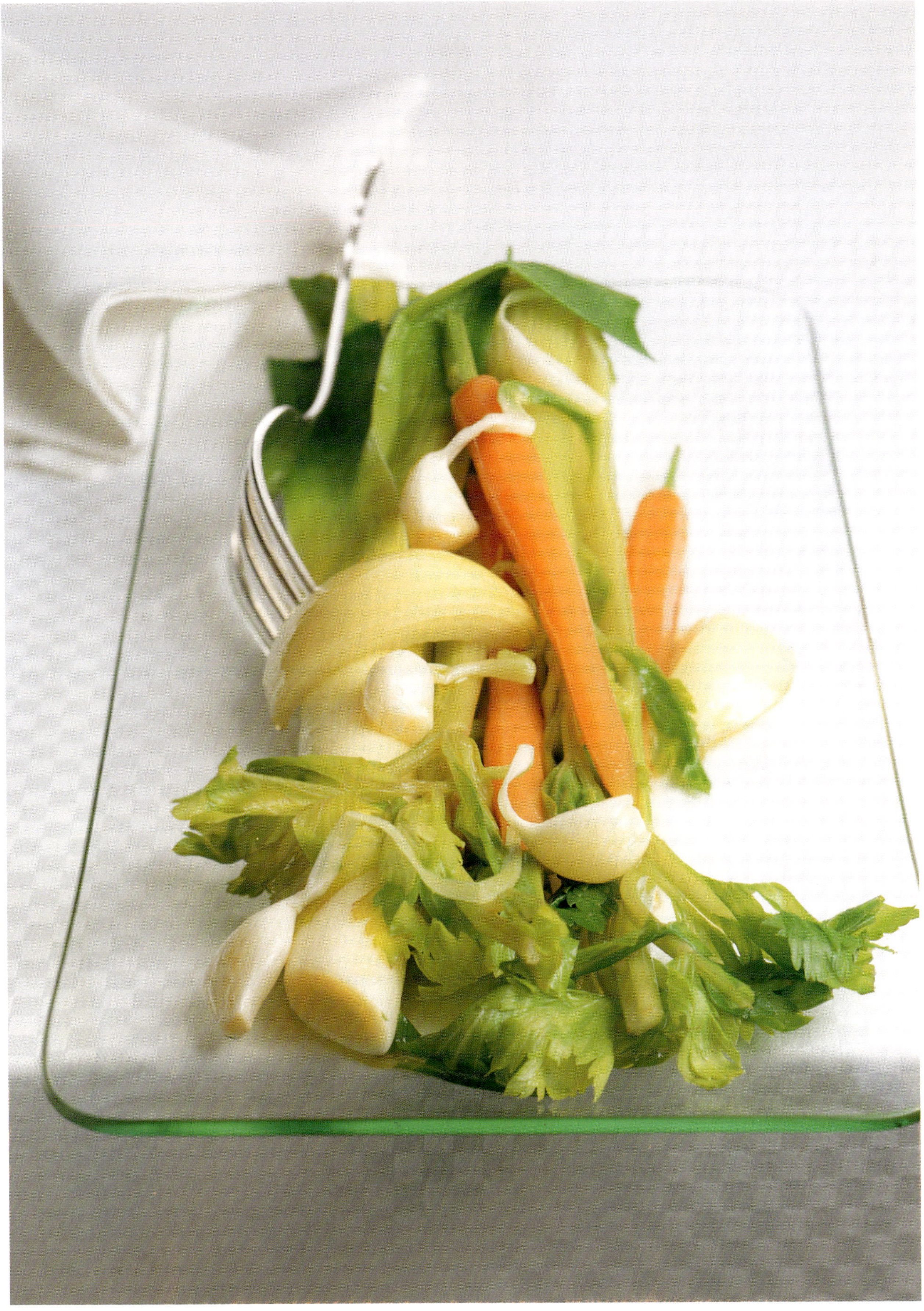

Blattspinat putzen, also entstielen, wenn nötig grobe Rippen herausbrechen. Kalt waschen und gut abtropfen lassen. Kartoffeln in Salzwasser weich kochen, schälen und in mittelgroße Stücke schneiden. Zwiebel und Knoblauch schälen, fein schneiden.

In einem großen Topf Olivenöl erwärmen, Knoblauch kurz darin anschwitzen. Zwiebel beigeben, kurz durchrösten und den abgetropften Blattspinat hineinlegen. Der Blattspinat fällt innerhalb kürzester Zeit in sich zusammen. Rindsuppe und Kartoffeln zugeben, für kurze Zeit köcheln lassen. Mit Salz, Pfeffer, eventuell auch noch mit einem Spritzer würzigem Olivenöl abschmecken.

Cremespinat I

Das nussige Aroma von brauner Butter gibt diesem Cremespinat einen ganz besonderen Geschmack.

Zutaten für 4 Personen

- 500 g passierter Spinat
- 1 kleine Zehe Knoblauch
- 4 EL Butter
- 1 EL glattes Mehl
- 1/4 l Milch
- Salz, Pfeffer
- Muskatnuss

20 Minuten / leicht

Knoblauch schälen und zerdrücken. Den passierten Spinat auf ein feines Sieb geben und überschüssiges Wasser abtropfen lassen.

In einem Topf 1 EL Butter aufschäumen lassen und den Knoblauch darin anschwitzen, ohne dass er Farbe annimmt. Mehl beigeben, durchrösten und mit der Milch aufgießen.

Einbrenn mit einem Schneebesen durchrühren und kurz köcheln lassen. Den Spinat zugeben, mit Salz und Pfeffer würzen.

Die übrige Butter in einer Pfanne bräunen und in den Spinat einrühren. Vor dem Servieren nochmals mit Salz, Pfeffer und Muskatnuss abschmecken.

Cremespinat II

Vielleicht machen Sie den Cremespinat lieber nach dieser Methode…

ZUTATEN FÜR 4 PERSONEN

Wie in vorigen Rezept, nur 1 kg frische Spinatblätter

40 MINUTEN / LEICHT

Spinat von den gröbsten Stielen befreien und gut waschen. In reichlich kochendem Salzwasser blanchieren, danach in Eiswasser abschrecken.
  Den Spinat gut ausdrücken und grob hacken.
  Basissauce aus Mehl und Milch wie im vorhergehenden Rezept herstellen. Spinat dazugeben, im Mixer fein pürieren und abschmecken.

Eierschwammerlsoufflé

Die Basis für dieses Soufflé ist auch für andere Geschmacksträger wie Steinpilze oder Morcheln einsetzbar.

ZUTATEN FÜR 4 PERSONEN

140 g Eierschwammerln (Pfifferlinge)
1/8 l Milch
1/8 l Obers (Sahne)
2 Eier
1 Eidotter
1 TL Maizena (Stärkemehl)
3 EL Weißbrotbrösel

1 EL gehackte Petersilie
1 EL gehackter Liebstöckel
1 1/2 EL geriebener Parmesan
1 EL Butter
Butter und Brösel für die Formen
Salz, Pfeffer
Muskatnuss

45 MINUTEN / AUFWENDIG

Pilze putzen, waschen, grob hacken. In einer Pfanne etwas Butter aufschäumen, die Pilze darin anschwitzen. Mit Salz und Pfeffer würzen. Pilze auf ein Sieb leeren und gut abtropfen lassen. Backrohr auf 180° C vorheizen. Souffléformen mit flüssiger Butter ausstreichen und mit Bröseln ausstreuen.
  Milch, Obers, Eier und Eidotter mit einem Schneebesen gut verschlagen. Stärkemehl,

gehackte Petersilie und Liebstöckel, Parmesan sowie die Pilze zugeben. Mit Salz, Pfeffer und Muskatnuss abschmecken, in die vorbereiteten Formen füllen.

Im vorgeheizten Backrohr 25 Minuten backen.

Anschließend aus den Formen stürzen und als Beilage oder auch als Hauptspeise (mit Kräutern oder Paprikasauce) servieren.

Gedämpfte Champignons

Mit dieser Zubereitungsmethode behalten die Champignons am besten ihren Eigengeschmack und bleiben schön weiß.

Zutaten für 4 Personen

500 g Champignons
Saft von 1 Zitrone

2 EL Butter
Salz

10 Minuten / leicht

Champignons putzen, kurz unter kaltem Wasser waschen. In einem geräumigen Topf mit etwa $1/16$ l Wasser, Zitronensaft und Butter zugedeckt bei kleiner Hitze 5 Minuten garen. Leicht salzen. Topf öfters durchrütteln.

Kartoffelgratin

Für Liebhaber spielt ein Kartoffelgratin keineswegs eine Nebenrolle, sondern ist vielmehr eine vollwertige Hauptspeise. Mit Lauchscheiben oder gar schwarzer Périgord-Trüffel läßt sich dieses Gericht großartig verfeinern.

Zutaten für 4 Personen

500 g große mehlige Kartoffeln
1 Zehe Knoblauch
$1/8$ l Milch
gut $1/8$ l Obers (Sahne)

2 EL frisch geriebener Parmesan
Salz, Pfeffer
Muskatnuss

60 Minuten / leicht

Backrohr auf 150° C vorheizen. Knoblauch schälen, fein zerdrücken. Kartoffeln waschen, schälen, wenn nötig der Länge nach halbieren. Kartoffeln in dünne Scheiben schneiden.

Eine feuerfeste Form mit dem Knoblauch ausreiben. Die Kartoffelscheiben in der Form schuppenartig auslegen. Mit Salz, Pfeffer und Muskatnuss würzen. Mit Obers und Milch aufgießen. Im vorgeheizten Backrohr etwa 45 Minuten garen.

Kurz vor dem Servieren das fast fertige Gratin mit dem Parmesan bestreuen und nochmals 5 Minuten backen. Das Gratin sollte dann goldgelb sein.

Kartoffelpüree

Für viele Gourmets die Beilage schlechthin.

Zutaten für 4 Personen

800 g mehlige Kartoffeln *Salz*
125 g Butter *Muskatnuss*
ca. ¼ l Milch

45 Minuten / leicht

Kartoffeln waschen, schälen und vierteln; zugedeckt in Salzwasser weich kochen. In der Zwischenzeit Milch und Butter in einem Topf erwärmen.

Die gegarten Kartoffeln abseihen. Noch heiß durch eine Kartoffelpresse drücken. Milch-Butter-Mischung zugießen, vorerst nur vorsichtig mit Salz und Muskatnuss würzen. Mit einem Schneebesen glatt rühren, dann endgültig abschmecken. Die exakte Flüssigkeitsmenge hängt von der gewünschten Konsistenz wie auch vom Stärkegehalt der Kartoffeln ab.

Fertiges Kartoffelpüree läßt sich am besten warm halten, wenn man die Oberfläche glatt streicht, etwas Milch darüberleert, einige Butterflocken darauflegt und gut zugedeckt in ein nicht zu heißes Wasserbad stellt. Vor dem Servieren dann nur noch kurz aufrühren.

TIPP: *Für Kartoffelpüree gibt es unzählige Aromavarianten. Ersetzen Sie die Butter zum Teil oder ganz mit würzigem Olivenöl. Auch frische Kräuter (Thymian oder Majoran), frisch geriebener Kren sowie Trüffelöl oder -jus sorgen für attraktive geschmackliche Akzente.*

Kartoffelpuffer

Je dünner man die Laibchen formt, umso eleganter wirken die Kartoffelpuffer. Und Kinder mögen sie auch pur als Hauptspeise.

Zutaten für 4 Personen

700 g mehlige Kartoffeln
1 Zwiebel
3 Zehen Knoblauch
1 EL frisch gerebelter Thymian
1 Ei
Salz, Pfeffer
Muskatnuss
Öl zum Braten

30 Minuten / leicht

Kartoffeln, Zwiebel und Knoblauch schälen. Auf einem feinen Reibeisen raspeln. Die Masse salzen, kurze Zeit stehen lassen, Flüssigkeit etwas herausdrücken. Ei in die Masse mischen, mit Muskatnuss, Thymian und Pfeffer abschmecken.

Aus der Masse 1 cm dicke Laibchen formen. In einer beschichteten Pfanne in Öl beidseitig (pro Seite etwa 7 Minuten) goldgelb knusprig braten. Herausnehmen, mit Küchenpapier abtupfen.

Röstkartoffeln

Wichtigstes Instrument für knusprige Röstkartoffeln ist eine Pfanne aus Gusseisen. Oder Sie arbeiten mit einer beschichteten Pfanne.

Zutaten für 4 Personen

1 kg mehlige Kartoffeln
1 Zwiebel
1 TL getrockneter Majoran
3–4 EL Butter
1 TL Kümmel
Salz

40 Minuten / leicht

Kartoffeln waschen, in einen Topf geben, mit Wasser bedecken und kernig kochen. Etwas abkühlen lassen, schälen und mit einem groben Reibeisen reiben.

Zwiebel schälen, fein schneiden. In einer beschichteten Pfanne Butter erhitzen, Zwiebel darin glasig rösten. Kartoffeln beigeben, mit Kümmel, Majoran und Salz würzen. Unter öfterem Umrühren knusprig goldgelb rösten.

Eingebrannte Erdäpfel

Nicht nur zu gekochtem Rindfleisch, sondern auch zu Braten eine tolle Zuspeise, die im Volksmund auch „einbrennte Hund" genannt wird. Für viele Österreicher eine Beilage voller Nostalgie.

ZUTATEN FÜR 4 PERSONEN

- 1 kg speckige Erdäpfel
- 3 mittelgroße Essiggurkerln
- 2 EL Schweinschmalz
- 2 gehäufte EL glattes Mehl
- ½ l milde Rindsuppe
- 2 Lorbeerblätter
- 1 EL getrockneter Majoran
- 1 Schuß Weißweinessig
- Salz, Pfeffer
- Muskatnuss

60 MINUTEN / LEICHT

Erdäpfel in Salzwasser weich kochen, schälen und in ½ cm dicke Scheiben schneiden. Essiggurkerln in Scheiben schneiden.

Schweineschmalz erhitzen, Mehl dazugeben und bei mäßiger Hitze langsam unter permanentem Rühren eine „blonde" Einbrenn herstellen. Nach und nach mit der kalten Suppe aufgießen und die Flüssigkeit mit dem Schneebesen einarbeiten. Mit Lorbeerblättern und Majoran würzen, 10 Minuten lang unter öfterem Umrühren verkochen lassen.

Erdäpfel- und Gurkerlscheiben in die Einbrenn geben, 10 Minuten köcheln lassen. Mit Salz, Pfeffer, Muskatnuss und Essig abschmecken. Vor dem Servieren 30 Minuten durchziehen lassen.

Saure Fisolen

Eine Spezialität aus Vorarlberg, die dort mit Röstkartoffeln als Hauptgericht serviert wird.

ZUTATEN FÜR 4 PERSONEN

- 800 g Fisolen (grüne Stangenbohnen)
- 200 g geselchte Rippchen
- 4 Zweige Bohnenkraut
- 1 Zwiebel
- 3 EL Butter
- 3 gehäufte EL glattes Mehl
- 0,3 l Rindsuppe
- 1 Lorbeerblatt
- 1 Schuß Weinessig

30 MINUTEN / LEICHT

Fisolen putzen, waschen und einmal durchschneiden. Zwiebel schälen und fein schneiden. In einem Topf Butter aufschäumen, Zwiebel darin glasig rösten. Mehl einrühren und 5 Minuten lang bei kleiner Hitze unter ständigem Rühren rösten. Die kalte Rindsuppe nach und nach zugießen, dabei ständig rühren, um Klumpenbildung zu vermeiden. Lorbeerblatt und die einige Male durchgeschnittenen Rippchen beigeben. Alles zusammen etwa 10 Minuten unter öfterem Umrühren köcheln lassen.

Fisolen beigeben und 10 Minuten köcheln lassen. Mit geschnittenem Bohnenkraut und Essig abschmecken.

Bohnengratin

Hier spielen die einzelnen Gewürze und Zutaten eine wunderbar stimmige Melodie.

Zutaten für 4 Personen

250 g weiße Bohnen
1 Zwiebel
1 Lorbeerblatt
2 Thymianzweige
4 Zehen Knoblauch
1 Bund Basilikum

ca. ⅛ l Olivenöl
2 EL Pinienkerne
3 EL Weißbrotbrösel
4 reife Tomaten
3 EL geriebener Parmesan
Salz, Pfeffer

90 Minuten / aufwendig

Bohnen über Nacht in kaltem Wasser einweichen. Basilikum waschen und abtrocknen, Blätter abzupfen. Knoblauch und Zwiebel schälen. Tomaten in kochendem Wasser blanchieren, in Eiswasser abschrecken. Haut abziehen, halbieren und entkernen. Fruchtfleisch in kleine Würfel schneiden.

Für die Sauce Olivenöl, Basilikumblätter, 3 Zehen Knoblauch, Pinienkerne und etwas Salz mit dem Stabmixer fein durchmixen.

Bohnen mit einer Zehe Knoblauch, Zwiebel, dem Thymianzweig und Lorbeerblatt in etwa 1 Stunde weich kochen, danach abseihen. In einer Pfanne etwas Olivenöl erhitzen. Tomatenwürfel darin anschwitzen. Bohnen beigeben; mit der Basilikumsauce abschmecken, mit Weißbrotbröseln binden. Backrohr auf 220 Grad Oberhitze vorheizen.

Bohnen in einem großen feuerfesten Geschirr eher flach einschichten. Mit Parmesan bestreuen, mit Olivenöl beträufeln und bei maximaler Oberhitze rasch gratinieren.

Glacierte Zwiebeln

Diese sehr einfache Beilage ist äußerst vielseitig verwendbar. Ich persönlich bevorzuge diese Art von Zwiebeln zu knusprig gebratenem Fisch.

ZUTATEN FÜR 4 PERSONEN

- 3–4 weiße Zwiebeln
- 4 EL Butter
- 1/8 l Weißwein
- 1 Lorbeerblatt
- 1 EL gehackte Petersilie
- Salz, Pfeffer

20 MINUTEN / LEICHT

Zwiebeln schälen, halbieren, und in nicht zu feine Streifen (4 mm dick) schneiden.

In einem Topf die Hälfte der Butter aufschäumen, Zwiebel hineingeben und unter oftmaligem Rühren glasig anschwitzen. Die Zwiebelstreifen dürfen keinesfalls Farbe nehmen, da sie sonst einen in diesem Fall unangenehmen Röstgeschmack erhalten. Mit einigen Tropfen Wasser kann man einem beginnenden Rösten entgegenwirken.

Danach Weißwein, Lorbeerblatt, Salz und Pfeffer zugeben. Bei kleiner Flamme einkochen lassen, bis fast die ganze Flüssigkeit verdampft ist.

Zwiebel vom Feuer nehmen. Die restliche kalte Butter einrühren und mit Petersilie würzen.

Rahmkraut

Krautkochen ist eine Angelegenheit für große Töpfe. Miniportionen gelingen leider nie so gut.

ZUTATEN FÜR 8 PERSONEN

- 1 kg Sauerkraut
- 1 Zwiebel
- 3 Zehen Knoblauch
- 2 Lorbeerblätter
- 2 EL Zucker
- 1/8 l Sauerrahm
- 1 TL Kümmel
- 1 TL Wacholderbeeren
- 2 EL Butterschmalz oder Schweineschmalz
- 1 gestrichener EL Mehl
- Salz

45 MINUTEN / LEICHT

Zwiebel und Knoblauch schälen, fein schneiden. In einem Topf Butterschmalz oder Schweineschmalz aufschäumen, Zwiebel und Knoblauch darin farblos anschwitzen.

Sauerkraut einige Male durchschneiden und beigeben, Gewürze beigeben, mit etwas Wasser aufgießen, sodass das Kraut bedeckt ist. Einmal aufkochen, zugedeckt bei kleiner Hitze etwa 25 bis 30 Minuten dünsten.

Sauerrahm in einem Schneekessel mit dem Mehl und einem Schöpfer Flüssigkeit vom gekochtem Kraut glatt rühren und unter das Sauerkraut rühren. Vor dem Servieren nochmals abschmecken.

Stöckelkraut

Die Nonplusultra-Beilage zu deftigem Braten.

Zutaten für 4 Personen

1 Kopf Weißkraut (ca. 1 kg)
4 Zehen Knoblauch
2 Zwiebeln
3 Lorbeerblätter
6 dünne Scheiben Frühstücksspeck

½ l milde Rindsuppe
einige Wacholderbeeren
Kümmel
1 Schuss Weißwein
Salz, Pfeffer aus der Mühle

60 Minuten / leicht

Backrohr auf 180° C vorheizen. Zwiebeln und Knoblauch schälen, blättrig schneiden.

Einen geräumigen, flachen Topf (im Idealfall aus Gusseisen) mit Knoblauch und Zwiebeln auslegen. Den Krautkopf samt dem Strunk sechsteln, flach in den Topf legen und mit Gewürzen bestreuen. Salzen, pfeffern, mit Weißwein und Suppe auffüllen. Mit Speckscheiben belegen und zugedeckt im Backrohr langsam garen. Das dauert gut eine Stunde. Immer wieder mit etwas Flüssigkeit übergießen. Nach einiger Zeit die Temperatur im Backrohr auf 160° C reduzieren.

Weinkraut

Das Kraut kann auch mit 1 oder 2 EL Kartoffelpüree gebunden werden.

ZUTATEN FÜR 4–6 PERSONEN:

1 Kopf Weißkraut
4 EL Entenfett oder Schmalz
1 Zwiebel
ca. 4 gestrichene EL Zucker
1 EL getrockneter Majoran
3 Lorbeerblätter
1 Msp. gemahlener Kümmel
½ l Weißwein
Salz, Pfeffer

45 MINUTEN / LEICHT

Zwiebel schälen, halbieren und in Streifen schneiden. Die äußeren Blätter des Weißkrauts entfernen, halbieren, den Strunk entfernen und in feine Streifen schneiden.

In einem geräumigen Topf etwas Schmalz erhitzen, Zucker beigeben und diesen langsam karamellisieren. Wenn der Zucker eine goldgelbe Farbe angenommen hat, Zwiebel beigeben und durchrösten. Anschließend das Kraut beigeben. Mit Majoran, Kümmel, Lorbeerblättern, Salz und Pfeffer würzen.

Das Kraut langsam schmoren lassen und nach etwa 15 Minuten, wenn das Kraut schon etwas Farbe angenommen hat, mit der Hälfte des Weins aufgießen. Einkochen lassen und nach 15 Minuten den restlichen Wein auffüllen. Wenn nötig etwas Wasser zugießen. Mit Salz und nach Belieben mit einem halben Gemüsesuppenwürfel abschmecken.

Fenchelkraut

Diese Beilage wurde im „Korso" kreiert. Perfekt zu mariniertem Fisch.

ZUTATEN FÜR 4 PERSONEN

4 mittelgroße Knollen Fenchel
¹⁄₁₆ l feinstes Olivenöl
¹⁄₁₆ l gereifter Balsamico-Essig
Salz, Pfeffer

15 MINUTEN / LEICHT

Fenchel waschen, Fenchelgrün abschneiden und beiseite legen. Fenchel mit einer Schneidemaschine gegen die Faser dünn schneiden. Fenchelscheiben mit Salz, Pfeffer, Olivenöl und Balsamico-Essig marinieren. Das Fenchelgrün fein hacken und daruntermischen.

Rotkraut

Erledigen Sie die Vorarbeiten für dieses Rotkraut am besten schon am Vortag.

Zutaten für 4 Personen

- 1 kg Rotkraut
- 1 Zwiebel
- 1 Apfel
- 2 EL Preiselbeerkompott
- Saft von 1 Orange
- Saft von 1 Zitrone
- ½ l Rotwein
- 3 EL Kristallzucker
- 2 TL Maizena (Stärkemehl)
- 3 EL Butterschmalz
- 1 EL Honig
- Salz, Pfeffer

Für das Gewürzsäckchen:
- 4 Nelken
- 1 TL Wacholder
- 1 TL Kümmel
- 1 Zimtrinde
- einige Pfefferkörner
- 1 Lorbeerblatt

60 Minuten / aufwendig

Krautkopf vierteln, den Strunk entfernen und in etwa 2 mm dünne Streifen schneiden. Apfel schälen, Kerngehäuse entfernen und blättrig schneiden. Die Gewürze in ein Gewürzsäckchen (Stoff oder Mull) einpacken. Das Kraut in eine Schüssel geben und mit dem geschnittenen Apfel, Zitronen- und Orangensaft, Rotwein und den Gewürzen marinieren. Alles gut andrücken und abgedeckt an einem kühlen Ort über Nacht stehen lassen.

Zwiebel schälen und in Streifen schneiden. In einer großen Pfanne Butterschmalz erhitzen, Zucker darin goldgelb karamellisieren. Zwiebel beigeben und durchrösten, das Kraut dazugeben und bei kleiner Flamme weich dünsten. Öfters umrühren.

Honig mit dem Stärkemehl und etwas abgekühltem Saft vom Rotkraut verrühren. Das angerührte Stärkemehl löffelweise hinzufügen, bis die gewünschte Konsistenz erreicht und das Rotkraut nach persönlichem Geschmack gebunden ist. Vor dem Servieren mit Salz und Preiselbeeren abschmecken, das Gewürzsäckchen entfernen.

Rahmwirsing

Eine tolle herbstliche Beilage zu Wildgerichten.

ZUTATEN FÜR 4 PERSONEN

800 g Kohl (Wirsing)
1 Zwiebel
100 g Frühstücksspeck
¼ l Obers (Sahne)
1 Zehe Knoblauch
1 Prise getrockneter Majoran
2 EL Butter
Salz, Pfeffer

45 MINUTEN / LEICHT

Kohl halbieren, Strunk entfernen, in einzelne Blätter zerteilen. Grob durchschneiden und waschen. Kohlblätter ca. 3 Minuten in Salzwasser blanchieren (die Blätter müssen weich sein). In Eiswasser abkühlen (so geht die schöne grüne Farbe des Kohls nicht verloren).

Zwiebel, Knoblauch und Speck klein schneiden. In einer Pfanne etwas Butter aufschäumen. Zwiebel und Speck farblos anschwitzen, Knoblauch und Majoran beigeben. Kurz aufschäumen lassen. Mit Obers aufgießen.

Kohl gut ausdrücken und in 1 cm breite Streifen schneiden. In die Sauce geben, mit Salz und Pfeffer würzen. Bei kleiner Flamme zugedeckt in ca. 15 Minuten fertig garen.

Selleriepüree

Dieses Püree kann in etwas verdünnterer Konsistenz ausgezeichnet eine Sauce ersetzen. Paßt gut zu Fisch oder auch zu Wild und Geflügel.

ZUTATEN FÜR 4 PERSONEN

600 g Knollensellerie
4 EL Butter
Salz
Saft von ½ Zitrone

30 MINUTEN / LEICHT

Sellerie schälen, in große Würfel schneiden und mit Zitronensaft beträufeln. Im Dämpfer weich garen. Mit dem Stabmixer (ohne Flüssigkeit) pürieren, danach die kalte Butter einarbeiten. Mit Salz abschmecken.

> **TIPP:** *Ganz phantastisch ergänzt sich das Selleriepüree mit schwarzer Trüffel: Einige Trüffelscheiben in aufschäumender Butter anschwitzen, Selleriepüree dazugeben und nochmals kurz erhitzen. Eine traumhafte Beilage zu jedem edlen Fischfilet.*

Semmelknödel

Ich parfümiere meine Semmelknödel gerne mit einer Prise gehacktem frischen Majoran.

ZUTATEN FÜR 4–6 PERSONEN

6 Semmeln
1 kleine Zwiebel
2 EL gehackte Petersilie
2 Eier
¼ l Milch

2 EL Butter
2 EL glattes Mehl
1 TL Salz
Muskatnuss

40 MINUTEN / AUFWENDIG

Semmeln in 1 cm kleine Würfel schneiden und in eine Schüssel geben.
   Zwiebel schälen und fein schneiden. Butter in einer Pfanne aufschäumen lassen, Zwiebel darin glasig anschwitzen. Zum Schluß die gehackte Petersilie durchschwenken. Zu den Semmeln geben.
   Eier und Milch miteinander verrühren, über die Semmeln leeren, gut miteinander vermischen und durchziehen lassen. Mit Salz und Muskatnuss würzen. Zum Schluß das Mehl einrühren und aus der Masse mit bemehlten Händen Knödel formen. Knödel in wallendes Salzwasser einlegen und 20 Minuten leise köcheln lassen.

   TIPP: *Vor dem Kochen unbedingt einen Probeknödel formen. Falls die Masse zu feucht ist, noch mehr Mehl einrühren.*

Serviettenknödel

Aus hygienischen Gründen sollte man besser mit einer Folie statt mit der traditionellen Serviette arbeiten.

ZUTATEN FÜR 4 PERSONEN

400 g entrindetes Weißbrot oder Toastbrot
3 Eier
⅛ l Milch

3 EL Sauerrahm
Salz
Muskatnuss
1 EL Butter

40 MINUTEN / LEICHT

Brot in Würfel schneiden. Eier und Milch mit Sauerrahm verrühren, mit Salz und Muskatnuss würzen. Eiermilch über das Brot leeren und durchziehen lassen.

Alufolie mit Butter ausstreichen. Die gut durchweichte Masse der Länge nach auf die Alufolie auftragen und den Knödelteig zur gewünschten Breite (Durchmesser etwa 5 cm) bringen. Alufolie an beiden Enden sorgfältig verschließen. In kochendes Wasser einlegen und etwa 20 Minuten ziehen lassen.

Herausnehmen, noch etwas rasten lassen. Dann aus der Folie nehmen und in Klarsichtfolie gewickelt bis zur weiteren Verwendung aufbewahren.

Letscho

Eine würzige Gemüsebeilage, die ausgezeichnet zu gegrilltem Fleisch paßt.

Zutaten für 4 Personen

2 grüne Paprika
2 Zwiebeln
4 Tomaten
1 gehäufter EL Tomatenmark
1 milder Pfefferoni
4 Zehen Knoblauch
2 Lorbeerblätter
1/4 l Rindsuppe
2 EL Schweineschmalz
1 Scheibe geselchter Bauchspeck
Salz

40 Minuten / leicht

Aus den Tomaten Strunk herausschneiden, in kochendem Wasser blanchieren, kalt abschmecken, Haut abziehen und Fruchtfleisch würfelig schneiden. Zwiebel und Knoblauch schälen. Zwiebel würfelig, Knoblauch in feine Scheiben schneiden. Paprika waschen, halbieren, entkernen und würfelig schneiden.

Schweineschmalz in einem Topf erhitzen, Speck und Zwiebel langsam darin glasig ohne Farbe anrösten. Paprika zugeben und weitere 5 Minuten rösten. Tomatenmark kurz mitrösten, Lorbeerblatt und grob geschnittenen Pfefferoni dazugeben. Alles nochmals kurz durchrösten. Geschnittene Tomaten und Rindsuppe beigeben, 20 Minuten köcheln lassen. Mit Salz abschmecken. Vor dem Servieren Speck und Lorbeerblätter entfernen.

> TIPP: *Diese aus Ungarn stammende Beilage erhält erst durch das Schweineschmalz ein gewisses Maß an Authentizität, die durch den Speck noch verstärkt wird. Die Schärfe kann man durch die Pfefferonimenge individuell steuern. Am besten schmeckt das Letscho, wenn man kleine, dünnwandige Paprika verwendet, die man aber leider nicht immer am Markt erhält.*

Tomatenrisotto

Die tatsächliche Qualität dieser Risotto-Spezialität steht und fällt mit der Aromatik der Tomaten.

Zutaten für 4–6 Personen

6 reife, rote Tomaten
200 g Risottoreis
1 kleine Zwiebel
1/8 l Tomatensaft
3 EL frisch geriebener Parmesan

1 Schuß Weißwein
1 Bund Basilikum
5 EL Butter
Gemüsesuppe zum Aufgießen
Salz, Pfeffer

45 Minuten / aufwendig

Tomaten in kochendem Wasser blanchieren, in Eiswasser abschrecken. Die Haut abziehen, halbieren, das Fruchtfleisch in Würfel schneiden.

Zwiebel schälen, fein schneiden. In einem Topf etwa ein Drittel der Butter aufschäumen, Zwiebel darin glasig andünsten. Risottoreis darin kurz anschwitzen. Danach mit Weißwein und Tomatensaft aufgießen.

Mit Salz und Pfeffer würzen, die Tomatenwürfel beigeben und nach und nach heiße Gemüsesuppe oder Wasser zugießen. Risotto bissfest dünsten.

Kurz vor dem Servieren kalte Butterflocken und Parmesan einrühren. Basilikumblätter abzupfen, waschen, in Streifen schneiden und unter das fertige Risotto rühren.

Reis nach persischer Art

Schmeckt auch ausgezeichnet mit einem frischen, rohen Eidotter. Kann so als Hauptspeise serviert werden.

Zutaten für 4 Personen

300 g Langkornreis
3 mittelgroße festkochende Kartoffeln
1/16 l Olivenöl

2 EL gehackte Dille
3 EL Butter
Salz

40 Minuten / leicht

Langkornreis für 48 Stunden in Wasser einweichen. Danach Reis in reichlich kochendem Salzwasser kurz überbrühen und abseihen. Kartoffeln schälen und in 3 mm dicke Scheiben schneiden. In einem Topf Olivenöl erwärmen, Kartoffelscheiben darin einschlichten, den Reis kegelförmig einfüllen. Den dazu passenden Deckel mit einem Geschirrtuch umhüllen und auf den Topf setzen.

Bei kleiner Hitze 25 Minuten lang garen. Mit Butter, gehackter Dille und Salz abschmecken. Beim Anrichten darauf achten, dass bei jeder entnommenen Portion auch etwas vom knusprigen Kartoffelboden dabei ist.

Braisierter Kochsalat

Eine ziemlich aufwendige Beilage, die besonders gut zu Lammfleisch schmeckt.

ZUTATEN FÜR 4 PERSONEN

2 Köpfe Kochsalat
100 g Frühstücksspeck
1 Zwiebel
4 Zehen Knoblauch
2 Lorbeerblätter

2 Zweige Thymian
⅛ l milde Rindsuppe
⅛ l Weißwein
3 EL Olivenöl
Salz, Pfeffer

60 MINUTEN / FÜR EHRGEIZIGE

Kochsalat in reichlich kochendem Salzwasser 1 Minute lang überkochen, danach kalt abschrecken. Etwas ausdrücken und in der Mitte der Länge nach halbieren. Die Salathälften mit einem Tuch etwas auseinanderdrücken. Auf der Innenseite salzen und pfeffern.

Die Salathälften der Länge nach auflegen. Mit dem Rücken eines schweren Messers andeutungsweise dritteln. Die äußeren Enden der Salatblätter nach innen einschlagen. Mit einem Tuch flachdrücken und zu gleichmäßig großen länglichen Päckchen schneiden.

Zwiebel und Knoblauch schälen, klein schneiden. Speck in dickere Streifen schneiden. In einer Pfanne Olivenöl erhitzen. Zwiebel, Knoblauch und Speck darin anschwitzen, mit Suppe und Wein aufgießen. Lorbeerblätter und Thymian zugeben, einige Minuten einkochen lassen. Kochsalatpäckchen einlegen und für 20 Minuten zugedeckt im auf 180° C vorgeheizten Ofen garen.

Saucen &

Grundrezepte

Küchenbasics, aber gewusst wie. Feine Saucen müssen Charakter haben, dürfen aber niemals den Geschmack des kompletten Gerichts dominieren. Ein würziges Geduldspiel, das sich letztlich bezahlt macht.

Ei-Currysauce

Eine feine Dip-Sauce für Gemüse, Fisch oder zu einem Fondue.

ZUTATEN FÜR 4–6 PERSONEN

2 hart gekochte Eier
1 Schuß Weißwein
1 TL Currypulver
3 EL Mayonnaise

5 EL Sauerrahm
Saft von 1/2 Zitrone
Salz

15 MINUTEN / LEICHT

Eier schälen und klein hacken. Weißwein mit Curry einmal aufkochen und abkühlen lassen. In einem Kessel mit allen anderen Zutaten mit einem Schneebesen verrühren und mit Salz abschmecken.

Schnittlauchsauce

Der Saucenklassiker aus Wien. Ich mische ein wenig Schnittlauchsauce auch gerne in meinen Kartoffelsalat.

ZUTATEN FÜR 6–8 PERSONEN

1 entrindete Semmel (oder Toastbrot)
Milch zum Einweichen
1 hart gekochtes Ei
2 Eidotter
1 TL Senf

0,2 l neutrales Speiseöl
1 Schuß Essig
Salz, Pfeffer
4 EL geschnittener Schnittlauch

20 MINUTEN / AUFWENDIG

Semmel in Milch einweichen, danach gut ausdrücken. Das hart gekochte Ei schälen und in Eiweiß und Eidotter teilen. Den Eidotter mit der ausgedrückten Semmelmasse, den beiden flüssigen Eidottern und Senf unter ständiger Beigabe von Öl wie eine Mayonnaise (mit dem Schneebesen oder Stabmixer) aufschlagen. Mit Essig, Salz und Pfeffer abschmecken. Das Eiweiß fein hacken. Kurz vor dem Servieren Schnittlauch einrühren.

TIPP: *Das ist die klassische Wiener Schnittlauchsauce, die zum gekochten Rindfleisch ein Muß ist. Sie paßt aber auch sehr gut zu anderen Fleisch- oder Fischgerichten. Ich persönlich parfümiere meine Schnittlauchsauce mit einem Schuß kräftig-würzigem Olivenöl.*

Schnittlauchsauce, Kalte Tomaten-Basilikum-Sauce, Ei-Currysauce ▶

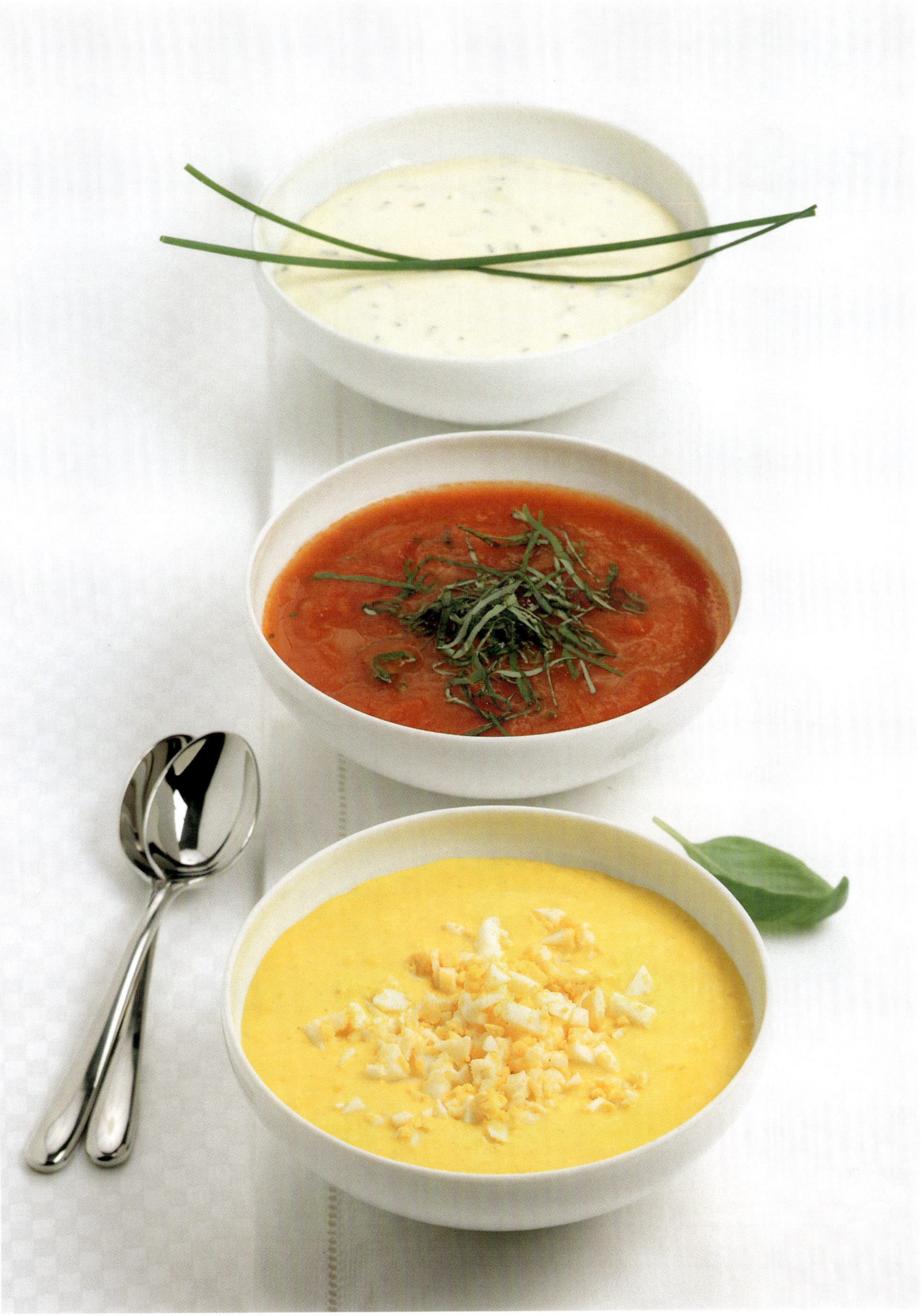

Kalte Tomaten-Basilikum-Sauce

Mischen Sie die Sauce zum Beispiel in Salate, servieren Sie sie zu gebratenem Fisch oder hellem Fleisch.

Zutaten für 4 Personen

6 vollreife Tomaten
1/16 l feinstes Olivenöl
1 kleiner Bund Basilikum
1 Schuß Balsamico-Essig
Zucker
Salz, Pfeffer

20 Minuten / leicht

Den Strunk der Tomaten herausschneiden. In kochendem Wasser Tomaten kurz blanchieren, kalt abschrecken und Haut abziehen. 5 Tomaten grobwürfelig schneiden, fein durchmixen und durch ein feines Sieb passieren. Die verbleibende Tomate halbieren, entkernen und klein würfelig schneiden. Tomatenwürfel in die passierte Sauce einrühren. Mit einem Schneebesen das Olivenöl einarbeiten. Mit Salz, Pfeffer und Zucker abschmecken. Mit geschnittenem Basilikum bestreuen.

Aufgeschlagene Buttersauce (Sauce Hollandaise)

Die Hollandaise ist das Fundament für eine ganze Reihe von Saucen aus der klassischen Haute Cuisine.

Zutaten für 4 Personen

2 Eidotter
125 g Butter
1 Schuß Weißwein
1 TL Zitronensaft
1 fein geschnittene Schalotte
8 grob angedrückte Pfefferkörner
1/2 Lorbeerblatt
Salz, Pfeffer

20 Minuten / aufwendig

Pfefferkörner, Schalotten und Lorbeerblatt mit jeweils einem Schuß Weißwein und Wasser etwa 10 Minuten köcheln lassen. Am Ende sollten bei dieser Gewürzreduktion nur etwa 3 EL Flüssigkeit im Topf sein.

Die Butter klären, das heißt, Butter in einem Topf erhitzen und den Schaum abschöpfen.

Die warme, geklärte Butter (Temperatur ca. 30° C) bereit halten. In einem Schneekessel die beiden Eidotter mit der geklärten Butter über Wasserdampf schaumig aufschlagen. Mit Salz, Pfeffer, Zitronensaft und der abgeseihten Gewürzreduktion abschmecken.

> TIPP: *Wenn man in die Hollandaise Estragon einarbeitet und ein wenig mit Cayennepfeffer würzt, wird daraus die legendäre Sauce Bèarnaise, die besonders gern zu rotem Fleisch (Steaks, Roastbeef) gereicht wird.*
> *Wenn man die Sauce Bèarnaise mit einem Esslöffel Tomatenmark würzt, hat man eine Sauce Choron, die gut zu gedünstetem Fisch und Kalbfleisch paßt. Mit einem Löffel geschlagenem Obers wird aus der Hollandaise die universell einsetzbare Sauce mousseline.*

Champagnersauce mit Kaviar

Eine echte Luxus-Sauce, perfekt zu Fisch und Krustentieren. Statt echten Kaviar könnte man auch Kaviar von Lachs, Forelle oder Saibling verwenden.

ZUTATEN FÜR 4 PERSONEN

0,2 l Fischfond
1/8 l Champagner
3 EL kalte Butter
1/16 l Obers (Sahne)
1 EL Kaviar
Salz, Pfeffer

35 MINUTEN / AUFWENDIG

Champagner auf ein Drittel der ursprünglichen Menge einkochen. Mit Fischfond aufgießen und abermals auf etwa $1/16$ l Flüssigkeit einkochen. Obers zugießen, einmal aufkochen, mit der kalten Butter montieren. Mit dem Stabmixer schaumig aufschlagen und nicht mehr kochen lassen. Unmittelbar vor dem Servieren den Kaviar einrühren. Mit Salz und Pfeffer abschmecken.

Apfelkren

Paßt nicht nur zu gekochtem Rindfleisch, sondern auch zu kaltem Braten, Fisch oder Wildgerichten.

ZUTATEN FÜR 4 PERSONEN

3 säuerliche Äpfel
Saft von 1 Zitrone
1 EL Zucker
2–3 EL frisch geriebener Kren (Meerrettich)
1 Schuß Apfelsaft

15 MINUTEN / LEICHT

Äpfel schälen, mit Zitronensaft beträufeln und am Reibeisen fein raspeln. In einen Topf geben, mit dem restlichen Zitronensaft und Zucker einmal aufkochen. (Damit wird verhindert, dass die Äpfel eine unschöne braune Farbe bekommen.) Apfelpüree kalt stellen. Je nach persönlichem Geschmack mit frisch geriebenem Kren verrühren. Je nach Konsistenz mit etwas Apfelsaft verdünnen.

TIPP: *Mit einem Schuß Balsamico-Essig erreicht die Apfelkrensauce eine neue Geschmacksdimension.*

Paprikasauce

Die Saucenbasis für feines Gulasch bzw. pur zu Faschiertem oder Fisch.

ZUTATEN FÜR 4–6 PERSONEN

2 rote Paprika
½ Zwiebel
2 Zehen Knoblauch
2 EL Butter
1 TL edelsüßes Paprikapulver
1 Schuß Weißwein
1 l Hühnerfond
1 Lorbeerblatt
1/16 l Obers
Salz, Pfeffer

40 MINUTEN / AUFWENDIG

Paprika halbieren, entkernen und würfelig schneiden. Zwiebel und Knoblauch schälen, fein schneiden. Butter in einem geräumigen Topf aufschäumen, Zwiebel und Knoblauch darin glasig rösten. Paprika beigeben und kurz, ohne Farbe zu nehmen, durchrösten. Topf vom Herd nehmen, Paprikapulver einrühren, mit Weißwein ablöschen. Mit Hühnerfond

Senf-Dill-Sauce ▲

auffüllen, Lorbeerblatt beigeben und 30 Minuten reduzierend kochen lassen. Lorbeerblatt herausnehmen und Sauce durchmixen, danach durch ein feines Sieb passieren. Obers zugießen, nochmals aufkochen, dann mit Salz und Pfeffer abschmecken.

Senf-Dill-Sauce

Meine ganz persönliche Saucenkreation zu kalten und warmen Fischgerichten, die ihren Reiz aus dem Süß-Sauer-Kontrast bezieht.

ZUTATEN FÜR 4–6 PERSONEN:

0,2 l Sauerrahm
2 EL Senfkörner
1 EL Honig
Saft von ½ Zitrone

2 EL gehackte Dille
1 EL Dijon-Senf
1 EL Pommery-Senf
Salz, Pfeffer

20 MINUTEN / LEICHT

Senfkörner in 20 Minuten weich kochen. Zur Hälfte der Kochzeit Wasser wechseln, gut abspülen und trocken tupfen. In einem Schneekessel mit dem Schneebesen alle Zutaten miteinander verrühren. Je nach Geschmack mit Salz, Pfeffer und eventuell noch etwas mehr Zitronensaft endgültig abschmecken.

Gemüse-Vinaigrette

Eine sehr vielseitige Mixtur für Salate und zu verschiedensten Einsatzzwecken bei Buffets. Unbedingt kalt servieren!

ZUTATEN FÜR 4 PERSONEN

1 Fleischtomate
2 Schalotten
½ roter Paprika
½ gelber Paprika
2 EL Rotweinessig
$1/16$ l Balsamico-Essig
$1/16$ l Olivenöl
1 EL frisch gehackte Kräuter (z. B. Petersilie, Schnittlauch, Basilikum)
Salz, Pfeffer

20 MINUTEN / LEICHT

Den Strunk aus der Tomate herausschneiden. In kochendem Wasser kurz blanchieren, kalt abschrecken und Haut abziehen. Halbieren, Körner ausdrücken und kleinwürfelig schneiden. Schalotten schälen und fein schneiden. Paprika kleinwürfelig schneiden. Feingewürfeltes Gemüse mit Essig, Öl, Salz und Pfeffer verrühren. Kurz vor dem Servieren die Kräuter daruntermischen.

Béchamelsauce

Die Grundlage für viele Saucenklassiker wie etwa die Gratiniersauce Sauce Mornay, die durch die Zugabe von geriebenem Parmesan und Eidotter entsteht.

ZUTATEN FÜR 4 PERSONEN

½ l Milch
40 g Butter
40 g glattes Mehl
Salz

15 MINUTEN / LEICHT

Gemüse-Vinaigrette ▲

Butter in einem geräumigen Topf aufschäumen lassen. Das Mehl einrühren, kurz anschwitzen, ohne Farbe nehmen zu lassen. Mit kalter Milch nach und nach aufgießen. Sauce dabei permanent mit einem Schneebesen durchrühren, um etwaiger Klumpenbildung vorzubeugen. Die Sauce auf kleiner Hitze etwa 10 Minuten köcheln lassen, immer wieder mit dem Schneebesen durchrühren. Mit Salz abschmecken.

SAUCEN & GRUNDREZEPTE

Fischfond

Das Basisrezept, das je nach weiterem Verwendungszweck abgewandelt werden kann. Das Wichtige beim Fond sind möglichst frische Gräten.

ZUTATEN

500 g Karkassen von Plattfischen (z. B. Steinbutt, Seezunge oder St. Petersfisch)
1 Zwiebel
2 Stangen Stangensellerie
½ l Weißwein
1 Tomate
3 EL Olivenöl
½ geschälte Zitrone
8 Stück weiße angedrückte Pfefferkörner
1 Zweig Thymian
1 Lorbeerblatt

30 MINUTEN / LEICHT

Karkassen unter fließendem kalten Wasser gut abspülen. Zwiebel schälen und fein schneiden. Sellerie putzen und schälen. Karkassen zerkleinern. In einem geräumigen Topf Olivenöl erhitzen, Zwiebel und Sellerie kurz (ohne Farbe) anschwitzen, Karkassen kurz durchschwenken. Tomate, Zitrone, Pfefferkörner, Thymian und Lorbeerblatt beigeben, mit Weißwein ablöschen. Einmal aufkochen lassen, mit 2 Liter Wasser aufgießen. Bei kleiner Hitze etwa 25 Minuten mehr ziehen als köcheln lassen. Hin und wieder den aufsteigenden Schaum abschöpfen. Den Fond langsam durch ein feines Sieb abseihen.

TIPP: *Verwenden Sie ausschließlich Plattfische und keinesfalls die Köpfe, weil sonst der Fond trüb und tranig wird.*

Kalbsfond

Dieser Fond ist Pflicht. Ohne einem guten Kalbsfond sind viele Saucen und Arbeitsschritte der modernen verfeinerten Küche nicht machbar.

ZUTATEN

500 g Kalbfleischabschnitte (und einige Knochen)
1 Gemüsebouquet (1 gelbe Rübe, ½ Stange Lauch, 1 Karotte, 1 Stück Knollensellerie, einige Zweige Petersilie)
1 kleines Lorbeerblatt
10 Pfefferkörner

210 MINUTEN / LEICHT

Das Gemüse putzen und waschen, mit einem Faden zusammenbinden. Kalbfleisch gut waschen. In einem geräumigen Topf alle Zutaten mit 3 Liter Wasser aufkochen. Den aufsteigenden Schaum hin und wieder abschöpfen. 2 bis 3 Stunden bei kleiner Hitze köcheln lassen. Danach durch ein feines Sieb seihen.

Fleischglace

Eine aromareiche braune Basissauce mit enorm vielen Einsatzmöglichkeiten.

Zutaten

- 500 g Rindfleisch- oder Kalbfleischabschnitte
- 500 g klein gehackte Kalbfleischknochen
- 500 g grob geschnittene Zwiebeln
- 3 EL Tomatenmark
- 10 angedrückte Pfefferkörner
- 3 Lorbeerblätter
- 10 Zweige Thymian
- 0,5 l kräftiger Rotwein
- 4 EL Olivenöl

240 Minuten / aufwendig

Fleischabschnitte und Knochen in heißem Olivenöl langsam dunkelbraun anrösten. Zwiebeln beigeben und 5 Minuten mitrösten. Tomatenmark einrühren und einige Minuten durchrösten. Mit Rotwein ablöschen, Gewürze beigeben und mit 4 Liter Wasser auffüllen. Langsam auf die Hälfte der ursprünglichen Flüssigkeitsmenge einkochen. Immer wieder das aufsteigende Fett abschöpfen, zum Schluß durch ein Sieb seihen.

Hühnerfond

Im „Korso" mischen wir Hühner- und Kalbsknochen. Eine kongeniale Kombination, die ein besonders ausdrucksvolles Aroma ergibt.

Zutaten

- 500 g Hühnerkarkassen (Hühnerflügel und Teile vom Hühnerrücken)
- 1 Gemüsebouquet (1 gelbe Rübe, ½ Stange Lauch, 1 Karotte, 1 Stück Knollensellerie, einige Zweige Petersilie)
- 1 kleines Lorbeerblatt
- 10 Pfefferkörner

210 Minuten / leicht

Das Gemüse putzen und waschen, mit einem Faden zusammenbinden. Hühnerkarkassen gut waschen. In einem geräumigen Topf alle Zutaten mit 3 Liter Wasser aufkochen. Den aufsteigenden Schaum hin und wieder abschöpfen. 2 bis 3 Stunden bei kleiner Hitze köcheln lassen. Danach durch ein feines Sieb seihen.

TIPP: *Fond am besten in kleinen Portionen auf Vorrat einfrieren.*

Mayonnaise

Die wichtigste Basis für kalte Saucen. Öl und Eier müssen bei der Herstellung die gleiche (Zimmer-)Temperatur haben.

Zutaten

- 2 Eidotter
- ¼ l neutrales Speiseöl
- 1 TL Senf
- 1 EL Zitronensaft
- Salz, Pfeffer

15 Minuten / leicht

Eidotter, Senf, Salz und Pfeffer glatt rühren. Anfangs langsam in einem eher dünnen Strahl kreisend nach und nach Öl einfließen lassen und mit dem Handmixer einarbeiten. Sobald die Mayonnaise schön bindet, endgültig mit Salz und Zitronensaft abschmecken.

Joghurtdressing

Noch würziger wird dieses Dressing mit passiertem Blauschimmelkäse.

Zutaten für 4 Personen

- 0,25 l Joghurt
- Saft von 1 Zitrone
- 1 EL gehackte Petersilie
- 1 EL gehackte Dille
- Salz, Pfeffer

10 Minuten / leicht

Alle Zutaten miteinander verrühren. Je nach persönlichem Geschmack mit mehr oder weniger Zitronensaft abschmecken.

Nudelteig

Ein universell einsetzbarer Basis-Nudelteig. Durch die Verwendung von Dinkel- oder Roggen-Vollwertmehl werden die Nudeln noch wertvoller.

Zutaten

500 g glattes Mehl
2 EL fein gemahlener Hartweizengrieß
$1/16$ l Olivenöl
4 Eier
3 Eidotter
$1/16$ l Wasser
1 TL Salz

30 Minuten / leicht

Alle Zutaten vermischen und zu einem festen Teig verarbeiten. Vor der Zubereitung mindestens eine Stunde lang, in Klarsichtfolie eingewickelt, rasten lassen.

TIPP: *Im Restaurant „Korso" machen wir den Teig ausschließlich aus Eidottern (ohne ganzen Eiern und Wasser). Farbe und Geschmack dieses Teigs sprechen für sich...*

Kartoffelrahmsalat

Ein toller Salat zu Fleisch und Fisch. Bei einer Grillparty können Sie mit diesem Salat enorm Punkte sammeln.

Zutaten für 4 Personen

500 g fest kochende Kartoffeln (vorzugsweise Kipfler)
6 EL Sauerrahm
Weißweinessig
Balsamico-Essig
1 kleine rote Zwiebel
Salz, Pfeffer
2 EL geschnittener Schnittlauch

45 Minuten / aufwendig

Kartoffeln mit Wasser bedeckt weich kochen. Schälen, blättrig schneiden. Sauerrahm, Weißweinessig, Salz und Pfeffer verrühren und damit die Kartoffelscheiben marinieren. Rote Zwiebel klein schneiden, unter den Salat mischen. Den Salat eher kühl, mit Schnittlauch bestreut, servieren.

Mayonnaisesalat

Der Pflichtsalat zum gebackenen Karpfen.

Zutaten für 4 Personen

1 Rezept Kartoffelsalat (Seite 133)
4 El Mayonnaise (Rezept Seite 250)

45 Minuten / aufwendig

Den fertigen Kartoffelsalat mit der Mayonnaise vermengen. Darauf achten, dass der Kartoffelsalat nicht in der Marinade „schwimmt", weil sonst die Mayonnaise zu dünnflüssig wird. In diesem Fall den fertigen Salat nochmals in eine andere Schüssel umfüllen und erst dann mit der Mayonnaise vermengen.

Gurkensalat

Ein ganz wichtiger Salat, der zu mehr Gerichten paßt, als man gemeinhin denkt. Servieren Sie ihn zu sämtlichen gebackenen, aber auch gebratenen Speisen.

Zutaten für 4 Personen

1 kg Gurken
Weißweinessig
Pflanzenöl
Salz, Pfeffer
1 Zehe Knoblauch
1 Prise Zucker

20 Minuten / leicht

Gurken schälen und mit einem Hobel dünnblättrig schneiden. Gurken salzen und etwa 15 Minuten stehen lassen. Danach Gurken leicht ausdrücken und die ausgetretene Flüssigkeit wegleeren. Knoblauchzehe auf einem Reibeisen fein raspeln und zur Gurke geben. Mit Essig, Öl, Zucker, Salz und Pfeffer abschmecken.

> TIPP: *Ohne Essig und Öl, dafür aber mit Sauerrahm, Zitronensaft und gehackter Dille können Sie einen Rahm-Gurkensalat herstellen. Ich persönlich bevorzuge den herkömmlichen Gurkensalat, dem ich aber viel Knoblauch und Olivenöl beimische.*

Krautsalat

Deftige Speisen sind ohne diesen Salat fast undenkbar. Warm mariniert, mit etwas gebratenem Speck wird der Krautsalat zur absoluten Köstlichkeit.

Zutaten für 4 Personen

1 kg Weißkraut
Weißweinessig
Pflanzenöl
1 TL ganzer Kümmel
1 Prise Zucker
Salz, Pfeffer

30 Minuten / leicht

Weißkrautkopf halbieren, Strunk herausschneiden. Krauthälften mit der Schneidemaschine in dünne Streifen schneiden. Mit Salz bestreut 15 Minuten durchziehen lassen, dann Kraut gut ausdrücken. Mit Essig, Öl, Kümmel, Zucker, Salz, Pfeffer marinieren.

… Saucen & Grundrezepte …

Tomatensalat

Dieser Salat läßt sich sehr gut mit dünn geschnittenen Gurkenscheiben kombinieren. Besonders elegant wird der Salat mit enthäuteten Tomaten.

Zutaten für 4 Personen

800 g Tomaten
1 fein geschnittene rote Zwiebel
Balsamico-Essig
Olivenöl
Salz, Pfeffer
1 kleiner Bund Basilikum

20 Minuten / leicht

Tomaten waschen, Strunk herausschneiden. Tomaten entweder achteln oder in nicht zu dünne Scheiben schneiden. Aus Balsamico-Essig, Olivenöl, Zwiebel, Salz und Pfeffer eine Marinade rühren. Geschnittene Tomaten in eine Schüssel geben und mit der Marinade vermengen. Mit Salz, Pfeffer und kleingeschnittenem Basilikum endgültig abschmecken.

Prinzessbohnensalat

Kochen Sie die Prinzessbohnen in sehr stark gesalzenem Wasser.

Zutaten für 4 Personen

500 g Prinzessbohnen
1 fein geschnittene rote Zwiebel
Balsamico-Essig
Olivenöl
Salz, Pfeffer

15 Minuten / leicht

Bohnen waschen und putzen. In kochendem Salzwasser in 2 Minuten bissfest garen, dann mit kaltem Wasser abspülen. Aus Balsamico-Essig, Olivenöl, Zwiebel, Salz und Pfeffer eine Marinade rühren. Bohnen erst unmittelbar vor dem Servieren mit der Marinade vermischen, mit Salz und Pfeffer abschmecken.

> TIPP: *Wer sonst nichts zu tun hat, kann die Bohnen vor dem Garen halbieren. dadurch reduziert sich die Garzeit erheblich und die Bohnen nehmen die Marinade besser auf.*

Gemischter Blattsalat, Prinzessbohnensalat, Tomatensalat ▲

Gemischter Blattsalat

Das Wichtigste beim Blattsalat: Bringen Sie diesen knackig zu Tisch und marinieren Sie den Salat erst unmittelbar vor dem Servieren.

Zutaten für 4 Personen

500 g gemischter Blattsalat (z. B. Lollo Rosso, Frisée, Eichblatt, Rucola)
Balsamico-Essig
Olivenöl
Salz, Pfeffer

15 Minuten / leicht

Blattsalate putzen, zerkleinern und unter fließendem kalten Wasser gut abspülen. Blattsalate mit einer Salatschleuder trocknen. Aus Balsamico-Essig, Olivenöl, Salz und Pfeffer eine Marinade rühren. Salat in eine Schüssel geben und unmittelbar vor dem Servieren mit der Marinade vermengen.

> TIPP: *In Österreich ist in den letzten Jahren eine tolle Kultur rund um natürlich vergorenen Fruchtessig entstanden. Es bleibt Ihrer persönlichen Phantasie und Experimentierfreude überlassen, ganz individuelle Marinaden, z. B. mit Apfel- oder Bieressig, zu entwickeln.*

Butter „Café de Paris"

Ein Saucenersatz zu gebratenem Fisch und Fleisch. Frieren Sie diese Butter in kleinen Behältern auf Vorrat ein.

Zutaten

- 500 g Butter
- 1 Zehe Knoblauch
- ½ EL Paprikapulver
- ½ EL Curry
- 1 EL Dijon-Senf
- ½ EL Tomatenmark
- 1 TL gemahlener Koriander
- ½ EL gerebelter Thymian
- 1 EL Worcestersauce
- 1 EL Petersilie
- ½ EL Dille
- ½ TL Majoran
- ½ TL gemahlener Kümmel
- ½ TL Ingwer
- Salz, Pfeffer

20 Minuten / leicht

Butter auf Zimmertemperatur bringen. Knoblauch, Petersilie, Dille und Ingwer hacken. Alle Zutaten gut vermischen. Zugedeckt im Kühlschrank lagern.

Kräuter-Knoblauch-Butter

Eine kräftige, universell einsetzbare Gewürzbuttermischung.

Zutaten

- 500 g Butter
- 1 ½ EL Dijon-Senf
- 3 Zehen Knoblauch
- 2 ½ EL gehackte Petersilie
- 1 TL Thymian
- 18 g Salz
- 1 EL Worcestersauce
- reichlich Pfeffer aus der Mühle

20 Minuten / leicht

Butter auf Zimmertemperatur bringen. Knoblauch fein hacken, mit Petersilie, Thymian, Dijon-Senf und Worcestersauce unter die Butter rühren. Mit Salz und Pfeffer abschmecken. Zugedeckt im Kühlschrank lagern.

Krensenf

Eine interessante hausgemachte Senfmischung, die sich gut zum Marinieren von Fleischstücken eignet.

Zutaten

- *200 g weiße Senfkörner*
- *0,2 l Kräuter-Weinessig*
- *0,2 l Wasser*
- *1 Krenwurzel (Meerrettichwurzel)*
- *1 Apfel*
- *1 EL Zitronensaft*
- *3 EL Zucker*
- *1 TL Salz*

30 Minuten / leicht

Senfkörner in der Küchenmaschine fein mahlen. Essig und Wasser aufkochen. Gemahlenen Senf beigeben, unter ständigem Rühren kurz erhitzen. Auskühlen lassen.

Krenwurzel schälen und fein reiben. In den Senf einrühren. Apfel schälen, fein raspeln und mit den restlichen Zutaten zum Senf geben. Alles gut verrühren und in Gläser abfüllen.

Paprika-Senf

Sich seinen eigenen Senf zu machen, ist ein sehr spannendes Unterfangen. Lassen Sie Ihre Phantasie bezüglich Gewürzen und Verwendungszweck spielen.

Zutaten

- *200 g weiße Senfkörner*
- *0,2 l Kräuter-Weinessig*
- *0,2 l Wasser*
- *2 EL edelsüßes Paprikapulver*
- *6 EL Honig*
- *3 EL Sherry*
- *3 EL Sonnenblumenöl*

30 Minuten / leicht

Senfkörner in der Küchenmaschine fein mahlen. Essig und Wasser aufkochen, über das Senfpulver gießen. Alle übrigen Zutaten beifügen, zu einer Paste verrühren und in ein Glas abfüllen.

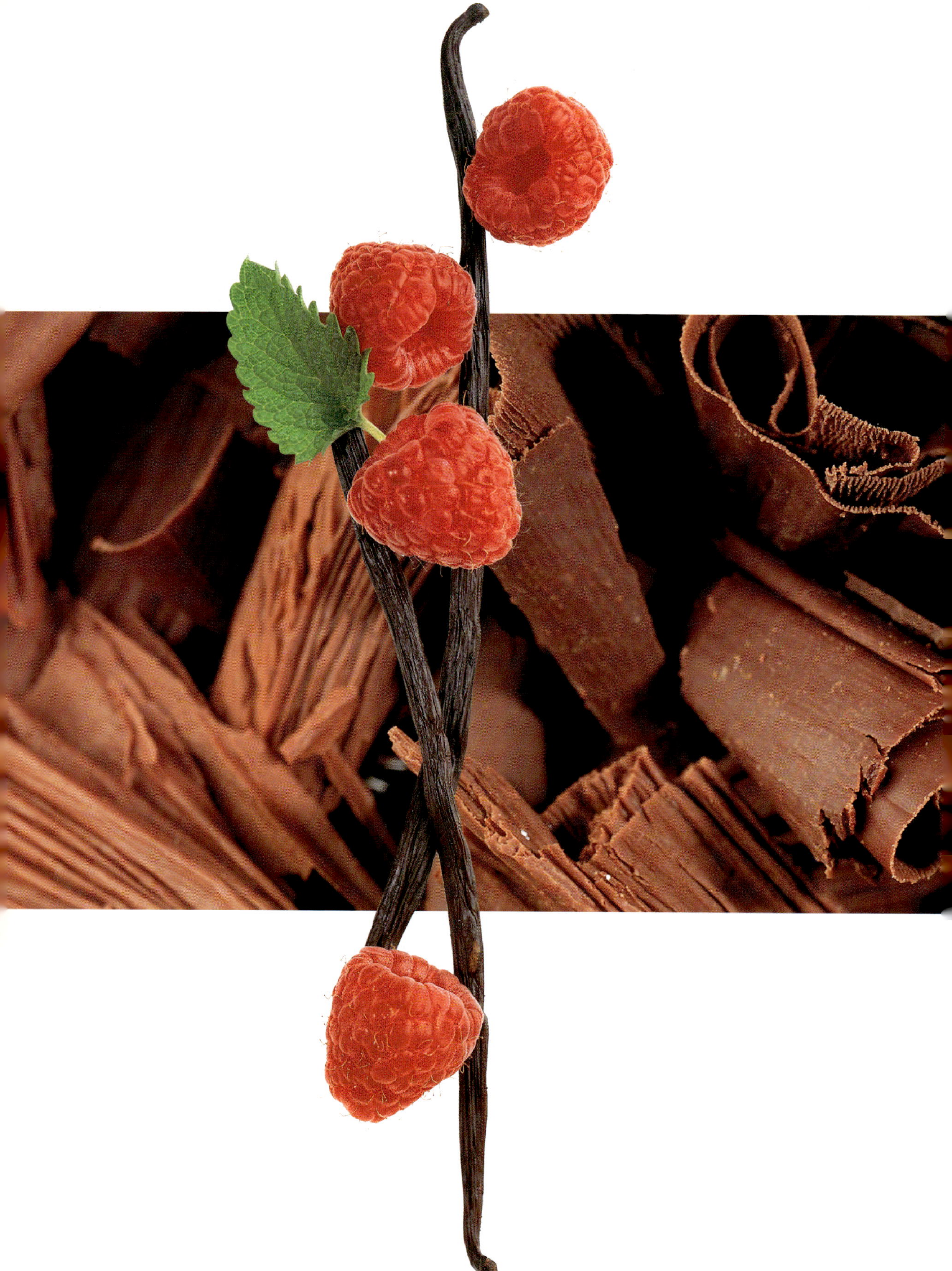

Nachspeisen

Dem Schlußpunkt eines Menüs ist immer schon besondere Bedeutung zugekommen. Wer statt süßen Desserts lieber würzigen Käse servieren will, findet in diesem Kapitel ebenfalls einige Anregungen.

NACHSPEISEN

Omelette „Stephanie"

Ein zeitloses wie elegantes Dessert, das bezüglich der Füllung viel kreativen Spielraum zuläßt.

ZUTATEN FÜR 4 PERSONEN

6 Eiklar
120 g Kristallzucker
6 Eidotter
120 g glattes Mehl
Schale von 1 unbehandelten Zitrone
Butter zum Backen
4 EL Marillenmarmelade
Staubzucker
Mehl zum Stauben
200 g Fruchtkompott
Staubzucker (Puderzucker) zum Bestauben

30 MINUTEN / AUFWENDIG

Backrohr auf 200° C vorheizen. Eiklar mit Kristallzucker zu Schnee schlagen. Zitrone waschen, die Schale auf einem Reibeisen dünn abreiben. Mit den Eidottern und dem Mehl vorsichtig unter den Schnee heben.

Eine Omelettepfanne mit Butter ausstreichen und mit Mehl stauben. Die Omelettemasse ca. 1½ cm hoch einstreichen oder mit einem Spritzsack eindressieren. Im Backrohr etwa 6 Minuten backen. Die Omelette soll an der Oberfläche hellbraun sein. Die übrigen Omelettes entsprechend ausbacken und bis zum Servieren warm stellen.

Marmelade vorsichtig erwärmen. Kompott auf ca. 50° C temperieren, anschließend den Saft durch ein Sieb seihen.

Eine Omelette-Hälfte mit Marmelade bestreichen und mit den Kompottfrüchten belegen. Die unbestrichene Fläche darüberklappen.

Vorsichtig auf einen vorgewärmten Teller legen, mit Staubzucker bestreut servieren.

TIPP: *Wenn Sie die Omelettes in der Mitte leicht einritzen, lassen sie sich viel leichter zusammenklappen.*

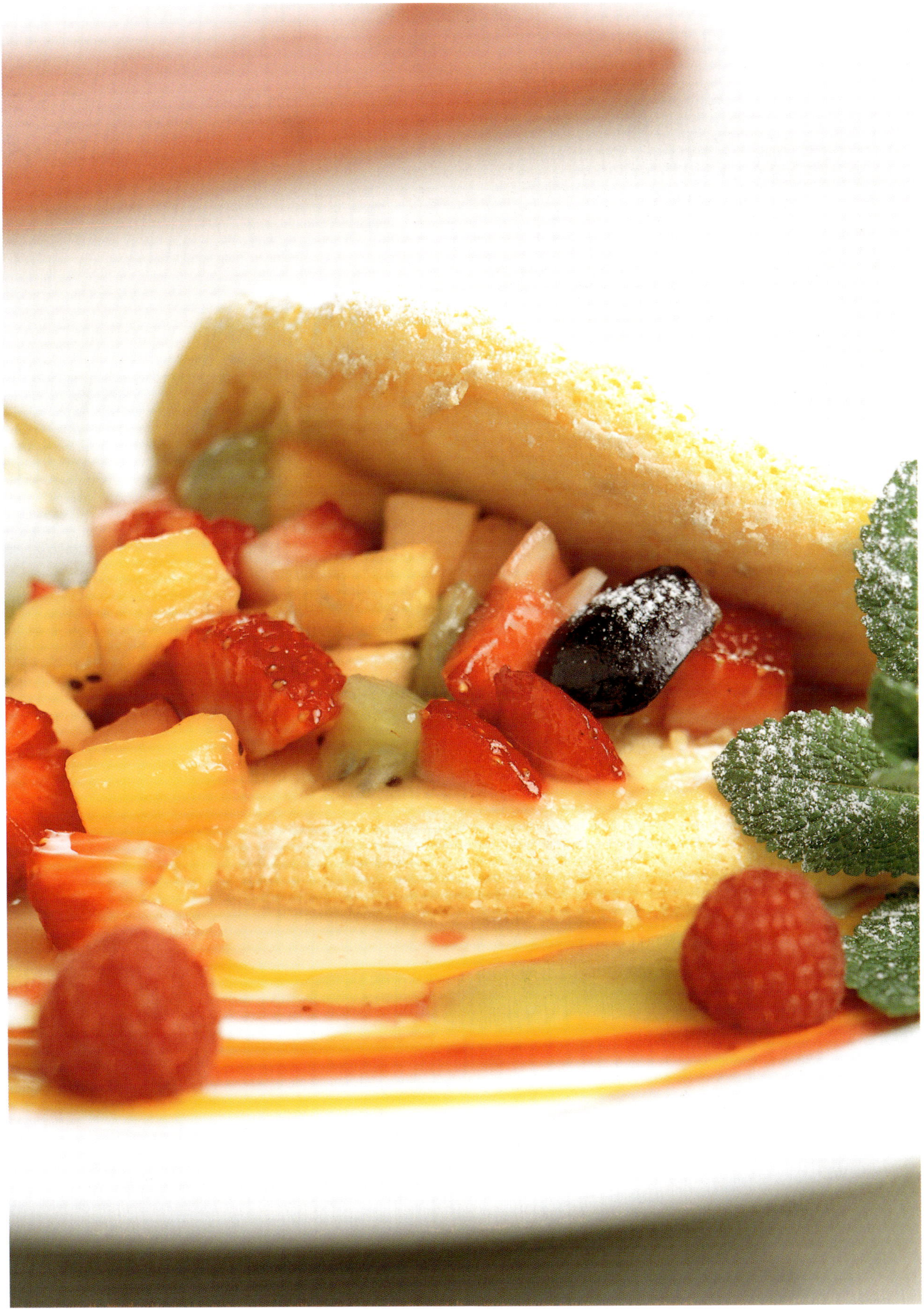

Kaiseromelette

Beim Servieren können Sie die Omelettes auch mit Saucen oder Röster füllen und zusammengeklappt auf Tellern anrichten.

ZUTATEN FÜR 4 PERSONEN

40 g Butter
40 g Mehl
ca. 0,3 l Milch
eine Prise Salz
1 Vanilleschote
etwas Zitronensaft
4 Eidotter
20 g Kristallzucker
4 Eiklar
Butter zum Backen
Staubzucker (Puderzucker) zum Bestreuen

20 MINUTEN / AUFWENDIG

In einem Topf Butter zergehen lassen und Mehl kurz darin anrösten. Mit der Milch aufgießen und unter ständigem Rühren ca. 5 Minuten köcheln lassen. Das ausgekratzte Mark einer Vanilleschote, Salz und etwas Zitronensaft beigeben. Etwas abkühlen lassen, dann nach und nach die Eidotter einrühren. Eiklar mit Zucker zu steifem Schnee schlagen. Unter die Masse heben.

In einer kleinen Pfanne etwas Butter zergehen lassen und ein Viertel der Masse eingießen. Bei mäßiger Hitze beidseitig goldbraun backen. Nach und nach auf diese Art 4 Omelettes backen. Fertig gebackene Omelettes währenddessen im Backofen warm stellen.

Die warmen Omelettes vor dem Servieren mit Staubzucker bestreuen. Je nach Gusto mit Marillenmarmelade bestreichen oder Röster bzw. Kompott dazu servieren.

> TIPP: *Achten Sie beim Backen der Omelettes darauf, dass genug Butter in der Pfanne ist, andernfalls brennen die Omelettes leicht an.*

Kaiserschmarren

Das wahrscheinlich berühmteste österreichische Dessert-Rezept.

ZUTATEN FÜR 4 PERSONEN

¼ l Milch
130 g glattes Mehl
2 EL Kristallzucker
6 Eier
1 Schuß Rum
Butter zum Backen

1 EL Vanillezucker
etwas Zitronensaft
2 EL Rosinen
1 Prise Salz
Staubzucker (Puderzucker)
gemahlener Zimt

35 MINUTEN / LEICHT

Backrohr auf 200 Grad vorheizen. Eier in Dotter und Klar trennen. Eiklar mit Kristallzucker zu steifem Schnee schlagen. In einer Schüssel Milch, Mehl, Eidotter, Zitronensaft, Vanillezucker und eine Prise Salz glatt rühren. Schnee unter den Teig heben.

In einer großen ofenfesten Pfanne etwas Butter erhitzen. Teig eingießen. Zuerst am Herd anbacken, umdrehen und dann beidseitig im Backrohr braun backen.

Pfanne herausnehmen; Teigmasse in kleine Stücke zerreißen. Rosinen dazugeben, mit Kristallzucker bestreuen und im Rohr karamellisieren. Mit gemahlenem Zimt und Staubzucker bestreuen. Mit Kompott und/oder Eis servieren.

TIPP: *Meine ganz persönliche Kaiserschmarren-Variante: In einer Pfanne Butter aufschäumen, einen geschälten, blättrig geschnittenen Apfel karamellisieren und dann wie im Rezept weiter vorgehen.*

Vanille-Topfensoufflé

Ein nettes, leichtes Dessert. Ideal im Rahmen einer üppigen Menüfolge.

ZUTATEN FÜR 4 PERSONEN

280 g Topfen (Quark), 10 % Fett
4 Eier
80 g Kristallzucker
20 g Stärkemehl

Mark von 2 Vanilleschoten
abgeriebene Schale von 1 Zitrone
Butter und Zucker für die Formen

30 Minuten / leicht

Backrohr auf 220 Grad vorheizen. Topfen passieren. Eier in Klar und Dotter trennen. Topfen, Eidotter, Vanillemark, Stärkemehl und geriebene Zitronenschale vermischen.

Eiklar mit Kristallzucker zu Schnee schlagen. Ein Drittel des Schnees unter die Topfenmasse rühren, den übrigen Schnee vorsichtig unterheben.

Souffléförmchen buttern, mit Kristallzucker ausstreuen. Masse ca. ³/₄ hoch einfüllen und glatt streichen. In eine passende Wanne oder Bratenform 1–2 cm hoch Wasser füllen und aufkochen. Förmchen in dieses Wasserbad stellen und für ca. 20 Minuten im vorgeheizten Rohr garen. Gegarte Soufflés herausnehmen und stürzen. Mit einer Fruchtsauce oder frischen Beeren servieren.

Apfel-Rosinengratin

Verwenden Sie für dieses Gratin unbedingt sehr säuerliche Äpfel, weil alle anderen Sorten nicht das erforderliche Aroma besitzen.

Zutaten für 4 Personen

- 4 säuerliche Äpfel
- 2 EL Butter
- 50 g Zucker
- 1 Schuss Weißwein
- 1 Schuss Calvados
- 1 Hand voll Rumrosinen (Rezept Seite 288)
- Biskuitmasse von 4 Eiern (Rezept Biskuitroulade Seite 282)

Für die Gratiniermasse:
- 250 g Topfen (Quark), 10 % Fett
- 2 EL Sauerrahm
- 3 Eier
- 50 g Zucker
- 1 Packung Vanillezucker
- geriebene Schale von 1 unbehandelten Zitrone

45 Minuten / aufwendig

Äpfel schälen, halbieren, vom Kerngehäuse befreien und blättrig schneiden. In einer Pfanne etwas Butter aufschäumen, Zucker beigeben und die Äpfel darin unter ständigem Schwenken hellbraun karamellisieren. Mit Calvados und Weißwein ablöschen, Rumrosinen einrühren. Beiseite stellen.

Für die Gratiniermasse Eier trennen. Topfen, Sauerrahm und Eidotter verrühren. Mit Zucker, Vanillezucker und fein geriebener Zitronenschale abschmecken. Eiklar zu steifem Schnee schlagen und unter die Topfenmasse heben.

Backofengriller oder Oberhitze auf maximale Hitze (240° C) vorheizen. Den Boden von 4 ofenfesten, tiefen Tellern mit einer etwa ½ cm hohen Biskuitmasse auslegen. Mit den Äpfeln belegen, mit der Gratiniermasse abdecken und im vorgeheizten Rohr goldgelb gra-

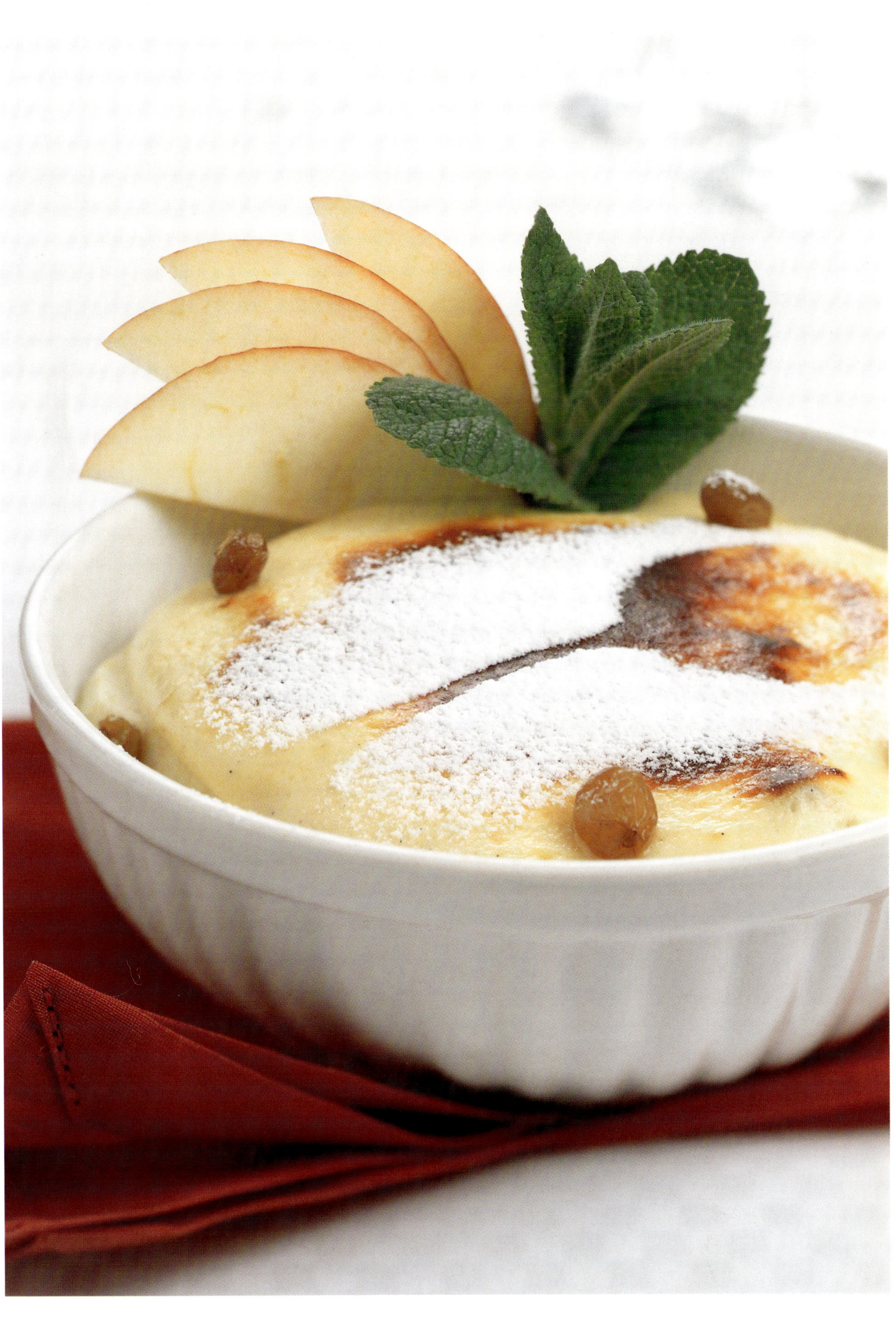

tinieren. Als zusätzliche Beilage paßt wegen des Kalt-Warm-Kontrasts ausgezeichnet Vanille- oder Zimteis.

> TIPP: *Verwenden Sie beim Servieren hitzefeste Unterteller. Die Teller sind nach dem Gratinieren enorm heiß und könnten Tischplatte oder Tischdecke ruinieren.*

Topfenschmarren mit Vanillesauce und Weichseln

Ein deftig-elegantes Dessert. Statt der Weichseln kann man auch ein herkömmliches Apfelkompott servieren.

ZUTATEN FÜR 4–6 PERSONEN

920 g Topfen (Quark), 10 % Fett
140 g Sauerrahm
abgeriebene Schale von 2 unbehandelten Zitronen
80 g Zucker
1 Packung Vanillezucker
80 g griffiges Mehl
4 Eidotter
4 Eiklar
1 Prise Salz
2 EL Butter
Staubzucker zum Bestreuen

Für die Vanillesauce:
250 g Kaffeeobers (15 % Fett)
ausgekratztes Mark einer Vanilleschote
50 g Zucker
1 Schuß Rum
3 Eidotter
8 g Stärkemehl oder Cremepulver
1 EL Obers

Für die Weichseln:
150 g entsteinte Weichseln (Sauerkirschen)
100 g kräftiger Rotwein
50 g Zucker
1 Stange Zimt
10 g Stärkemehl
1 Schuß Kirschwasser

30 MINUTEN / AUFWENDIG

Eiweiß und Zucker mit einer Prise Salz zu steifem Schnee schlagen. Die restlichen Zutaten glatt rühren und locker unter den Eischnee heben.

In einer Pfanne 1 EL Butter erhitzen, Teig einlaufen lassen und kurz am Herd anbacken. Im auf 220° C vorgeheizten Backrohr auf einer Seite etwa 8 Minuten backen. Mit einem nussgroßen Stück Butter bestreichen und mit Hilfe von 2 Backschaufeln wenden. In etwa 6 Minuten fertig backen.

Den fertig gebackenen Schmarren mit den Backschaufeln zerpflücken. Mit Staubzucker

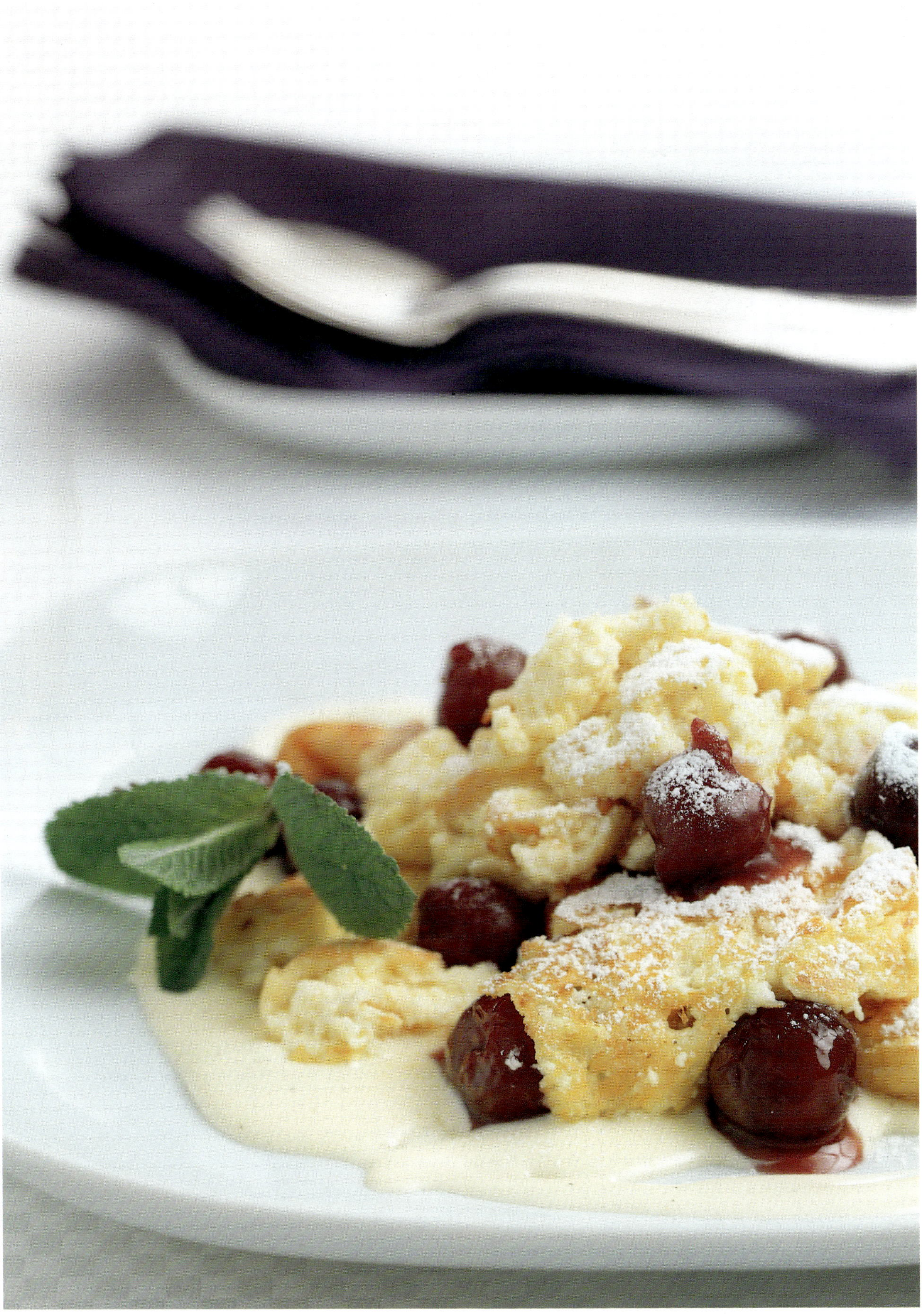

bestreuen und den Schmarren nochmals für 2 Minuten zum Karamellisieren in das heiße Backrohr schieben. Mit Vanillesauce und Sauerkirchen auf Tellern anrichten. Mit Staubzucker bestreuen und mit Minzeblättern garnieren.

Für die Vanillesauce Kaffeeobers in einem Topf mit Vanillemark und Zucker aufkochen. Stärkemehl mit den Eidottern und einem Schuß Rum glatt rühren. Die Eicreme mit einem Schneebesen rasch in die kochende Oberssauce einrühren und diese so binden. Kurz vor dem Servieren mit 1 EL Obers aufmixen.

Für die Weichseln Rotwein, Zucker und Zimtstange in einem Topf aufkochen. Stärkemehl mit Kirschwasser glatt rühren, den kochenden Fond damit abbinden. Die entsteinten Weichseln darin garziehen lassen.

Topfen-Zimtknödel

Mit einem Stück Schokolade gefüllt, erhalten diese Knödel zusätzlichen Charme.

Zutaten für 4 Personen

500 g Topfen (Quark), 10 % Fett
50 g Sauerrahm
40 g Grieß
20 g Vanillezucker
1 Eidotter
1 Ei
eine Prise Salz
1 Mokkalöffel Zimt

Für die Brösel:
100 g Weißbrotbrösel
4 EL Butter
2 EL Kristallzucker
1 TL Vanillezucker
1 Prise gemahlener Zimt

ein Schuß Rum, Zucker und 1 Prise Salz für das Kochwasser
etwas flüssige Butter und Staubzucker (Puderzucker) zum Servieren

35 Minuten / leicht

Topfen gut ausdrücken, passieren. Danach 300 g Topfen-Trockenmasse mit den restlichen Zutaten verrühren. Die Masse 1 bis 2 Stunden im Kühlschrank rasten lassen.

In einem großen Topf reichlich Wasser mit Rum, Zucker und einer Prise Salz zum Kochen bringen. Aus der Masse Knödel formen. Knödel einlegen und bei kleiner Hitze etwa 12 Minuten köcheln lassen.

Währenddessen in einer Pfanne Butter erhitzen. Weißbrotbrösel unter ständigem Rühren goldbraun rösten. Am Schluß Kristallzucker, Vanillezucker und Zimt dazugeben.

Knödel mit einem Lochschöpfer aus dem Kochwasser heben, auf einem Tuch abtropfen lassen und in den gerösteten Bröseln wälzen. Vor dem Servieren mit flüssiger Butter beträufeln und mit Staubzucker bestreuen.

Zwetschkenknödel

Bei diesem Dessert werden Jugenderinnerungen an die obligaten Knödelwettessen wach. Mein Rekord lag bei 9 Stück.

Zutaten für 4 Personen

Für den Teig:
600 g rohe mehlige Kartoffeln
500 g Topfen (Quark), 10 % Fett
160 g Mehl
2 gehäufte EL Grieß
1 EL Butter
Salz, Muskat

Für die Sauce und Fülle:
500 g Zwetschken
Würfelzucker
Saft von 1 Zitrone
Zucker nach Geschmack
1 Schuß Zwetschkenbrand
1 Zimtstange

Für die Garnitur:
feingemahlener Mohn
Staubzucker (Puderzucker)
Rum und Zucker für das Kochwasser

60 Minuten / aufwendig

Zwetschken waschen, halbieren, entkernen. Für die Fülle 12 Zwetschken nur leicht anschneiden, Kern herausnehmen und mit einem Stück Würfelzucker füllen.

Restliche Zwetschken für die Sauce klein schneiden. Mit Zucker, Zimtstange, Zitronensaft weich kochen. Mit dem Stabmixer pürieren (vorher Zimtstange herausnehmen). Mit Zwetschkenbrand abschmecken.

Kartoffeln waschen, kochen, schälen und mit der Kartoffelpresse zerdrücken. Kartoffeln abwiegen; 500 g weiterverarbeiten. Übrige Zutaten beigeben und zu einem glatten Teig verarbeiten. Zugedeckt im Kühlschrank 30 Minuten rasten lassen. Eine Rolle formen. Gleich große Teigstücke portionieren. Auseinanderdrücken, mit Zwetschken füllen und Knödel formen.

In einem großen Topf reichlich Wasser aufkochen, leicht salzen und mit einem Schuß Rum und Zucker abschmecken. Knödel darin etwa 15 Minuten leicht köcheln lassen. Mit einem Schaumlöffel herausnehmen. Abtropfen lassen. Zwetschkensauce auf den Tellern anrichten, Knödel daraufsetzen. In Mohn-Zucker-Gemisch oder Butterbröseln wälzen. Heiß servieren.

TIPP: *Bei wirklich reifen Zwetschken lassen Sie den Stein besser in der Frucht, weil die Zwetschke ohnehin süß genug ist. Darüber hinaus läuft so auch der Saft nicht aus.*

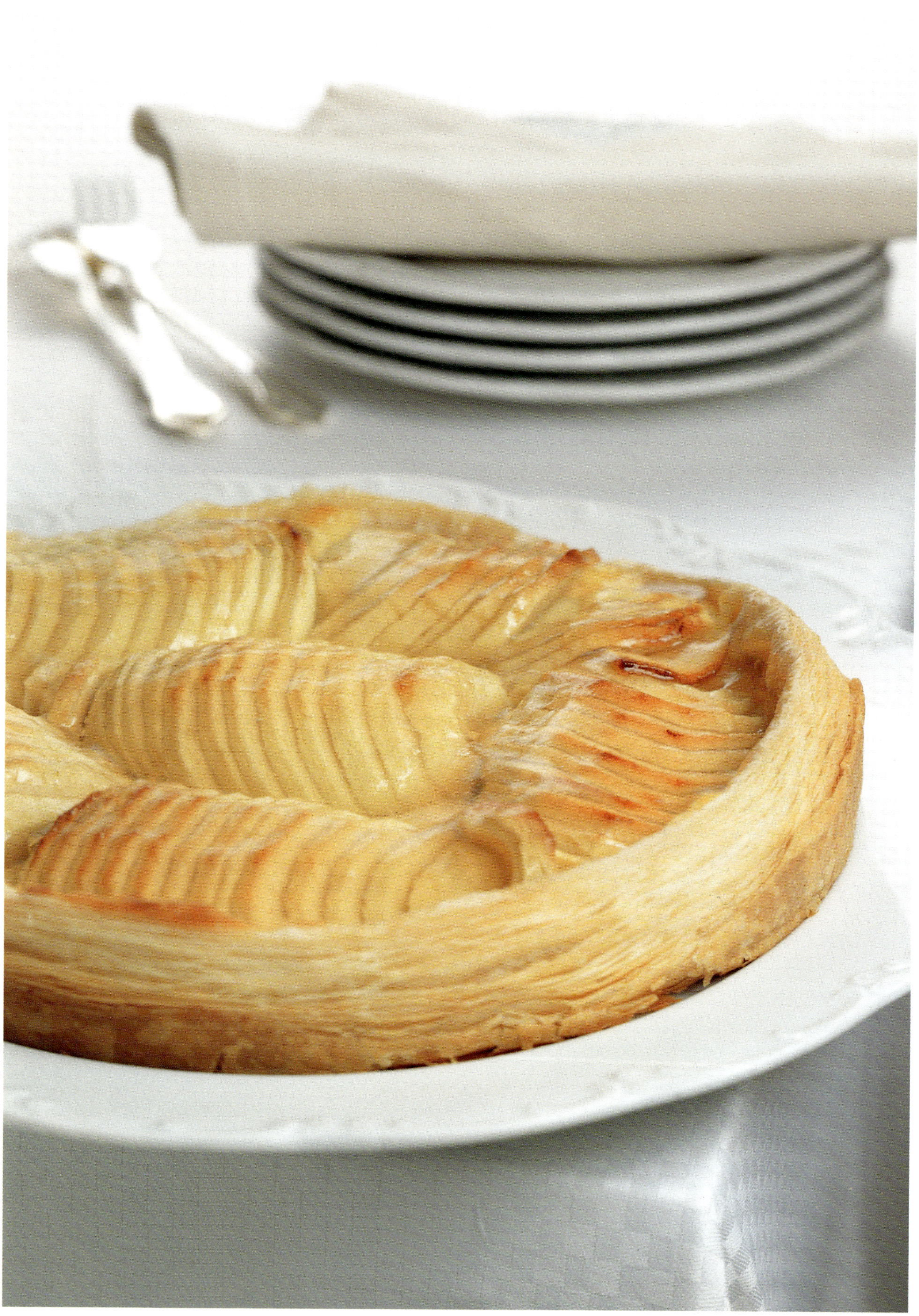

Apfeltarte

Eine durch die Verwendung von Blätterteig etwas abgewandelte Tarte.

ZUTATEN FÜR 1 TARTE MIT 20 CM DURCHMESSER

100 g Butter
180 g Zucker
400 g geschälte und entkernte Äpfel
(vorzugsweise Golden Delicious)
ca. 200 g Blätterteig (tiefgekühlt)
Mehl zum Ausrollen

45 MINUTEN / AUFWENDIG

Backrohr auf 220° C vorheizen. In einer gusseisernen Pfanne (oder emaillierten Gusspfanne) mit etwa 20 cm Durchmesser die Hälfte der Butter schmelzen. 80 g Zucker darin karamellisieren. Anschließend die geviertelten Äpfel einlegen. Etwa 5 Minuten in das heiße Backrohr stellen. Übrige Butter und Zucker über den Apfelstücken verteilen.

Blätterteig auf einer bemehlten Arbeitsfläche 5 mm dick ausrollen. Mit einer Gabel mehrmals einstechen. Den Teig über die Pfannenöffnung legen und die Pfanne so verschließen. Der Blätterteig sollte etwas über den Rand stehen, weil sich der Teig beim Backen noch etwas zusammenzieht.

Die Apfeltarte 20 Minuten im auf 220° C vorgeheizten Rohr backen. Danach aus dem Rohr nehmen, mit einem Teller beschweren und abkühlen lassen. Vor dem Servieren die Pfanne nochmals kurz erwärmen, damit sich der Karamell vom Pfannenboden löst, und die Apfeltarte aus der Pfanne stürzen.

TIPP: *Wichtig ist die Verwendung einer schweren gusseisernen Pfanne, weil nur auf einem sehr dicken, hitzebeständigem Boden der Karamell nicht verbrennt.*

Apfeltaschen

Ein süße Köstlichkeit zur Kaffeejause.

ZUTATEN:

1 Packung tiefgekühlten Blätterteig
5 Äpfel
2 EL Rumrosinen (Rezept Seite 288)
1 TL gemahlener Zimt
2–3 EL Zucker
5 EL Biskuitbrösel
2–3 EL Butter
1 Schuss Rum
Mehl zum Ausrollen
1 Ei zum Bestreichen

30 Minuten / leicht

Äpfel schälen, halbieren, entkernen und dünnblättrig schneiden. In einer beschichteten Pfanne etwas Butter aufschäumen, die Äpfel darin karamellisieren, mit Zimt, Zucker, Rum und Rosinen abschmecken. Anschließend abkühlen lassen.

Backrohr auf 200° C vorheizen. In einer weiteren Pfanne etwas Butter aufschäumen, die Brösel darin knusprig braun rösten. In eine Schüssel leeren (damit sie nicht nachziehen können) und mit etwas Kristallzucker vermischen.

Den Blätterteig auf einer bemehlten Arbeitsfläche 4 mm dick ausrollen. Aus dem Teig Kreise mit einem Durchmesser von ca. 10 cm ausstechen. Teigkreise mit den gerösteten Biskuitbröseln in der Mitte bestreuen, die gedünsteten Äpfel darauflegen. Die Teigränder mit versprudeltem Ei bestreichen und zu Halbkreisen zusammenklappen.

Auf ein mit Backpapier ausgelegtes Blech setzen, mit versprudeltem Ei bestreichen und im vorgeheizten Rohr in 20 Minuten goldgelb backen.

TIPP: *Für die Biskuitbrösel reiben Sie am besten Löffelbiskuits oder Butterkekse. Ersatzweise kann man auch Semmelbrösel verwenden.*

Gerührter Gugelhupf

Nicht nur zum Kaffee, sondern auch beim Frühstück eine bei der ganzen Familie beliebten Sache.

Zutaten

220 g Butter
110 g Staubzucker
30 g Stärkemehl
4 Eidotter
220 g glattes Mehl
4 Eiklar
⅛ l Milch

110 g Kristallzucker
3 EL Rosinen
Butter und geriebene Haselnüsse für die Form
Staubzucker (Puderzucker) zum Bestreuen

90 Minuten / leicht

Gugelhupfform mit flüssiger Butter ausstreichen, mit den Nüssen ausstreuen. Backrohr auf 180° C vorheizen.

Zimmerwarme Butter und Staubzucker schaumig rühren. Stärkemehl und Eidotter langsam beigeben. Anschließend abwechselnd Milch und Mehl in den Teig einarbeiten. Eiklar mit Kristallzucker zu steifem Schnee schlagen. Mit den Rosinen und dem gesiebten Mehl locker unter die Buttermasse heben. Die Masse in die vorbereitete Form füllen und etwa 70 Minuten backen. Anschließend überkühlen lassen. Aus der Form stürzen, mit Staubzucker bestreuen.

> TIPP: *Falls der Gugelhupf beim Stürzen sehr fest anklebt, die Form mit einem feuchten Tuch abdecken und kurze Zeit warten. Danach sollte sich der Kuchen leichter herauslösen lassen.*

Lebkuchenauflauf

Das ideale Dessert für ein herbstliches Wildmenü.

ZUTATEN FÜR 4 PERSONEN

4 Kipferln
3 EL gemischte kandierte Früchte
    (Rosinen, Aranzini, Orangeat)
1 TL Lebkuchengewürz
1 Packung Vanillezucker
1 EL Honig
50 g Lebkuchenbrösel
Zucker nach Geschmack
gemahlener Zimt

Rumzwetschken
Staubzucker zum Bestreuen
Butter und Brösel für die Form

Für die Royale:
⅛ l Milch
2 Eier
1 Eidotter

45 MINUTEN / LEICHT

Die Kipferln kleinwürfelig schneiden. Kandierte Früchte klein hacken und mit den Kipferln vermischen. Mit Vanillezucker, Honig, Lebkuchengewürz und etwas Zimt würzen.

Für die Royale Milch, Eier und Eidotter verrühren und zwei Drittel davon über die Kipferlmasse gießen. Einige Minuten einziehen lassen, dann Lebkuchenbrösel unterrühren.

Kleine Auflaufförmchen mit Butter ausstreichen, mit Brösel ausstreuen. Backrohr auf 200° C vorheizen.

Die eingeweichte Kipferlmasse einfüllen. Mit dem restlichen Drittel der Royale übergießen. Im Wasserbad im Backrohr etwa 25 bis 30 Minuten garen. Vorsichtig aus der Form stürzen und mit Rumzwetschken servieren.

> TIPP: *Dazu paßt besonders gut ein Punschsabayon (Rezept Seite 289).*

Beeren mit Biskuit und Vanilleeis

Ein recht schnell herzustellendes Dessert, das alle wichtigen Komponenten vereint: Mehlspeise, Fruchtsauce und Eis. Die Intensität der Sauce läßt sich durch die Likörmenge gut steuern.

Zutaten für 4 Personen

Eine mit Marillenmarmelade gefüllte Biskuitroulade (Rezept Seite 282)
ca. 300 g gemischte Beeren
50 g Staubzucker
6 EL passiertes Erdbeermark
4 cl Grand Marnier-Likör

Filets und Zesten von 1 unbehandelten Orange
ein Schuss Orangensaft
4 Kugeln Vanilleeis
¼ l geschlagenes Obers (Sahne)

20 Minuten / leicht

Das geschlagene Obers mit dem Staubzucker und etwas Grand Marnier verrühren. Mit Orangensaft abschmecken. Der Schaum sollte halbflüssig sein.

Die Beeren putzen und waschen. Mit Staubzucker, Fruchtmark und Grand Marnier marinieren. Im Backofen auf ca. 40° C temperieren.

Orange schälen und Zesten zubereiten (siehe Tipp). Von der geschälten Orange alle weißen Häutchen wegschneiden und aus dem Fruchtfleisch schöne Filets herausschneiden.

Die Biskuitroulade in ca. 2 cm dicke Scheiben schneiden, mit etwas Grand Marnier beträufeln und mittig auf den Tellern anrichten. Je eine Kugel Vanilleeis auf die Rouladen legen, die Beeren im Kreis herum verteilen. Rouladen mit Grand Marnier-Schaum überziehen. Mit Orangenfilets, Zesten und Erdbeermark dekorativ auf den Tellern anrichten.

TIPP: *Für die Herstellung von Orangen-Zesten unbehandelte Orangen mit heißem Wasser waschen. Schale mit einem scharfen Messer oder noch besser mit einem speziellen Zestenreißer dünn abziehen. Schale in kaltes Wasser einlegen und aufkochen lassen, abseihen und gründlich abspülen. Erneut mit Wasser und Zucker aufkochen und mit einem Schuß Grand Marnier parfümieren. In einem verschlossenen Einmachglas halten Zesten (mit etwas Grand Marnier angesetzt) problemlos einige Wochen lang.*

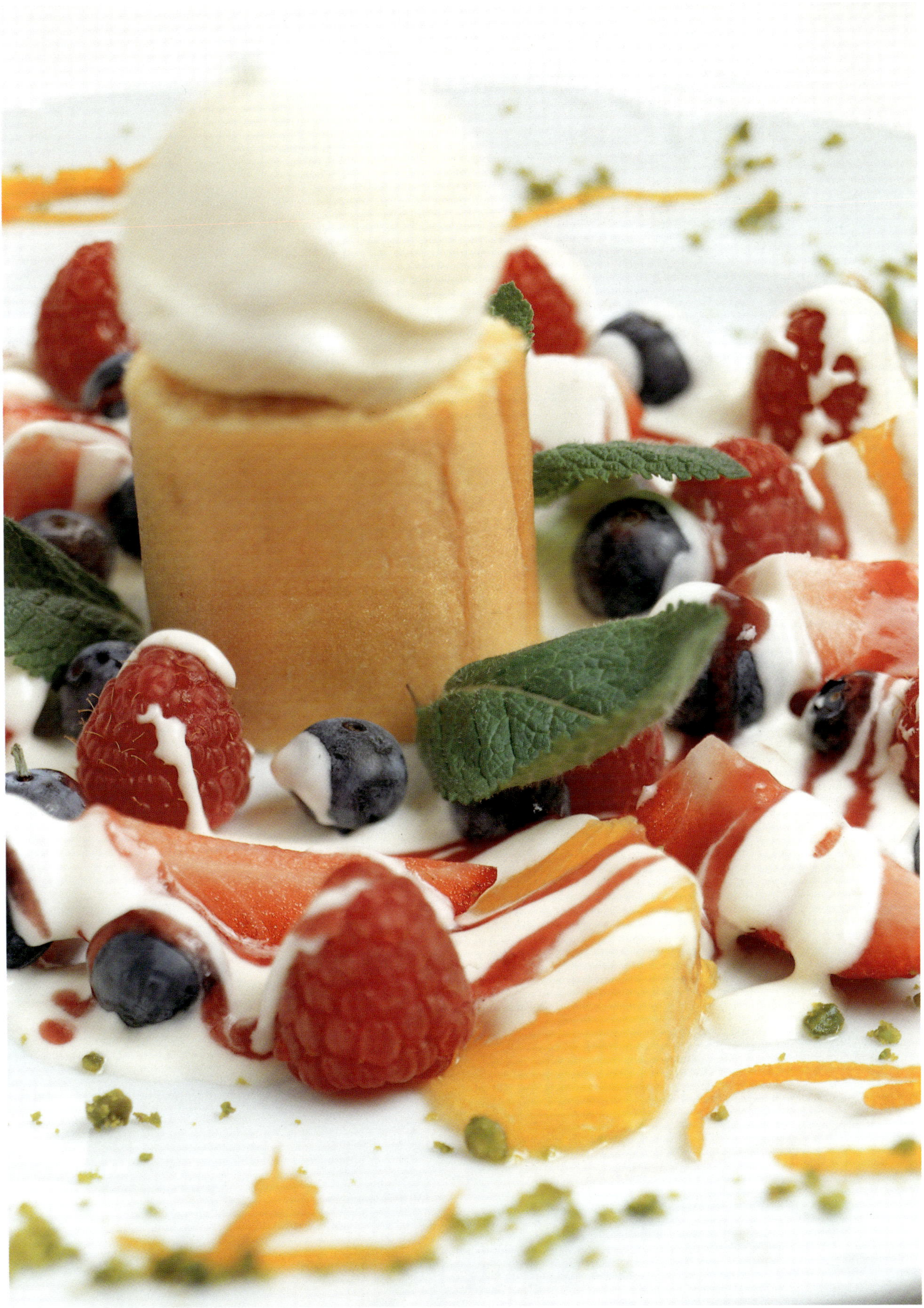

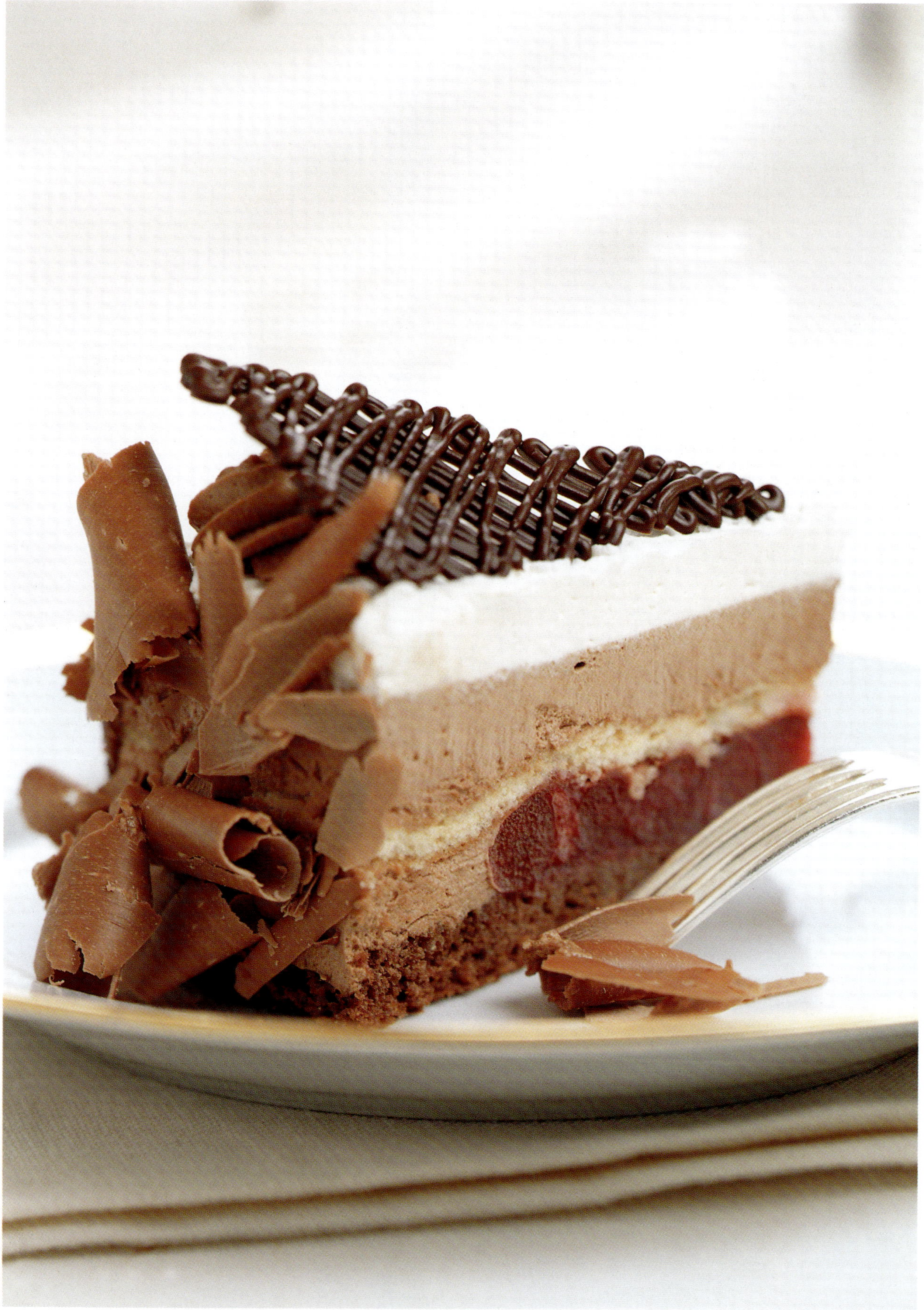

Schokomousse-Kirschtorte

Ein sehr verführerisches wie auch aufwendiges Rezept. Die Mühe lohnt sich in jedem Fall.

Zutaten

Für die Sandmasse:
7 Eier
160 g Zucker
abgeriebene Schale von ½ Zitrone
1 Packung Vanillezucker
1 Prise Salz
130 g Mehl
60 g Stärkemehl
40 g flüssige Butter
20 g Kakaopulver

Für das Kirschenragout:
150 g entsteinte Kirschen
100 g kräftiger Rotwein
50 g Zucker
1 Stange Zimt
15 g Stärkemehl
1 Schuß Kirschwasser

1 Rezept Schokolademousse (Seite 279)
Schokoladedekor und etwas Schlagobers (Schlagsahne) zum Garnieren

120 Minuten / für Ehrgeizige

Backrohr auf 180° C vorheizen. Eier, Zucker, Vanillezucker, Salz und Zitronenschale schaumig schlagen. Mehl und Stärkemehl versieben und locker unter die aufgeschlagene Eiermasse heben. Zuletzt die flüssige Butter unterheben.

Zwei Drittel der Masse in eine Tortenform füllen. Restliche Masse mit gesiebtem Kakaopulver verrühren. Die dunkle Sandmasse in eine andere Tortenform füllen.

Beide Massen im vorgeheizten Backofen ca. 30 Minuten backen.

Für das Kirschenragout Rotwein, Zucker und Zimtstange in einem Topf aufkochen. Stärkemehl mit Kirschwasser glatt rühren, den kochenden Fond damit abbinden. Die entsteinten Kirschen darin weich dünsten und abkühlen lassen.

Den ausgekühlten hellen Tortenboden halbieren. Abwechselnd mit den Tortenböden Kirschenragout und Schokolademousse in den Tortenring einfüllen. Mit Schokolademousse abstreichen. Für 2 Stunden in den Kühlschrank stellen. Die Schokomousse-Kirschtorte mit cremig geschlagenem Schlagobers einstreichen und mit Schokodekor garnieren.

Kirschenkuchen

Diesen Kuchen können sie auch wunderbar mit anderen Saisonfrüchten wie etwa Marillen oder Zwetschken belegen.

Zutaten

1 kg Kirschen

Für die Sandmasse:
320 g Butter
160 g Staubzucker
160 g Kristallzucker
8 Eidotter

8 Eiklar
1 Packung Vanillezucker
320 g griffiges Mehl
geriebene Schale von 1/2 Zitrone
Butter und Semmelbrösel für die Form
Staubzucker (Puderzucker) zum Bestreuen

45 Minuten / leicht

Kirschen waschen, entkernen und auf Küchenpapier abtropfen lassen. Backrohr auf 210° C vorheizen.

Die zimmerwarme Butter mit dem Staubzucker und dem Vanillezucker schaumig rühren, die Eidotter nach und nach beigeben. Geriebene Zitronenschale beigeben. Eiklar und Kristallzucker zu steifem Schnee schlagen. Mit dem gesiebten Mehl vorsichtig unter die Dottermasse heben.

Teig auf ein gebuttertes, mit Brösel bestreutes Backblech streichen. Mit den gewaschenen Kirschen belegen und ins Backrohr schieben. Nach 15 Minuten die Temperatur auf 180° C verringern und in etwa 20 Minuten fertig backen. Herausnehmen und etwas abkühlen lassen. Den lauwarmen Kirschkuchen mit Staubzucker bestreuen und servieren.

TIPP: Um das Einsinken der Kirschen in den Teig zu verhindern, legen Sie Backoblaten auf die Sandmasse, ehe Sie diese mit den Früchten belegen.

Crème Brûlée

Ein Dessertklassiker, der neuerdings voll im Trend liegt.

Zutaten für 4 Personen

0,3 l Schlagobers (Sahne)
65 g Zucker

1 Vanilleschote
5 Eidotter

90 Minuten / aufwendig

Schlagobers, Zucker und das Mark der ausgekratzten Vanilleschote nur fast zum Kochen bringen. Eidotter glatt rühren, gemeinsam mit dem heißen Obers zu einer dicklichen Creme verrühren.

Masse in passende kleine Auflaufformen einfüllen. Im Wasserbad bei 95° C etwa 1 Stunde pochieren. Die Creme muß dann vollkommen gestockt sein.

Die noch warme Creme mit braunem Zucker bestreuen. Mit einem Bunsenbrenner oder bei maximaler Hitze im Rohr unter der Grillschlange goldbraun karamellisieren. Der Zucker muß zu einer festen goldbraunen Kruste schmelzen.

TIPP: *Mit Ingwer, Orangenzesten oder Pistazienkernen kann man der Crème Brûlée zusätzliche Geschmacksakzente verleihen.*

Schokolademousse

Durch die verwendete Menge von Vanille, Kaffee und Schokolade kann man dieses Mousse ganz individuell abschmecken

Zutaten für 4–6 Personen

6 Eier
250 g feinste Zartbitterschokolade
90 g Kristallzucker
2 cl starker Mokka

0,5 l Schlagobers (Schlagsahne)
3 cl Rum (38 %)
2 EL Vanillezucker

60 Minuten / für Ehrgeizige

Schokolade zerkleinern und vorsichtig im Wasserbad zum Schmelzen bringen. Eier trennen. Eidotter mit dem Vanillezucker und der Hälfte des Kristallzuckers mit einem Schneebesen über Wasserdampf schaumig aufschlagen. Vom Herd nehmen und kalt weiterschlagen, bis die Masse dick anzieht.

Die folgenden Arbeitsgänge sollten zügig vor sich gehen. Kaltes Eiweiß steif aufschlagen, zur Hälfte des Arbeitsvorgangs den restlichen Zucker beigeben. Obers ebenfalls steif schlagen.

Dottermasse in die Schokolade einrühren, dann Mokka und Rum sowie Eischnee und Schlagobers unterziehen. In eine großen Form oder in Portionsschalen abfüllen. Vor dem Servieren einige Stunden im Kühlschrank durchkühlen.

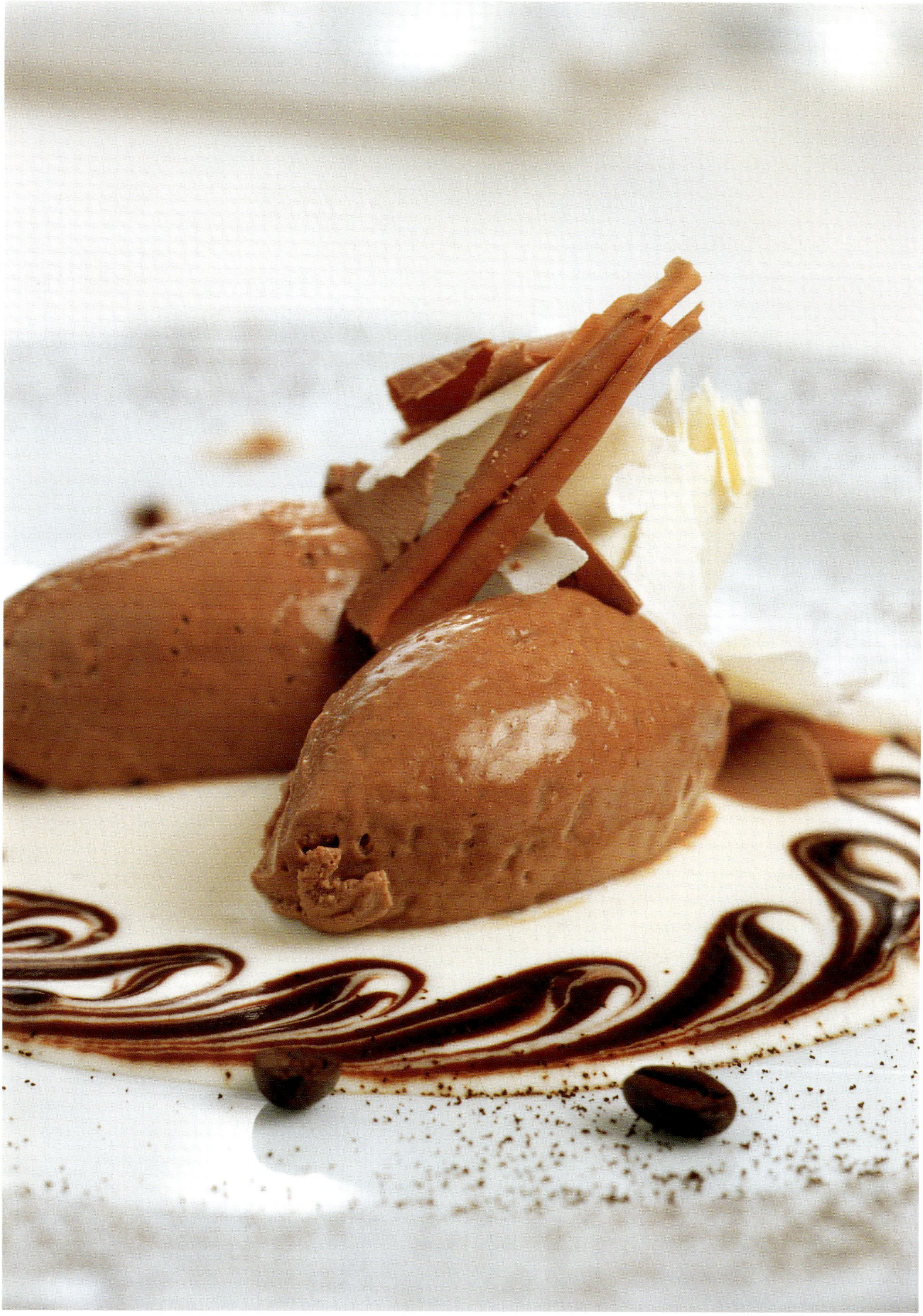

Moccamousse

Eine aufwendige Variante zum herkömmlichen Schokolademousse, die bezüglich der Anrichteart viele Möglichkeiten offen läßt.

ZUTATEN FÜR 4 PERSONEN

2 Eier
40 g Zucker
90 g weiße Schokolade
2 Blätter Gelatine
4 cl Kaffeelikör (z. B. Tia Maria oder Kahlúa)
2 TL Löskaffee
250 g Schlagobers

Für die weiße Moccasauce:
250 g Kaffeeobers (15 % Fett)
2 EL Moccabohnen
50 g Zucker
10 g Stärkemehl
2 cl weißer Rum
1 EL Schlagobers (Schlagsahne)

90 MINUTEN / FÜR EHRGEIZIGE

Weiße Schokolade klein schneiden, in einem Topf über Wasserbad schmelzen. Die beiden Eier mit Zucker schaumig schlagen. Gelatine in reichlich kaltem Wasser einweichen und ausdrücken. In einem kleinen Topf die ausgedrückte Gelatine mit dem Mokkalikör und dem Löskaffee schmelzen. Geschmolzene Schokolade und die Kaffeegelatine unter die aufgeschlagene Eiermasse heben. Zuletzt cremig aufgeschlagenes Schlagobers unterheben. Das Moccamousse für 1 Stunde in den Kühlschrank stellen.

Für die weiße Moccasauce Kaffeeobers aufkochen. Moccabohnen einstreuen und 1 Stunde ziehen lassen. Kaffeebohnen abseihen, Obers mit Zucker aufkochen. Mit dem mit weißem Rum angerührten Stärkemehl binden. Sauce in den Kühlschrank stellen und vor dem Servieren noch mit etwas Schlagobers cremig aufmixen.

Weißen Moccaschaum auf Tellern anrichten. Vom Moccamousse mit einem heißen Löffel Nocken abstechen und auf dem Moccaschaum anrichten. Mit Schokospänen und Moccabohnen dekorieren.

◂ Moccamousse

Biskuitroulade

Die Biskuitroulade läßt sich ohne Probleme auf Vorrat einfrieren.

Zutaten

4 ganze Eier
80 g Zucker
80 g glattes Mehl
1 Prise Salz

1 Packung Vanillezucker
abgeriebene Schale von ½ Zitrone
passierte Marillenmarmelade

30 Minuten / Leicht

Eier mit dem Kristallzucker und den Aromen schaumig schlagen. Das gesiebte Mehl locker unterheben. Den Teig ½ cm dick auf Backpapier aufstreichen.

Im auf 210° C vorgeheizten Backrohr 8–10 Minuten goldbraun backen.

Herausnehmen, vom heißen Backblech herunterziehen und abkühlen lassen.

Die abgekühlte Roulade vorsichtig vom Backpapier lösen und auf einen frischen Bogen Backpapier legen. Biskuitroulade mit passierter Marillenmarmelade bestreichen und mit Hilfe des Backpapiers zu einer Roulade drehen.

Sektgelee mit Zitrusfrüchten

Ein leichtes, sommerliches Dessert, das zum Abschluß eines Menüs effektvoll den Gaumen erfrischt.

Zutaten für 4 Personen

1 rosa und 1 gelbe Grapefruit
2 Orangen
3 Mandarinen
½ l Sekt (süßlich bzw. halbtrocken)
Zucker nach Geschmack
8 Blatt Gelatine

3 EL Mascarpone
3 EL Sauerrahm
Saft von ½ Zitrone
50 g Staubzucker
1 Schuss Grand Marnier-Likör
Minze und frische Früchte zum Garnieren

45 Minuten / aufwendig

Die Zitrusfrüchte schälen. Mit einem scharfen Messer alle weiße Haut entfernen. Zwischen den einzelnen Lamellen der Früchte hautlose Filets herausschneiden. Gelatineblätter in kaltem Wasser einweichen und ausdrücken. In einem kleinem Geschirr erwärmen,

Sektgelee mit Zitrusfrüchten ▶

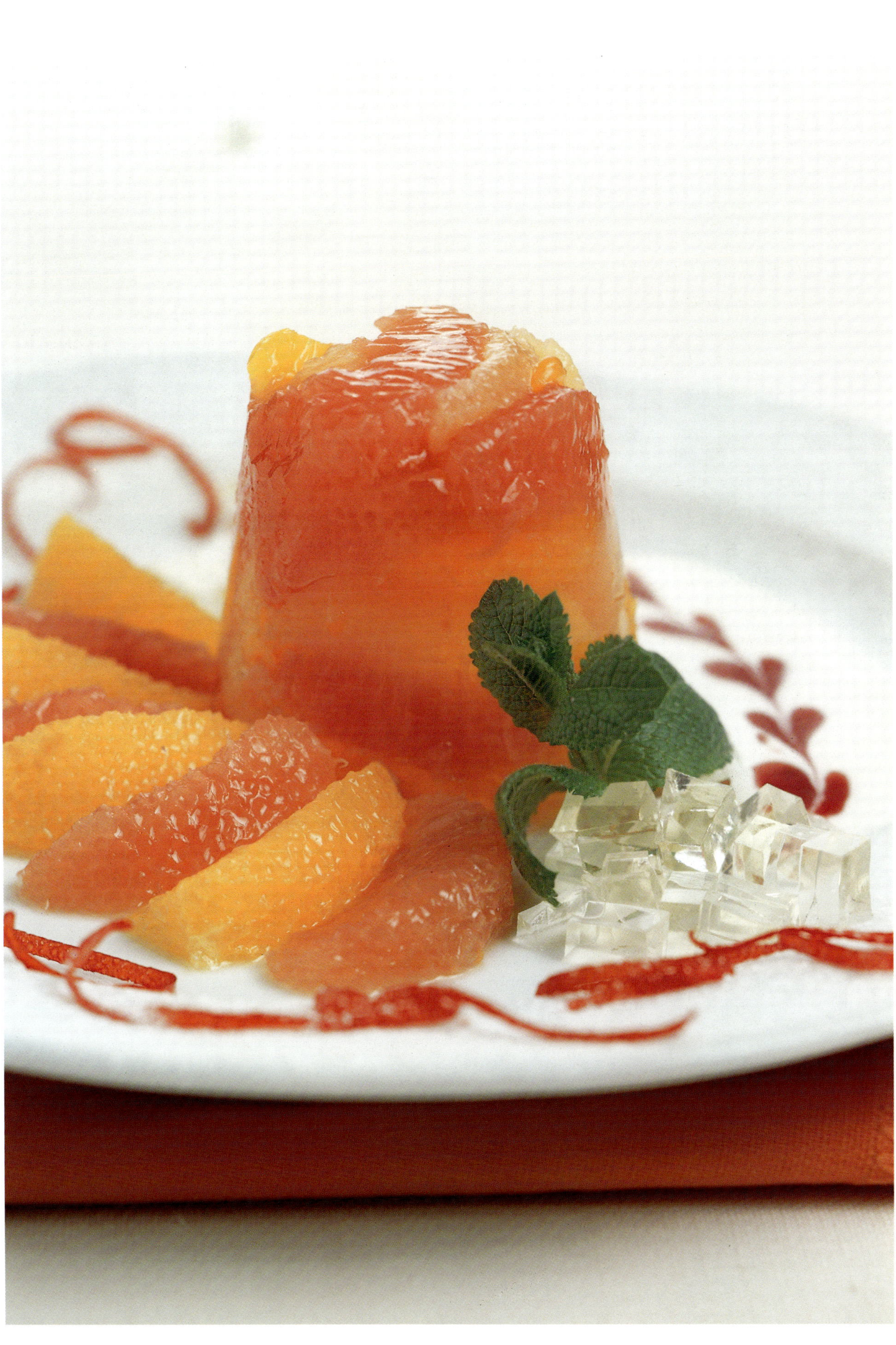

und glatt rühren. (Nicht aufkochen, weil sonst die Gelatine ihre Gelierkraft verliert.)

Sekt mit der Gelatine vermischen, die Zitrusfilets dazugeben. Je nach Geschmack und Säure abschmecken. In Portionsformen füllen und für einige Stunden kalt stellen.

Sauerrahm, Mascarpone, Zitronensaft und Staubzucker verrühren. Mit Grand Marnier abschmecken. Das gestockte Gelee aus der Form stürzen und mit der Mascarponesauce servieren. Mit frischen Früchten und Minze garnieren.

TIPP: *Halten Sie die Portionsformen vor dem Stürzen ganz kurz unter heißes Wasser, dann läßt sich das Gelee kinderleicht herausstürzen.*

Orangenmousse mit marinierten Früchten

Wirklich vollreife Orangen sind für diese Rezeptur unabdingbar.

ZUTATEN FÜR 4–6 PERSONEN

Saft von 5 Orangen
Staubzucker je nach Geschmack
½ l Sauerrahm
⅛ l geschlagenes Obers (Sahne)
5 Blatt Gelatine

ca. 200 g gemischte Früchte (je nach Saison)
1 Schuss Grand Marnier
Staubzucker (Puderzucker)

20 MINUTEN / LEICHT

Orangensaft aufkochen und bei kleiner Flamme auf eine Menge von etwa 8 EL einkochen. Etwas abkühlen lassen. Sauerrahm mit dem eingekochten Orangensaft verrühren. Mit Staubzucker abschmecken.

Gelatineblätter für etwa 10 Minuten in kaltem Wasser einweichen. Gelatine ausdrücken und in einem kleinen Geschirr erwärmen, bis sie sich völlig aufgelöst hat. Gelatine unter ständigem Rühren in den Sauerrahm einrühren.

Kurz bevor die Gelatine anzieht, das geschlagene Obers unterheben. In eine mit Frischhaltefolie ausgelegte Form füllen und für einige Stunden in den Kühlschrank stellen. (Die Folie erleichtert nachher das Stürzen aus der Form.)

Die Früchte putzen, waschen und klein schneiden. Mit Staubzucker und Grand Marnier marinieren. Orangenmousse aus der Form stürzen, portionieren und mit den marinierten Früchten anrichten.

TIPP: *Die Früchte immer bei Zimmertemperatur servieren, weil sie sonst ihr Aroma einbüßen.*

Gefüllte Rahmdalken

Ein Klassiker aus der böhmischen Mehlspeisküche.

Zutaten

250 g Sauerrahm
200 g glattes Mehl
7 Eidotter
7 Eiklar
100 g Kristallzucker
Mark einer Vanilleschote
abgeriebene Schale von 1 Zitrone
Prise Salz
Dörrpflaumenragout (Rezept Seite 286)
Butter zum Backen
Staubzucker (Puderzucker) zum Bestreuen

35 Minuten / leicht

Sauerrahm, Mehl, Salz, Eidotter, Vanillemark und Zitronenschale verrühren. Eiklar mit Kristallzucker zu steifem Schnee schlagen.

Beide Massen miteinander vermischen. Eine Dalkenpfanne mit etwas Butter erhitzen. Masse eingießen und auf dem Herd bei mäßiger Hitze anbacken. Im auf 180° C vorgeheizten Backrohr etwa 5 Minuten backen. Pfanne herausnehmen, wenden und in weiteren 5 Minuten fertig backen. Je zwei Dalken mit etwas erwärmtem Dörrpflaumenragout zusammensetzen. Mit Staubzucker bestreut servieren.

TIPP: *Bei einer Dalkenpfanne handelt es sich um eine Pfanne mit regelmäßigen Vertiefungen für den Teig. Eine Anschaffung lohnt sich wohl nur bei regelmäßiger Dalkenproduktion. Mit einer speziellen Spiegeleier-Pfanne gelingt die Übung auch. Und Spiegeleier macht man ja doch etwas öfters...*

Dörrpflaumenragout

Mit einem Löffel Sauerrahm vermischt, eignet sich dieses Ragout auch wunderbar als Palatschinken-Füllung.

Zutaten

1 unbehandelte Orange
$1/2$ l Wasser
150 g Zucker
1 Zimtrinde

2 Gewürznelken
500 g entsteinte Dörrpflaumen
$1/8$ l brauner Rum (38 %)

20 Minuten / leicht

Orange achteln oder in dickere Stücke schneiden. Alle Zutaten außer dem Rum aufkochen und über die Dörrpflaumen gießen. Den Rum zugeben und mindestens 24 Stunden ziehen lassen.

Dörrpflaumen abseihen, dabei die Flüssigkeit auffangen. Ein Drittel der Dörrpflaumen mit einem Teil der Flüssigkeit pürieren. Durch ein Sieb passieren. Die übrigen Dörrpflaumen in kleine Stücke schneiden und in die Sauce geben.

Beerenröster

Dieser Röster kann kalt oder warm serviert werden.

ZUTATEN FÜR 4 PERSONEN

- 250 g Beeren (frisch oder tiefgekühlt)
- 3–4 EL Zucker
- 1 Schuß Grand Marnier
- 1 Schuß roter Portwein

20 MINUTEN / LEICHT

Tiefgekühlte Beeren auf einem Sieb auftauen, den dabei entstehenden Saft auffangen. Saft und Portwein aufkochen, Zucker beigeben. Etwas einkochen lassen. Beeren beigeben, einmal aufkochen und mit Grand Marnier abschmecken.

Quittenröster

Ein nicht alltäglicher, dafür aber umso originellerer Röster.

ZUTATEN FÜR 4 PERSONEN

- 3 Quitten
- 80 g Zucker
- 2 cl Quittenschnaps
- ¼ l Weißwein

30 MINUTEN / LEICHT

Quitten schälen und in Spalten schneiden. Weißwein mit Zucker aufkochen. Quitten bissfest kochen. Abseihen und etwa ein Drittel der Quitten mit dem Saft pürieren. Mit Quittenschnaps abschmecken. Die abgeseihten Quittenspalten dazugeben und als Beilage zu einem süßen Dessert servieren.

Zwetschkenröster

Aus der österreichischen Mehlspeisküche nicht wegzudenken…

ZUTATEN FÜR 4 PERSONEN

- 800 g Zwetschken
- 100 g Zucker
- 1 Zimtstange
- 4 Gewürznelken
- 1 Schuß Rum

30 Minuten / leicht

Zwetschken waschen, halbieren und entkernen. Gewürze in ein Gewürzsäckchen packen, mit wenig Wasser ($^1/_{16}$ l) zustellen, Gewürzsäckchen und Zucker beigeben. Zwetschken in etwa 20 Minuten bei kleiner Hitze weich kochen. Etwa ein Drittel der Zwetschken pürieren und durch ein feines Sieb passieren. Mit den übrigen Zwetschken vermischen. Mit einem Schuß Rum abschmecken, abkühlen lassen und Gewürzsäckchen entfernen.

Rumzwetschken

Legen Sie die Zwetschken statt in Rum in alten Balsamico-Essig ein. Diese Zwetschken, in Speck eingewickelt und im heißen Backrohr gebraten, ergeben ein tolles Amuse gueule.

Zutaten

1 kg entsteinte Dörrpflaumen *500 g Kristallzucker*
½ l Wasser *0,5 l brauner Rum (38 %)*

15 Minuten / leicht

Dörrpflaumen in sterile Einmachgläser einlegen. Wasser mit Kristallzucker aufkochen. Rum beigeben und mit diesem Fond die Dörrpflaumen in den Einmachgläsern marinieren. Gut verschlossen an einem dunklen, kühlen Ort aufbewahren.

Rumrosinen

Diese Rosinen sind eine aromatische Bereicherung für Desserts wie Apfeltarte, Apfelstrudel oder Kaiserschmarren. Noch schneller klappt die Zubereitung, wenn Sie die Rosinen für 10 Minuten in das 80° C heiße Wasserbad stellen.

Zutaten

Rosinen (möglichst große) *brauner Rum (38 %)*

30 Minuten / leicht

Rosinen verlesen, kurz abschwemmen und in ein Einsiedeglas füllen. Nur etwa zwei Drittel des Glases befüllen, weil sich die Rosinen später noch ausdehnen. Rum eingießen, damit die Rosinen bedeckt sind. Nach etwa zwei Tagen wieder mit Rum auffüllen, gut verschließen und die Rosinen je nach Bedarf entnehmen.

TIPP: *Nach dem gleichen Verfahren können Sie auch Grapparosinen herstellen. Diese passen besonders gut zu reifem italienischen Rotschmierkäse.*

Punschsabayon

Arbeiten Sie bei nicht zu hoher Temperatur, weil sonst das Ei gerinnt und das Sabayon kein Volumen bekommt.

ZUTATEN FÜR 4 PERSONEN

2 Eier
1 Schuß Grand Marnier
3 EL Zucker

4 cl Rum
1/16 l Rotwein
1 Msp. Punschgewürz

10 MINUTEN / LEICHT

Alle Zutaten in einen absolut sauberen, fettfreien Metallkessel geben. Mit dem Schneebesen über Wasserdampf dickschaumig aufschlagen.

Gratinierter Deliciousapfel mit Fourme d'Ambert

Sie schwanken zwischen der Entscheidung Käse oder Dessert? Dann probieren Sie doch diese pikant-würzige Nachspeise.

ZUTATEN FÜR 4 PERSONEN

2 Delicious-Äpfel
3 EL Zucker
1 Schuß Calvados
2 EL Butter

2 gekochte, mehlige Kartoffeln
6 EL geschlagenes Obers (Sahne)
4 Scheiben reifen Fourme d'Ambert à 80 g

30 MINUTEN / FÜR EHRGEIZIGE

Äpfel schälen und das Kerngehäuse ausstechen. In einer Pfanne Butter aufschäumen, den Zucker goldbraun karamellisieren. Mit etwas Wasser aufgießen und zu einer dicken, honigartigen Konsistenz einkochen. Abkühlen lassen.

Die Äpfel in heißer Butter anbraten, mit Calvados parfümieren; ebenfalls abkühlen lassen. Kartoffeln schälen und der Länge nach halbieren.

Die Äpfel auf einem flachen, feuerfesten Teller kreisförmig anrichten. In die Mitte der platzierten Äpfel die Kartoffeln hineinsetzen. 3 EL vom erkalteten Karamell unter das Schlagobers ziehen und über den Äpfeln verteilen. Den Käse auf die Kartoffeln legen.

Die Äpfeln im Backrohr bei maximaler Oberhitze goldbraun gratinieren.

TIPP: Fourme d'Ambert ist ein milder französischer Blauschimmelkäse. Stattdessen können Sie für dieses Rezept auch Gorgonzola oder Stilton verwenden.

Kartoffelauflauf mit Parmesan

Je nach Würzigkeit des verwendeten Parmesans hat diese Nachspeise jedes Mal eine andere, individuelle Geschmacksnote.

ZUTATEN FÜR 4 PERSONEN

200 g mehlige Kartoffeln
30 g Butter
4 cl Obers (Sahne)
Muskatnuss
Salz

1 EL frischer, gerebelter Thymian
2 Eier
80 g frisch geriebener Parmesan
Butter zum Ausschmieren der Formen

70 MINUTEN / AUFWENDIG

Kartoffeln in der Schale kochen, noch heiß schälen und durch eine Presse drücken. Die zimmerwarme Butter und die Milch in die noch warmen Kartoffeln einrühren und alles zu einer geschmeidigen Masse verarbeiten.

Die Eier trennen. Eidotter und etwa zwei Drittel des geriebenen Parmesans in die Kartoffelmasse einrühren. Mit Salz, Pfeffer, Muskatnuss und Thymian würzen. Eiweiß steif schlagen und unter die Kartoffel-Käsemasse heben.

Passende Soufflé-Formen innen mit Butter ausschmieren. Die Formen etwa ein Drittel hoch mit der Kartoffel-Käsemasse füllen und mit dem restlichen Parmesan bestreuen. Im auf 180° C vorgeheizten Rohr etwa 25 Minuten backen.

Den gegarten Auflauf auf Teller stürzen und mit einer Tomaten-Basilikum-Sauce (Rezept Seite 242) servieren.

Ricotta-Soufflé mit Portwein-Feigen

Käse, Portwein und Feigen sind ganz einfach eine wunderbar stimmige Kombination. Ein würdiger Abschluß für jedes Menü.

ZUTATEN FÜR 4 PERSONEN

- 2 Eidotter
- 30 g Staubzucker
- 30 g passierter Topfen (Quark), 10 % Fett
- 50 g Ricotta
- 1 Prise Salz
- 1 EL Stärkemehl
- Saft von 1 Zitrone
- abgeriebene Schale von 1 Zitrone
- 3 Eiklar
- 70 g Zucker
- 1 EL Butter
- 1/8 l Portwein
- 8 Feigen
- Butter und Zucker zum Ausschmieren der Formen

50 MINUTEN / AUFWENDIG

Eidotter und Staubzucker schaumig rühren. Den passierten Topfen mit dem Ricotta, einer Prise Salz, Stärkemehl, Zitronensaft- und Schale vermengen. Mit den Eidottern zu einer geschmeidigen Masse verrühren. Eiklar mit 20 g Zucker steif schlagen und unter die Masse heben.

Soufflé-Formen innen mit Butter ausschmieren und mit Zucker bestreuen. Die Soufflé-Masse zu etwa zwei Drittel einfüllen. Im Wasserbad im auf 180° C vorgeheizten Backrohr etwa 30 Minuten garen.

Währenddessen in einer Pfanne 50 g Zucker karamellisieren und mit Portwein ablöschen, etwas einkochen lassen. Die Feigen waschen, abtrocknen und in dicke Scheiben schneiden; im Portweinsud kurz durchschwenken.

Das gegarte Soufflé auf Tellern anrichten. Die Feigen rundherum legen und mit etwas Portweinsud beträufeln.

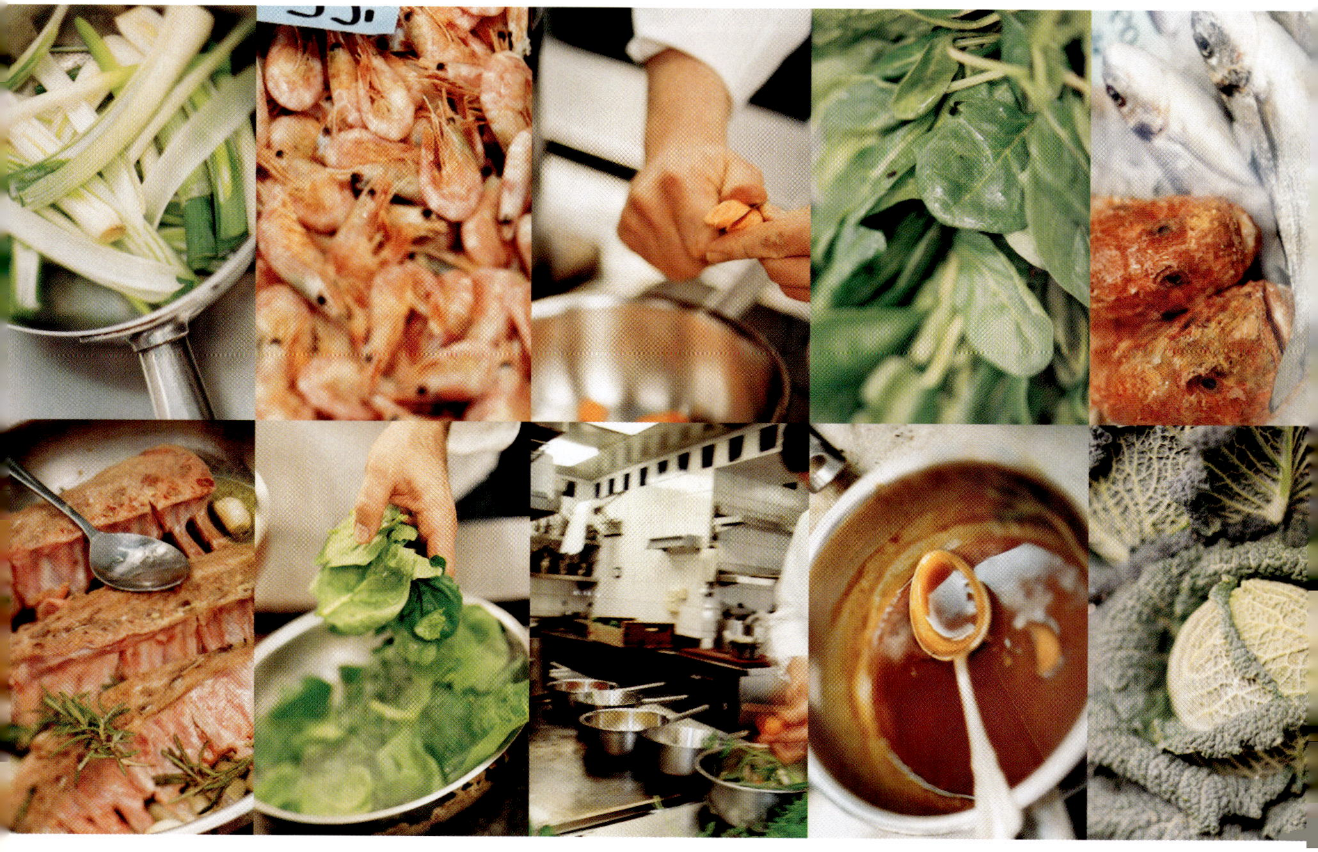

Tipps & Tricks

Oft sind es kleine Handgriffe, die die großen Küchengeheimnisse ausmachen. Mit den nachfolgenden Tipps arbeiten Sie fast schon wie ein Profikoch…

Ananas

Am besten schmecken Früchte, die relativ reif geerntet und dann sofort mit dem Flugzeug zu uns gebracht werden. Sie sind allerdings leicht verderblich und müssen besonders schnell verbraucht werden. Im Handel werden sie mitunter auch als „Flugananas" angeboten.

Die Ananas ist reif, wenn sich die inneren Blätter des grünen Blattschopfes leicht herauszupfen lassen. Die Farbe der Frucht läßt eigentlich keine Aussage über den Reifezustand zu. Am richtigen Weg zur Reife sind Früchte, die bereits etwas duften. Zum Nachreifen sollte man die Ananas für einige Tage auf einer weichen Unterlage bei etwa 15 Grad aufbewahren. Bereits reife Früchte im Kühlschrank bei maximal 5 Grad lagern. Bei tieferen Lagertemperaturen bildet die Frucht unschöne schwarze Flecken.

Die ungenießbare Ananasschale stets möglichst dünn abschneiden und die „Augen" einzeln ausstechen, weil das Fleisch direkt unter der Haut am meisten Aroma besitzt.

Apfel

Kein anderes Obst verfügt über einen derartigen Sortenreichtum. Niemand weiß genau, wie viele Apfelarten es weltweit gibt. Es sind mit Sicherheit mehr als 20 000. Umso eigenartiger ist es, daß der Weltmarkt von einer Hand voll Apfelsorten beherrscht wird. An erster Stelle natürlich der Delicious mit all seinen Abarten. Säuerliche Sorten wie beispielsweise McIntosh, Gloster oder Boskop eignen sich bestens für warme Desserts oder auch für Apfelstrudel. Süße Sorten wie Cox Orange oder die verschiedenen Delicious-Varianten eignen sich in der Küche am besten für Fruchtsalat und vor allem dann, wenn man den verwendeten Apfel nicht noch zusätzlich zuckern will. Je nach Angebot und Geschmack zahlt es sich aus, auch einmal rare, kaum bekannte Sorten zu probieren. Man erlebt dabei fast immer tolle Überraschungen.

Geschälte Äpfel nehmen sehr rasch eine unattraktive braune Farbe an. Um dies zu verhindern, beträufelt man geschälte Äpfel am besten mit Zitronensaft.

Artischocken

verfärben sich sehr rasch bei Lichteinwirkung. Abhilfe bietet das gründliche Einreiben des Bodens mit dem Saft einer halben Zitrone. Ein Schuß Essig im Kochwasser sorgt zusätzlich dafür, dass die Artischocken ihre Farbe behalten.

Wenn Artischocken bitter schmecken, kann daran auch das falsche Putzen der Frucht schuld sein. Der Stiel der Artischocken darf nicht abgeschnitten werden, sondern muß herausgedreht bzw. herausgezogen werden. Nur so entfernt man auch die bitter schmeckenden Fäden des Strunks. Artischocken bewahrt man kühl in feuchten Tüchern auf. Achten Sie beim Einkauf darauf, daß die Knospen mit den glatten Hüllblättern geschlossen sind.

Avocados

Das gelbe Fruchtfleisch verfärbt sich in aufgeschnittenem Zustand sehr schnell schwarz. Diesen unschönen optischen Effekt kann man durch das Beträufeln mit Zitronensaft vermeiden. Legen Sie halbierte Früchte mit der aufgeschnittenen Seite voran auf einen Teller, damit das Fruchtfleisch möglichst wenig Luftkontakt hat.

Unreife Avocados sind hart und eher geschmacklos. In Zeitungspapier eingewickelt, reifen sie bei Zimmertemperatur rasch nach. Reif und geschmackvoll sind Avocados, wenn deren Schale fast schon schwarz ist und auf Fingerdruck etwas nachgibt.

Backofentemperatur

Vertrauen ist gut, Kontrolle ist besser. Selbst bei teuren Profiherden kann man die Erfahrung machen, dass der eingebaute Thermostat vor allem in den unteren Temperaturbereichen nicht wirklich exakt arbeitet. Das ist besonders ärgerlich, wenn man zum Beispiel Fleisch ganz langsam im Niedertemperatur-Verfahren garen möchte und dann nach vier Stunden Garzeit beim Anschneiden einen rohen Fleischkern entdecken muß. Die Lösung: Die Anschaffung eines Backofenthermometers, mit dessen Hilfe Sie manuell punktgenau die von Ihnen gewünschte Temperatur ansteuern können.

Basilikum

niemals hacken, sondern nur in grobe Streifen schneiden. Dies tut man am besten mit einer Schere. So verfärben sich die Schnittstellen nicht. Basilikum niemals mitkochen, weil sonst sein Aroma verloren geht. Geben Sie Basilikum immer erst der fertig gegarten Speise bei.

Beeren

sollten möglichst nicht gewaschen, sondern nur abgetupft werden. Andernfalls verlieren sie Aroma, Saft und Form. Wenn man Beeren waschen will oder wegen zuviel Schmutz muß, sollte man sie in ein Sieb geben, ganz kurz abbrausen und gut abtropfen lassen. Beeren sind eine sehr empfindliche Ware und sollten möglichst kurz gelagert werden. Im Kühlschrank am besten in ein Tuch geben und allfällige Möglichkeiten für Druck- oder Quetschstellen vermeiden.

Beeren kann man gut einfrieren: einzeln auf ein Tablett legen und frosten. Danach in eine verschließbare Gefrierdose geben.

BIRNEN

sind recht kompliziert zu lagern. Sie verderben rasch, weshalb sie zumeist noch in unreifem Zustand angeboten werden. Dann ist ihr Fleisch hart und nicht sehr geschmackvoll. Man sollte die Birnen noch einige Tage bei Zimmertemperatur nachreifen lassen. Sobald sich die Schale der Birnen gelb verfärbt, beginnt diese zu duften. Und dann schmeckt die Birne am besten. Birnen besitzen von allen Obstsorten die wenigste Fruchtsäure. Deshalb schmecken sie auch so süß. Birnen harmonieren mit vielen Gewürzen wie etwa Gewürznelken, Zimt oder Vanille. Ingwer hebt das fruchtige Aroma besonders hervor. Beträufeln Sie Birnen so wie Äpfel nach dem Aufschneiden mit Zitronensaft, um eine unschöne Braunfärbung des Fruchtfleisches zu verhindern.

BISKUIT

Biskuitteig trocknet beim Backen sehr leicht aus und kann dann eventuell brechen. Nehmen Sie daher das Biskuit nach der Backzeit zum Auskühlen sofort aus dem Rohr, bestreuen sie es mit etwas Zucker und bedecken Sie es mit Papier. Sollte sich das Papier partout nicht vom Biskuitteig lösen lassen, hilft ein daraufgelegtes feuchtes Tuch. Nach einiger Zeit hat das Biskuit soviel Feuchtigkeit aufgenommen, dass man das Papier problemlos abziehen kann.

BLÄTTERTEIG

gibt es mittlerweile überall in sehr ansprechender Qualität fertig zu kaufen. Ambitionierte Hobbyköche werden aber vielleicht doch einmal das „Abenteuer" der Blätterteigherstellung wagen. Hilfreich dabei ist die Beachtung folgender Punkte: Die Backform darf nicht gebuttert sein, sondern nur mit Wasser ausgespült werden. Durch das Fett bräunt der Teig zu schnell. Verwenden Sie nur absolut frische Butter, und arbeiten Sie am besten auf einer kühlen Arbeitsplatte aus Marmor.

BRANDTEIG

Im Gegensatz zu anderen Teigen kommt bei einem Brandteig das Mehl nicht roh, sondern überkocht oder „abgebrannt" (daher der Name) dazu. Die eingearbeitete Flüssigkeit dient im Rohr als Treibmittel, weil die Flüssigkeit im Rohr Dampf entwickelt und so den Teig aufgehen läßt. Öffnen Sie daher bei der Herstellung von Brandteig erst dann das Rohr, wenn der Teig schon eine Kruste gebildet hat. Sollte der Brandteig beim Backen auseinanderlaufen, könnte der Grund dafür eine zu große Eiermenge sein.

Braten

Je nach Fleischart und persönlichem Wunsch variiert auch die Garung eines Bratenstücks. Während Lamm oder Kalb durchaus noch einen rosa Kern aufweisen sollten, muß ein Schweinsbraten absolut durchgegart sein. Wenn man mit einer Nadel tief in das Fleisch sticht und der herausquellende Fleischsaft nicht mehr blutig ist, ist das gute Stück gar.

Beim Braten von Fleisch, Fisch oder Geflügel nie mit einer Gabel in das Bratgut stechen, weil sonst der schmackhafte Saft ausläuft. Benutzen Sie für das Wenden stets Backschaufeln.

Bratensauce

Die Basis für eine gute Sauce entsteht beim Braten selbst: Bratensatz aufgießen und einkochen lassen. Für die rechte Bindung und den Geschmack sorgen einige mitgekochte Knochen und etwas Röstgemüse (würfelig geschnittene Zwiebel, Sellerie und Karotten). Ein Schuss Wein, Bier oder Schnaps können beim Aufgießen für zusätzliches Aroma sorgen.

Für das Binden einer Sauce stehen Ihnen einige Wege offen: Reduzieren Sie die Sauce durch Einkochen bei großer Hitze auf die gewünscht Menge und Konsistenz. Oder Sie binden die Flüssigkeit, indem Sie Sauerrahm, Mehl und Sauce zu gleichen Teilen miteinander verrühren und mit dem Schneebesen in die Sauce einarbeiten. Das Verrühren ist unbedingt notwendig, weil der Sauerrahm sonst ausflockt. Crème fraîche können Sie direkt in die Sauce einarbeiten. Auch kalte Butterstücke können Flüssigkeit hervorragend binden. Allerdings darf man derartig montierte Saucen keinesfalls mehr erhitzen. Noch ein Satz zum Abschmecken: Verwenden Sie neben Salz und Pfeffer gegebenenfalls auch Tomatenmark und Senf, wodurch viele Saucen erst eine pfiffige Würze bekommen.

Bratkartoffeln

werden nur dann knusprig, wenn man sie zum Braten in wirklich heißes Fett gibt. Lauwarmes Fett wird von den Kartoffeln aufgesogen, wodurch sie niemals knusprig werden können. Bratkartoffeln gelingen am besten, wenn Sie die festkochenden Kartoffeln schon einige Stunden vorher kochen und dann völlig auskühlen lassen. Manche schwören gar darauf, die Kartoffeln schon am Vortag zu kochen. Noch ein Weg, um knusprige Bratkartoffeln zu bekommen: Bestäuben Sie die Kartoffeln vor dem Braten mit etwas Mehl oder Semmelbröseln.

Bries

Kalbsbries ist die in der Brusthöhle sitzende Wachstumsdrüse, auch Thymusdrüse, eines jungen Tieres, die im Schnitt etwa ein viertel Kilo wiegt.

Bries lässt sich sehr schnell garen und ist ein leicht verdauliches, nährstoffreiches Mahl.

Grundsätzlich unterscheidet man zwischen den eher länglichen Bries-Teilen, die eine grobkörnige Konsistenz besitzen und formmäßig ein wenig ausgefranst wirken. Viel feiner ist die sogenannte Bries-Rose, ein rundliches kompaktes Stück, das farblich viel heller ist.

Vor der eigentlichen Zubereitung muß man Bries einige Zeit unter fließendem kalten Wasser wässern und ausspülen, damit verbliebene Blutreste herausgewaschen werden und es eine attraktive weiße Farbe bekommt. Mit dieser Prozedur werden auch noch Bitterstoffe aus dem Bries entfernt. Nach diesem Spülen am besten über Nacht in einer mit Wasser gefüllten Schüssel ruhen lassen.

BROKKOLI

Im Gegensatz zu Karfiol[1] ißt man bei Brokkoli nicht nur die zarten Röschen, sondern auch die fleischigen Strünke. Beim Garen ist Fingerspitzengefühl angesagt. Brokkoli nur kurz dünsten oder in Fett schwenken. Er sollte in jedem Fall bissfest sein. Besonders fein schmeckt Brokkoli, wenn man die Stiele der Röschen sorgfältig putzt und kreuzweise einschneidet. So vermeidet man das übliche Ärgernis, dass zwar die Röschen, nicht aber die Stengel weich sind. Man kann die Stiele auch extra garen und die Röschen nur ganz kurz blanchieren.

Welke Röschen oder Stiele sind die Merkmale von überlagerter Ware. Geöffnete und gelblich verfärbte Röschen sind ebenfalls ein negatives Qualitätsmerkmal. Im Kühlschrank hält sich Brokkoli drei bis vier Tage.

BROT

lagert man am besten, indem man die Schnittfläche mit Alu- oder Klarsichtfolie abdeckt. Wenn die Kruste des Brotes hart zu werden droht, diese ebenfalls mit Folie bedecken. Brot niemals in luftundurchlässigem Plastik aufbewahren, es wird dann sofort unangenehm zäh und beginnt durch die kondensierende Feuchtigkeit sehr schnell zu schimmeln. Frisches Brot eignet sich übrigens auch hervorragend zum Einfrieren.

BUTTER

Verwenden Sie zum Kochen vorzugsweise Butter aus Sauerrahm. Süßrahmbutter kann beim Erhitzen manchmal einen käsigen Geruch entwickeln.

Am hitzebeständigsten ist geklärte Butter. Diese erhalten Sie, wenn Sie in einem Topf vorsichtig Butter erhitzen und den sich bildenden Schaum gründlich abschöpfen. Oder Sie kaufen und verwenden fertiges Butterschmalz.

[1] *Blumenkohl*

Knödel oder Blattspinat bekommt durch gebräunte, flüssige Butter ein wunderbares Aroma.

CHAMPIGNONS

schneidet man am schnellsten und einfachsten mit einem Eierschneider in gleich dicke Scheiben. Verwenden Sie alle Pilze möglichst bald nach dem Einkauf. Worauf man beim Einkauf achten sollte: Eine ledrig-trockene Oberfläche und unter dem aufgesprungenen Hut sichtbare Lamellen deuten auf ältere Ware hin. Die Pilzhüte sind im Idealfall makellos weiß und weisen keine Dellen auf.

Verschmutzungen am besten mit einem Tuch oder einem speziellen Pilzpinsel entfernen. Nur wenn unbedingt notwendig waschen: Pilze saugen sofort das Wasser auf, das dann beim Braten in der Pfanne (oder bei einer anderen Zubereitung) wieder freigegeben wird.

Wenn man Zitronensaft auf die Champignons träufelt, erhält sich auch beim Kochen die helle Farbe der Pilze.

CHICORÉE

zeichnet sich durch ein fein-bitteres Aroma aus. Manchen ist er allerdings zu bitter. Wenn man ihn mit einer Semmel kocht oder auch nur in warmes Wasser einlegt, entzieht man ihm die Bitterstoffe.

Chicorée ist ein sehr empfindliches Gemüse. Vor allem Licht ist des Chicorée Feind. Daher immer kühl und dunkel lagern. Bei Sonnenlichteinstrahlung färben sich die Chicoréeblätter grün, wodurch sie ungemein bitter werden. Chicorée am besten in Papier eingewickelt im Kühlschrank aufbewahren.

CHINAKOHL

schmeckt viel zarter als herkömmliche Kohlarten und hat im Grunde keinen typischen Kohlgeschmack. Das prädestiniert ihn für Salat, weil man Chinakohl ohne Probleme roh essen kann. Man kann Chinakohl auch braten. Wie Sauerkraut eingelegten Chinakohl bekommt man in den meisten Asia-Shops.

Beim Einkauf darauf achten, daß die einzelnen Blätter möglichst knackig, fest und saftig sind. Die Blätter dürfen keine dunklen Stellen aufweisen, das ist ein sicheres Zeichen, dass der Chinakohl an einem zu warmen Ort aufbewahrt worden ist. Im Gemüsefach des Kühlschranks kann man frischen Chinakohl mehr als eine Woche problemlos lagern.

CROÛTONS

Optimal knusprige Weißbrotwürfel erhält man, wenn man zum Frittieren

TIPPS & TRICKS

viel Butter verwendet. Die Croûtons sollten im heißen Fett schwimmen können. Wegen der optimalen Brattemperatur stets einen „Probecroûton" in die Pfanne legen. Beim Einlegen müssen sich kleine Bläschen bilden. Ist die Butter nicht heiß genug, saugen sich die Croûtons unangenehm mit Fett voll. Sobald die Croûtons goldbraun sind, sofort herausnehmen und auf Küchenpapier abtropfen lassen. So wie auch Röstzwiebeln bräunen Croûtons dabei noch etwas nach!

CURRY

ist genau genommen kein eigenes Gewürz, sondern eine Gewürzmischung. In indischen Haushalten wird Curry auch heute noch individuell zusammengestellt. In Currypulver können bis zu 15 verschiedene Gewürze enthalten sein. Fast immer dabei sind Pfeffer, Paprika, Kardamom, Nelken, Ingwer, Koriander, Kreuzkümmel, Muskatnuß, Piment, Zimt und Kurkuma. Kurkuma (hierzulande auch Gelbwurz genannt) ist immer dabei und gibt jeder Currymischung ihre prächtige gelbe Farbe. Obwohl man bei Curry immer an Pulver denkt, werden viele Currymischungen auch als Paste angeboten.

Mit Curry kann man nicht nur Fleisch und Fisch, sondern auch Linsen und Bohnen effektvoll aromatisieren. Besonders Mutige würzen Früchte wie Mango, Orangen oder Pfirsiche.

DATTELN

Frisch geerntete Datteln werden tiefgekühlt nach Europa transportiert und erst zum Verkauf wieder aufgetaut. Nasse Hautstellen und Zuckertröpfchen am Stiel sind Zeichen von zu langer Lagerung. Früchte in optimalem Zustand kann man auch wieder einfrieren. Im Kühlschrank halten reife Datteln 3 bis 4 Tage. Unreife Früchte erkennt man an ihrer hellbraunen Schale. Nach ein paar Tagen Lagerung bei Zimmertemperatur sind sie aber dann mit Sicherheit genussreif.

EIER KOCHEN

dauert je nach Größe unterschiedlich lange. Probieren Sie es mit folgenden Richtzeiten: 3–4 Minuten für ein weiches Ei, 6–7 Minuten für ein wachsweiches Ei, etwa 10 Minuten für ein hartes Ei.

Wenn man im Kühlschrank gelagerte Eier direkt in kochendes Wasser gibt, platzen sie leicht. Darum entweder mit einer Nadel am stumpfen Ende einstechen oder mit kaltem Wasser aufsetzen. Oder zuerst Eier auf Raumtemperatur bringen.

Werden Eier beim Heimtransport versehentlich beschädigt, am besten noch am selben Tag verwenden. Eier mit einem Sprung kann man zur Not noch in Alufolie verpackt kochen.

Eier lagern

Eier aus Lagebatterien sollte man, ebenso wie von dort stammendes Hühnerfleisch, grundsätzlich ablehnen. Das optimal gehaltene Huhn hat eine Minimum-Auslauffläche von zehn Quadratmetern im Freien und kann dort nach Lust und Laune Nahrung vom Boden aufnehmen.

Um festzustellen, ob ein Ei ganz frisch oder schon etwas betagter ist, gibt es drei Möglichkeiten:

- **Schwimm-Test:** Legen Sie das Ei in eine Schüssel mit Wasser. Frische Eier gehen unter, ältere Eier stellen sich auf und steigen an die Oberfläche. Der Grund: Die in der Schale eingeschlossene Luftkammer ist bei älteren Eier viel größer.
- **Aufschlag-Test:** Frische Eier: Dotter und Eiklar wirken hoch gewölbt. Alte Eier: Flacher Dotter, Eiklar fließt auseinander.
- **Koch-Test:** Auch nach dem Kochen kann man ältere Eier an ihrer viel größeren Luftkammer identifizieren (siehe Schwimmtest).

Länger als drei Wochen sollte ein Ei auch im Kühlschrank nicht gelagert werden.

Eier nicht neben stark riechenden Lebensmitteln wie Knoblauch, Käse oder Zwiebeln lagern. Durch die poröse Schale nehmen Eier schnell Fremdgerüche an.

Wer öfters Mehlspeisen macht, kennt das Problem: Was tun mit einzelnem Eigelb? Geben Sie das Eigelb in eine kleine Kaffeetasse und leeren Sie ganz wenig kaltes Wasser darüber. Im Kühlschrank gelagert, ist das Eigelb so optimal für einige Tage vor dem drohenden Austrocknen geschützt.

Eierschwammerl[1]

Trotz vieler Versuche ist es noch niemanden gelungen, den aromatischen Waldpilz zu züchten. Eierschwammerln lassen sich in der Küche besonders vielseitig einsetzen. Man kann sie ohne weiters mit anderen Pilzen wie etwa Zuchtchampignons mischen.

Wer einmal mehr Eierschwammerln findet, kann sie entweder in Essigwasser einlegen oder auch, nachdem sie kurz in Salzwasser blanchiert wurden, einfrieren. Zum Trocknen sind sie ungeeignet.

Im Idealfall sind die Schwammerln noch fest und ganz wenig feucht. Eingetrocknete Stellen zeugen von betagteren Exemplaren. Achten Sie darauf, daß Sie möglichst saubere Pilze bekommen, das erspart viel Zeit beim Putzen. Je schneller Sie Schwammerln verarbeiten, umso besser. Schwammerln am besten in einem Tuch im Kühlschrank lagern.

[1] *Pfifferling*

Einbrenn

In den achtziger Jahren, zu den Anfängen der Nouvelle Cuisine, war die Einbrenn beinahe schon verpönt, ehe man sich wieder auf ihre Notwendigkeit für so manchen Hausmannskostklassiker besann. Ein klassischer Cremespinat oder die neuerdings wieder so beliebten eingebrannten Erdäpfel mögen hier nur als zwei Beispiele dienen.

Grundsätzlich unterscheidet man zwischen weißer und brauner Einbrenn. Für beide Arten ist der Beginn der Zubereitungsphase entscheidend. Erhitzen Sie in einem Topf Butter und rühren Sie die gleiche Menge Mehl ein. Je nach gewünschter Farbe richtet sich die Dauer des Anschwitzens des Mehls, das unter ständigem Rühren erfolgen sollte.

Besonders für die braune Einbrenn sollte man sich Zeit nehmen und nur mit geringer Hitze arbeiten, denn bei zu großer Hitzeeinwirkung werden die Zellen des Mehls hart, wodurch die Bindefähigkeit abnimmt. Idealerweise verwendet man für jede Form der Einbrenn nur die gegenüber Hitze und länger dauernden Röstprozessen wesentlich robustere geklärte Butter bzw. Butterschmalz.

Lassen Sie jede Einbrenn unbedingt einige Minuten durchkochen, damit der unangenehme Rohmilchgeschmack verschwindet. Die jeweilige Flüssigkeit am besten mit einem Schneebesen einrühren, um Klumpenbildung möglichst auszuschließen.

Einfrieren

Ganz gleich, ob Gäste im letzten Moment abgesagt haben oder man einem attraktiven Sonderangebot nicht widerstehen konnte: Das Einfrieren von Lebensmitteln ist der vernünftigste Schritt zu einer sinnvollen Vorratshaltung. Beachten sollte man allerdings, dass die üblichen Haushaltsgeräte nicht jene tiefen Temperaturen erreichen, wie sie etwa in der Lebensmittelindustrie, vereinzelt auch in der Gastronomie gebräuchlich sind. Der wichtigste Unterschied dabei: Profigeräte erreichen –50 Grad Celsius und darüber, wodurch sich das Gefriergut praktisch nicht verändert. Bei der in Haushaltsgeräten üblichen Temperatur von etwa –20 Grad ist bei langer Lagerungsdauer ein geringfügiger Qualitätsabbau festzustellen. Alles Gefriergut sollte daher am besten etwa vier Monate nach Einlagerungsdatum verbraucht werden. Das hilft auch, den Überblick in der meist zu vollen Gefriertruhe zu bewahren.

Wer selbst Produkte einfriert, sollte stets nach der Bedienungsanleitung des jeweiligen Gerätes vorgehen. In jedem Fall gilt: Immer nur Topqualität einfrieren. Obst und Gemüse vorher waschen und zuputzen. Speziell Gemüse wie Erbsen, Karotten oder Paprika profitiert vom vorherigen Blanchieren in Salzwasser. Rohes Fleisch am besten gleich in Portionsgrößen schneiden.

Keinesfalls sollten Fleischteile mit einem Gesamtgewicht von mehr als zwei Kilogramm eingefroren werden. Eine möglichst luftdichte Verpackung und möglichst schnelles Einfrieren sind die Garanten für langanhaltende Qualität.

Für fertig gekochte Speisen empfehlen sich praktische Gefrierkochbeutel oder auch leicht verschließbare Alutassen. Suppen und Fonds stets in kleinen Portionsgrößen einfrieren. So sind sie im Fall des Falles sehr rasch verfügbar. Zum Finishen von Speisen empfiehlt es sich, Suppe oder Fond in Eiswürfelbeuteln einzufrieren. Damit verfügen Sie jederzeit über einen effektvollen Suppenwürfel aus eigener Fabrikation.

Wann immer es geht, sollte man Tiefgekühltes ohne vorheriges Auftauen zubereiten. Geht das nicht, lassen Sie das Gefriergut am besten langsam im Kühlschrank auftauen. Aus hygienischer Sicht etwas problematisch ist das Auftauen von großen Stücken bei Raumtemperatur, weil sich unter diesen Bedingungen recht rasch Keime vermehren.

ENTEN

Zu den im Handel und in guten Restaurants populärsten Entenrassen zählt die französische Barbarie-Ente, eine Kreuzung zwischen einem weiblichen Flugentenweibchen und einem wilden Erpel. Die Barbarie-Ente hat ein eher dunkles Fleisch und einem „wilden" Geschmack. Die Pekingente, die ebenfalls in Österreich (z. B. im Waldviertel) gezüchtet wird, mutet dagegen eher fetter und klassischer im Geschmack an. Grundsätzlich sind Flugenten beim Kauf zu bevorzugen, sie sind nicht so fett.

Am besten schmecken junge Enten mit einem Alter von etwa zwei Monaten. Wer eine ganze Ente daheim zubereiten will, hat oft Probleme mit der optimalen Garung. Am praktischsten ist die Lösung, zuerst die Brustfilets zu servieren und die Keulen, die natürlich länger garen müssen, dann später in einem zweiten Gang zu reichen.

ERDBEEREN

sind sehr leicht verderblich. Schon eine einzige matschige Beere kann einen ganzen Erdbeerkorb infizieren. Erdbeeren daher gleich nach dem Einkauf überprüfen und verdorbene sofort aussortieren.

FARCE

bedeutet im Französischen soviel wie „Schabernack, übermütiger Streich". Warum damit auch im kulinarischen Sinn eine Fülle gemeint ist? Früher hielt man es für einen Scherz, wenn man ein ganzes Tier mit einer Masse füllte, um so mehr Eindruck zu schinden.

Tipps & Tricks

Heute gilt die Farce maximal dann als Scherz, wenn sie mißlingt. Um die doch recht sensible Verbindung zwischen faschiertem Fleisch oder Fisch und Obers[1], Salz und Ei entstehen zu lassen, sollten Sie folgendes beachten: Sämtliche Zutaten sollten die gleiche, kalte Temperatur aufweisen. Immer erst nach dem Faschieren salzen, weil Salz eine zusätzliche bindende Wirkung hat. Danach, ganz gleich, ob Sie nun Nockerln, Mousse oder eine Terrine zubereiten wollen, unbedingt folgende Reihenfolge einhalten: Gewürzte Masse kräftig durchrühren, dann Eiweiß oder Eigelb dazugeben, wieder durchrühren und erst ganz am Schluß das kalte Obers[1] einrühren. Dann sollte die Bindung in Ordnung sein. Andernfalls wissen Sie, warum man einer mißlungenen Farce nachsagt, „dass sie abhaut" …

Faschierte Braten

gelingen besonders gut, wenn man sie vor dem Braten in ein Schweinsnetz hüllt. Dann bricht das Faschierte garantiert nicht auf und bleibt schön saftig. Das Schweinsnetz wandelt sich während des Bratens zu einer Kruste um. Schweinsnetz kostet praktisch nichts, muß aber unbedingt beim Fleischhauer rechtzeitig vorbestellt werden.

Faschiertes[2]

Am gebräuchlichsten ist in Österreich das gemischte Faschierte, das zu ungefähr gleichen Teilen aus Rind- und Schweinefleisch besteht. Wird anderes Fleisch verwendet, muß darauf hingewiesen werden. Gemischtes Faschiertes darf maximal 20 % Fettgehalt aufweisen. Faschiertes ist sehr empfindlich, was die Lagerung betrifft. Laut Lebensmittelkodex ist der Verkauf nur am Tag der Herstellung erlaubt. Darum nach dem Einkauf so schnell wie möglich in den Kühlschrank und noch am gleichen Tag verarbeiten. Faschiertes Schweinefleisch ist stets sehr saftig und hat eine sehr helle Farbe. Faschiertes Rindfleisch ist eher trockener und hat eine kräftige rote Farbe. Wer das Fleisch selber durch den Fleischwolf drehen will: Am besten eignen sich dafür preiswerte Teilstücke von Schulter, Brust oder Hals.
Die Konsistenz von faschierten Laibchen oder Braten hängt im wesentlichen von der Feuchtigkeit der eingeweichten Semmelmasse ab. Ist die Fleischmasse zu feucht, springt sie beim Garen auf oder zerfällt. Mit dem Einstreuen von Semmelbröseln kann man die Feuchtigkeit der Laibchen ganz gut korrigieren.

Feigen

Am besten schmecken die violetten Feigen, die vor allem aus der Türkei, Italien, Spanien und Griechenland kommen. Die im Winter angebotenen grünen Feigen sind zumeist nicht sehr aromatisch.

[1]Sahne, [2]Hackfleisch

Reife Feigen sollte man wenn möglich noch am Einkaufstag essen. Im Kühlschrank halten sie maximal zwei Tage. Sollten die Feigen noch unreif sein, kann man sie auf einer weichen Unterlage bei Zimmertemperatur nachreifen lassen. Wie man die Reife erkennt: Früchte werden weich und platzen leicht auf. Achtung: Überreife Früchte sind matschig und beginnen schnell zu gären!

Fenchel

Frischer Fenchel ist idealerweise eine feste, helle Knolle, die keinerlei Druckstellen aufweist. Braune Stellen auf der Knolle selbst oder am Strunk sind Beschädigungen, die auf eine längere Lagerung hinweisen. Frischen Fenchel kann man im Gemüsefach des Kühlschranks ohne Probleme eine Woche aufbewahren. Das grüne, optisch an Dille erinnernde Kraut am Kopf der Knolle abschneiden und als Würze für das fertige Gericht verwenden.

Die Italiener unterscheiden zwischen weiblichem und männlichem Fenchel. Die weiblichen Knollen sind schmäler und wirken langgestreckter. Männlicher Fenchel ist dick und rund und hat angeblich weniger Fäden, was vor allem dann eine Rolle spielt, wenn man das Gemüse nur ganz kurz kocht oder überhaupt roh essen will.

Fisch

Frischer Fisch riecht nicht. Zumindest nicht nach Fisch, eher schon nach Meer. Frisch eben. Sollte ein ganzer Fisch oder auch nur ein kleines Filetstück übel riechen: weg damit. Weitere Merkmale für gute Fischqualität: schöne rote Kiemen und ein starres, festes Fleisch. Fisch sollte stets so rasch wie möglich zubereitet werden. Bis dahin lagert man ihn am besten im Kühlschrank (3 Grad) auf mit Frischhaltefolie abgedeckten Tellern.

Wer davor Angst hat, dass der Fisch beim Braten am Pfannenboden kleben bleibt, sollte stets beschichtete Pfannen verwenden, die es übrigens, speziell für Fisch, auch in ovaler Form gibt. Grundsätzlich reicht es aber, wenn Fischfilets vor dem Braten gründlich mit Mehl bestäubt werden. Das verhindert bei kurzer Bratzeit das Auslaufen von Flüssigkeit, wodurch das gute Stück dann in Folge anklebt.

Fisch erst unmittelbar vor der Zubereitung salzen, sonst entzieht das Salz dem Fischgewebe Wasser. Dieses Wasser geht dann an die Fischoberfläche und sorgt für lästige Spritzer beim Braten.

Fischgräten

Selbst wenn Ihr Fischhändler oder auch Sie selbst beim Filetieren besonders aufmerksam gearbeitet haben, bleiben fast immer einige Gräten zurück. Mit einer Pinzette lassen sich verbliebene Gräten ganz leicht und effektiv auszupfen, ohne dabei das Fischfilet zu verletzen.

Fischpfannen

reinigt man ganz leicht, indem man die Pfanne mit Salz erhitzt. Wenn das Salz braun ist, ist die Pfanne geruchsfrei. Danach nur noch mit Küchenpapier auswischen.

Fleisch

muß nach dem Braten unbedingt rasten. Andernfalls kann es zäh und hart sein. Speziell kurzgebratene Steaks und auch andere Fleischstücke brauchen nach dem Braten einige Minuten Zeit, damit sich der Fleischsaft gleichmäßig in den Fasern verteilt. Am besten geschieht dies, indem man das Fleisch aus der Pfanne nimmt, auf einen vorgewärmten Teller legt und diesen mit Alufolie bedeckt. Oder Sie legen das Fleischstück in den erhitzten, offenen und abgeschalteten Backofen. Den dabei austretenden Fleischsaft kann man in eine begleitende Sauce leeren. Größere Fleischstücke während des Rastens einmal umdrehen, damit sich der Saft gleichmäßig verteilen kann. In der „Korso"-Küche legen wir, ehe das Gericht serviert wird, das Fleisch nach dem Rasten noch einmal in die heiße Pfanne und braten es auf den Punkt nach.

Fleischqualität

Entgegen der landläufigen Meinung „je magerer das Fleisch, umso besser" ist eine gleichmäßige zarte Fettmarmorierung, also dünne Fettäderchen, die das Fleisch durchziehen, ein Garant für Saftigkeit und vollen Geschmack. Der weiße, helle Fettrand auf einer Seite des Fleischstücks bewahrt es vor Austrocknung und hält das Fleisch auch beim Kochen in Form. Daher Fettränder niemals vor der Zubereitung wegschneiden. Besonders Kalorienbewußte können das Fettranderl ja vor dem Anrichten wegschneiden.

Forellen

sollten vor dem Braten stets an der Haut mehrmals leicht eingeschnitten werden. Denn ganz besonders die Haut von fangfrischen Forellen reißt beim Garen fast immer auf. Um eine optimale Farbe für die sogenannte „Forelle blau" zu bekommen, darf man den Fisch vor der Zubereitung keinesfalls waschen. Es ist nämlich gerade die glitschige Schleimschicht auf der Fischhaut, die die Blaufärbung bewirkt. Wenn man die Forelle vor dem Pochieren mit etwas Essig benetzt, wird die Blaufärbung noch intensiver.
Forellen gehören zur Familie der Lachse, was durch die Lachsforelle mit ihrem rötlichen Fleisch am deutlichsten wird. Man unterscheidet folgende wichtige Forellenarten:

- **Seeforelle:** selten zu bekommen, kann ziemlich groß werden; besitzt auf der Haut viele rote und hellgelbe Farbtupfer.
- **Regenbogenforelle:** Verdankt ihren Namen der in allen Regenbogen-

TIPPS & TRICKS

farben schillernden Seitenlinie. Wird am häufigsten gezüchtet und ist zu einem echten Massenfisch avanciert.

- **Bachforelle:** Sicherlich die edelste aller Forellen. Besonders wenn sie aus hochgelegenen, kalten Gebirgsbächen gefischt wird, hat sie einen einzigartigen Geschmack. Man erkennt sie an ihren blau-grünen Tupfen.

FRITTIEREN

Sparen Sie niemals bezüglich der Menge des verwendeten Öls. Frittiertes gelingt am besten, wenn es im Fett schwimmt. Außerdem ist die Gefahr, eine große Menge Öl zu überhitzen, wesentlich geringer als bei einer kleinen. Apropos Öltemperatur: Sie ist entscheidend für den optimalen Frittiervorgang und sollte bei rund 180 Grad liegen. Als Testobjekt kann man einen Weißbrotwürfel ins Fett geben. Wenn dieser gleich Farbe nimmt und sprudelnd zu frittieren beginnt, paßt die Temperatur.

Frittiergut, das nicht in genügend heißes Fett gelegt wird, saugt sich mit dem Fett voll und wird niemals knusprig.

Um nicht unnötig viel Fett zu essen, sollte man alles Frittierte entweder auf einem Sieb abtropfen lassen oder mit Küchenpapier abtupfen.

Frittierfett kann man durchaus zwei- bis dreimal verwenden. Allerdings sollte man es nach jedem Frittierdurchgang durch ein feines Sieb seihen, um etwaige Verunreinigungen wie etwa Brösel zu beseitigen.

GARNELEN

Shrimps, Garnelen, Scampi ... – Um kaum eine Bezeichnung gibt es ein derartiges Wirrwarr wie um die korrekte Benennung von Krustentieren. Der Auslöser: in jedem Land und in jeder Sprache werden gewisse Garnelen und Krustentierarten verschieden benannt. Und Fischhändler haben schließlich auch anderes zu tun, als sich um die korrekte Übersetzung eines Namens zu kümmern.

Garnelen sind bezüglich der Artenvielfalt eine weitverzweigte Familie. Zu Garnelen wird alles gerechnet, was einen Panzer hat, zehn Schwimmfüsse besitzt und ohne Scheren auskommt. Die qualitativ besten Arten werden in kalten Gewässern gefangen.

Riesengarnelen aus Asien kommen häufig unter dem Namen „Tiger Prawns" auf den Markt. Sie gelangen fast immer tiefgefroren zu uns, weil sie sonst den langen Transport nicht unbeschadet überstehen würden. Nach dem Kauf sollte man sie möglichst bald verarbeiten.

Die kleinsten Garnelen heißen bei uns Shrimps, und ihr Schwanz wird maximal so lang wie ein sehr kleiner Finger. Sie werden vor allem in der Nord- und Ostsee gefangen und sofort nach dem Fang aus der Schale gezogen. Durch ihre Winzigkeit sind sie sehr leicht verderblich und müssen daher noch an

Bord der Fangschiffe weiterverarbeitet werden. Im Handel werden Shrimps entweder in Salzlake eingelegt oder auch tiefgefroren angeboten. Manchmal werden auch ungeschälte, gekochte Shrimps angeboten.

Und um noch ein wenig zum Namenschaos beizutragen: Manchmal werden die kleinen Shrimps auch Krabben genannt, aber das ist grundfalsch, denn Krabben sind kurzschwänzige Krebse.

Die Bezeichnung Scampi ist hierzulande fast schon ein Synonym für Krustentiere geworden. Die korrekte Eindeutschung des Begriffs Scampi lautet aber Kaisergranat, und damit ist ein 20–25 cm langer Krebs gemeint, der über einen daumendicken Schwanz und zwei kleine Scheren verfügt.

Garnelen sind bezüglich Transport und Lagerung sehr empfindlich. Je schneller man sie verarbeitet, umso besser. Beim Einkauf gelten im Grunde die gleichen Qualitätskriterien wie bei Fisch. Schlechter, womöglich an Ammoniak erinnernder Geruch ist ein untrügliches Zeichen für schlechte Ware. Auch dunkle Flecken auf der Schale und ein schlaffer, weicher Schwanz sollten Sie von einem Kauf Abstand nehmen lassen.

Geflügel verarbeiten

Sie am besten so rasch wie möglich. Vor allem in den Sommermonaten besteht latente Salmonellengefahr. Eine Einhaltung der Kühlkette ist oberstes Gebot. Zwischen 0 und maximal 4 Grad sollte die Lagertemperatur von frischem Huhn betragen. Und was vom verantwortungsbewußten Händler so penibel eingehalten wird, sollte man als Konsument nicht leichtfertig sabotieren, indem man zwischen dem Einkauf und dem Einlagern im eigenen Kühlschrank unnötig viel Zeit vergehen läßt.

Geräte und Messer, mit denen Sie rohes Geflügel bearbeitet haben, stets mit heißem Wasser und Spülmittel reinigen. Kunststoffbretter sind in dieser Hinsicht hygienischer als Holzbretter. Vor und während der Arbeit Hände mit Wasser und Seife reinigen. Geflügel immer vollständig durchgaren. Besondere Vorsicht sollte man auch bei tiefgefrorenem Geflügel walten lassen. Besonders wichtig für ein optimales Gelingen ist dabei das richtige Auftauen: Zuerst die Verpackung entfernen und den Vogel im Kühlschrank auf einem Siebeinsatz ganz langsam über Nacht auftauen lassen. Das entstandene Auftauwasser bitte unbedingt in einem Gefäß auffangen und wegschütten. Frische Ware selbst einzufrieren kann wegen der Größe und der zumeist zu geringen Einfriertemperatur von Haushaltsgeräten problematisch sein.

Geflügel zerteilen

Das macht man am besten mit einer Geflügelschere. Kleinere Hühner einfach an Rückgrat und Brust halbieren. Größeren Exemplaren zuerst die Keulen abschneiden, dann die Flügel mit dem sie umgebenden Fleisch abschneiden und ebenfalls halbieren.

Geflügelfleisch

wie auch manche Stücke vom Wild sind durch das Fehlen jeder Fettschicht besonders heikel zum Braten, weil das magere Fleisch sehr schnell austrocknet. Die Rettung in solchen Fällen ist der sogenannte grüne Schweinespeck. Wickeln Sie diesen geschmacksneutralen Speck vor dem Braten um die Fleischstücke. Sie bleiben dann wunderbar saftig und besitzen zudem ein elegantes Aussehen, weil ja kaum Anbratspuren vorhanden sind.

Geflügelhaut

ist nicht jedermanns Sache. Entfernen Sie diese trotzdem erst kurz vor dem Servieren. Die Haut schützt das zarte Geflügelfleisch vor Austrocknen und Auslaugen.

Gemüse behält seine Farbe,

wenn man es ganz kurz in kochendes Wasser legt und danach sofort in eiskaltem Wasser abschreckt. Durch diesen Vorgang – in der Fachsprache nennt man ihn blanchieren – bewahrt man speziell grünen Gemüsesorten wie Brokkoli, Fisolen oder Blattspinat ihre schöne Farbe.

Knackiges Gemüse

erhält man, wenn man es so kurz wie nur möglich gart. Zerteilen Sie Gemüse stets in gleich große Stücke, damit es beim Zubereiten gleichmäßig gart. Oft reicht es, wenn man Gemüse nur kurz blanchiert und in ganz wenig Fett durchschwenkt oder in wenig Flüssigkeit dünstet. Bei Beachtung dieser Grundsätze bleibt auch ein Höchstmaß an wertvollen Vitaminen und Mineralstoffen erhalten.

Gemüse lagern

Dass erntefrisches Gemüse möglichst rasch verbraucht werden sollte, ist im Grunde eine Selbstverständlichkeit. Wärme und Sonnenlicht sind die größten Feinde der knackigen Frische. Allerdings sollte man es auch mit der kühlen Lagertemperatur nicht übertreiben. Fast alle Gemüsesorten halten sich am besten in kühler Umgebung (4 bis 6 Grad) bei hoher Luftfeuchtigkeit (70 bis 80 Prozent). In herkömmlichen Haushalten bietet sich dafür am ehesten das sogenannte Gemüsefach des Kühlschranks an. Dort ist es ein wenig feuchter und wärmer als in den darüberliegenden Ebenen. Außerhalb des Gemüsefachs sollte man Gemüse stets in Folie oder Papier einwickeln, um so einem möglichen Feuchtigkeitsverlust vorzubeugen. Gleichzeitig sollte man sich aber auch klar machen, dass sich einige Gemüsearten im Grunde gar nicht für eine Lagerung im Kühlschrank eignen. So werden dort zum Beispiel Zucchini und Melanzani[1] sehr rasch weich und unansehnlich. Und Paradeiser verlieren bereits nach einem Tag im Kühlschrank den größten Teil ihres Aromas.

WASSERHÄLTIGES GEMÜSE

wie Kürbis, Zucchini, Melanzani[1] oder Gurken immer in einer sehr großen und vor allem heißen Pfanne anbraten. Andernfalls dünstet das Gemüse sofort in seinem eigenen Saft, bleibt womöglich am Pfannenboden kleben und wird vor allem unangenehm matschig. Machen Sie daher immer den Hitzetest: Wenn die Wassertropfen am Pfannenboden förmlich tanzen, ist die optimale Temperatur erreicht. Größere Mengen Gemüse sollte man in zwei Durchgängen anbraten.

GERMTEIG[2]

Neben allen Kniffen, was die richtige Zutatenmischung für einen Germteig anlangt, ist auch die Backtemperatur von entscheidender Bedeutung. Wenn der Germteig bei zu großer Hitze gebacken wird, reißt er auf. Um diesen unschönen Fehler in Zukunft zu verhindern, verringern Sie beim nächsten Versuch die Temperatur um etwa 20 Grad. Hilfreich bei der exakten Hitzesteuerung ist in jedem Fall ein Backofenthermometer, das es in jedem gutsortierten Haushaltsgeschäft zu kaufen gibt.

GEWÜRZE

Getrocknete Gewürze wie etwa Rosmarin, Kümmel, Majoran, Pfeffer sollte man zumindest einmal im Jahr erneuern, weil sie spätestens dann dramatisch an Aroma eingebüßt haben. Am besten lagern Sie getrocknete Gewürze dunkel und in luftdicht abgeschlossenen Behältern. Verwenden Sie im Interesse des Aromas vorzugsweise ganze Gewürze, die Sie erst im Zuge der Zubereitung zerreiben oder auch im Mörser zerstoßen. Einige Gewürze wie etwa Pfeffer, Kümmel oder Kardamom erhalten eine neue Geschmacksdimension, wenn man sie in einer schweren, heißen Pfanne ohne Fett röstet.

GRILLEN

Verwenden Sie dafür vorzugsweise leicht durchzogenes Fleisch. Magere Stücke trocknen besonders leicht aus. Besonders saftig werden Fleisch- oder Fischfilets, wenn man sie nur kurz auf den Grill legt, dann in gebutterte Alufolie packt und so fertig brät. So kann der Fleischsaft nicht abrinnen, und auch die lästige Rauchentwicklung durch abtropfendes Fett und Flüssigkeit

[1]Auberginen, Eierfrüchte [2]Hefeteig

wird verhindert. Um Letzteres zu vermeiden, muß in Marinaden eingelegtes Fleisch vor dem Grillen stets sorgfältig trockengetupft werden.

So wie auch in der Pfanne gebratenes Fleisch sollte auch gegrilltes Fleisch nach dem Garen in warmer Umgebung rasten, damit sich der Fleischsaft optimal verteilen kann und die Fasern schön mürb werden.

HÜLSENFRÜCHTE

Linsen und Bohnen immer in ungesalzenem Wasser kochen, weil sich sonst die Garzeit enorm verlängert und die Hülsenfrüchte nie richtig weich werden.

Getrocknete Hülsenfrüchte möglichst kühl, trocken und lichtgeschützt aufbewahren. Ungeschälte Hülsenfrüchte sind bis zu einem Jahr haltbar, geschälte nicht länger als 6 Monate. Danach werden Erbsen, Bohnen oder Linsen selbst durch langes Garen nicht mehr weich. Deshalb Reste niemals mit frisch gekauften Hülsenfrüchten mischen.

HUMMER

Seit die edlen Krustentiere in Kanada im großen Stil gezüchtet werden, sind Hummer mitunter günstiger erhältlich als so mancher Edelfisch. Die allerbesten, leider aber auch teuersten Hummer stammen eindeutig von der bretonischen Küste. Von wo auch immer der von Ihnen gekaufte Hummer stammt, er sollte in jedem Fall noch quicklebendig sein. Die Scheren müssen unbeschädigt sein, Antennen und Schwanz auf Reize reagieren.

Frische Hummer, Langusten oder auch andere lebende Krustentiere wie etwa Krebse spült man vor dem Kochen unter fließend kaltem Wasser ab und gibt sie dann mit dem Kopf voran direkt ins kochende Wasser. Achten Sie darauf, dass das Wasser möglichst nicht zu kochen aufhört und drücken Sie es mit einem breiten Schaumlöffel nach unten, damit das Krustentier möglichst rasch getötet wird. Handelsübliche Hummer mit einem Gewicht von etwa 600 g sind nach etwa 5 Minuten gar. Ebenso wie kleine Krebsen, bei denen ein einmaliges kräftiges Aufkochen reicht, sollten sie vor dem Servieren noch einige Minuten im Sud nachziehen.

INGWER

hat ein kräftiges scharfes, zugleich aber auch süßliches Aroma, das sich durch Trocknen noch verstärkt. Am besten schmeckt Ingwer, wenn die Wurzel noch ganz frisch ist. Älteren Ingwer erkennt man an seiner Fasrigkeit, die im schlimmsten Fall keine sauberen Schnitt mehr erlaubt. Je älter die Ingwerwurzel ist, umso mehr verstärkt sich seine Schärfe. Getrocknetes Ingwerpulver ist ganz besonders scharf und sollte äußerst vorsichtig dosiert werden.

Frischen Ingwer am besten, in Folie verpackt, im Kühlschrank lagern. So hält er sich ungefähr zwei Wochen ohne großen Qualitätsverlust. Falls Sie beim Einkauf zuviel Ingwer erwischt haben: Man kann ihn problemlos einfrieren. Wenn man Ingwer ganz fein zerkleinern will, drückt man ihn am besten durch eine Knoblauchpresse. Oder Sie reiben ihn wie beispielsweise Kren.

KAISERSCHMARREN

wird besonders flaumig, wenn man ein Drittel oder gar die Hälfte der Milch durch Sauerrahm ersetzt. In Wahrheit müßte man das Gericht dann zwar als Rahmschmarren bezeichnen, aber wichtig ist ja wohl vor allem, daß es schmeckt…

KALBFLEISCH

Beim Einkauf von Kalbfleisch darauf achten, daß es nicht leichenblaß wirkt. Gutes Kalbfleisch hat eine schöne hellrote Farbe, besitzt mitunter (je nach Teilstück) eine schneeweiße Fettabdeckung und eine ebensolche Fettmarmorierung. Kalbfleisch wird zu Recht auch als Schonkost empfohlen, weil es sehr fettarm ist.

KALBSBRUST

Beim Füllen der Kalbsbrust darauf achten, dass Sie die ins Fleisch geschnittene Tasche nicht zu prall füllen. Jede Fülle geht bei Garen noch auf, weshalb schon so manche Brust beim Braten geplatzt ist. Aber auch beim Aufschneiden der fertig gegarten Brust kann die Fülle leicht auslaufen. Der Grund dafür ist zumeist banal: Die Kalbsbrust ist an der Oberseite zu knusprig, weshalb man sie auch mit dem schärfsten Messer nicht korrekt aufschneiden könnte; man muß ganz einfach zuviel Druck auf das gute Bratenstück ausüben. Achten Sie daher beim Garvorgang darauf, dass die Oberseite der Brust nicht zu knusprig wird, und verhindern Sie dies gegebenenfalls durch vermehrtes Übergießen und Abdecken mit Alufolie.

KARFIOL[1]

Beim Einkauf möglichst feste Köpfe ohne Flecken auswählen. Top-Frische kann man im Idealfall auch an den Außenblättern erkennen, die dann noch knackig grün sind. Die Röschen sollten weiß bis elfenbeinfarben sein. Im Kühlschrank hält frischer Karfiol etwa eine Woche. Einzelne Karfiolrosen lassen sich, nachdem man sie in Salzwasser blanchiert hat, sehr gut tiefkühlen.

KARPFEN

Es gibt rund 1500 verschiedene Karpfenarten, darunter grüne, blaue, weiße, gelbe, rosa, braune und goldene Varietäten. In unseren Breiten hat der blaue

[1] Blumenkohl

TIPPS & TRICKS

Spiegelkarpfen, dessen Name auf seine wenigen, unregelmäßig verteilten großen Schuppen (=Spiegel) zurückzuführen ist, die längste Tradition. Die zweite wichtige Karpfenart ist der Lederkarpfen, der überhaupt keine Schuppen besitzt. Fast alle heute im Handel erhältlichen Karpfen stammen aus Zuchtteichen. Nur ab und zu verirrt sich noch ein echter Wildkarpfen in die Fischernetze.

Wer mit Gräten auf Kriegsfuß steht, wird mit Karpfen wahrscheinlich seine Probleme haben, denn Karpfen besitzen tückische Gräten mit kleinen Widerhaken. Wenn man Filets verarbeitet, kann man verbliebene Gräten mit einer Pinzette auszupfen. Ansonsten gilt der Grundsatz: je größer der Fisch, umso größer die Gräten, die dann noch am ehesten kontrollierbar sind.

KARTOFFELN

Mehlige Kartoffeln eignen sich wunderbar für Püree, Folienkartoffeln oder Suppen. Speckige Kartoffeln für Salate, Röst- oder Bratkartoffeln. Wenn möglich stets gleich große Kartoffeln garen. Zur Not die größeren Kartoffeln mit einer Gabel einstechen.

Geschälte und zerkleinerte rohe Kartoffeln rasch verarbeiten. Sie verfärben sich schnell und werden unschön braun, außerdem gehen wertvolle Inhaltsstoffe verloren.

Kartoffeln nie in Plastikverpackungen aufbewahren. Auf diese Art beginnen sie sehr rasch zu schwitzen und in Folge zu faulen. Am längsten halten Kartoffeln in einer dunklen, kühlen, luftigen Atmosphäre bei einer Temperatur von etwa 5 Grad.

KÄSE LAGERN

Sie am besten in feuchten Tüchern im Kühlschrank. So wird das Austrocknen verhindert. Blauschimmelkäse immer extra lagern, weil sich dessen Schimmel sehr schnell auf alle anderen Käse überträgt. Falls Sie den Käse lieber in atmenden Klarsichtfolien lagern wollen, wechseln Sie die Folien alle zwei Tage. Wirklich schmecken wird Ihnen jeder Käse nur dann, wenn Sie ihn zumindest ein bis zwei Stunden vor dem Essen aus dem Kühlschrank nehmen. – Käse muß beim Verzehr Zimmertemperatur haben! Frischkäse immer erst vor dem Servieren salzen, weil man ihm sonst das Wasser entzieht. Schaf- und Ziegenkäse erst vor dem Servieren aus der Lake nehmen, weil er ziemlich rasch austrocknet.

KAVIAR

muß im Glas oder in der Originaldose trocken und glasig sein. Schmierige, tranige Fettschichten und andere Unsauberkeiten sind Zeichen für nicht fachgerechten Transport und Lagerung. Besonders durch die gesellschaftspolitischen Wirren in der ehemaligen Sowjetunion ist ein großer Kaviarschwarzmarkt entstanden, der dem Konsumenten nicht immer nur Vorteile bringt. Begutachten Sie daher günstige Sonderangebote besonders kritisch. Speziell Frischware kauft man am sichersten bei autorisierten Händlern.

Sollten Sie einmal das Glück haben, über eine so große Menge Kaviar zu verfügen, dass sie diese gar nicht auf einmal essen können, gehen Sie wie folgt vor: Drücken Sie ein kleines Stück entrindetes Weißbrot in den Kaviar und bestreichen Sie den Dosenrand mit etwas Fett. Die auf diese Art luftdicht abgeschlossene Dose stellen Sie in den kältesten Teil ihres Kühlschranks, also an die Wand der untersten Etage. Und spätestens nach drei bis vier Tagen sollte der Kaviarrest verzehrt sein.

KETA-KAVIAR

Die Fischeier vom Lachs sind für viele Gerichte eine durchaus geschmackvolle wie preiswerte Alternative zu der teuren Ware vom Stör. Meistens wird Keta-Kaviar pasteurisiert in Gläsern angeboten. Spülen Sie den Kaviar in fließendem kalten Wasser in einem Sieb mehrmals durch und entfernen Sie sämtliche Eiweißreste. Der so gereinigte Keta-Kaviar wirkt nicht nur optisch frischer, sondern ist auch nicht mehr ganz so salzig.

KNOBLAUCH

niemals braun anbraten, sonst schmeckt er fürchterlich bitter. Knoblauch deshalb immer erst am Ende des Garvorgangs in die Pfanne geben.

Wer Wert auf ein eher nobles, dezentes Knoblaucharoma legt, sollte nur eine ungeschälte Knoblauchzehe mitgaren oder das betreffende Gargeschirr mit einer der Länge nach halbierten Zehe einreiben.

Ganz frischer Knoblauch schmeckt am besten. Achten Sie beim Einkauf darauf, daß die Knollen völlig unverletzt sind und keine Flecken oder Triebe aufweisen. Die einzelnen Zehen müssen glatt und prall sein und eine glänzende Außenhaut besitzen. Vertrockneter Knoblauch und Zehen, die bereits austreiben, schmecken unangenehm muffig und penetrant. Am besten hält Knoblauch an einem luftigen, relativ kühlen Ort.

Ein wenig mühsam kann das Schälen von ganz frischem Knoblauch sein. Wenn sie die Zehen für eine halbe Stunde in Wasser legen, geht es eventuell leichter.

KNOCHENMARK

für eine Rindsuppe wird schön weiß, wenn man es über Nacht im Kühlschrank in leicht gesalzenem Wasser wässern lässt. Vor der weiteren Verwendung noch für einige Minuten unter fließendem Kaltwasser durchspülen, dann sind auch die allerletzten Blutreste entfernt.

Knödel

Das passiert selbst routinierten Köchen immer wieder: Die Knödel zerfallen. Grundsätzlich gilt, dass beim Knödelkochen ohne Probeknödel rein gar nichts geht. Wenn Semmelknödel zerfallen, hat man entweder zuwenig Flüssigkeit in der Masse, oder es ist zuwenig Ei oder Mehl dabei. Beides kann man im Fall des Falles noch nachträglich in die Masse einarbeiten und dann abermals einen Probeknödel formen.

Knödelteige immer etwas rasten lassen, damit sich die Feuchtigkeit optimal verteilt. Und falls der Knödel partout nicht rund werden will: Mit mehlbestaubten Händen formt sich so mancher Knödel leichter.

Entscheidend ist auch das Kochwasser der Kochknödel, das nicht sprudeln sollte. Vielmehr müssen Knödel im heißen Wasser garziehen. Ein Schuß kaltes Wasser bringt siedendes Wasser sofort auf Idealtemperatur.

Knusprig backen

Immer eine möglichst große Pfanne und reichlich Backfett verwenden. Alles Panierte muß beim Backen in zumindest fingerhohem Fett schwimmen und darf nicht übereinander liegen. Wenn das Fett zuwenig Temperatur hat, saugt sich das Bratgut mit Fett voll und wird nicht knusprig. Um zu überprüfen, ob die Fett-Temperatur stimmt, geben Sie einen Tropfen Teig ins Öl. Wenn dieser nur bis zur Mitte absinkt und den Boden nicht erreicht, ist alles in Ordnung. Oder Sie machen den Test mit einem Semmelwürfel. Dieser sollte – die richtige Temperatur vorausgesetzt – nach dem Einlegen sofort aufschäumen und rasch braune Farbe nehmen.

Knuspriges Brathuhn

Die Haut des Brathuhns wird noch knuspriger, wenn Sie das Huhn kurz vor dem Ende der Bratzeit mehrmals mit flüssiger Butter bepinseln.

Knusperkruste

Ganz gleich, ob der Braten vom Jungschweinskaree oder vom Bauchfleisch stammt, so gelingt das knackig-gschmackige Krusperl optimal: In einer Pfanne etwas Wasser mit gehacktem Knoblauch und Kümmel aufkochen, das Fleischstück mit der Schwartenseite voran hineinlegen und für einige Minuten überkochen. Herausnehmen, Schwarte mit einem scharfen Messer kreuzweise zart einritzen („schröpfen") und wie üblich würzen. Im vorgeheizten Rohr bei gleichmäßiger Hitzeverteilung braten. Während des letzten Drittels der Bratzeit auf maximale Oberhitze schalten, dabei aber aufpassen, dass die Kruste nicht verbrennt.

Sollte die Schwarte dann wider Erwarten immer noch nicht knuspern, hilft folgender Trick garantiert. In einer Pfanne ganz wenig Öl erhitzen, den fertigen Braten mit der Schwartenseite voran einlegen und kross braten. Vorsicht, das kann ganz schön spritzen!

Kohlrabi

Je nach Saison wird grüner oder violetter Kohlrabi angeboten. Der Unterschied liegt in der Anbauweise: Der grüne Kohlrabi kommt aus dem Gewächshaus, der violette aus Freilandanbau. Kaufen Sie bevorzugt mittelgroße Knollen mit dünner Schale und frischen Blättern.

Im Gemüsefach des Kühlschranks ist Kohlrabi zwei bis drei Tage haltbar. Wenn man ihn länger aufbewahren will, in ein feuchtes Tuch wickeln, um das Austrocknen zu verhindern.

Kohlrabi-Blätter (sie enthalten besonders viel Vitamine und Nährstoffe) kann man wie Kräuter hacken und roh als Würze über das fertige Gericht streuen. Lagern sollte man die Blätter allerdings extra, andernfalls entziehen sie der Kohlrabi-Knolle extrem viel Feuchtigkeit.

Kraut

Für Eintöpfe wie Krautfleisch oder auch Krautfleckerln und Krautstrudel darf das Kraut ruhig ein wenig intensiver schmecken. Das erreicht man mit einem einfachen Trick: Lassen Sie beim Anbraten des Krauts im Fett eine Prise Zucker mitrösten. Dadurch schmeckt das Kraut viel intensiver.

Kräuter

Wenn auf Kräutern noch Erde anhaftet, gleich nach dem Einkaufen (oder Ernten) waschen und abtropfen lassen. – Niemals feucht verarbeiten, weil sie sich dann schlechter schneiden lassen und an Aroma verlieren. Im Kühlschrank halten Kräuter am besten, wenn sie in feuchtem Küchenkrepp eingewickelt sind. Atmende Frischhaltefolie drumherum sorgt dafür, daß in Ihrem Kühlschrank keine Wasserpfützen entstehen.

Getrocknete Kräuter stets dunkel lagern. Lichteinwirkung bedeutet Aromaverlust. Das Aroma können Sie zusätzlich steigern, indem Sie getrocknete Kräuter beim Würzen zwischen den Fingern zerreiben. Getrocknete Kräuter halten nicht ewig. Erneuern Sie Ihre Bestände einmal jährlich.

Kren[1]

schmeckt unangenehm bitter, wenn man ihn mitkocht. Reiben Sie Kren immer erst im letzten Moment auf die fertig angerichteten Speisen, um sein ganzes Aroma genießen zu können. Bei Luftkontakt verfärbt sich Kren sehr rasch braun. Um diese Oxidation zu vermeiden, am besten mit Zitronensaft oder Essig beträufeln.

Lagern Sie Kren am besten in einem feuchten Tuch oder Papier im Kühl-

[1] Meerrettich

schrank. Kren läßt sich ganz gut einfrieren. Oder man steckt die ungewaschene, frische Wurzel ganz einfach in feuchten Sand und lagert sie so in kühler Umgebung.

Nach dem Krenreiben sofort die Hände gründlich waschen. Wer einmal versehentlich eine winzige Dosis Kren in seine Augen gebracht hat, weiß warum.

Kresse

können Sie ganz leicht daheim in Schalen oder tiefen Tellern ziehen. Weichen Sie das Saatgut eine Nacht vor der Aussaat in lauwarmem Wasser ein. Dann dicht und gleichmäßig auf der Oberfläche des Substrats (sandige Erde, dicke Watte oder mehrere Schichten Papierservietten) verteilen. Wichtig ist, daß der Behälter immer feucht ist und an einem hellen Ort steht. Wollen Sie ständig frische Kresse verfügbar haben, müssen Sie alle 14 Tage neu aussäen. Kresse kann daheim zu jeder Jahreszeit angebaut werden.

Kümmel

Bei Kümmel im küchentechnischen Sinn handelt es sich um die Samen der Kümmelpflanze. Nur ganz selten werden auch die Wurzeln und die Blätter angeboten. Die Blätter kann man übrigens wie Petersilie zum Würzen verwenden.

Grundsätzlich unterscheidet man zwischen dem bei uns gebräuchlichen europäischen Kümmel und dem orientalischen Kreuzkümmel. Der klassische, europäische Kümmel gedeiht am besten in kühlen Regionen. Die Samen der Pflanze enthalten (je nach Alter) ein starkes ätherisches Öl, das für den kräftigen, herben Geschmack verantwortlich ist. Am besten kauft man ganzen Kümmel. Gemahlener Kümmel verliert sehr schnell an Aroma. Der orientalische Kreuzkümmel schmeckt viel intensiver und bitterer. Man könnte Kreuzkümmel geschmacklich auch als Mischung zwischen Kümmel und Koriander definieren Die Kreuzkümmelsamen sind wesentlich dicker als normaler Kümmel.

Kürbis

Kürbisse gehören zu den ältesten Nahrungspflanzen der Menschen. Samenfunde in Mexiko lassen sich auf etwa 15 000 Jahre zurückdatieren. In der feinen Küche wird in erster Linie der rote Kürbis verwendet. Er wird als Muskatkürbis oder Moschuskürbis bezeichnet und ist eigentlich nur eine von etwa 800 verschiedenen Kürbisarten.

Von außen betrachtet sollte die Schale des Kürbis beim Einkauf keinerlei Flecken aufweisen. Das Kürbisfleisch muß kernig-fest sein. Kürbisputzen ist ganz einfach: Schälen oder waschen, in Segmente teilen und die Kerne mit den watteartigen Fasern entfernen.

Kühl und trocken gelagert halten sich Kürbisse im Ganzen mehrere Monate. Tiefgefrorene, rohe Stücke bleiben etwa ein halbes Jahr in Form. Einzelne Kürbisteile kann man, mit Klarsichtfolie bedeckt, ohne Probleme für einige Tage im Kühlschrank aufbewahren. Winterkürbisse am besten im kühlen Keller lagern, wo sie ziemlich lange halten.

KUTTELN

Manche lieben sie, andere hassen sie. Kutteln sind der Vormagen (setzt sich aus Pansen, Netzmagen, Labmagen und Blättermagen zusammen) vom Kalb oder Rind. Man bekommt sie beim Fleischhauer schon vorbereitet, also gereinigt und vorgekocht. Daheim muß man sie dann noch einmal etwa eine Stunde kochen, ehe man mit der eigentlichen Zubereitung beginnt. Machen Sie gleich eine größere Menge. Wie so viele Eintopfgerichte schmecken auch Kutteln am nächsten Tag oft noch besser. Und überdies eignen sie sich ausgezeichnet zum Einfrieren. Welche Rezeptvariante man auch immer zubereitet: Im Zweifelsfall lieber zu lang als zu kurz kochen, sonst bleiben die Kutteln womöglich zäh.

LAUCH

Lauch immer nur kurz garen, weil er sehr rasch matschig wird. Aufpassen bei klaren Suppen: Sie werden durch die Beigabe von Lauch trüb.
Man unterscheidet zwischen Sommer- und Winterlauch. Letzterer hat dicke, kräftige, eher mild schmeckende Stangen. Die kleineren Stangen des Sommerlauchs mit dem milden Zwiebel-Knoblauch-Aroma sind besonders gut als Gemüsebeilage geeignet.
Knackig frischer Lauch zeichnet sich durch eine schöne weiße bzw. grüne Farbe aus. Je größer der Weißanteil ist, umso höher ist seine Qualität. In der europäischen Küche dreht sich bezüglich der Verwendung fast alles um den weißen Teil. In asiatischen Rezepten findet man auch für die grünen Abschnitte reichhaltig Verwendung. Versuchen Sie doch auch einmal statt Zwiebeln grüne Lauchabschnitte zu verwenden. Frischer Lauch hält im Kühlschrank ungefähr eine Woche.

LEBER

Die Haut von Leber lässt sich viel leichter abziehen, wenn man sie davor für eine Minute in heißes Wasser legt. Wer die Leber besonders mild haben möchte, sollte sie für einige Zeit in Milch einlegen.
Warum Leber beim Braten hart wird, steht mittlerweile bei den meisten Kochrezepten. Zur Sicherheit sei es an dieser Stelle nochmals gesagt: Leber immer erst vor dem Servieren salzen. Tut man dies schon vor dem Braten, wird sie hart. Dies gilt übrigens auch für Nieren.

Tipps & Tricks

Lebkuchen lagern

ist im Grunde eine eigene Wissenschaft. Nachdem der Lebkuchen hergestellt worden ist, sollte er abkühlen und dann in Blechdosen gelegt werden. Dosen nicht verschließen, sondern an einem kühlen, eher feuchten Ort aufstellen, damit die Kekse schön mürb werden. Erst dann die Dosen verschließen. In Zeiten von Zentralheizungen ist das leichter gesagt als getan. Man kann sich auch damit behelfen, indem man rohe Apfelscheiben in die Dose legt, damit ein wenig Feuchtigkeit vom Apfel abgegeben wird. Allerdings muss man den Apfel regelmäßig erneuern und darauf achten, dass er nicht fault und direkt auf einem Lebkuchen liegt.

Linsen

Lange Zeit galten Linsen als Arme-Leute-Essen, mittlerweile entdeckt man auch in der modernen feinen Küche die noblen Qualitäten der vielseitigen Hülsenfrucht. Linsen braucht man nicht, wie etwa Bohnen, einweichen. In jedem Fall sollte man sie aber sehr gründlich waschen, weil sie mitunter durch kleine Steine verunreinigt sind.

Linsen gibt es in vielen verschiedenen Farben. Am wichtigsten sind die grünen und die roten Linsen. Grüne Linsen sind zunächst olivgrün und werden bei längerer Lagerung bräunlich. Die runden, flachen Samen werden nach ihrer jeweiligen Größe sortiert angeboten. Ihr würziger Geschmack steckt in der Schale. Deshalb sind kleine Linsen mit proportional großem Schalenanteil besonders aromatisch. Rote Linsen kochen leicht sämig und färben sich bei der Zubereitung gelb. Ihr Geschmack ist milder als jener der grüne Sorte.

Als beste Linsen überhaupt gelten die französischen Puy-Linsen. Sie verdanken ihren Namen der Stadt Le Puy en Velay in der Auvergne. Diese Linsen zerfallen auch nach langem Garen nicht und schmecken angenehm nussig.

Lorbeer

verwendet man vor allem als Gewürz für Schmorgerichte oder Marinaden. Mit gutem Grund: Das Aroma der Blätter entfaltet sich nur ganz langsam. Je länger man Lorbeer mitkocht, umso mehr Aroma gibt er ab. Frische Blätter haben eine kräftige grüne Farbe und schmecken fein herb bis bitter. Beim Trocknen der Blätter verliert sich der bittere Geschmack (für den ätherische Öle verantwortlich sind), dafür verstärkt sich die Würzkraft.

Mandeln

lassen sich leichter schälen, wenn sie kurz in Wasser überkocht werden. Danach abschrecken und sofort schälen. Die beste Taktik: Mandeln mit Daumen und Zeigefinger aus der locker sitzenden Haut in eine Schüssel drücken.

Mango

Reife Früchte erkennt man leicht an ihrem intensiven Geruch. Außerdem gibt die Schale auf Fingerdruck leicht nach.

Mangos immer getrennt von anderem Obst und Gemüse aufbewahren, denn sie geben während der Reifung Äthylen ab. – Ein Gas, das auch andere, noch unreife Früchte wesentlich schneller reifen lassen würde. Manchmal kann das aber durchaus auch ein Vorteil sein: Wenn Sie zum Beispiel neben reife Mangos eine noch unreife Avocado legen, wird die Avocado schneller reifen. Im Kühlschrank ist die Freisetzung von Äthylen mehr oder weniger blockiert.

Mangold

Wie Spinat muss auch Mangold gründlich gewaschen werden, um ihn von eventuellen sandigen Verunreinigungen zu befreien. Manchmal sind die Stiele sehr fasrig, dann die unteren Stielenden großzügig abschneiden und die Fasern wie Fäden abziehen. Mangoldblätter kann man wie Spinat behandeln. Die Stiele sind die eigentliche Attraktion des Mangolds. Sie besitzen einen nussigen Geschmack und behalten ihren Biss auch nach etwas längerer Kochzeit. Mangold am besten in Klarsichtfolie verpackt im Kühlschrank lagern. Die Blätter halten nur einige Tage. Die Stiele aber eine Woche und länger.

Marmelade

zum Füllen von Keksen oder Kuchen muss unbedingt durch ein Sieb passiert werden. In einem Mixer lässt sich die Marmelade zwar ganz fein pürieren, allerdings verliert sie dabei ihren Glanz.

Maroni

Die süßen Nüsse der Edelkastanie haben nichts mit den bei uns beheimateten Kastanienbäumen zu tun, die vor allem Nahrung für das Wild liefern. Eßkastanien kommen bei uns vor allem aus den Mittelmeerländern. In der Küche verwendet man sie hauptsächlich als Füllung für Gänse, Puten oder Enten. Oder püriert als Nachspeise oder Beilage.

Kastanienreis bzw. Maronireis erhält man, wenn man gekochte Maroni, Zucker und Butter durch eine Kartoffelpresse passiert.

Am besten schmecken die kleinen, herzförmigen Maroni. Achten Sie beim Einkauf auf eine glänzende, rotbraune Schale, die das deutlichste Zeichen für Frische ist.

Mayonnaise

Selbstgemacht schmeckt sie immer noch am besten. Mit ein wenig Übung ist die Zubereitung von selbstgemachter Mayonnaise ein Aufwand von wenigen Minuten. Wichtig ist, dass alle verwendeten Zutaten dieselbe zimmerwarme Temperatur haben. Öl anfangs nur löffelweise beigeben und warten, bis die Bindung entsteht. Die Konsistenz erst am Ende des Aufschlagens mit Wasser oder Zitronensaft korrigieren.

MEHL

Griffiges Mehl verwenden Sie für alles, was flaumig werden soll: Mürb- und Biskuitteig, Bäckereien, aber auch für Knödel oder Nockerln. Glattes Mehl brauchen Sie beispielsweise für Strudelteig, Einbrenn, Binden von Saucen. Und gemischtes Mehl, auch Universalmehl genannt, ist ideal für Germ[1]- oder Brandteig.

MELANZANI[2]

enthalten Bitterstoffe, die man mit einem einfachen Trick wegbekommt: Salzen Sie die aufgeschnittene Melanzani vor der Zubereitung und lassen Sie diese ein wenig durchziehen. Bei immer mehr Früchten ist das aber dank moderner Zuchtsorten gar nicht mehr notwendig.
Im Idealfall erinnert die violette Melanzani-Schale an eine glänzende Lackfläche. Wirklich frische Früchte dürfen auf zarten Druck fast nicht nachgeben. Melanzani immer in kühler, aber niemals kalter Umgebung lagern. Andernfalls sehen die Früchte bald recht traurig aus.
Kleine Melanzani schmecken am besten. Das Aroma entfaltet sich vor allem beim Braten und Grillen. Roh sollte man Melanzani nicht essen. Beim Braten aufpassen, dass die Frucht nicht zuviel Fett aufsaugt.

MELONEN

Reife Melonen erkennt man an ihrem intensiven Duft. Der Strunk von reifen Melonen muß auf Druck leicht nachgeben. Unreife Melonen reifen bei Zimmertemperatur gut nach. Kaufen Sie am besten ganze Melonen. Melonenhälften können Sie, in Folie eingewickelt, ohne Probleme für einige Tage im Kühlschrank lagern.

MOHN

kann ungemahlen ohne Probleme etwa ein Jahr lang aufbewahrt werden. Gemahlenen Mohn sollten Sie rasch aufbrauchen. Er verliert schnell an Aroma und kann leicht ranzig werden. Mohn mahlen Sie entweder in speziellen Mohnmühlen oder in einer Kaffeemühle, die Sie allerdings vor- und nachher sorgfältig reinigen müssen.
Mohn läßt sich auch mit pikanteren Geschmäckern in Einklang bringen. In Indien wird Mohn gerne mit Curry kombiniert und Gemüse damit bestreut.

[1]*Hefeteig*, [2]*Auberginen, Eierfrüchte*

Mozzarella

Der beste und teuerste Mozzarella ist der nach alter Tradition aus Büffelmilch hergestellte Käse, wie dies noch an seinem Ursprungsort, in der Region Kampanien, geschieht. Büffelmilch-Mozzarella schmeckt angenehm frisch, sehr aromatisch-würzig und hat eine sehr leichte, lockere Konsistenz. Büffelmilch ist knapp in Italien, und so hat dieser Mozzarella nicht nur seinen Preis, er ist auch äußerst rar. Daher wird die Mozzarellaproduktion vor allem mit Kuhmilch durchgeführt. Dieser Mozzarella kann punkto Aroma natürlich nicht ganz mit dem Büffelmozzarella mithalten, ist aber beim Kochen eine durchaus passable Alternative. Wer allerdings Mozzarella pur, wie etwa bei einem „Insalata Caprese", genießen will, der sollte sich schon Büffelmozzarella gönnen.

Mozzarella ist ein Frischkäse, und darum sollte er auch so frisch wie möglich gegessen werden. Wenn man im Käsefachhandel offenen Mozzarella kauft, immer darauf achten, daß der Frischkäse gut mit der Salzlake bedeckt ist.

Mürbteig

Die verwendeten Zutaten müssen stets gut gekühlt sein, und auch der Teig selbst muß zwischendurch immer wieder gekühlt werden. Das gilt ganz besonders für die Phase des Rastens. Auch muss man darauf achten, dass der Teig nicht zu weich wird, weil er sonst beim Verarbeiten bröselt. Und dementsprechend bröselig wäre dann auch das fertige Gebäck.

Muscheln

Je schneller man sie nach dem Einkauf verarbeitet, umso besser. Eine Lagertemperatur von drei Grad ist optimal.

Muscheln vor der Zubereitung unter fließendem, kalten Wasser gründlich abspülen bzw. mit einer Bürste abreiben. Im Spülwasser darf sich kein Sand mehr befinden. Besonders Miesmuscheln sind oft ziemlich verschmutzt. Bei ihnen muß man auch den an der Seite befindlichen „Bart" abzupfen.

Dass Muscheln vorwiegend zwischen September und April, also in allen Monaten mit „r" frisch angeboten werden, macht auch in Zeiten moderner Kühltechnik Sinn. In den heißen Sommermonaten ist das Risiko einer Muschelvergiftung durch von den Muscheln absorbierten Panzergeißelalgen ziemlich hoch.

Wenn man Muscheln kauft, dann leben sie noch. Wer sich folgendes Prinzip vergegenwärtigt, kann sichergehen, daß er keine schlechte Muschel erwischt: Muscheln müssen nach frischem Meerwasser riechen. Die Schalenhälften müssen fest geschlossen sein. Ungekochte, offene Muscheln wegwerfen! Während des Kochens müssen sich die Muschelschalen öffnen. Muscheln, die das nicht tun, wegwerfen. Muscheln, die sich rötlich verfär-

Noilly Prat

Natürlich können Sie einen beliebigen trockenen Wermut zum Kochen verwenden. Aber nicht nur Profiköche, sondern auch etliche Hobbyköche schwören nun einmal auf den Noilly Prat. Es handelt sich dabei um einen äußerst trockenen Wermut, der in der kleinen französischen Hafenstadt Marseillan, 10 Kilometer östlich von Marseilles, produziert wird. Hergestellt wird Noilly Prat aus einer geheimen Rezeptur aus lokalen Weißweinen, einer Kombination aus Kräutern und Gewürzen sowie etwas beigefügtem Destillat. Zum Kochen ist er wohl deshalb so gut geeignet, weil bei ihm – im Gegensatz zu den etwas süßlich-alkoholisch anmutenden Konkurrenzprodukten – das fruchtige Aroma dominiert.

Nudeln „al dente"

Zum Nudelkochen brauchen Sie viel gesalzenes Wasser: pro 100 g Nudeln einen Liter Wasser. Die richtige Kochzeit ist dann reine Gefühlssache. Die auf der Packung angegebenen Werte sind stets als Richtwert einzustufen. Deshalb während des Kochens immer wieder probieren. Perfekte Nudeln haben im Idealfall noch Biß und in der Mitte einen weißen Punkt. „Al dente" (wörtlich übersetzt „für den Zahn") sind Spaghetti, wenn sie – unmittelbar aus dem Wasser genommen – noch eine Spur zu hart sind. Nudeln ziehen nämlich noch nach. Nur getrocknete Pasta kann „al dente" sein. Frisch gemachte Nudeln sind immer weich. Falls Sie Nudeln für einen Auflauf kochen, verringern Sie die Nudelgarzeit um ein Drittel, sonst wird der Auflauf völlig klumpig. Je nach Sugo sollte man die Nudelform wählen. So bleibt beispielsweise an breiten Nudeln oder in Muschelformen so manche Sauce besser haften als etwa an Spaghetti.

Nüsse

Die meisten Nüsse werden im Herbst geerntet und bis in den März hinein angeboten. Nüsse sind nur bedingt haltbar. Das gilt ganz besonders für Walnüsse, die wegen ihres hohen Ölgehalts besonders leicht ranzig werden können. Am längsten halten sie in geschältem, möglichst luftdicht verpacktem Zustand. Wer ganz sicher gehen will, sollte Nüsse am besten im Kühlschrank aufbewahren.

Obers[1] und Eischnee schlagen

Das Gefäß muß absolut sauber und fettfrei sein. Schon kleinste Verunreinigungen können die Übung mißlingen lassen. Geschlagener Eischnee ge-

[1] Sahne

lingt am besten, wenn das Eiklar sehr kalt ist. Auch Obers[1] sollte nur in kaltem Zustand geschlagen werden. Wichtig ist auch das Tempo des Mixers. Langsam beginnen, erst am Ende forcieren, sonst gelangt zu wenig Luft in die Masse und sie wird nicht schaumig genug.

Obstknödel

Grundsätzlich sollte man für die Zubereitung nur optimal reifes und frisches Obst verwenden. Tiefgefrorene Früchte lassen beim Kochen oft übermäßig viel Wasser, wodurch die Knödel dann meistens auseinanderfallen. Daran können auch sorgfältig verschlossene Knödel nur wenig ändern.
Tiefgefrorenes Obst besser für Blechkuchen oder Strudel verwenden, bei deren Zubereitung die sich bildende Flüssigkeit im Rohr verdampfen kann. Wenn Sie dem Kochwasser einen Schuss Rum und etwas Vanillezucker beigeben, erhalten die Obstknödel ein besonders verführerisches Aroma.

Oliven

Wählen Sie am besten große Oliven. Sie schmecken in der Regel milder als die kleinen Sorten, die mitunter auch sehr salzig sein können. Speziell große Oliven kann man mit Hilfe eines handelsüblichen Kirschen-Entsteiners einfach und schnell entkernen.
Oliven kann man nicht frisch vom Baum essen, da schmecken sie nur bitter. Erst durch das Einlegen werden die Früchte genießbar. Die Farbe der Oliven hängt vom Erntezeitpunkt ab. Oliven verändern sich am Baum farblich von grün über bläulich-violett bis schwarz. Grüne Oliven sind eigentlich unreife Oliven. Sie werden nach der Ernte gewaschen und für einige Zeit in Salzwasser eingelegt. Auf diese Art verlieren die grünen Oliven den größten Teil ihrer unangenehmen Bitterstoffe. Die schwarzen, vollreifen Oliven schmecken wesentlich intensiver, werden aber ebenfalls ausgiebig gewässert, in Salzwasser gelegt und in Olivenöl eingelegt angeboten.

Olivenöl

ist ohne Zweifel eines der gesündesten Öle, das man in der Küche verwenden kann. Es enthält enorm viele ungesättigte Fettsäuren, die das Wohlbefinden positiv beeinflussen.
Olivenöl eignet sich in der Küche für jeden Zweck. Am Anfang ist der Eigengeschmack des Öls für den einen oder anderen vielleicht gewöhnungsbedürftig. Ein fast schon unausrottbares Märchen ist die Geschichte, daß man mit Olivenöl nicht braten oder frittieren sollte. Gutes Olivenöl ist hitzebeständig und kann wie herkömmliches Sonnenblumenöl erhitzt werden. Wichtig ist, so wie auch bei herkömmlichem Öl, dass man genügend Öl verwendet und es natürlich nicht über den Rauchpunkt erhitzt. Zum Kurzbra-

[1] Sahne

ten empfiehlt es sich, zu gleichen Teilen Olivenöl und Butter zu verwenden. Je nach Erntezeitpunkt der Oliven, der Herkunft und der sorgfältigen Produktionsweise schmeckt auch das Öl ganz verschieden, wobei das Aroma zwischen würzig-pfeffrig und fruchtig-mild variieren kann.

Idealerweise sollten Sie verschiedene Olivenöle in ihrer Küche verwenden: Ein fruchtiges und ein würziges kaltgepresstes Öl der allerbesten Kategorie sowie ein gutes, relativ preisgünstiges Öl zum Kochen.

Orangen

Wenn Orangen besonders appetitlich glänzen, hat das einen ganz banalen Grund: Sie sind mit einer Wachsschicht überzogen, die sie beim Transport besser schützt. Auf diese Art ist die Orange länger haltbar und trocknet nicht aus. Für den Genuß ist die Schale natürlich nicht geeignet. Wer also beim Kochen Orangenzesten braucht, muß ungewachste Früchte kaufen.

Bei vielen Gerichten besonders effektvoll sind Orangenfilets. Dafür die Orange schälen und die weiße Haut rundum mit einem scharfen Messer wegschneiden. Danach die einzelnen Filets herausschneiden, indem Sie mit einem Messer jeweils ganz knapp beiderseits der trennenden Häute einschneiden. Die so entstandenen Orangenfilets sehen nicht nur sehr hübsch aus, sondern schmecken auch besonders gut, weil kein bitteres Häutchen den Wohlgeschmack stört.

Palatschinken

Hauchdünne Palatschinken sind im Grunde keine Kunst. Pinseln Sie eine Pfanne mit geklärter Butter oder Butterschmalz aus und gießen sie mit einem Schöpfer etwas Teig ein. Nehmen Sie die Pfanne und drehen Sie diese solange herum, bis der Teig den Pfannenboden komplett bedeckt. Sobald die Oberfläche stockt, Palatschinke mit Hilfe von zwei Backschaufeln wenden.

Wenn Sie oft Palatschinken machen, zahlt es sich aus, eine Pfanne ausschließlich dafür zu „reservieren". In eine Eisenpfanne eine Hand voll Salz streuen und stark erhitzen. Nach diesem „Ausbrennen" die Pfanne mit Küchenpapier auswischen. Die so behandelte Pfanne nur noch für das Backen von Crêpes oder Palatschinken verwenden und niemals waschen, sondern stets nur sauberwischen. – Die Pfanne dankt es Ihnen mit Palatschinken, die garantiert nie anbrennen.

Paprika

Frischer Paprika wirkt in sämtlichen Speisen wesentlich eleganter, wenn man ihn schält. Mit einem konventionellen Sparschäler kann man nur ganz großen und dickfleischigen Exemplaren zu Leibe rücken. Viel einfacher geht es so: Paprika vierteln, vom Kerngehäuse befreien und möglichst flach drücken. Mit der Hautseite nach unten in ganz wenig heißes Fett legen, bis die Haut Blasen wirft. Danach mit kaltem Wasser abschrecken und Haut abziehen.

Paprikapulver

Weil Paprikapulver Zucker enthält (er ist ein natürlicher Bestandteil der Paprikapflanze), darf man das Pulver niemals zu stark anrösten. In diesem Fall karamellisiert der Zucker und das Gulasch schmeckt dann bitter. Die Lösung: sofort nach Beigabe mit Flüssigkeit ablöschen.

Gewürzpaprika wird aus den spitzförmigen roten Schoten der Paprikapflanzen gewonnen. Die Adern und Samen der Schoten enthalten das sehr scharfe Capsaicin (ein Stoff, der auch in Chilischoten enthalten ist). Je mehr Adern und Samenkörner mit den getrockneten Schoten gemahlen werden, umso schärfer ist das Paprikapulver.

Paprikapulver wird in verschiedenen Schärfegraden angeboten. Die traditionelle Einteilung: der besonders milde Delikatesspaprika, der etwas pikantere, aber noch milde Edelsüßpaprika und der recht scharfe Rosenpaprika. Je milder das Paprikapulver schmeckt, umso mehr färbt es. – Ein Kriterium, das vor allem bei der Herstellung von Saucen wichtig ist.

Parmesan

niemals schneiden! Er schmeckt viel besser, wenn er gebrochen wird. Das geht ganz gut mit einem kleinen, stabilen Messer oder einem speziellen Parmesanmesser. Lagern Sie Parmesan am wärmsten Ort des Kühlschranks, also im Gemüsefach oder in der obersten Etage. In Folie oder Butterpapier eingewickelt, hält er dort für lange Zeit. Einige kleine Luftlöcher in der Folie sorgen dafür, daß der Käse seine gelbe Farbe behält und keinen Grauschleier bekommt. Beim Kochen Parmesan immer erst unmittelbar vor der Verwendung reiben, weil er sonst an Aroma verliert.

Petersilie

Das weltweit wohl beliebteste Küchenkraut sollte man niemals zu fein hacken. Sonst bleibt das Aroma im Schneidbrett, und die Petersilie selbst schmeckt nur noch langweilig grasig. Dies gilt für sämtliche in der Küche verwendeten Kräuter. Aromaschonender ist es, wenn man nicht mit einer Kräuterwiege, sondern mit einem scharfen Messer arbeitet.

Petersilie wird in erster Linie zum Garnieren und Würzen verwendet. Aus den Wurzeln kann man auch hervorragende Pürees und Saucen zubereiten. Ein wenig in Vergessenheit geraten ist der Brauch, Petersilie als Garnitur zu frittieren.

Pfannen

Achten Sie beim Einkauf auf möglichst hohe Verarbeitungsqualität und darauf, dass die Stiele und Griffe hitzebeständig sind. Andernfalls können Sie das Geschirr nicht ins Rohr stellen. Gutes Kochgeschirr besitzt einen schweren, glatt aufliegenden Boden, der die Hitze gut aufnimmt, gleichmäßig verteilt und lange speichert.

Klassische Edelstahlpfannen müssen vor dem Braten ordentlich erhitzt werden. Wenn ein Tropfen Wasser vor lauter Hitze auf dem Boden tanzt, ist die Pfanne heiß genug. Erst jetzt ein wenig Fett dazugeben und dann das zu bratende Gut, das so nicht haften bleibt.

Gusseiserne Pfannen sind ideal für das Braten von größeren Fleischstücken und Steaks. Sie müssen vor dem Erhitzen eingefettet und sollten nicht zu oft ausgespült werden, weil sie sonst rosten. Am besten wischt man Gusseisenpfannen gleich nach dem Braten mit Küchenpapier sauber aus.

Beschichtete Teflonpfannen niemals ohne Fett erhitzen. Auch versehentliches Überhitzen kann der empfindlichen Beschichtung schaden. Schneiden und scharfkantige Bratenwender sind für diesen Pfannentyp tabu. Ideal zum Braten von Fisch und anderen empfindlichen Speisen. Weil sich in beschichteten Pfannen kein Bratensatz entwickelt, leider völlig ungeeignet für sämtliche Anbratereien, bei denen in Folge eine Sauce entstehen soll.

Pfeffer

Ob schwarzer, weißer, roter oder grüner Pfeffer: die Körner kommen immer vom gleichen Strauch, nur der Erntezeitpunkt variiert.

Grüner Pfeffer sind die unreifen grünen Früchte, die vor allem in Salzlake oder Essig eingelegt angeboten werden. Grüner Pfeffer besitzt ein fruchtiges Aroma mit milder Schärfe.

Den klassischen schwarzen Pfeffer erhält man, wenn man die grünen Pfefferkörner trocknen läßt, wodurch sie runzelig schwarz werden.

Der etwas mildere weiße Pfeffer entsteht, wenn man die Pfefferfrüchte komplett ausreifen läßt. In der Folge entfernt man durch Wässern die gelblichrote Schale der Früchte und trocknet sie. Durch das Fehlen der Schale hat weißer Pfeffer auch eine viel glattere Oberfläche als etwa schwarzer.

Cayennepfeffer hat nichts mit dem Pfeffer gemeinsam außer dem irreführenden Namen. Cayennepfeffer wird aus getrockneten und gemahlenen Chilischoten hergestellt.

Rosa Pfeffer gehört ebenfalls nicht zu den Pfeffergewächsen, sondern zur selben Familie wie Mango und Pistazien. Es handelt sich dabei um die Steinfrucht des Peruanischen Pfeffers.

Jede Art von Pfeffer sollte frisch gemahlen aus der Pfeffermühle kommen. Vorgemahlener Pfeffer ist im Grunde nur als Niespulver geeignet. Je feiner man die Pfefferkörner mahlt, umso intensiver ist die Würzkraft des Pulvers. Ganze Pfefferkörner kann man auch ohne Mühle zerkleinern: Pfefferkörner auf ein Brett geben, Klarsichtfolie darüber geben und mit dem Boden einer schweren Pfanne zerdrücken.

PILZE

Lassen Sie beim Pilzebraten stets die austretende Flüssigkeit verdampfen, die Pilze sind dann viel schmackhafter. Pilze nur bei ganz starker Verschmutzung waschen, ansonsten lieber mit einem Tuch abreiben und Verunreinigungen wegschaben. – Gewaschene Pilze sofort abtrocknen und abtropfen lassen, um ein Vollsaugen mit Wasser zu verhindern. Wässrige Pilze kann man auch so zubereiten: In eine sehr heiße Pfanne geben, so daß die Pilze „quietschen". Wenn sich kaum noch Dampf entwickelt, Butter oder Öl und Aromaten zugeben und nochmals kurz durchschwenken.
Pilze möglichst bald nach dem Einkauf oder nach dem Sammeln verarbeiten. Keinesfalls in Plastiksackerln aufheben, wo Pilze zu „schwitzen" beginnen und sogar gesundheitsschädliche Substanzen entwickeln können! – Am besten in einem sauberen Tuch an einem kühlen Ort lagern.

POLENTA

Um Klumpenbildung zu vermeiden, Grieß stets ganz langsam in die aus Wasser und etwas Butter bestehende Kochflüssigkeit einrieseln lassen und während der Zubereitung immer wieder rühren. Die Konsistenz von Polenta hängt nicht zuletzt von der Größe der verwendeten Grießkörner ab. Mit einem ziemlich fein gemahlenen Maismehl kann sich die Kochzeit wesentlich reduzieren.
Es empfiehlt sich, stets gleich eine größere Menge Polenta zu kochen. Polenta läßt sich im Kühlschrank für einige Tage gut aufheben oder auch tiefrieren.

POMMES FRITES

schmecken am besten selbstgemacht. Kartoffeln schälen, schneiden, wässern und gut abtrocknen. Danach für ca. 1 Minute in heißes Fett geben und wieder herausnehmen. Einige Zeit abtropfen lassen und dann noch einmal in heißem Fett bei etwa 180 Grad fertig frittieren.

REIS

Naturreis besitzt noch alle Vitalstoffe und wird vor allem von Ernährungsbewußten geschätzt. Seine braune Schale verleiht dieser Reissorte, die ca. 45 Minuten gekocht werden muß, ein besonders kräftiges Aroma. Für alle, die zwar Vitamine schätzen, aber die dunkle Naturreisfärbung ablehnen, ist

TIPPS & TRICKS

Parboiled Reis ideal. Er wird vor dem Schälen mit Dampfdruck gereinigt, wodurch seine Vitalstoffe erhalten bleiben. Er ist besonders zart, klebt nicht und wird beim Kochen weiß. Weil er keine Stärke abgibt, ist er für Risotto völlig ungeeignet. Dafür nehmen Sie am besten italienische Rundkornsorten, die beim Kochen schön weich werden und in ihrem Inneren trotzdem einen bissfesten Kern behalten. – Ideal auch für Reisfleisch und Milchreis. Eine besondere Reisspezialität ist Basmati-Reis, der beim Kochen ein feines süßliches Aroma entwickelt. Der Rolls-Royce unter den Reissorten ist der sehr teure Wildreis mit seinem eher nussigen Aroma, das besonders gut zu feinen Fischen und Krustentieren paßt.

Reis muß man in der Regel vor der Zubereitung nicht waschen. Wenn eine Packung Reis sichtbar verschmutzt ist, ist das ein eindeutiger Reklamationsgrund. Ansonsten hängt es davon ab, welches Reisgericht Sie zubereiten wollen. Grundsätzlich schwemmt man beim Waschen die Stärke aus dem Reis heraus. Das wiederum macht für manche Gerichte durchaus Sinn. Will man also etwa einen Reis, der fast nicht klebt (z. B. für eine Beilage), dann den Reis mehrmals mit kaltem Wasser durchschwemmen.

RHABARBER

Rhabarber immer schälen, denn in der Schale ist der Großteil der Oxalsäure enthalten, die in größerer Menge genossen gesundheitliche Störungen hervorrufen kann. Grundsätzlich werden drei verschiedene Rhabarber-Varianten angeboten, die sich vor allem durch Farbe und Säuregehalt unterscheiden:

- grünstieliger Rhabarber mit grünem Fleisch und recht hohem Säuregehalt
- rotstieliger Rhabarber mit grünlichem Fleisch und einer eher herben Säure
- rotstieliger Rhabarber mit rötlichem Fleisch und eher geringer Säure.

Trotz der Säure wird Rhabarber immer mit Zitronensaft gekocht. Der Grund dafür liegt in einer chemischen Reaktion, bei der dann ein Teil der Säure gebunden wird.

Im Kühlschrank sollte man frischen Rhabarber nur wenige Tage aufbewahren. Als Kompott oder anders zubereitet ist Rhabarber aber sehr gut haltbar.

RISOTTO

Der erste Schritt zum Erfolg ist die Wahl der richtigen Reissorte. Für Risotto kommt nur italienischer Rundkornreis (Vialone, Arborio oder Carnaroli) in Frage, weil dessen Körner mehr Flüssigkeit aufnehmen und außerdem mehr Stärke abgeben. Damit der Risotto wirklich cremig wird, muß er während der kompletten Garzeit permanent gerührt werden. Immer mit heißer

Flüssigkeit aufgießen und diese nur verhalten nach und nach beigeben. Im Idealfall wirkt der Reis nach etwa 20 Minuten Rühren cremig und hat einen angenehmen Biss. Dann etwas frisch geriebenen Parmesan und die Butter einrühren, mit Salz und Pfeffer abschmecken und kurz rasten lassen. So kann der Risotto besser eindicken und wird noch cremiger.

Rosinen

Bevorzugt sollte man Rosinen kaufen, die nicht geschwefelt sind. Auf der Packung muß dies vermerkt sein. Das zarte Schwefeln soll den leicht entstehenden Pilzbefall der getrockneten Früchte verhindern. Geschwefelte Rosinen vor dem Gebrauch unbedingt gut waschen.

Die allerbesten Rosinen werden im Handel unter speziellen Bezeichnungen angeboten: Sultaninen sind getrocknete Weinbeeren mit goldgelber bis bläulicher Schale, die vom Sultana-Rebstock stammen. Die besten Sultaninen kommen aus der Türkei und dem griechischen Peloponnes.

Korinthen sind getrocknete Weinbeeren mit violett-schwarzer Farbe und sehr ausgeprägtem Fruchtgeschmack. Sie kommen aus Griechenland und sind nach der gleichnamigen Hafenstadt benannt.

Beiden Sorten sollten keinerlei Kerne oder Stiele aufweisen. Überprüfen Sie aber zur Sicherheit, ob die Qualitätskontrolleure der jeweiligen Erzeugerfirmen tatsächlich ganze Arbeit geleistet haben.

Rote Rüben[1]

Aufpassen beim Verarbeiten. Der in den Rüben enthaltene Farbstoff verursacht intensive Flecken, die aber mit heißem Wasser recht leicht zu beseitigen sind. Wenn man größere Mengen verarbeiten will, sollte man am besten Gummihandschuhe tragen. Lagern Sie Rote Rüben bei hoher Luftfeuchtigkeit in kühler Umgebung, andernfalls schrumpeln sie sehr rasch ein.

Safran

Safran wird aus den Blütennarben einer Krokuspflanze gewonnen. In jeder Blüte gibt es 3 Stengel, die händisch gezupft werden. Die besten Pflücker schaffen 60–80 Gramm pro Tag. Für ein Kilogramm Safran sind mehr als 200 000 Blütennarben erforderlich.

Hauptanbauland für Safran ist Spanien, von wo etwa 90 Prozent der Weltproduktion stammen. Topqualität besteht ausschließlich aus Narben (auch Safranfäden genannt) und besitzt eine intensive dunkelrote Farbe.

Normale Handelsware ist sogenannter natureller Safran, der neben den Narben auch noch Blütenbestandteile der Pflanze enthält. Sollte man Ihnen bei der nächsten Urlaubsreise Safranpulver im Sonderangebot anbie-

[1] Rote Bete

ten, Hände weg: Wenn Safran billig ist, ist er mit Sicherheit verfälscht. Ein Muß ist Safran bei Paella, Bouillabaisse und einem authentischen Risotto alla milanese. Bei orientalischen Fleisch- und Reisgerichten kommt Safran ebenfalls sehr häufig zur Anwendung. Safran vor der Verwendung am besten mit einem Mörser zerreiben oder in ein wenig Flüssigkeit auflösen. Safran vor Licht und Feuchtigkeit geschützt lagern.

Was nur wenige wissen: Lange Zeit wurde Safran auch in Österreich angebaut. Im niederösterreichischen Manhartsberg und in der Wachau war man bis ins 19. Jahrhundert hinein auf den Safrananbau spezialisiert, ehe die mühevolle händische Produktion aus Rentabilitätsgründen aufgegeben wurde.

Salat

nach dem Waschen immer gut mit einem Tuch abtrocknen bzw. mit einer Salatschleuder trocknen. So verwässert das Salatdressing nicht. Stark verschmutzten Feldsalat am besten bei fließendem Wasser längere Zeit wässern und einige Male durch ein groblöchriges Nudelsieb abseihen, damit der Sand abgespült werden kann. Blattsalat wird besonders knackig, wenn man ihn bis kurz vor der Zubereitung in einem Plastiksack im Kühlschrank lagert.

Salat braucht bei der Lagerung eine sehr hohe Luftfeuchtigkeit, um den Prozess des Welkens so lange wie möglich hintanzuhalten. Wickeln Sie den Salat daher locker in ein feuchtes Tuch oder Papier und bewahren sie die Ware im Gemüsefach des Kühlschranks auf.

Sardinen

In den Monaten April und Mai ziehen die Sardinenschwärme nach der Überwinterung in den südlicheren Gewässern wieder an die europäischen Küsten. Das Sardinen-Fleisch ist zu diesem Zeitpunkt besonders fett und aromatisch. Frische Sardinen immer sehr schnell verarbeiten. Kleine Fische halten eben nicht so lange …

Je steifer, praller und glänzender frische Sardinen wirken, desto besser sind sie in Form. Achten Sie beim Einkauf darauf, dass die Fische im Bauch- und Kiemenraum nicht zu viele Beschädigungen aufweisen.

Frische Sardinen kann man ganz einfach mit Mehl bestäuben und in reichlich heißem Öl frittieren. Durch ihren hohen Fettgehalt eigenen sich frische Sardinen aber auch wunderbar zum Grillen und Braten: sie trocknen nicht aus und bleiben auch bei dieser Art der Zubereitung schön saftig und aromatisch.

Und dann gibt es da auch noch die sogenannten Jahrgangssardinen. Dabei handelt es sich um speziell selektierte, makellose Sardinen, die in ganz feinem Olivenöl eingelegt werden. In Frankreich schwören Gourmets darauf, dass diese Konserven erst nach einigen Jahren (und nach dem auf der Verpackung verzeichneten Ablaufdatum) den optimalen Geschmack entwickeln. Die Dosensardine ist dann angeblich ganz besonders mürbe. – Eine Köstlichkeit, die für manche aber auch kompletter Firlefanz ist …

Sauerkraut

Wenn möglich, immer frisches Sauerkraut kaufen. Entweder im Supermarkt (verpackt in Frischebeuteln) oder direkt am Markt beim „Sauerstandler". In Konserven angebotenes Sauerkraut verfügt über ungleich weniger gesunde Inhaltsstoffe. Am gesündesten ist rohes Sauerkraut, denn Kochen zerstört die wertvollen Milchsäurebakterien.
Sauerkraut für die herkömmliche Zubereitung nicht waschen, weil sonst viele Vitamine und Nährstoffe verloren gehen. Am besten mit wenig Flüssigkeit und den Gewürzen etwa 20 Minuten garen.

Schneidbretter

Besonders wenn man gewichtigere Stücke wie etwa ein ganzes Huhn oder große Bratenstücke bearbeitet, rutschen Schneidbretter gerne herum. Um die Rutschgefahr zu bannen, legt man ein feuchtes Tuch zwischen Arbeitsplatte und Brett. Für hygienisch sensible Produkte wie etwa Geflügel oder Fisch stets Plastikbretter benutzen, die man nach Verwendung sorgfältig reinigt.

Schnitzel

niemals mit den früher üblichen Schnitzelklopfern malträtieren. Mit den scharf genoppten Flächen dieser Instrumente zerstören Sie bloß die Fleischstruktur, wodurch das gute Stück alle Saftigkeit verliert. Verwenden Sie zum zarten Anklopfen besser den flachen Boden einer großen schweren Pfanne. Vor dem Plattieren das Fleisch in Klarsichtfolie packen.

Schwarzwurzeln

Beim Schälen ist Vorsicht angebracht: Schwarzwurzeln geben einen milchigen Saft ab, der hartnäckige Flecken auf den Händen verursacht. Daher am besten mit Handschuhen oder mit dem Sparschäler unter fließendem Wasser arbeiten. Legen Sie die Wurzeln unmittelbar nach dem Schälen in Essig- oder Zitronenwasser. So bleiben die geschälten Wurzeln dauerhaft weiß. Schwarzwurzeln sollten beim Einkauf möglichst fest sein und keine matschigen Stellen oder irgendwelche Beschädigungen aufweisen. Im Gemüsefach des Kühlschranks halten sie ein bis zwei Wochen.

Seeteufel

Ganz selten sieht man den Seeteufel (manchmal wird er auch Angler genannt) in hiesigen Fischgeschäften als ganzen Fisch. Das hat mehrere Gründe: Erstens einmal ist der Kopf des Fisches dermaßen häßlich, daß man schnell erahnt, warum der Fisch seinen Namen hat. Zweitens ist der Kopf mit einem Drittel des Gesamtgewichts so groß, daß man ihn wegen der hohen Transportkosten vorher abtrennt. Kulinarisch ist ohnehin nur der Schwanz des Fisches von Interesse.

Frischer Seeteufel hat ein festes, fast schneeweißes Fleisch. Sollte das Fleisch schon einen zarten Farbstich besitzen, überlegen Sie sich den Kauf am besten noch einmal. Lassen Sie sich unbedingt vom Fischhändler die Haut abziehen, die bei frischen Fischen sehr straff anliegt. Die Feinarbeit daheim müssen ohnehin Sie erledigen. Denn der Seeteufel besitzt einige sehr zähe Hautschichten, die man vor dem Braten vorsichtig ablösen muß. Andernfalls wirken diese wie Flachsen beim Fleisch.

SEEZUNGEN

Kleine Seezungen mit einem Gewicht bis etwa 500 g am besten im Ganzen braten, weil der Fisch beim Braten an der Gräte wesentlich saftiger bleibt. Seezungen sollte man grundsätzlich nur enthäutet verwenden. Die weiße Unterhaut kann dran bleiben, wer mag, kann sie auch essen. Die graue Oberhaut muß aber auf jeden Fall weg. Das Abhäuten sollte bereits der Fischhändler erledigen, weil das Hautabziehen speziell bei superfrischen Fischen einigen Kraftaufwand und Erfahrung erfordert.

Größere Seezungen verwendet man vor allem filetiert. Beim Einkauf möglichst ganze Fische kaufen. Filets sind in der Lagerung sehr empfindlich und verderben rascher. Gräten unbedingt mitnehmen. Die Fischkarkassen von Plattfischen wie Steinbutt oder Seezunge eignen sich vorzüglich für die Zubereitung eines Fischfonds.

SELLERIE

Frischer Sellerie hält sich im Gemüsefach im Kühlschrank ohne Probleme rund eine Woche. Wenn Sie eine ganze Knolle kaufen, die noch Stengel und Blätter besitzt, diese bei längerer Lagerung unbedingt abschneiden, weil sie der Knolle Feuchtigkeit entziehen. Die Stiele und Blätter vom Knollensellerie kann man nicht wie Stangensellerie verwenden, weil sie viel zu bitter schmecken.

SENF

Die Senfproduktion ist denkbar einfach. Senfkörner werden mit Essig angesetzt und später passiert. Salz, Zucker, Wein und verschiedene Gewürze geben dem Senf dann den individuellen Touch. Wer will, kann mit im Handel erhältlichen Senfpulver oder Senfkörnern seine ganz persönliche Senfmischung anrühren.

Recht interessante geschmackliche Effekte kann man in Marinaden mit ganzen

Tipps & Tricks

Senfkörnern erzielen, die beim Draufbeißen viel milder schmecken, als man vielleicht annimmt.

Senfkörner reagieren erst zerkleinert mit Flüssigkeit. Durch das Zermörsern oder Verreiben der Körner und der Beigabe von Wasser bildet sich das scharf schmeckende Senföl. Weiße Senfkörner sind am mildesten, braune schon etwas schärfer, am schärfsten schmecken die schwarzen Körner.

Senf ist nahezu unbegrenzt haltbar. Warme Temperaturen mag er aber nicht sehr. Außerdem verliert er nach Öffnen der Dose oder Tube schön langsam an Aroma. Am besten hält er in Gläsern oder Steinguttöpfen, die man möglichst luftdicht verschließt. Bei der Lagerung bildet sich oft Wasser, das man vor der Verwendung wegleeren sollte.

Serviettenknödel

Statt dem traditionell verwendeten Tuch kann man die Knödelmasse zum Garen auch in gebutterte Alufolie oder in hitzebeständige Klarsichtfolie einwickeln. Das ist erstens viel hygienischer, und zweitens kommt die Knödelmasse so nicht direkt mit Wasser in Kontakt, was sich in der Regel äußerst positiv auf die Konsistenz auswirkt.

Sojasauce

In den unterschiedlichen Regionen Asiens gibt es enorm viele Varietäten dieser Sauce. Die Vielfalt läßt sich mit den hierzulande üblichen Bier- oder Weinarten vergleichen. Die folgenden drei Sojasaucen sollten auch in Ihrem Gewürzregal stehen:

- **Helle Sojasauce:** dünnflüssig mit eher leichtem, salzigen Aroma. Ideal zum Kochen, weil sie beim Eindicken nicht bitter wird.
- **Dunkle Sojasauce:** ist etwas länger gereift, dunkler in der Farbe, dickflüssiger und schmeckt etwas süßer. Ideal als Dip für Sushi.
- **Süße Sojasauce:** Ist zumeist mit Zucker und Malz angereichert und wird vor allem als Dip-Sauce für Fleisch und Gemüse verwendet.

Beim Einkauf darauf achten, daß die Sojasauce gebraut worden ist, weil es sich dabei in der Regel um bessere Qualität handelt.

Soufflés

Sollten Soufflés während des Garens im Rohr auf der Oberfläche zu stark bräunen, kann man sie mit Alufolie bedecken. Soufflés immer sofort servieren, weil sie sonst wieder in sich zusammenfallen.

Spargel

Ob die edlen Stangen frisch sind, erkennen Sie an der Schnittfläche: Sie darf nicht vertrocknet oder verfärbt sein. Im Idealfall kommt auf festen Fingerdruck noch etwas Flüssigkeit heraus. Spargel immer in feuchten Tüchern kühl lagern.

Die Farbe des Spargels hängt davon ab, wieviel Licht die Pflanze abbekommt. Ganz weißer Spargel wird direkt aus der Erde gestochen. Erblickt der Kopf bereits das Licht der Welt, verfärbt er sich bläulich-violett. Läßt man ihn weiter herauswachsen, wird er grün. Letzterer schmeckt gemüsiger und eignet sich besonders gut für Beilagen oder kleine Vorspeisen.

Spargel gehört nicht in die Hände von Sparsamen. Er muß großzügig mit einem speziellen Spargelschäler geputzt werden. Diese Geräte verfügen im Unterschied zu den herkömmlichen Sparschälern über eine abnehmbare Klinge, die man auch wieder nachschärfen kann. Weißen Spargel immer vom Kopf weg schälen. Bei grünem Spargel reicht es meistens, wenn man den unteren Teil entfernt. Wieviel man vom unteren Ende abschneidet, hängt von der Frische des Spargels ab. In jedem Fall müssen alle harten und holzigen Teile entfernt werden.

Spargel kochen

Spargel wird in reichlich Salzwasser mit etwas Zucker gekocht. Wenn Sie ein großes Stück Butter zusetzen, verhindern Sie das Austrocknen des Spargels. Die edlen Stangen sind so mit einem ganz zarten, wohlschmeckenden Fettfilm überzogen. Ideal ist natürlich ein spezieller Spargeltopf mit seinem praktischen, herausnehmbaren Einsatz. Andernfalls kann man den Spargel auch mit Küchengarn bündeln. Beim Einlegen muß das Wasser wallen, danach sollte der Sud nur zart köcheln. Die Kochzeit hängt von der Größe ab. 8 und 16 Minuten gelten als Richtzeit. Der Spargel darf nicht völlig durchgekocht sein, muß im Idealfall ein wenig kernig sein. Das oft empfohlene Mitkochen einer alten Semmel ist nur in hoffnungslosen Fällen notwendig, wo der Spargel extrem bitter ist.

Nach dem Garen Spargel auf einem großen Sieb oder Gitter abtropfen lassen, weil er sonst die begleitende Sauce verwässert. Man kann den Spargel auch auf ein sauberes Geschirrtuch legen, wodurch aber fast zuviel Flüssigkeit abgesaugt wird. Sollte der Spargel gar sein, ehe die Sauce fertig ist, packen Sie ihn am besten in Klarsichtfolie ein. Durch den Dampf bleiben die edlen Spitzen länger warm

Spicken

Wildbraten muß während des Garens durch Spicken vor dem Austrocknen geschützt werden. Rücken und Keule dicht unter der Oberfläche spicken. Größere Stücke am besten in gleichmäßigen Abständen mit Speckstreifen durchziehen. Falls Sie geräucherten Speck verwenden, beachten Sie bitte beim Würzen, daß dieser Salz abgibt.

Spiegeleier

Oft sind die scheinbar einfachsten Gerichte am schwierigsten zuzubereiten. Wer sich schon öfter über unansehnliche, stumpf wirkende Spiegeleier geärgert hat, sollte beim nächsten Braten auf das Salzen verzichten. Dann glänzen die Spiegeleier, und gewürzt wird erst bei Tisch.

Erfahrungsgemäß gelingen Spiegeleier am besten, wenn man sie bei geringer Hitze in aufgeschäumter Butter drei bis fünf Minuten gart. Bedecken Sie danach die Pfanne mit einem Deckel oder einem Stück Alufolie, damit auch der Dotter optimal gart.

Spinat

Spinat sollte immer bald nach der Zubereitung verzehrt und nicht mehr aufgewärmt werden, weil sich sonst das im Spinat enthaltene Nitrat in das gesundheitsgefährdende Nitrit umwandeln kann.

Spinat eignet sich so gut wie kaum ein anderes Gemüse zum Tiefkühlen. Das tiefgrüne Gemüse verliert dabei überhaupt nicht an Qualität. Und Hand aufs Herz: Je nach Rezept erspart man sich mit dem fertig passierten Spinat oder dem bereits blanchierten Blattspinat tatsächlich enorm viel Zeit in der Küche.

Steinbutt

Große Fische ab etwa 1,5 kg Gesamtgewicht schmecken wesentlich aromatischer und besser als die kleinen sogenannten Babysteinbutts. Seinen Namen verdankt der Steinbutt den steinähnlichen Hautverkrustungen an der dunklen Seite. Das ist auch der Grund dafür, daß die Steinbutthaut ungenießbar ist. Lassen Sie sie am besten gleich vom Fischhändler entfernen. Die Steinbuttkarkassen sind bestens für einen Fischfond geeignet.

Wie mittlerweile die meisten Meeresfische stammt auch der bei uns angebotene Steinbutt mehrheitlich aus Zuchtbetrieben in abgegrenzten Meeresbuchten. Nichtsdestotrotz ist sein Preis so wie sein Geschmack: königlich.

Strudel

Das Ausziehen des Teiges ist ja eine eigene Kunst. Nach alten Überlieferungen sollte man ja noch eine darunterliegende Zeitung lesen können. Wenn Sie sich die Arbeit antun wollen, dann verzichten Sie bei der Zubereitung des Teiges auf die Beigabe von Ei. So bleibt der Teig elastischer und reißt nicht so leicht ab.

Fertigen Strudelteig gibt es aber auch in tadelloser Qualität zu kaufen. Die Zubereitung von selbstgemachtem Strudelteig bringt bei kleinen Mengen kaum Vorteile und lohnt im Grunde nicht die Mühe.

Suppe

Wenn Sie eine Rindsuppe machen wollen, dann legen Sie das Fleisch ins kalte Wasser. So laugt es optimal aus, die Fleischkraft geht in die Suppe über. Das Fleisch können Sie immer noch für Eintöpfe oder Salate verwenden. Sollten Sie aber das Fleisch als Hauptgang essen wollen, legen Sie es erst in das kochende Wasser ein. Dadurch werden sofort die Poren geschlossen, das Fleisch bleibt schön saftig. Allerdings ist dann auch die Suppe nicht ganz so kräftig.

Wer den Fettgehalt der Suppe reduzieren will, sollte diese nach dem Kochen völlig erkalten lassen. Dann erstarrt das Fett an der Oberfläche zu einem Spiegel, der sich mühelos abheben läßt.

Tintenfisch & Co.

Wie so oft bei Meeresfrüchten und Fischen gibt es auch beim Sammelbegriff einige Aufklärungsarbeit zu leisten. Man unterscheidet:

- **Sepia:** Sepien besitzen 10 Fangarme, von denen 8 recht klein und fleischig, 2 antennenartig lang sind. Sepien sind zumeist recht klein und besitzen ein sehr zartes Fleisch, das sich gut zum Kurzbraten eignet. Sepien besitzen eine weiß-bläuliche oder bräunliche Haut, die vor der Verarbeitung abgezogen werden muß. Sepien sind auch der Lieferant für die sogenannte Sepiatinte (ital.: „nero di seppia"), mit der man vorzugsweise Risotto und Pasta eine schwarze Farbe gibt.
- **Kalmar:** hat ebenfalls 10 Fangarme, eine bräunlich-violette Haut und ist viel größer und schwerer als die zarten Sepien. Auch der Kalmar besitzt Tinte, die allerdings etwas schärfer als jene von Sepien schmeckt.
- Eine Extraklasse ist der Oktopus, der nur 8 Fangarme besitzt, die so aussehen als wären Noppen daran. Oktopus kann enorm groß werden und sollte am besten bei kleiner Hitze geschmort werden.

Tiefgekühlter Tintenfisch verliert durch das Einfrieren nicht an Qualität. Ganz im Gegenteil: Er kann so sogar noch mürber werden. In jedem Fall muß man die Tiefkühlware vor der Zubereitung auftauen. Vorsicht beim Frittieren: Der Backteig kann an manchen Stellen aufgehen, und dann schießt das Fett mitunter furchterregend.

Am Meer sieht man oft Fischer, die Oktopus auf Steinen weich klopfen. Das macht Sinn, denn anders wird gerade der dicke Oktopus auch nach stundenlangem Kochen nicht weich. Die Anwendung dieser Methode lohnt auch bei der Zubereitung von dicken Kalmaren. Am besten zwischen Klarsichtfolie legen und mit einer schweren Pfanne weich klopfen.

Noch ein Tip für die Zubereitung: Kalmare und Sepien entweder ganz kurz braten oder aber lange schmoren. Alles dazwischen führt in der Regel zu gummiartiger Konsistenz.

Tipps & Tricks

TOMATEN

Im Sommer, wenn die heimischen Tomaten wirklich sonnengereift sind, unbedingt frische Ware verwenden. Ansonsten tun es für Saucen auch die in Dosen eingelegten Pelati-Tomaten, die geschmacklich der das ganze Jahr über erhältlichen Treibhausware überlegen sind. Tomaten nicht im Kühlschrank lagern, weil sie sonst dramatisch an Geschmack verlieren. Besonders aromatisch sind geschälte Tomaten der Sorte Marzano, die über ein herrliches Fruchtaroma verfügen.

Der Fachausdruck für die universell einsetzbaren Tomatenwürfel lautet Concassé, was soviel wie zerkleinert oder grob gehackt bedeutet.

Schneiden Sie dafür die Haut der Tomaten an der Unterseite kreuzweise ein und legen Sie diese für etwa 10 Sekunden in kochendes Wasser. Dann sofort mit eiskaltem Wasser abschrecken, die Haut läßt sich dann spielend leicht abziehen.

Tomatenconcassé kann, in etwas Butter geschmort, eine Sauce für sich sein. Durch den Einsatz von verschiedenen Kräutern wie Estragon, Salbei oder Basilikum lassen sich sehr individuelle Geschmacksnoten erzielen. Die kleinen roten Würfel haben aber neben aller geschmacklichen Bedeutung auch eine wichtige optische Bewandtnis. Viele Gerichte sehen mit ein paar roten Würfelchen ganz einfach besser aus …

TOPFEN[1]

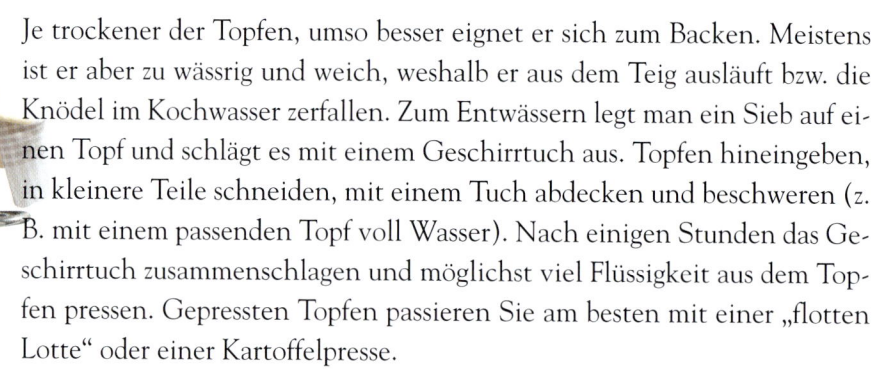

Je trockener der Topfen, umso besser eignet er sich zum Backen. Meistens ist er aber zu wässrig und weich, weshalb er aus dem Teig ausläuft bzw. die Knödel im Kochwasser zerfallen. Zum Entwässern legt man ein Sieb auf einen Topf und schlägt es mit einem Geschirrtuch aus. Topfen hineingeben, in kleinere Teile schneiden, mit einem Tuch abdecken und beschweren (z. B. mit einem passenden Topf voll Wasser). Nach einigen Stunden das Geschirrtuch zusammenschlagen und möglichst viel Flüssigkeit aus dem Topfen pressen. Gepressten Topfen passieren Sie am besten mit einer „flotten Lotte" oder einer Kartoffelpresse.

TRÜFFELN

Frische schwarze Trüffeln müssen vor der Verwendung sorgfältig gereinigt werden. Um die Erdreste zu lösen, in lauwarmes Wasser legen, dann unter fließendem Wasser abbürsten. In Vertiefungen steckende Erdreste vorsichtig mit der Spitze eines Messers lösen. Danach nochmals abspülen, gut abtrocknen und wenn nötig schälen. Schalen und Abschnitte aufheben und für Saucen verwenden. Rohe Trüffeln kann man den verschiedensten Vorspeisen beigeben. Schwarze Trüffeln, die warmen Speisen beigegeben werden, vorher kurz in Butter dünsten. Weiße Trüffeln immer nur roh über das Gericht hobeln.

[1]Quark

TIPPS & TRICKS

Mit jedem Tag Lagerung verlieren Trüffeln an Aroma. Wenn Sie Trüffeln für einige Tage lagern müssen, wickeln Sie die kostbare Knolle zuerst in Papier und dann in Alufolie. Legen Sie sie nicht in den Kühlschrank, aber an einen kühlen Ort. Die oft vorgeschlagene Methode, Trüffel in Reis zu vergraben, mag dem Reis gut tun, aber nicht unbedingt der Trüffel.

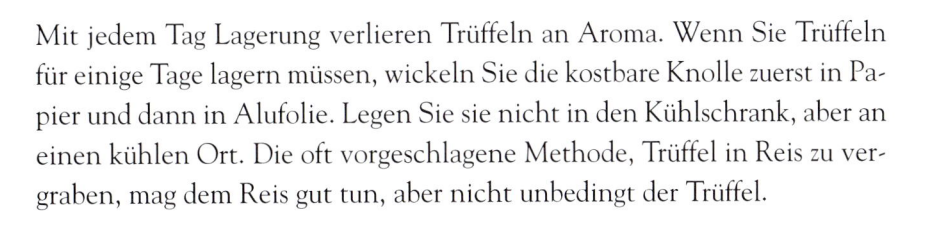

VANILLEZUCKER

Wer aromareichen Vanillezucker will, kann diesen einfach selbst herstellen. Oft bleibt ja nach der Herstellung einer Creme eine aufgeschlitzte, ausgekratzte Vanilleschote über. Lassen Sie diese gut austrocknen und pürieren sie die Vanilleschote mit etwas Zucker im Mixer.

WACHOLDER

wird fast immer ganz oder zart angedrückt verwendet. Frische oder frisch getrocknete und zerdrückte Beeren schmecken ganz besonders intensiv und sollten entsprechend vorsichtig dosiert werden. Schon nach einigen Monaten der Trocknung wird das Aroma spürbar milder. Länger gelagerte Wacholderbeeren kann man also durchaus großzügiger dosieren.

WEIN IN DER KÜCHE

Schlechten oder fehlerhaften Wein mögen Sie sicher nicht trinken. Er eignet sich auch nicht zum Kochen. Leeren Sie diesen besser weg. Am besten verwenden Sie zum Kochen jenen Wein, den Sie später auch dazu trinken. Sollte doch einmal ein guter Schluck übrig bleiben: Weißwein gibt einem Geschnetzelten, hellen Saucen zu Fisch, Risottos und manchen Sorbets eine zusätzliche Note. Und ein Schuß Rotwein paßt natürlich für alle Saucen zu kräftigen Fleisch- und Wildgerichten.

WIRSING

Der zarte Wirsing ist sozusagen der „Gourmetkohl" und sollte daher recht schonend behandelt werden. Selbstverständlich kann man Wirsing auch wie ganz normalen Kohl zubereiten. Es wäre aber schade, wenn man ihn „totkocht". Etwa 10 Minuten Garzeit reichen völlig.
Grundsätzlich unterscheidet man zwischen Sommer- und Winterwirsing. Im Sommer sind die Blätter wesentlich zarter als im Winter. Die Farbe ist vom Erntezeitpunkt abhängig und nicht unbedingt ein Qualitätsmerkmal. Spät geerntete Köpfe besitzen ein ausgeprägt dunkles Grün. Früh geernteter Wirsing ist hell- bzw. gelblichgrün.

WÜRSTEL KOCHEN

Wenn Würstel platzen, dann hat das Wasser zu sehr gekocht. Würstel sollten in heißem Wasser 15–20 Minuten zugedeckt ziehen, nicht sprudelnd kochen. Das Aufplatzen von Bratwürsten verhindern Sie, wenn Sie diese vor dem Braten kurz in ein wenig kalter Milch wenden. Danach sorgfältig abtrocknen.

ZITRONEN

Die Schale sollte man nur von unbehandelten Zitronen abreiben. Waschen kann die giftigen Konservierungsstoffe aus der Schale nicht entfernen.
Zitronen vor dem Pressen gründlich und kräftig auf einer Arbeitsfläche rollen, so geben sie mehr Saft.
Für alle, die sowohl Saft wie auch die Schale einer Zitrone benötigen: Zuerst Schale abreiben, danach auspressen.
Wenn Sie nur ganz wenig Zitronensaft benötigen: Zitrone mit einer dicken Nadel einstechen.
Zitronen nie im Kühlschrank lagern, weil sie dort leicht austrocknen.

ZITRONENGRAS

Der zitronenartige Geschmack des Grases stammt von dem in den Zellen der Pflanze enthaltenen ätherischen Öl. Die richtige Dosierung von Zitronengras ist Erfahrungssache. Man kann ganze Halme mitgaren oder auch die Halme klein hacken. Dann schmeckt das Zitronengras natürlich wesentlich intensiver, weil die Ölzellen aufbrechen und das Aroma frei wird. Wenn man Zitronengras klein schneidet, sollte man dafür nur den weißen, kaum fasrigen Halmabschnitt verwenden. Man kann Zitronengrashalme auch statt Holzspieße beim Braten von Fleisch und Fisch verwenden.
Zitronengras bekommt man frisch, getrocknet oder gemahlen im Asia-Shop. Im Gemüsefach des Kühlschranks hält frisches Zitronengras etwa eine Woche. Getrocknete Zitronengrashalme sollte man vor der Verwendung etwa eine halbe Stunde in warmem Wasser einweichen.

ZUCCHINI

Größe ist bei Zucchini eigentlich ein negatives Qualitätskriterium. Am besten schmecken kleine Exemplare, die maximal so groß wie eine Banane sind. Große Zucchini schmecken meist fasrig und langweilig. Sie eignen sich in kulinarischer Hinsicht noch am ehesten zum Füllen.
Ganz gleich ob groß oder klein: Der Stiel von frischen Früchten muß fest und leuchtend grün, der Anschnitt glatt und weiß sein. Die Frucht selbst muß fest und fleckenfrei sein. Nicht zu kalt im Kühlschrank lagern! Zucchini werden sonst sehr schnell weich und schlaff.
Besonders begehrt in der Zucchinisaison (Österreich von Mai bis September): die orangegelben Blüten, die man entweder frittieren oder füllen kann.

Die Italiener unterscheiden zwischen männlichen und weiblichen Blüten. Zumeist werden männliche Blüten auf fingerdicken Stengeln verkauft, weil nur diese ein verlockendes Aroma besitzen. Weibliche Zucchiniblüten sind weich und haben keinen guten Geschmack.

ZWETSCHKEN[1]

Beim Einkauf sind perfekte Zwetschken leicht zu erkennen: Sie haben eine schöne violette Farbe, sind fest anzufühlen und besitzen einen feinen weißen Wachsfilm, den sie direkt am Baum gebildet haben und der die Zwetschken sozusagen konserviert und sie vor Austrocknung schützt. Je mehr man die Früchte angreift, umso mehr wird dieser Film in Mitleidenschaft gezogen. Man sollte daher die Zwetschken erst unmittelbar vor der Zubereitung oder dem Verzehr waschen.

Sogenannte Hauszwetschken sind in kühler Umgebung am längsten haltbar. Direkt im Kühlschrank büßen Zwetschken rasch ihr Aroma ein.

ZWIEBEL-ARTEN

- **Gemüsezwiebeln**
  schmecken eher mild. Mitunter sind sie auch sehr groß und eignen sich dann gut zum Füllen. Fast genauso sehen auch die klassischen Haushaltszwiebeln aus, die allerdings etwas schärfer sind. Sie sind universell einsetzbar und ein unverzichtbarer Bestandteil von Gulasch und Ragouts.
- **Weiße Zwiebeln**
  schmecken ganz besonders mild und haben manchmal sogar ein fast süßes Aroma. Ideal für Chutneys, aber auch zum Roh essen in Salaten.
- **Rote Zwiebeln**
  sind natürlich der Klassiker für den Kartoffelsalat. Nicht nur wegen der dekorativen Färbung, sondern auch wegen des mild-würzigen Geschmacks.
- **Schalotten**
  besitzen wie Knoblauch mehrere kleine, oft kantige Zehen, die stets separat umhüllt sind. Schalotten schmecken besonders aromatisch und werden nicht zuletzt deshalb gerne in der feinen Küche verwendet.
- **Frühlingszwiebeln**
  gibt es mittlerweile das ganze Jahr. Wenn Sie frisch sind, kann man für einige Gerichte nicht nur die weiße Zwiebel verwenden, sondern auch einen Teil der grünen Stange. Frühlingszwiebeln sind die einzige Zwiebelart, die man im Kühlschrank lagern sollte.
- **Perlzwiebeln**
  besitzen eine fast silbrige Schale. Die kleinen Zwiebeln schmecken sehr mild, sind relativ teuer und werden in erster Linie zum Einlegen in Marinaden verwendet.

[1] *Pflaumen*

Zwiebeln lagern

Zwiebeln möglichst dunkel und trocken lagern. Nicht in einem Plastiksackerl, sonst werden sie feucht und schimmelig. Ungeschälte Zwiebeln, die riechen, sofort wegwerfen: sie faulen und stecken sehr schnell die anderen Zwiebeln an.

Zwiebel schneiden

geht auch (fast) ohne Tränen: Brett und Messer vorher unter fließendes kaltes Wasser halten. Dann hält sich der Tränenfluß zumindest in erträglichen Grenzen. Zwiebeln niemals im Mixer oder Zerhacker zerkleinern. Sie werden dadurch schnell unangenehm bitter. Zum richtigen Schneiden brauchen Sie ein geräumiges Brett. Die Messerklinge sollte mindestens 20 cm lang sein. Zuerst schälen, dann die Wurzel abschneiden und die Zwiebel halbieren. Zuerst in die Richtung der Fasern dünne Scheiben einschneiden, sodass die Zwiebelscheiben nur noch an der Spitze zusammenhängen. Die Zwiebelhälfte drehen und gegen die Fasern dünne Scheiben schneiden. – Die Zwiebel zerfällt in feine Würfel.

Zwiebel schälen

geht leichter, wenn Sie die Zwiebeln kurz in lauwarmes Wasser legen. Der Trick funktioniert auch mit Knoblauch. Falls Sie beim Schneiden merken, daß die Zwiebeln sehr scharf sind, spülen Sie die geschnittenen Zwiebeln nochmals mit Wasser ab, damit sie ein wenig milder werden.

Zwiebelringe

Das Geheimnis von knusprigen Zwiebelringen: Niemals salzen, sonst lassen sie Wasser. Bestauben Sie die Ringe mit Mehl und Paprikapulver, dadurch erreicht man zusätzliche Knusprigkeit. Achtung: Geröstete Zwiebeln bräunen oft nach! Daher nicht erst im allerletzten Bräunungsstadium aus dem Fett herausnehmen.

Glossar

Anschwitzen
Bratgut in Fett kurz, ohne Farbe nehmen zu lassen, anrösten

Beiried
Roastbeef

Biskotte
Löffelbiskuit

Blunze
Blutwurst

Brösel
Paniermehl (*geriebene Semmeln bzw. Weißbrot*); für Desserts auch aus süßen Massen (*Biskuit- oder Kuchenbrösel*)

Dotter
Eigelb

Eiklar
Eiweiß

Eierspeise
Rührei

Einbrenn
Mehlschwitze

Erdäpfel
Kartoffeln

Faschiertes
Hackfleisch. Besteht in Österreich üblicherweise zu gleichen Teilen aus Schweinefleisch und Rindfleisch. (*Faschieren = durch den Fleischwolf drehen.*)

Fisolen
Grüne Gartenbohnen

Fleckerln
Kleine viereckige Nudelstücke

Germ
Hefe

Glattes Mehl
feingemahlenes Mehl

Griffiges Mehl
grobgemahlenes Mehl

Heidelbeeren
Blaubeeren

Karfiol
Blumenkohl

Karotte
Mohrrübe

Kipfler
Die beste festkochende Kartoffelsorte für den Kartoffelsalat

Knödel
Klöße

Kohl
Wirsing

Kohlsprossen
Rosenkohl

Kraut
Rotkohl oder Weißkohl

Kren
Meerrettich

Laibchen
Kleine Laibe, Klopse

Marille
Aprikose

Marmelade
Konfitüre

Melanzani
Auberginen

Nockerln
Spätzle bzw. kleine Klöße

Obers
Sahne

Palatschinken
Hauchdünne Pfannkuchen

Panieren
In Mehl, Ei und Paniermehl wenden. (*Panier = Panade*)

Pfeffer
immer frisch gemahlen aus der Mühle verwenden. Mit einem schweren Pfannenboden angedrückte Pfefferkörner entfalten besser ihr Aroma

Rindslungenbraten
Rinderfilet

Rostbraten
Hohes Roastbeef

Rote Rübe
Rote Bete

Röhrlsalat
Salat aus jungen Löwenzahnblättern

Sauerkraut
Sauerkohl

Sauerrahm
Stichfeste saure Sahne mit 15 % Fettgehalt

Schmalz
Ausgelassenes Schweinefett

Schwammerln
Pilze

Semmel
Brötchen

Staubzucker
Puderzucker

Stelze
Haxe

Topfen
Quark

Vogerlsalat
Rapunzel, Feldsalat

Zwetschke
Pflaume

Die in diesem Buch verwendeten Abkürzungen	EL = Esslöffel (*wenn nicht anders angegeben, mäßig gehäuft*) TL = Teelöffel KL = Kaffeelöffel Msp. = Messerspitze

Rezepte nach Schwierigkeitsgrad

Leicht

Apfelkren	244
Apfeltaschen	271
Béchamelsauce	246
Beef Tatar	144
Beeren mit Biskuit und Vanilleeis	274
Beerenröster	287
Biskuitroulade	282
Blattspinat mit Kartoffeln und Olivenöl	220
Blunzengröstel	168
Brotsuppe mit Ingwer	58
Butter „Café de Paris"	256
Butternockerln mit weißer Trüffel	23
Cremespinat I	222
Cremespinat II	223
Dörrpflaumenragout	286
Ei-Currysauce	240
Eiernockerln mit weißer Trüffel	22
Eierspeise mit Erdäpfeln und Zwiebel	180
Eierspeise mit Spargelspitzen und schwarzer Trüffel	20
Eingebrannte Erdäpfel	227
Eingelegte Perlzwiebeln	190
Eintropfsuppe	75
Endiviensalat mit warmen Käferbohnen	215
Entrecôte „Café de Paris" auf Prinzessbohnen	143
Erdäpfelgulasch	170
Erdäpfelschaum mit Kaviar und Sauerrahm	28
Erdäpfelsuppe mit Eierschwammerln	77
Erdbeer-Rhabarber-Marmelade	195
Fenchel auf weißen Bohnen	198
Fenchelkraut	231
Fischfond	248
Forelle blau mit Wurzelgemüse	102
Forelle Müllerin	101
Gazpacho	68
Gebratene Kalbsstelze	130
Gedämpfte Champignons	224
Geflügelsalat mit Avocados	30
Gefüllte Rahmdalken	285
Gemischter Blattsalat	255
Gemüse im Sud	220
Gemüse-Vinaigrette	246
Geröstete Kalbsnieren mit Hirn	168
Geröstete Pilze	182
Gerührter Gugelhupf	272
Geschmorter Schweinsbraten mit Biersaftl	135
Girardi-Rostbraten	142
Glacierte Zwiebeln	229
Glasnudelsalat mit Shiitake-Pilzen	16
Gratinierte Vollkornspätzle	187
Gratinierter Fenchel	200
Griechischer Bauernsalat	16
Grießnockerln	71
Gurkensalat	253
Hausgemachtes Sauerkraut	188
Holunderblütensirup	194
Hühnerfond	249
Italienisches Gemüse	201
Joghurtdressing	250
Kaiserschmarren	263
Kalbsfond	248
Kalbsleberscheiben mit Calvadosäpfeln	124
Kalbsvögerl mit Champignons	156
Kalbszüngerln mit Kartoffel-Kren-Püree	129
Kalte Tomaten-Basilikum-Sauce	242
Karfiol und Brokkoli mit Butter und Brösel	216
Kartoffelgratin	224
Kartoffelpuffer	226
Kartoffelpüree	225
Kirschenkuchen	278
Klare Rindsuppe	71
Kräuter-Knoblauch-Butter	256
Krautfleckerln	169
Krautfleisch	184
Krautsalat	253
Krautsuppe mit gebratener Blutwurst	66
Krebse im Kümmel-Biersud	108
Krebs-Eintopf	109
Krensenf	257
Kürbiscremesuppe	63
Kürbisgemüse	209
Lammkarree mit Gemüse gebraten	148
Lammkeule im Ganzen mit geschmortem Gemüse	147
Leberreis	73
Lebkuchenauflauf	273
Letscho	235
Linsensalat mit gebratenem Schweinsbackerl	49
Linsensuppe mit Wachtelbrust	70
Marillenmarmelade	195
Marinierte Lammkoteletts	144
Marinierte Sardinen mit Rosinen und Zwiebeln	43
Marinierte Scampi auf Tomaten	98
Mayonnaise	250
Muscheln im Sud	110
Nudelteig	251
Orangenmousse mit marinierten Früchten	284
Paprika-Senf	257
Parmesannudeln	26
Pizza Margherita	178
Pizza-Grundteig	178
Pochierte Eier mit Chicorée und Roquefortdressing	24
Polenta-Lauch-Suppe	65
Prinzessbohnensalat	254
Punschsabayon	289
Quittenröster	287

Rahmkraut	229
Rahmwirsing	233
Ratatouille	206
Räucherforellenmousse mit Rahmgurken	41
Reis nach persischer Art	236
Reisfleisch	165
Rieslingcremesuppe mit Zimtcroûtons	63
Rinderfilet auf Sojagemüse	136
Rinderfiletscheiben mit Rucolasalat	138
Rindfleischgröstel	165
Rochenflügel in Senfbutter	88
Röhrlsalat mit Erdäpfeln und Speck	19
Rollmops vom Lachs mit Fenchelkraut	37
Rosa gebratene Entenbrust auf Chicorée	117
Röstkartoffeln	226
Rote-Rüben-Soufflé	208
Rumrosinen	288
Rumzwetschken	288
Rustikaler Wurstsalat	189
Saure Fisolen	227
Saure Leber auf Bohnen	48
Schrotsuppe mit frischen Kräutern	81
Schwarze Nüsse	193
Schweinsbraten	134
Seezunge mit Tomaten-Kapern-Butter	87
Selleriepüree	233
Selleriesamtsuppe	58
Senf-Dill-Sauce	245
Senfgurken	190
Serviettenknödel	234
Stöckelkraut	230
Thunfisch auf Sojasprossen und Shiitake-Pilzen	95
Thunfischtatar mit roten Linsen	31
Tintenfischrisotto	93
Tomatensalat	254
Tomatensuppe I	64
Tomatensuppe II	65
Topfen-Zimtknödel	268
Überbackene Schinkenfleckerln	162
Vanillerostbraten	136
Vanille-Topfensoufflé	263
Weinkraut	231
Weißbrotauflauf mit Morcheln	213
Wiener Schnitzel mit Kartoffelsalat	133
Wiener Suppentopf	75
Wurzelfleisch	166
Zander auf Majoranzwiebeln	107
Zitronennudeln mit Kaviar	28
Zucchinichips und Sprotten	42
Zwetschkenröster	287
Zwiebelfleisch	174
Zwiebelgnocchi	173

Aufwendig

Apfel-Rosinengratin	264
Apfeltarte	271
Artischockensalat	14
Aufgeschlagene Buttersauce (Sauce Hollandaise)	242
Bandnudeln mit Basilikum und Artischocken	25
Bohnengratin	228
Champagnersauce mit Kaviar	243
Champagnersuppe mit Meeresfrüchten	60
Coq au vin	121
Crème Brûlée	278
Dinkellaibchen mit Blattsalaten und Joghurtdip	186
Eierlikör	193
Eierschwammerlgulasch	179
Eierschwammerlsouffle	223
Faschierter Braten	159
Fischbeuschelsuppe	62
Fischtopf mit Bohnen	106
Fleischglace	249
Gebratene Rotbarbenfilets auf Zitronen-Thymian-Butter	91
Gebratene Wildschweinkeule	151
Gebratener Hirschrücken mit Rotweinzwiebeln	152
Gefüllte Melanzani auf Bulgur	205
Gefüllte Paprika	160
Gefüllte Polentatorte mit Spinatsauce	204
Gefülltes Freilandhuhn mit Bohnen und Kernöl	120
Gemüseschöberl	73
Gerstensuppe	78
Geschmortes Rindsschulterscherzel in Barolo	141
Gratinierte Zucchinistreifen mit sautierten Garnelen	96
Gulaschsuppe	80
Hühnerbrust auf Melanzani und Bulgur	118
Junges Gemüse	207
Kaiseromelette	262
Kalbskopf mit Hummer und schwarzer Trüffel	45
Kartoffelauflauf mit Parmesan	290
Kartoffelrahmsalat	252
Kirchtagssuppe	78
Kohlrabi-Carpaccio auf Roquefortcreme	19
Kraut und Rüben	202
Krautkrapfen	182
Krautstrudel	215
Lachs-Hummer-Sandwich mit Hummertatar	34
Lammnavarin	145
Leberaufstrich	188
Mayonnaisesalat	252
Milzschnitten	74
Morchelgratin mit Spargel	214
Omelette „Stephanie"	260
Paprikasauce	244
Ricotta-Soufflé mit Portwein-Feigen	291
Rotkraut	232

Rezepte nach Schwierigkeitsgrad

Salat vom gebratenen Wolfsbarsch mit Orangensauce ... 38
Salat von Flußkrebsen auf weißen Bohnen und Rucola ... 34
Schnittlauchsauce ... 240
Schwarzwurzelsalat ... 208
Seeteufel mit Trüffel und Spinat ... 89
Sektgelee mit Zitrusfrüchten ... 282
Semmelknödel ... 234
Spinatknödel mit Gemüse-Käsesauce ... 185
Steinbutt mit Salbei gebraten auf geschmortem Chicorée ... 84
Tomatenrisotto ... 236
Tomatisierte Zwiebelsuppe mit Zanderschnitte ... 59
Topfenschmarren mit Vanillesauce und Weichseln ... 266
Topinambursuppe mit Hummer ... 56
Vitello tonnato ... 51
Zarewitsch ... 68
Zwetschkenknödel ... 269

Gebratene Taubenbrust im Kohlwickel ... 116
Gebratener Saibling mit Spinattascherln ... 99
Gebratenes Kalbsbries auf Krebs-Spargel-Ragout ... 126
Gefüllte Kalbsbrust ... 125
Gemüsepralinen ... 17
Gratinierter Deliciousapfel mit Fourme d'Ambert ... 289
Hummer auf Safrangelee ... 33
Kalbsbeuschel ... 161
Kalbskopfsalat mit Kernöl ... 46
Kalbsrückenkotelett mit Sellerie-Trüffel-Lasagne ... 123
Karpfenfilet in Pfeffer-Rotwein-Sauce ... 103
Knusprige Entenbrust ... 114
Kroketten vom Wild ... 175
Moccamousse ... 281
Moretti-Burger ... 176
Schokolademousse ... 279
Schokomousse-Kirschtorte ... 277
Soufflé vom Steinbutt mit Champagner-Kaviarsauce ... 40
Süßsaures Kürbiskonfit ... 192
Überbackene Kutteln ... 150
Wels auf Chicorée mit Fenchelsabayon ... 104

Für Ehrgeizige

Braisierter Kochsalat ... 237
Gabelbissen ... 52
Gebratene Maisplätzchen mit Zwiebelkonfit ... 210

Rezepte nach Zubereitungszeit

Bis 30 Minuten

Apfelkren ... 244
Apfeltaschen ... 271
Artischockensalat ... 14
Aufgeschlagene Buttersauce (Sauce Hollandaise) ... 242
Béchamelsauce ... 246
Beef Tatar ... 144
Beeren mit Biskuit und Vanilleeis ... 274
Beerenröster ... 287
Biskuitroulade ... 282
Blunzengröstl ... 168
Brotsuppe mit Ingwer ... 58
Butter „Café de Paris" ... 256
Butternockerln mit weißer Trüffel ... 23
Champagnersuppe mit Meeresfrüchten ... 60
Cremespinat I ... 222
Dörrpflaumenragout ... 286
Ei-Currysauce ... 240
Eiernockerln mit weißer Trüffel ... 22
Eierspeise mit Erdäpfeln und Zwiebel ... 180
Eierspeise mit Spargelspitzen und schwarzer Trüffel ... 20
Eingelegte Perlzwiebeln ... 190
Eintropfsuppe ... 75
Entrecôte „Café de Paris" auf Prinzessbohnen ... 143

Erdäpfelsuppe mit Eierschwammerln ... 77
Fenchelkraut ... 231
Fischfond ... 248
Forelle blau mit Wurzelgemüse ... 102
Forelle Müllerin ... 101
Gazpacho ... 68
Gedämpfte Champignons ... 224
Geflügelsalat mit Avocados ... 30
Gemischter Blattsalat ... 255
Gemüseschöberl ... 73
Gemüse-Vinaigrette ... 246
Geröstete Kalbsnieren mit Hirn ... 168
Geröstete Pilze ... 182
Girardi-Rostbraten ... 142
Glacierte Zwiebeln ... 229
Glasnudelsalat mit Shiitake-Pilzen ... 16
Gratinierter Deliciousapfel mit Fourme d'Ambert ... 289
Griechischer Bauernsalat ... 16
Grießnockerln ... 71
Gurkensalat ... 253
Hausgemachtes Sauerkraut ... 188
Holunderblütensirup ... 194
Joghurtdressing ... 250
Kaiseromelette ... 262
Kalbsleberscheiben mit Calvadosäpfeln ... 124

Rezepte nach Zubereitungszeit

Kalte Tomaten-Basilikum-Sauce	242
Karfiol und Brokkoli mit Butter und Brösel	216
Kartoffelpuffer	226
Kohlrabi-Carpaccio auf Roquefortcreme	19
Kräuter-Knoblauch-Butter	256
Krautsalat	253
Krautsuppe mit gebratener Blutwurst	66
Krebse im Kümmel-Biersud	108
Krensenf	257
Kürbiscremesuppe	63
Kürbisgemüse	209
Lachs-Hummer-Sandwich mit Hummertatar	34
Lebereis	73
Marinierte Lammkoteletts	144
Marinierte Scampi auf Tomaten	98
Mayonnaise	250
Milzschnitten	74
Muscheln im Sud	110
Nudelteig	251
Omelette „Stephanie"	260
Orangenmousse mit marinierten Früchten	284
Paprika-Senf	257
Parmesannudeln	26
Pizza Margherita	178
Pochierte Eier mit Chicorée und Roquefortdressing	24
Polenta-Lauch-Suppe	65
Prinzessbohnensalat	254
Punschsabayon	289
Quittenröster	287
Rieslingcremesuppe mit Zimtcroûtons	63
Rinderfilet auf Sojagemüse	136
Rinderfiletscheiben mit Rucolasalat	138
Rindfleischgröstel	165
Rochenflügel in Senfbutter	88
Röhrlsalat mit Erdäpfeln und Speck	19
Rollmops vom Lachs mit Fenchelkraut	37
Rosa gebratene Entenbrust auf Chicorée	117
Rumrosinen	288
Rumzwetschken	288
Rustikaler Wurstsalat	189
Saure Fisolen	227
Schnittlauchsauce	240
Schrotsuppe mit frischen Kräutern	81
Schwarze Nüsse	193
Seezunge mit Tomaten-Kapern-Butter	87
Selleriepüree	233
Selleriesamtsuppe	58
Senf-Dill-Sauce	245
Senfgurken	190
Thunfischtatar mit roten Linsen	31
Tintenfischrisotto	93
Tomatensalat	254
Tomatensuppe I	64
Tomatensuppe II	65
Topfenschmarren mit Vanillesauce und Weichseln	266
Vanillerostbraten	136
Vanille-Topfensoufflé	263
Wiener Suppentopf	75
Zander auf Majoranzwiebeln	107
Zitronennudeln mit Kaviar	28
Zucchinichips und Sprotten	42
Zwetschkenröster	287

Bis 45 Minuten

Apfel-Rosinengratin	264
Apfeltarte	271
Bandnudeln mit Basilikum und Artischocken	25
Champagnersauce mit Kaviar	243
Cremespinat II	223
Dinkellaibchen mit Blattsalaten und Joghurtdip	186
Eierschwammerlsouffle	223
Endiviensalat mit warmen Käferbohnen	215
Erdäpfelschaum mit Kaviar und Sauerrahm	28
Gebratenes Kalbsbries auf Krebs-Spargel-Ragout	126
Gefüllte Rahmdalken	285
Gemüse im Sud	220
Gratinierter Fenchel	200
Italienisches Gemüse	201
Junges Gemüse	207
Kaiserschmarren	263
Kalbskopf mit Hummer und schwarzer Trüffel	45
Kartoffelpüree	225
Kartoffelrahmsalat	252
Kirschenkuchen	278
Krautfleckerln	169
Krebs-Eintopf	109
Lammkarree mit Gemüse gebraten	148
Lebkuchenauflauf	273
Letscho	235
Linsensuppe mit Wachtelbrust	70
Marinierte Sardinen mit Rosinen und Zwiebeln	43
Mayonnaisesalat	252
Morchelgratin mit Spargel	214
Paprikasauce	244
Pizza-Grundteig	178
Rahmkraut	229
Rahmwirsing	233
Ratatouille	206
Reis nach persischer Art	236
Röstkartoffeln	226
Salat vom gebratenen Wolfsbarsch mit Orangensauce	38
Salat von Flußkrebsen auf weißen Bohnen und Rucola	34
Schwarzwurzelsalat	208
Sektgelee mit Zitrusfrüchten	282
Semmelknödel	234

Serviettenknödel	234
Spinatknödel mit Gemüse-Käsesauce	185
Thunfisch auf Sojasprossen und Shiitake-Pilzen	95
Tomatenrisotto	236
Tomatisierte Zwiebelsuppe mit Zanderschnitte	59
Topfen-Zimtknödel	268
Topinambursuppe mit Hummer	56
Überbackene Schinkenfleckerln	162
Weinkraut	231
Wels auf Chicorée mit Fenchelsabayon	104
Wiener Schnitzel mit Kartoffelsalat	133

Bis 60 Minuten

Blattspinat mit Kartoffeln und Olivenöl	220
Braisierter Kochsalat	237
Eierschwammerlgulasch	179
Eingebrannte Erdäpfel	227
Erdbeer-Rhabarber-Marmelade	195
Faschierter Braten	159
Fenchel auf weißen Bohnen	198
Fischbeuschelsuppe	62
Fischtopf mit Bohnen	106
Gebratene Maisplätzchen mit Zwiebelkonfit	210
Gebratene Rotbarbenfilets auf Zitronen-Thymian-Butter	91
Gebratener Hirschrücken mit Rotweinzwiebeln	152
Gefüllte Melanzani auf Bulgur	205
Gratinierte Vollkornspätzle	187
Gratinierte Zucchinistreifen mit sautierten Garnelen	96
Hummer auf Safrangelee	33
Kalbsrückenkotelett mit Sellerie-Trüffel-Lasagne	123
Karpfenfilet in Pfeffer-Rotwein-Sauce	103
Kartoffelgratin	224
Knusprige Entenbrust	114
Krautstrudel	215
Leberaufstrich	188
Marillenmarmelade	195
Räucherforellenmousse mit Rahmgurken	41
Ricotta-Soufflé mit Portwein-Feigen	291
Rotkraut	232
Saure Leber auf Bohnen	48
Schokolademousse	279
Seeteufel mit Trüffel und Spinat	89
Steinbutt mit Salbei gebraten auf geschmortem Chicorée	84
Stöckelkraut	230
Weißbrotauflauf mit Morcheln	213
Zwetschkenknödel	269
Zwiebelgnocchi	173

Bis 90 Minuten

Bohnengratin	228
Coq au vin	121

Crème Brûlée	278
Erdäpfelgulasch	170
Gabelbissen	52
Gebratene Taubenbrust im Kohlwickel	116
Gebratener Saibling mit Spinattascherln	99
Gefüllte Paprika	160
Gefüllte Polentatorte mit Spinatsauce	204
Gemüsepralinen	17
Gerührter Gugelhupf	272
Hühnerbrust auf Melanzani und Bulgur	118
Kartoffelauflauf mit Parmesan	290
Kraut und Rüben	202
Krautkrapfen	182
Kroketten vom Wild	175
Moccamousse	281
Moretti-Burger	176
Reisfleisch	165
Rote-Rüben-Soufflé	208
Soufflé vom Steinbutt mit Champagner-Kaviarsauce	40
Zwiebelfleisch	174

Über 90 Minuten

Eierlikör	193
Fleischglace	249
Gebratene Kalbsstelze	130
Gebratene Wildschweinkeule	151
Gefüllte Kalbsbrust	125
Gefülltes Freilandhuhn mit Bohnen und Kernöl	120
Gerstensuppe	78
Geschmorter Schweinsbraten mit Biersaftl	135
Geschmortes Rindsschulterscherzel in Barolo	141
Gulaschsuppe	80
Hühnerfond	249
Kalbsbeuschel	161
Kalbsfond	248
Kalbskopfsalat mit Kernöl	46
Kalbsvögerl mit Champignons	156
Kalbszüngerln mit Kartoffel-Kren-Püree	129
Kirchtagssuppe	78
Klare Rindsuppe	71
Krautfleisch	184
Lammkeule im Ganzen mit geschmortem Gemüse	147
Lammnavarin	145
Linsensalat mit gebratenem Schweinsbackerl	49
Schokomousse-Kirschtorte	277
Schweinsbraten	134
Süßsaures Kürbiskonfit	192
Überbackene Kutteln	150
Vitello tonnato	51
Wurzelfleisch	166
Zarewitsch	68

Rezepte von A–Z

Apfel: Gratinierter Deliciousapfel mit Fourme d'Ambert ... 289
Apfel: Kalbsleberscheiben mit Calvadosäpfeln ... 124
Apfelkren ... 244
Apfel-Rosinengratin ... 264
Apfeltarte ... 271
Apfeltaschen ... 271
Artischocken: Bandnudeln mit Basilikum und Artischocken ... 25
Artischockensalat ... 14
Aufgeschlagene Buttersauce ... 242
Avocados: Geflügelsalat mit Avocados ... 30
Bandnudeln mit Basilikum und Artischocken ... 25
Béchamelsauce ... 246
Beef Tatar ... 144
Beeren mit Biskuit und Vanilleeis ... 274
Beerenröster ... 287
Biskuit: Beeren mit Biskuit und Vanilleeis ... 274
Biskuitroulade ... 282
Blattspinat mit Kartoffeln und Olivenöl ... 220
Blunzengröstl ... 168
Blutwurst: Krautsuppe mit gebratener Blutwurst ... 66
Bohnen: Endiviensalat mit warmen Käferbohnen ... 215
Bohnen: Fenchel auf weißen Bohnen ... 198
Bohnen: Fischtopf mit Bohnen ... 106
Bohnen: Gefülltes Freilandhuhn mit Bohnen und Kernöl ... 120
Bohnen: Salat von Flußkrebsen auf weißen Bohnen und Rucola ... 34
Bohnen: Saure Leber auf Bohnen ... 48
Bohnengratin ... 228
Braisierter Kochsalat ... 237
Brokkoli: Karfiol und Brokkoli mit Butter und Brösel ... 216
Brotsuppe mit Ingwer ... 58
Bulgur: Gefüllte Melanzani auf Bulgur ... 205
Bulgur: Hühnerbrust auf Melanzani und Bulgur ... 118
Burger: Moretti-Burger ... 176
Butter „Café de Paris" ... 256
Butternockerln mit weißer Trüffel ... 23
Champagnersauce mit Kaviar ... 243
Champagnersuppe mit Meeresfrüchten ... 60
Champignons: Gedämpfte Champignons ... 224
Champignons: Kalbsvögerl mit Champignons ... 156
Chicorée: Pochierte Eier mit Chicorée und Roquefortdressing ... 24
Chicorée: Rosa gebratene Entenbrust auf Chicorée ... 117
Chicorée: Steinbutt mit Salbei gebraten auf geschmortem Chicorée ... 84
Chicorée: Wels auf Chicorée mit Fenchelsabayon ... 104
Coq au vin ... 121
Crème Brûlée ... 278
Cremespinat I ... 222
Cremespinat II ... 223
Dinkellaibchen mit Blattsalaten und Joghurtdip ... 186
Dörrpflaumenragout ... 286
Ei-Currysauce ... 240
Eier: Pochierte Eier mit Chicorée und Roquefortdressing ... 24
Eierlikör ... 193
Eiernockerln mit weißer Trüffel ... 22
Eierschwammerlgulasch ... 179
Eierschwammerln: Erdäpfelsuppe mit Eierschwammerln ... 77
Eierschwammerlsouffle ... 223
Eierspeise mit Erdäpfeln und Zwiebel ... 180
Eierspeise mit Spargelspitzen und schwarzer Trüffel ... 20
Eingebrannte Erdäpfel ... 227
Eingelegte Perlzwiebeln ... 190
Eintropfsuppe ... 75
Endiviensalat mit warmen Käferbohnen ... 215
Ente: Knusprige Entenbrust ... 114
Ente: Rosa gebratene Entenbrust auf Chicorée ... 117
Entrecôte „Café de Paris" auf Prinzessbohnen ... 143
Erdäpfel: Eingebrannte Erdäpfel ... 227
Erdäpfelgulasch ... 170
Erdäpfelschaum mit Kaviar und Sauerrahm ... 28
Erdäpfelsuppe mit Eierschwammerln ... 77
Erdbeer-Rhabarber-Marmelade ... 195
Faschierter Braten ... 159
Fenchel auf weißen Bohnen ... 198
Fenchel: Gratinierter Fenchel ... 200
Fenchel: Rollmops vom Lachs mit Fenchelkraut ... 37
Fenchel: Wels auf Chicorée mit Fenchelsabayon ... 104
Fenchelkraut ... 231
Fischbeuschelsuppe ... 62
Fischfond ... 248
Fischtopf mit Bohnen ... 106
Fisolen: Saure Fisolen ... 227
Fleischglace ... 249
Forelle blau mit Wurzelgemüse ... 102
Forelle Müllerin ... 101
Gabelbissen ... 52
Garnelen: Gratinierte Zucchinistreifen mit sautierten Garnelen ... 96
Gazpacho ... 68
Gebratene Kalbsstelze ... 130
Gebratene Maisplätzchen mit Zwiebelkonfit ... 210
Gebratene Rotbarbenfilets auf Zitronen-Thymian-Butter ... 91
Gebratene Taubenbrust im Kohlwickel ... 116
Gebratene Wildschweinkeule ... 151
Gebratener Hirschrücken mit Rotweinzwiebeln ... 152
Gebratener Saibling mit Spinattascherln ... 99
Gebratenes Kalbsbries auf Krebs-Spargel-Ragout ... 126
Gedämpfte Champignons ... 224
Geflügelsalat mit Avocados ... 30
Gefüllte Kalbsbrust ... 125
Gefüllte Melanzani auf Bulgur ... 205
Gefüllte Paprika ... 160
Gefüllte Polentatorte mit Spinatsauce ... 204
Gefüllte Rahmdalken ... 285
Gefülltes Freilandhuhn mit Bohnen und Kernöl ... 120
Gemischter Blattsalat ... 255
Gemüse im Sud ... 220
Gemüse-Käsesauce: Spinatknödel mit Gemüse-Käsesauce ... 185
Gemüsepralinen ... 17

Rezepte von A–Z

Gemüseschöberl	73
Gemüse-Vinaigrette	246
Geröstete Kalbsnieren mit Hirn	168
Geröstete Pilze	182
Gerstensuppe	78
Gerührter Gugelhupf	272
Geschmorter Schweinsbraten mit Biersaftl	135
Geschmortes Rindsschulterscherzel in Barolo	141
Girardi-Rostbraten	142
Glacierte Zwiebeln	229
Glasnudelsalat mit Shiitake-Pilzen	16
Gnocchi: Zwiebelgnocchi	173
Gratinierte Vollkornspätzle	187
Gratinierte Zucchinistreifen mit sautierten Garnelen	96
Gratinierter Deliciousapfel mit Fourme d'Ambert	289
Gratinierter Fenchel	200
Griechischer Bauernsalat	16
Grießnockerln	71
Gugelhupf: Gerührter Gugelhupf	272
Gulaschsuppe	80
Gurken: Räucherforellenmousse mit Rahmgurken	41
Gurkensalat	253
Hausgemachtes Sauerkraut	188
Hirn: Geröstete Kalbsnieren mit Hirn	168
Hirschrücken: Gebratener Hirschrücken mit Rotweinzwiebeln	152
Holunderblütensirup	194
Huhn: Coq au vin	121
Huhn: Gefülltes Freilandhuhn mit Bohnen und Kernöl	120
Hühnerbrust auf Melanzani und Bulgur	118
Hühnerfond	249
Hummer auf Safrangelee	33
Hummer: Kalbskopf mit Hummer und schwarzer Trüffel	45
Hummer: Lachs-Hummer-Sandwich mit Hummertatar	34
Hummer: Topinambursuppe mit Hummer	56
Italienisches Gemüse	201
Joghurtdip: Dinkellaibchen mit Blattsalaten und Joghurtdip	186
Joghurtdressing	250
Junges Gemüse	207
Kaiseromelette	262
Kaiserschmarren	263
Kalbsbeuschel	161
Kalbsbries: Gebratenes Kalbsbries auf Krebs-Spargel-Ragout	126
Kalbsbrust: Gefüllte Kalbsbrust	125
Kalbsfond	248
Kalbskopf mit Hummer und schwarzer Trüffel	45
Kalbskopfsalat mit Kernöl	46
Kalbsleberscheiben mit Calvadosäpfeln	124
Kalbsnieren: Geröstete Kalbsnieren mit Hirn	168
Kalbsrückenkotelett mit Sellerie-Trüffel-Lasagne	123
Kalbsstelze: Gebratene Kalbsstelze	130
Kalbsvögerl mit Champignons	156
Kalbszüngerln mit Kartoffel-Kren-Püree	129
Kalte Tomaten-Basilikum-Sauce	242
Karfiol und Brokkoli mit Butter und Brösel	216
Karpfenfilet in Pfeffer-Rotwein-Sauce	103
Kartoffelauflauf mit Parmesan	290
Kartoffelgratin	224
Kartoffel-Kren-Püree: Kalbszüngerln mit Kartoffel-Kren-Püree	129
Kartoffeln: Eingebrannte Erdäpfel	227
Kartoffeln: Röstkartoffeln	226
Kartoffelpuffer	226
Kartoffelpüree	225
Kartoffelrahmsalat	252
Kartoffelsalat: Wiener Schnitzel mit Kartoffelsalat	133
Kaviar: Champagnersauce mit Kaviar	243
Kaviar: Erdäpfelschaum mit Kaviar und Sauerrahm	28
Kaviar: Soufflé vom Steinbutt mit Champagner-Kaviarsauce	40
Kaviar: Zitronennudeln mit Kaviar	28
Kirchtagssuppe	78
Kirschenkuchen	278
Klare Rindsuppe	71
Knusprige Entenbrust	114
Kochsalat: Braisierter Kochsalat	237
Kohl: Gebratene Taubenbrust im Kohlwickel	116
Kohlrabi-Carpaccio auf Roquefortcreme	19
Kraut und Rüben	202
Kräuter-Knoblauch-Butter	256
Krautfleckerln	169
Krautfleisch	184
Krautkrapfen	182
Krautsalat	253
Krautstrudel	215
Krautsuppe mit gebratener Blutwurst	66
Krebse im Kümmel-Biersud	108
Krebse: Gebratenes Kalbsbries auf Krebs-Spargel-Ragout	126
Krebse: Salat von Flußkrebsen auf weißen Bohnen und Rucola	34
Krebs-Eintopf	109
Krensenf	257
Kroketten vom Wild	175
Kümmel-Biersud: Krebse im Kümmel-Biersud	108
Kürbiscremesuppe	63
Kürbisgemüse	209
Kürbiskonfit: Süßsaures Kürbiskonfit	192
Kutteln: Überbackene Kutteln	150
Lachs: Rollmops vom Lachs mit Fenchelkraut	37
Lachs-Hummer-Sandwich mit Hummertatar	34
Lammkarree mit Gemüse gebraten	148
Lammkeule im Ganzen mit geschmortem Gemüse	147
Lammkoteletts: Marinierte Lammkoteletts	144
Lammnavarin	145
Lauch: Polenta-Lauch-Suppe	65
Leber: Saure Leber auf Bohnen	48
Leberaufstrich	188
Leberreis	73
Lebkuchenauflauf	273
Letscho	235

Rezepte von A–Z

Linsen: Thunfischtatar mit roten Linsen	31
Linsensalat mit gebratenem Schweinsbackerl	49
Linsensuppe mit Wachtelbrust	70
Mais: Gebratene Maisplätzchen mit Zwiebelkonfit	210
Majoranzwiebeln: Zander auf Majoranzwiebeln	107
Marillenmarmelade	195
Marinierte Lammkoteletts	144
Marinierte Sardinen mit Rosinen und Zwiebeln	43
Marinierte Scampi auf Tomaten	98
Marmelade: Erdbeer-Rhabarber-Marmelade	195
Marmelade: Marillenmarmelade	195
Mayonnaise	250
Mayonnaisesalat	252
Meeresfrüchte: Champagnersuppe mit Meeresfrüchten	60
Melanzani: Gefüllte Melanzani auf Bulgur	205
Melanzani: Hühnerbrust auf Melanzani und Bulgur	118
Milzschnitten	74
Moccamousse	281
Morchelgratin mit Spargel	214
Morcheln: Weißbrotauflauf mit Morcheln	213
Moretti-Burger	176
Muscheln im Sud	110
Nudeln: Bandnudeln mit Basilikum und Artischocken	25
Nudeln: Glasnudelsalat mit Shiitake-Pilzen	16
Nudeln: Parmesannudeln	26
Nudeln: Zitronennudeln mit Kaviar	28
Nudelteig	251
Nüsse: Schwarze Nüsse	193
Omelette „Stephanie"	260
Orangenmousse mit marinierten Früchten	284
Orangensauce: Salat vom gebratenen Wolfsbarsch mit Orangensauce	38
Paprika: Gefüllte Paprika	160
Paprikasauce	244
Paprika-Senf	257
Parmesannudeln	26
Perlzwiebeln: Eingelegte Perlzwiebeln	190
Pfeffer-Rotwein-Sauce: Karpfenfilet in Pfeffer-Rotwein-Sauce	103
Pilze: Geröstete Pilze	182
Pizza Margherita	178
Pizza-Grundteig	178
Pochierte Eier mit Chicorée und Roquefortdressing	24
Polenta: Gefüllte Polentatorte mit Spinatsauce	204
Polenta-Lauch-Suppe	65
Portwein-Feigen: Ricotta-Soufflé mit Portwein-Feigen	291
Prinzessbohnen: Entrecôte „Café de Paris" auf Prinzessbohnen	143
Prinzessbohnensalat	254
Punschsabayon	289
Quittenröster	287
Rahmdalken: Gefüllte Rahmdalken	285
Rahmkraut	229
Rahmwirsing	233
Ratatouille	206
Räucherforellenmousse mit Rahmgurken	41
Reis nach persischer Art	236
Reisfleisch	165
Rhabarber: Erdbeer-Rhabarber-Marmelade	195
Ricotta-Soufflé mit Portwein-Feigen	291
Rieslingcremesuppe mit Zimtcroûtons	63
Rinderfilet auf Sojagemüse	136
Rinderfiletscheiben mit Rucolasalat	138
Rindfleischgröstel	165
Rindsschulterscherzel: Geschmortes Rindsschulterscherzel in Barolo	141
Rindsuppe	71
Risotto: Tintenfischrisotto	93
Risotto: Tomatenrisotto	236
Rochenflügel in Senfbutter	88
Röhrlsalat mit Erdäpfeln und Speck	19
Rollmops vom Lachs mit Fenchelkraut	37
Roquefortcreme: Kohlrabi-Carpaccio auf Roquefortcreme	19
Roquefortdressing: Pochierte Eier mit Chicorée und Roquefortdressing	24
Rosa gebratene Entenbrust auf Chicorée	117
Röstkartoffeln	226
Rotbarben: Gebratene Rotbarbenfilets auf Zitronen-Thymian-Butter	91
Rote-Rüben-Soufflé	208
Rotkraut	232
Rüben: Kraut und Rüben	202
Rucola: Rinderfiletscheiben mit Rucolasalat	138
Rucola: Salat von Flußkrebsen auf weißen Bohnen und Rucola	34
Rumrosinen	288
Rumzwetschken	288
Rustikaler Wurstsalat	189
Safrangelee: Hummer auf Safrangelee	33
Saibling: Gebratener Saibling mit Spinatascherln	99
Salat vom gebratenen Wolfsbarsch mit Orangensauce	38
Salat von Flußkrebsen auf weißen Bohnen und Rucola	34
Salat: Artischockensalat	14
Salat: Geflügelsalat mit Avocados	30
Salat: Gemischter Blattsalat	255
Salat: Glasnudelsalat mit Shiitake-Pilzen	16
Salat: Griechischer Bauernsalat	16
Salat: Gurkensalat	253
Salat: Kalbskopfsalat mit Kernöl	46
Salat: Kartoffelrahmsalat	252
Salat: Krautsalat	253
Salat: Linsensalat mit gebratenem Schweinsbackerl	49
Salat: Mayonnaisesalat	252
Salat: Prinzessbohnensalat	254
Salat: Rinderfiletscheiben mit Rucolasalat	138
Salat: Röhrlsalat mit Erdäpfeln und Speck	19
Salat: Schwarzwurzelsalat	208
Salat: Tomatensalat	254
Salat: Wiener Schnitzel mit Kartoffelsalat	133
Sardinen: Marinierte Sardinen mit Rosinen und Zwiebeln	43
Sauce Hollandaise	242
Sauerkraut: Hausgemachtes Sauerkraut	188
Saure Fisolen	227

Rezepte von A–Z

Saure Leber auf Bohnen	48
Scampi: Marinierte Scampi auf Tomaten	98
Schinkenfleckerln: Überbackene Schinkenfleckerln	162
Schnittlauchsauce	240
Schnitzel: Wiener Schnitzel mit Kartoffelsalat	133
Schokolademousse	279
Schokomousse-Kirschtorte	277
Schrotsuppe mit frischen Kräutern	81
Schwarze Nüsse	193
Schwarzwurzelsalat	208
Schweinsbackerl: Linsensalat mit gebratenem Schweinsbackerl	49
Schweinsbraten	134
Schweinsbraten: Geschmorter Schweinsbraten mit Biersaftl	135
Seeteufel mit Trüffel und Spinat	89
Seezunge mit Tomaten-Kapern-Butter	87
Sektgelee mit Zitrusfrüchten	282
Sellerie: Kalbsrückenkotelett mit Sellerie-Trüffel-Lasagne	123
Selleriepüree	233
Selleriesamtsuppe	58
Semmelknödel	234
Senfbutter	88
Senf-Dill-Sauce	245
Senfgurken	190
Serviettenknödel	234
Shiitake-Pilze: Glasnudelsalat mit Shiitake-Pilzen	16
Shiitake-Pilze: Thunfisch auf Sojasprossen und Shiitake-Pilzen	95
Sojagemüse: Rinderfilet auf Sojagemüse	136
Sojasprossen: Thunfisch auf Sojasprossen und Shiitake-Pilzen	95
Soufflé vom Steinbutt mit Champagner-Kaviarsauce	40
Spargel: Eierspeise mit Spargelspitzen und schwarzer Trüffel	20
Spargel: Gebratenes Kalbsbries auf Krebs-Spargel-Ragout	126
Spargel: Morchelgratin mit Spargel	214
Spinat: Blattspinat mit Kartoffeln und Olivenöl	220
Spinat: Cremespinat I	222
Spinat: Cremespinat II	223
Spinat: Gefüllte Polentatorte mit Spinatsauce	204
Spinat: Seeteufel mit Trüffel und Spinat	89
Spinatknödel mit Gemüse-Käsesauce	185
Spinattascherln: Gebratener Saibling mit Spinattascherln	99
Sprotten: Zucchinichips und Sprotten	42
Steinbutt mit Salbei gebraten auf geschmortem Chicorée	84
Steinbutt: Soufflé vom Steinbutt mit Champagner-Kaviarsauce	40
Stöckelkraut	230
Süßsaures Kürbiskonfit	192
Taube: Gebratene Taubenbrust im Kohlwickel	116
Thunfisch auf Sojasprossen und Shiitake-Pilzen	95
Thunfischtatar mit roten Linsen	31
Tintenfischrisotto	93
Tomaten: Kalte Tomaten-Basilikum-Sauce	242
Tomaten: Marinierte Scampi auf Tomaten	98
Tomaten: Seezunge mit Tomaten-Kapern-Butter	87
Tomaten-Kapern-Butter	87
Tomatenrisotto	236
Tomatensalat	254
Tomatensuppe I	64
Tomatensuppe II	65
Tomatisierte Zwiebelsuppe mit Zanderschnitte	59
Topfen: Vanille-Topfensoufflé	263
Topfenschmarren mit Vanillesauce und Weichseln	266
Topfen-Zimtknödel	268
Topinambursuppe mit Hummer	56
Trüffel: Butternockerln mit weißer Trüffel	23
Trüffel: Eiernockerln mit weißer Trüffel	22
Trüffel: Eierspeise mit Spargelspitzen und schwarzer Trüffel	20
Trüffel: Kalbskopf mit Hummer und schwarzer Trüffel	45
Trüffel: Kalbsrückenkotelett mit Sellerie-Trüffel-Lasagne	123
Trüffel: Seeteufel mit Trüffel und Spinat	89
Überbackene Kutteln	150
Überbackene Schinkenfleckerln	162
Vanillerostbraten	136
Vanille-Topfensoufflé	263
Vitello tonnato	51
Vollkornspätzle: Gratinierte Vollkornspätzle	187
Wachtelbrust: Linsensuppe mit Wachtelbrust	70
Weinkraut	231
Weißbrotauflauf mit Morcheln	213
Wels auf Chicorée mit Fenchelsabayon	104
Wiener Schnitzel mit Kartoffelsalat	133
Wiener Suppentopf	75
Wild: Kroketten vom Wild	175
Wildschweinkeule: Gebratene Wildschweinkeule	151
Wolfsbarsch: Salat vom gebratenen Wolfsbarsch mit Orangensauce	38
Wurstsalat: Rustikaler Wurstsalat	189
Wurzelfleisch	166
Wurzelgemüse: Forelle blau mit Wurzelgemüse	102
Zander auf Majoranzwiebeln	107
Zander: Tomatisierte Zwiebelsuppe mit Zanderschnitte	59
Zarewitsch	68
Zimtcroûtons: Rieslingcremesuppe mit Zimtcroûtons	63
Zitronen: Gebratene Rotbarbenfilets auf Zitronen-Thymian-Butter	91
Zitronennudeln mit Kaviar	28
Zucchini: Gratinierte Zucchinistreifen mit sautierten Garnelen	96
Zucchinichips und Sprotten	42
Zwetschkenknödel	269
Zwetschkenröster	287
Zwiebel: Gebratene Maisplätzchen mit Zwiebelkonfit	210
Zwiebel: Tomatisierte Zwiebelsuppe mit Zanderschnitte	59
Zwiebelfleisch	174
Zwiebelgnocchi	173
Zwiebeln: Gebratener Hirschrücken mit Rotweinzwiebeln	152
Zwiebeln: Glacierte Zwiebeln	229
Zwiebeln: Zander auf Majoranzwiebeln	107

Reinhard Gerer

Seit 1984 prägt er im Restaurant „Korso" im Wiener Hotel Bristol die Entwicklung der modernen österreichischen Küche entscheidend mit. Das belohnt die Gourmetkritik seit Jahren mit Höchstwertungen: 4 Hauben von „Gault Millau", 2 Sterne und 4 Kronen von „A la Carte". Gourmet-Guru Wolfram Siebeck stellt ihn auf eine Stufe mit den großen französischen Küchenmeistern.

Durch seine vielfältige mediale Präsenz und fachliche Kompetenz ist Reinhard Gerer wohl der bekannteste Spitzenkoch Österreichs. Seine drei bisher erschienen Bücher „Gerers große Küche", „Die kleinen Tricks der großen Köche" und „Feine Küche für zwei" rangierten ganz vorne in den Bestsellerlisten. Die in der Sonntagsbeilage der „Kronen-Zeitung" erscheinende Rezeptserie wird von vielen Kochbegeisterten seit Jahren genutzt und gesammelt.

Christian Grünwald

ist seit 1990 Chefredakteur des österreichischen Feinschmeckermagazins „A la Carte" und des jährlich erscheinenden Gourmetguides „Österreich A la Carte". 1995 produzierte er als Co-Autor gemeinsam mit Reinhard Gerer das Kochbuch „Feine Küche für zwei".

Andreas Wojta

Lange Jahre kochte er Seite an Seite mit Reinhard Gerer im „Korso" und gilt nach wie vor als einer der begabtesten Gerer-Schüler überhaupt. Zahlreiche TV-Auftritte haben Wojta auch einem breiteren Publikum bekannt gemacht. Heute werkt Wojta im „Minoritenstüberl", der Kantine im Wiener Unterrichtsministerium. Die dort servierte Hausmannskost gilt unter Feinschmeckern als absoluter Geheimtipp.